格致方法 · 计量经济学研究方法译丛

Experimetrics
Econometrics
for Experimental
Economics

实验计量经济学

Peter G. Moffatt

［英］彼得·G. 莫法特　著

刘贞　译

格 致 出 版 社　　上海人&出版社

图书在版编目(CIP)数据

实验计量经济学 / （英）彼得·G.莫法特著 ；刘贞
译. —上海 ：格致出版社 ：上海人民出版社，2023.11
（格致方法. 计量经济学研究方法译丛）
ISBN 978 - 7 - 5432 - 3445 - 1

Ⅰ. ①实… Ⅱ. ①彼… ②刘… Ⅲ. ①计量经济学-
实验 Ⅳ. ①F224.0 - 33

中国国家版本馆 CIP 数据核字(2023)第 189007 号

责任编辑 王浩淼
封面装帧 路 静

格致方法·计量经济学研究方法译丛

实验计量经济学

[英]彼得·G.莫法特 著

刘 贞 译

出 版 格致出版社
上海人民出版社
（201101 上海市闵行区号景路 159 弄 C 座）
发 行 上海人民出版社发行中心
印 刷 上海盛通时代印刷有限公司
开 本 635×965 1/16
印 张 32.25
插 页 2
字 数 525,000
版 次 2023 年 11 月第 1 版
印 次 2023 年 11 月第 1 次印刷
ISBN 978 - 7 - 5432 - 3445 - 1/F · 1498
定 价 128.00 元

致　谢

　　这本书在很大程度上是自 2006 年以来我在多地讲授的一系列实验计量经济学大师课的最终产品。我感谢各位安排这些课程，并在我来访期间提供热情款待，包括 Catherine Ecel、Tobias Uske、Anna Conte、Sylvia Arnold、Vittoria Levati、Angela Fletcher、Lionel Page、Uwe Dulleck、David Butler、Steven Schilizzi、Arne Weiss 和 Gina Neff。我也感谢这些大师课的参与者为我提供了现场测试材料的机会。我非常感谢 Palgrave 出版社的编辑们 Jaime Marshall、Aleta Bezuidenhout、Kirsty Reade、Jo Endell-Cooper 和 Georgia Walters 不遗余力地帮助我完成了这本书。感谢 Integra 软件服务的 Alex Antidius Arpoudam 如此专业地管理这本书的制作，感谢校对员 Sarah Perkins 仔细阅读手稿的每一页，帮我寻找我永远不会找到的文稿的小错误和不恰当的表达。我非常感谢 Phil Bacon 和 Linford Bacon 提供专家协助，将手稿转换成 LATEX。我还要感谢一些（部分）匿名评审员，他们在项目的各个阶段提供了宝贵的、高度专业的反馈意见和建议。Ryan Opera 和 John Hey 的反馈一直特别有价值。最后，我要感谢很多年前 Robert Sugden 给我的建议——如果更多的计量经济学家对实验数据的分析感兴趣，那将是一件好事。

目　录

1

引言及概要

1.1 什么是实验计量经济学

为分析实验应用而专门设计的计量经济方法构成了实验计量经济学[①]的主要组成部分,这些计量方法被广泛应用于实验经济学研究中。这本书的目的在于收集整理这些方法,尽可能多地收集相关案例以示范它们在实践中的使用,采用对实验经济学家最有效的方式解释每一系列的结果。目标受众群体主要是实验经济学研究人员。可以想象,本书也会引起计量经济学家的兴趣,因为通过这本书,他们可以了解到实验经济学家所使用的方法。

已经出现在实验经济学文献中的实验计量经济学技术,其涉及的范围从非常初级到高度复杂。在这个序列的基本端,我们看到了被称为处理检验的技术类,也就是说,这些测试是用来对比有无处理或者处理前后的结果。在序列的复杂端,我们看到高度复杂的结构模型,具有与行为理论相对应的确定性核心,可能有许多结构参数,以及随机规范,包括可能在受试者内部和之间的许多维度的变化。不言而喻,选择的计量经济学方法的类型往往并且合理地取决于已经进行的实验类型及正在解决的研究问题类型。

在一些实验中,实验受试者的"本身具有"特征是焦点,并且目标通常仅仅是研究个体如何在特定环境中作出决定或与他人互动。这些研究通常依

_____

① "实验计量经济学"这个词(据我所知)是由 Camerer(2003,p.42)创造的。Houser (2008)在《新帕尔格雷夫经济学词典》中关于"实验和计量经济学"的条目以"'实验计量经济学'指的是在经济假设的设计调查中使用的正式程序"开头。Bardsley 和 Moffatt(2007)显然是第一批在一篇已发表的论文的标题中使用这个词的作者。

赖于相对简单的实验设计(例如,在彩票之间选择、分割馅饼),最终目的是测量受试者的特征,特别是偏好参数。这些测量特性出现实质性变化是正常的。事实上,这是我们最感兴趣变化的精确特征,例如,"自私"的人口比例,或者是期望效用(EU)最大化的人口比例。当数据来自这种类型的实验时,通常认为使用结构估计方法对决策过程进行建模是合适的,例如,同时估计个体目标函数中出现的所有参数的方法,以及估计分布参数(其中一些可捕获偏好异质性)的方法。

在其他实验中,重点是在整个经济机构的运作而不是实验中单个参与者的特性,并且目标可能是验证一个应用于该机构的特定理论。在这些条件下,常用的方法是价值诱导法(induced value methodology)。这项技术是基于正确使用奖励方法,让实验者诱导受试者预先被指定的特征(例如偏好),使他们的先天特征变得无关紧要。在本质上基本消除影响受试者的特征,显然对被检验的理论进行严密审查要容易得多。在这些情境下,实验设计相对复杂,因为经济机构的关键特性需要以令人信服的方式获取。然而,所需的计量经济学技术往往非常简单。控制水平通常是像直接处理水平的测试那样被视为正常机制,并且这种测试是获取研究问题答案的最佳手段。

以下是最适合这两大领域的计量经济学技术类型的简要概述。因此,本章是对本书剩余部分内容的简要说明。

1.2　实验设计

实验设计的主题在实验经济学中比在其他经济学领域更重要。这是因为,在其他领域,数据生成过程通常脱离研究员的控制。在实验经济学中,数据生成过程在研究者的控制之内。因此,设计问题,例如样本容量的选择,采样过程,以及将受试者分配到处理组的过程,都是中心阶段。

实验经济学的中心概念就是随机性。如果随机性被正确应用于实验受试者选择当中,那么在主流经济学中早已成为核心问题的处理效应识别将不是一个问题。凡事都有两面,由于数据并非在自然环境中收集,所以实验结果未必适用于实验室以外的世界。因此,我们看到,就处理效应识别而言,其在实验研究方面的优势可能被非普适性这一缺点所抵消[参见Al-Ubaydli 和 List(2013)]。

这里有几种不同的设计类型,包括完全随机设计、受试者内设计、交叉设计及析因设计。当受试者组相互对抗时,还需要在"合作伙伴"和"陌生人"匹配之间进行选择。每个设计都有优点和缺点,而决定使用哪一个往往是个比较微妙的问题。

样本容量的选择是另外一个关键的设计决策。这个问题要解决的是实验者需要多少受试者可以得到可靠性结论。更准确地说,在每个环节需要多少受试者?解决这些问题的一个有用的框架是功效分析(Cohen,2013),即利用概率论来发现所需的样本,以提供特定的正在测试的"功效"。

在实验设计中一个特别有趣的问题是如何设计二元选择问题(比如挑选彩票),以这样的方式根据最大精度估计受试者的偏好参数来生成数据集。本书有一个章节是专门针对这个问题的。

1.3　理论检验中的实验计量经济学

我们通常认为,实验目的是对一个经济学理论进行检验。从计量经济学家的角度来看,理解这样一项检验最合理的方式是将其看作一种评估,不管通过这一理论预测出的是良好的近似值还是实际行为(例如,实验室中受试者的行为)。从这一角度来看,实验者所扮演的角色在于从可观察到的行为中找到规律,然后找出能够最好地解释这些规律的理论。

竞争性均衡是存在于许多理论中的核心观念。一个实验(比如,一个市场实验)的目标也许简单地在于观测行为与竞争性均衡的关系密切程度,我们可以将其看作对理论进行基础性预测的检验。这类实验通常通过价值诱导法来进行展示,也就是说,在一个所有受试者都由交易对象外生赋值的系统中,完整的需求和供给安排以及由其产生的均衡,都可以由实验者得出判断结果。在这种情况下,运用实验数据去评估实际行为与基础性(均衡)预测的关系密切程度显然就成了一件很简单的事。

关于对理论的基础性预测,一个很重要的方面在于它相当于"点估计",也就是说,在给定已知外生变量确定值的条件下,它简单地告诉了我们一个特定决策的变量会采取一个特定值。在一个产出基础性预测的模型中不存在自由参数。为了明白自由参数如何进入模型，我们参考以下例子。从基准模型说起，基准模型建立在风险中性（RN）假设的基础之上。这类模型可能得出"风险中性均衡"的预测，y 作为决策变量时是一个常数。因此，基准模型不存在自由参数。现在考虑到我们用期望效用（EU）最大化取代风险中性假设所带来的影响。这不可避免地导致了（至少一个）自由参数的出现，自由参数往往会成为风险规避的标准度量手段。现在该模型的预测结果取决于自由参数的取值了。接下来，考虑到如果我们继续对模型进行归纳并假设实验受试者的行为符合预期理论（Kahneman and Tversky, 1979）而不是 EU。这一拓展导致了能够获取概率加权和损失规避的自由参数的增加。

我们很快就会列举大量拍卖和竞赛实验的例子。拍卖理论和竞赛理论都已经相当完善和健全，并且能够给出非常清晰的预测结果。在这种情况下，基础性预测通常采取风险中性纳什均衡（RNNE）的竞标行为，而该行为取决于研究中的拍卖、竞赛类型的精确结构。了解到各受试者出价的实验性数据，检验行为是否与 RNNE 理论一致也变得简单。

在许多情境下，实验受试者的行为会出现系统性地背离理论的"基础预测结果"的倾向。在拍卖、竞赛情境中，相对于纳什均衡预测，这些背离采用了系统性的"过度竞标"形式。因此，如果我们的唯一目标是对纳什均衡理论的基础性预测进行检验，直接得到的结果就会是：我们拒绝接受这一理论。但是，仍然可以在其他多种层次和水平对理论进行检验。一个有代表性的理论能够导致大量的"比较静态预测"。这些决策变量的预测因其他变量的外生变化而向一个特定的方向变化。比如，在许多拍卖情境下，通过预测可知，竞标者数量的增加对出价会产生不利的影响。如果进行两组拍卖实验，一组有四个竞标者，另一组有六个竞标者，我们通过检验观察有六个竞标者的那一场拍卖的出价是否更低。如果答案是肯定的，就算该理论的基础预测有误，也可以合理地推断出，实验数据与理论的比较静态预测是一致的。

上述对竞标者人数如何影响出价的检验是处理检验的一个例子。把由较少竞标者参与的拍卖看作"控制组"，把由较多竞标者参与的拍卖看作"处理组"。实施一项处理检验有大量可行的方法，都是根据实验设计和用于计算实验统计数据的统计步骤得出的。在样本间实验中，两组受试者可以是独立的。而在样本内实验中,受试者则可隶属于处理组。统计检验方法的合理选择取决于实验所遵循的抽样方法,以及一系列其他设计特点,如样本容量和对实验受试者的分组过程等。

处理检验还有一个重要的用途。在发现行为背离理论基础预测的情况下,我们明显对其产生背离的原因感兴趣;这些原因有时与"不均衡发挥的行为驱动程序"有关。有人可能认为,在竞赛中出现过度竞标的原因是为了获得"胜利的喜悦"。为了验证这一点,要设计一个没有胜利的喜悦的处理组。如果在这个处理组中出价变低,我们就能够推断出为了获得胜利的喜悦确实是过度竞标的原因。还有一些人认为,过度竞标的原因包括涉他偏好、风险规避及概率失真。

当进行一项处理检验时,检验方法可以是有参数或无参数的。人们有时倾向于使用无参数检验,原因在于其可靠性依赖于更少的假设,而从某种程度上来说,有参数检验通常依赖于潜在基础数据的正态性。

有参数处理检验可在线性回归的背景下进行,在线性回归中有一个(或唯一一个)解释性变量是"处理虚拟变量"(treatment dummy)这种方法的优势在于:处理虚拟变量的系数作为处理效应是直接可解释的;相关 t 检验可作为处理检验统计值;可同时检验多个处理组;结果的其他决定因素的影响是可控的;回归相关的程序可开发,如标准误差的集成。

1.4 实验数据的依赖性

依赖性是实验计量经济学的核心问题。基本处理检验(与许多其他检验和估计程序)严格依赖于独立观察的假设。有几个原因导致这种假设在分析实验数据时可能会失败[最近的讨论见 Frechette(2012)]。首先,如果实验受试者正在从事一系列任务,则可能在受试者层次上进行"聚类",因为一些受试者将容易倾向于比其他受试者更高的决策变量值。这当然意味着给定受试者的观察之间存在正相关。也有可能在一个受试者操作的"组间"层次上聚类,主体的行为可能取决于同组中其他成员的行为。通常认为在局间层次也有聚类,例如,仅由于时间所造成的后果,受试者行为举止在下午时段与上午时段可能有所不同。在局间层次的聚类中更细微的原因是,当使用"陌生人"处理组时(Andreoni，1988)，其中组的构成在轮次之间改变。受试者层次是聚类的"最低层次"，局间层次聚类是"最高层次"。

为了确保检验的进行，有很多策略可能会允许聚类。一种极端保守的方法是：用平均行为取代独立单元(受试者、组或局，根据聚类层次假设)，然后将检验程序应用于这些平均水平。如果平均行为展现的聚类层次足够高，平均水平会自动满足独立个体的要求。最保守的方法会取最高聚类层次的平均水平。这种方法明显的不足之处在于平均的过程会严重削减检验运用的样本容量，因此减小检验的有效性(即，当处理效应确实存在时，发现处理效应的概率)。

第二种可能的方法是用处理虚拟运行回归，并且在处理检验统计量的计算中使用聚类标准误差(即，在假定水平上校正聚类的标准误差)。

第三种可能的方法是使用面板数据估计技术，如随机效应和固定效应模型。这些技术可以直接处理数据的面板结构。可以更进一步说，通过使用多层次的建模方法，将随机效应框架衍生至多层次依赖情境(例如，受试者层次和局间层次)。

1.5　参数与非参数方法

一个基本的选择是在参数和非参数方法之间。在这个选择中的关键问题之一是结果变量(标称、顺序或基数)的测量的尺度。许多参数测试依赖于分布假设，这些假设只有分析变量在基数尺度上测量时才能成立。

显而易见，分布假设需要的是正态结果变量。若结果变量呈正态分布将会非常方便，因为这意味着，其结果变量服从于特定的其他要求和参数检验，例如 t 检验，是可以被信赖的。然而，经济学实验的数据往往呈非正态分布，这些数据恰恰是许多实验经济学家特别关注的。许多研究人员毫无疑问地应用非参数方式检验数据，并且解释说这个选择的原因在于担心结果变量呈非正态分布。但是，这种策略可能是成本高昂的。当非参数检验应用于基数数据时，这些数据中的基本信息会被忽视，因为检验完全基于数据的顺序。这是为什么非参数检验往往不如参数检验强大(当效应存在时，检测出效应的概率较低)。

明显看出,实验经济学家对待正态化的需求非常认真。即使是非正态数据,如果样本容量足够大时(通常指在每个处理组里有 30 个观察对象),可以调用中心极限定理(这意味着,在重复样本中,数据的标准化均值是正态分布的)并且参数检验可能被依赖。此外,即使样本容量不足,无法应用中心极限定理,但是可以有效使用参数检验方法。其中一个方法是自助法(Efrom and Tibshirani, 1993)。这种方法提供了一种有效的手段进行参数检验——尊重基数,即不做任何数据分布的假设。因此,自助法可能被视为一种结合参数和非参数检验的优点,同时避免其缺点的手段。

非参数方法的另一种类型是非参数回归。这个过程,大致说来,是通过散点图描绘出一个光滑、灵活的曲线。在数据分析的初始探索阶段,它是非常有用的,并用于确定两个变量之间关系的性质。特别是,它可以用来确定关系是否是线性的,如果不是,是否是 U 型、倒 U 型、立方体的,等等。当决定一个适当的规范参数模型的时候,以这种方式确定关系的性质显然非常有用。这本书中采用的非参数回归方法是在 STATA 软件中适用的 Cleveland(1979)的局部加权回归(Lowess)技术。

1.6　结构化实验计量经济学

本书的主要目标之一是鼓励更广泛地使用完全结构模型,并提出关于它们如何被估计的完整解释。

结构计量经济模型是一个把清晰的经济理论和适当的统计模型相结合的模型。可查看 Reiss 和 Wolak(2007)对于结构模型在产业组织领域应用情况的综述。在实验计量经济学文献中,当实验的目标是测量实验对象的"自有特征"时,结构模型化就变得十分有用。我们指的自有特征是像风险态度和个体利他主义程度之类的特征。许多人认为这些特征最好从一个效应函数的起点开始模拟:如果风险态度是重点,采用冯·诺依曼-摩根斯坦效用函数;如果利他主义是重点,采用建立在自我回报和他人回报之上的"双赢"效用函数。

结构化模型方法的一个明显优势是它提供了一个解决依赖性问题的方案,这类似于多层次模型。在结构化方法下,感兴趣的假设可能通过个体决策层面的数据得到有效检验。受试者特征可以作为解释变量用以解释观察到的受试者异质性,而随机效应术语则用来解释难观察到的异质性。群体或者期间层面的随机效应也可能包含在内。结构化方法实际上允许控制组内行为的其他替代性策略的存在,比如将上一轮的组内贡献包含在内作为解释变量。

测量的规模对建模策略的选择很重要,大部分主流经济学模型建立在实验结果是连续的这一假设上,在实验经济学中,这是普遍的,而不是个例。通常情况下,结果是二元的,有时候,它是离散的并且有两个以上的结果,在这种情况下,我们就需要去考虑这种结果是否是标称型的(即定类的)或者是否是按顺序的。有时候从理论模型里得出的结果是一个连续分布的变量,而数据的本质却是观察到的变量是不连续的:它可能高于或者低于理论截尾点,或者在特定的内在"焦点"形成数据的汇聚。甚至在结果确实连续的情况下,我们也要小心它的分布。在一个完全参数化的模型中,为了实现参数估计的一致性,明确且正确地定义出所有的分布假设是十分重要的。

在有些情况下,可以通过软件包里已有的估计例程来获得感兴趣的结构参数,这些例程包括线性回归、面板模型、二元数据模型、截尾数据模型、区间回归及顺序模型。在其他的情况下,所需的例程并不容易获得,这时需要编写专用程序。幸运的是,促进这类程序发展的软件是可以获得的,这本书中用的最多的一个工具是 STATA 中的 ml 例程(Gould et al., 2010)。

结构模型一个明显的优点是它们能够以比较自然的方式纳入随机行为,为了能够解释实际行为,一些实验经济学家不得不认为需要附加随机项或"误差"到他们珍视的经济理论中,此外,他们倾向于将偏离预期行为的偏差视为(实际)"误差"(即错误)。通过鼓励实验经济学家接受结构模型的框架,我们也能够让他们慢慢相信,随机性是人类行为的一个持续性(且自然的)特征。这里的关键是,随机项不是需要附加的后来物,它是模型不可缺少的特征。引用 Harrison 等(2015)中的一句话,"简而言之,理论家的工作不能脱离计量经济学家的工作"。

一旦作为重要角色的随机规范模型被确立,接下来要解决的问题是从何处及怎样引入随机因素,正如我们所知道的那样,这里存在着许多具有可行性的方法。在个体决策部分,最直接的方法是在基于理论预测的方程中加入一个附加误差,这种方法和简单回归分析类似,但是有时候它比加权回归分析复杂。还有一种可替代的方法是假设在受试者内部或者受试者之间,或者同时在受试者内部和受试者之间的行为变化,可以用模型的参数变化来解释,我们将这种方法称为"随机选择"方法。第三种可行的方法是引入一个"抖动幅度"(tremble term),这种方法可以捕捉误解和专注的缺失。而在某些时候,我们也可以将这三种方法结合使用。

也许用风险选择模型能够对这些问题做最好的说明(Loomes et al.,2002;Harrison and Rutström,2009;Conte et al.,2011;Von Gaudecker et al.,2011)。数据集通常包括样本中每个受试者对彩票的二元选择,模型策略的中心是一个可以捕捉个体风险态度(或"偏好")的冯·诺依曼-摩根斯坦效用函数。很明显,不同个体之间的风险态度是变化的,所以风险态度参数会发挥受试者随机效应。同样明显的是,检验中存在明显的受试者内变异,并且这种变异可以通过指定一个受试者(随机偏好方法),假定偏好会随时间变化,或者受试者作出选择时,假定他每次会计算一个误差(Fechner方法)来捕捉。抖动性假设(tremble assumption)是对每一个随机方法的有用补充,因为它允许极端不可能选择的偶尔发生。一个常用的用来构建这些随机模型的理论框架是 EU,但是,EU 理论模型十分保守,而运用等级依赖(RD)理论(Quiggin,1982)和累积前景理论(Tversky and Kahneman,1992)的模型对数据具有较好的适应性。这些模型包括风险厌恶参数、概率加权参数及(如果实验结果中包含损失和收益)损失厌恶参数。有限混合方法有时被用来区分受试者适用于 EU 理论还是 RD 理论(Harrison and Rutstrom,2009;Conte et al.,2011)。所有这些模型可以衍生开来,允许具体的参数立足于经验之上,这对捕捉通过经验降低幅度来计算误差或者通过经验使实验受试者更靠近 EU 最大化模型这类现象是十分有用的(Loomes et al.,2002)。可以通过采用具有计算可行性的最大化例程,在最大似然估计框架下估计这些模型。

1.7　受试者异质性建模

将结构模型应用于实验数据最重要的一个原因是:结构模型能够结合受试者异质性。异质性包含两种宽泛的类型:离散异质性和连续异质性。

离散异质性的条件为受试者由有限种"类型"构成，不同类型的受试者会采取截然不同的方式回应外部刺激。在上一节的末尾举过一个例子：一部分个体是 EU 最大化论者；另一部分个体的行为则是依据 RD 理论（例如，他们对概率进行权衡）。另一个标准的例子是，在公共品实验条件下，我们从如下假设开始，把受试者恰当地分为四种类型："条件合作者""利他主义者""互惠者"和"搭便车者"（Bardsley and Moffatt，2007）。

连续异质性的条件则是将受试者以连续可测量的维度进行区分。一个典型的例子就是风险态度。可以假设每个个体都拥有自己的风险厌恶参数，也可以自然地假设该参数在总体中是连续变化的。

异质性的这两种类型要求不同类型的计量经济学结构模型。离散异质性需要使用有限混合模型，而连续异质性则需要使用随机效应或随机参数模型。模型的这两种类别在本书中共同扮演了一个中心角色。

关于在前文中提到的推动有限混合模型发展的各种"类型"，在许多情况下，"零贡献类型"（zero-type）或许是最重要的一种，即贡献总是为零的受试者。在独裁者博弈的情况下，这类受试者被打上"利己"的标签，而在公共品博弈中被视作"搭便车者"。"门槛"框架是一种解释零贡献类型的非常有效的模型。门槛模型或"双门槛"模型包含两个方程式，第一个方程式决定受试者是否为零贡献类型，第二个方程式决定受试者为非零贡献类型时的贡献多少行为。门槛模型在本书中的地位非常重要，特别是其已经延伸至面板数据，所以该模型可适用于受试者决策呈多样化现象的实验。门槛框架如此实用的原因之一在于它考虑到了一项处理的变化对受试者类型和受试者行为变化的影响。比如说，我们对受试者禀赋的获得方式十分感兴趣，是劳动赚取的还是不劳而获的？相比通过劳动赚取禀赋的受试者（这在"现实生活"中更为常见），免费获取禀赋的受试者是零贡献类型的可能性更小。如果实验惯例会改变受试者的实际生活类型（会很容易改变受试者的行为），那么这一结果对外部有效性辩论很重要，这在门槛框架中很容易得到检验。

关于"受试者类型"有一点很重要，那就是不论在任何阶段，我们都无法断定特定受试者属于哪种确定的类型。比如，在公共品博弈中，一个在任何情况下贡献都为零的受试者可能是搭便车者，但是我们不能有把握地断言该受试者就是一个搭便车者。我们最多能够做到的就是在进行模型估计后计算出每一受试者的后验概率。运用贝叶斯定理能够完成这一点。据推测，贡献总是为零的受试者是一个搭便车者的后验概率很高。在连续异质性的条件下,我们可以运用类似技术。例如,我们在风险选择模型中假设了一个关于受试者风险态度的连续变量,我们可以运用贝叶斯定理进行估计,计算出每一受试者的后验风险厌恶估计值。这种方法在许多方面都很有效。

在有限混合模型中,以类型概率(或混合比例)作为权数,特定受试者对应的似然贡献是对应不同类型的概率或密度的加权平均数。在连续异质性的条件下,由于单个受试者对应的似然贡献成为表现出异质性的变量积分,估计问题在某种程度上也变得更加复杂。因此,评估似然函数的步骤必须要包含一些积分计算的数值分析方法。本书中所采用的方法是最大模拟似然(MSL)方法[参见 Train(2003)]。这一方法是基于如下原理:积分可以通过评估各种情况下的整体变量的模拟值,然后取这些函数值的平均值来计算得出。这些模拟变量并不是随机数字,而是通过 Halton 抽样(Halton draws)得出更高效积分估值。

1.8 实验计量经济学的涉他偏好

随着行为经济学的发展与完善,经济学界已经逐渐摆脱利己主义的最大效用刚性假设,开始转向其他概念,如涉他偏好和不平等厌恶等。但是我们通常认为,不管影响受试者行为的因素是什么,我们都可以采取某种方式,将这些因素纳入个体的效用最大化函数中。例如,与传统效用函数类似,一个效用函数包含了一个代表利己主义的部分,但还包含了第二个部分,代表个体对其周围其他受试者福利的重视程度。这种函数的优化结果是"涉他"行为,且许多实验已经开始研究这种行为。这有一个特别容易理解的应用,例如,在独裁者博弈中,假设效用函数有两个部分,"自我回报"和"他人回报",确定好函数的相关参数,并用计量经济学方法对参数进行估计。这种类型的估计方法在 Andreoni 和 Miller(2002)和其他文献中都有应用。在这些模型的应用中,要想知道实验处理(比如初始禀赋是挣来的还是不劳而获的)是否影响受试者行为,可以研究该处理对效用函数参数的影响,而不是只考虑其对结果变量的影响。Jakiela(2013)中就有这种类型的处理检验。

本书中诠释涉他偏好的章节以这一效用函数为起点,并且考虑了很多种估计方法。具体地说,就是将模型做了一个延伸,用符合理论预测的方法将他人回报的零观测值(即利己)纳入模型,并将它们处理为独裁者约束优化问题的角点解。对模型所做的另一个扩展就是有限混合模型,这一内容与 Cappelen 等(2007)研究的内容相似。这种模型假定不同的受试者有不同的公平理念,他们的行为是由这种理念及他们的自利程度决定的。最后,本书还介绍了一种完全不同的估计策略,以适用于不同的分配决策数据(Engelmanm and Strobel,2004)。合适的模型就是条件逻辑模型。该模型对于估计知名的 Fehr 和 Schmidt(1999)效用函数的参数是非常有用的,这些参数分别反映了受试者对于有利和不利不平等的厌恶程度。

1.9 实验计量经济学中的有限理性建模

在交互博弈中,基本预测通常采取纳什均衡形式。纳什均衡基于以下假设:代理人对他人行为持有正确的信念,并且以最优的方式对这些正确的信念进行回应。通常情况下,我们实际观察到的行为是偏离理论预测的,并且我们需要建立模型来反映这一偏离现象。用于这个目的的模型往往被认为是有限理性模型。关于这方面内容的最新研究成果,可参见 Crawford 等(2013)。

其中一个方法是量子反应均衡(QRE)模型(McKelvey and Palfrey,1995),这个模型假设每个博弈者的行为满足一个分布,在该分布中,对于其他博弈者的扰动行为都有一个最优的"扰动"回应。值得注意的是,这个最优回应假设是比较宽松的,因为决策是"噪声"的。但是,正确的信念假设是令人满意的,因为博弈者对其他人的扰动行为都有正确的信念。

另外一种方法就是 k 层级模型(Nagel,1995),假设每个博弈者都有不同(有限的)水平的推理能力,并且每个博弈者都相信其他所有博弈者的推理水平比自己的低一级。显然,与 QRE 模型认知不同,这一假设说明博弈者对其他人行为的信念是不正确的。与 k 层级模型密切相关的是认知层次模型(Camerer et al.,2003),该模型假设博弈者相信所有人的推理层级是不完全相同的,并且其他人的推理层级是分布在低于自己的推理层级之间的,这一假设也更为合理。

应用 k 层级模型和认知层次模型的一个最直接的方法是:在每一层级的最优回应基础上加上一个均值为零的扰动项。这个方法在 Bosch-Domènech 等(2010)和 Runco(2013)中都有采用,并且在这本书中也有大量的应用。

1.10　实验计量经济学中的学习行为建模

如果代理人并不完全依照均衡进行运作,会出现一个明显的问题:是否存在一种使代理人收敛于均衡的学习过程? 这个问题可能在每一受试者执行一系列任务时被提出。解决这个问题最简单的方法就是在决策变量模型中使用任务数作为解释变量。任务数随即发挥作用:判断行为在受试者获取经验时是否以及以怎样的速度向均衡收敛。

在一些情境中,要求使用解释变量。例如,在个体决策过程中,我们有时会发现在 EU 中出现误差的参数会随着经验的增加向 EU 收敛(Loomes et al.,2002)。随机条件也随着经验发生变化。尤其是抖动概率在实验过程中一路衰退至零点,让人安心的是,这暗示了误解和完全失去专注都是暂时现象。在进行一系列博弈的公共品博弈中,贡献随着经验递减。在贡献方程式中,简单地使用任务数作为解释变量通常被认为是获取效果的最佳方法。

在上述情境中,学习(通常)只与任务有关,而与其他参与者的行为无关,甚至与之前任务的结果无关。上述情况有一个相当标准的共同特征,即出于固有的实验设计,受试者无法根据之前几轮检验的结果获取反馈。因此,在这样的情况下,学习过程的模型建立只是简单地需要在某种程度上让任务号决定特定参数。

在有反馈的实验性博弈中情况又不一样了。每一轮中,受试者双方均可知对手所选择的策略及以双方收益来表示的结果。因此,他们可以直接知晓对方行为和对自己最有利的策略类型。其他参与者的学习过程变得更加复杂,其他参与者的行为也会随经验的获取而发生改变。那么,一个综合广泛的学习模型应该包含参与者自己过去的收益影响和对手过去选择的影响。从计量经济学角度来看，由于我们现在需要明确获取现阶段行为、过去行为和产出结果之间的关系，因此模型建立策略从静态向动态发展。

本书提及了大量此类模型。定向学习理论，由 Scltcn 和 Stoecker (1986)首次提出，是动态学习模型的简单形式，在该模型中假设受试者会在每一阶段根据之前阶段的产出结果调整自身行为。强化学习理论(Erev and Roth，1998)基于这样一种理念：参与者的策略选择倾向是之前阶段所选择策略结果带来收益的正函数。信念学习理论(Cheung and Friedman，1997)基于这样一种理念：参与者根据各种选择所能带来的收益对策略进行调整。

强化学习模型主要被心理学家使用，而信念学习模型主要被决策和博弈论者使用。经验加权吸引力(EWA)模型是一种将前述两种模型进行嵌套而得的模型，由 Camerer 和 Ho(1999)开发。这一模型非常具有实用性，因为它构建了一种框架，能够检验两个模型中哪一个与数据更相容。但是该模型包含了大量的参数，很可能被认为是过度参数化的。

1.11　关于本书

本书的主要目的是要向读者清晰地、有条不紊地演示实验计量经济学是如何应用的。本书不包含计量经济学理论中的任何细节，比如，估计量性质的推导及检验。对于这部分主题，读者可以参考主流的计量经济学书籍，如 Wooldridge(2012)或 Greene(2008)。

这本书的另一个还未设定的目标是为包含在书内的主题提供一份全面的文献综述。在每章的主体部分，只有引文是涉及与技术直接相关的研究，而在每章的最后，会有一个版块给出一部分建议，利于想要进一步钻研某个特定主题的读者深度研读。

在第 12 版的 STATA(StataCorp，2011)中所有的工作任务都有示范。所有在文中用到的数据集在网上都可以查到（www. palgrave. com/moffatt），并且在附录 A 中列出。在示范中用到的一些数据集是真实的，且在已出版作品中被采用，其他一些数据集是模拟的，所有模拟数据集包含后缀名 sim，重要的是，如果这些数据集被读者采用，它们只能被用于练习技术。在找不到合适的真实数据集的情况下，模拟数据集十分有用。事实上，本书的某一章解释了如何使用包含所需结构和特点的模拟数据集。

许多任务在现有的 STATA 命令下就可以执行和实施，书中采用的大部分 STATA 命令都在附录 B 中列举出来。在特定情况下，所需 STATA 命令并不存在，网上用户编写的程序可以满足需要。使用 STATA 查询命令 findit，这些程序可以被轻松建立和安装。对于另外一些任务，STATA 编程是必须的。我们假定用户会使用 STATA 的基础技能，比如怎样创造和执行文件，但是程序本身会有详细解释。在某些情况下，会用到 MATA。MATA 是一门内置于 STATA 的矩阵编程语言，一些较为先进的任务只有在 STATA 代码中纳入 MATA 命令才可能执行。

在少数情况下，会用到 Excel 输出，一些 Excel 文件也可以在 www.pal-grave.com/moffatt 上查阅到。Excel 输出针对一些特定的强调计算灵活性的问题，如输出变化自动对应输入变化。

有些章节最后附有练习，有些章节最后没有练习，因为一些主题更适用于练习。

第 2 章主要讲述实验经济学中实验设计的统计学知识，更为重要的是，它提供了"功效分析"的先例，功效分析是用来为处理检验选择一个合适样本容量的程序。同时，它也描述了不同的设计类型，如阶乘、模块和受试者内设计，也解释了一次性设计、合作伙伴设计和陌生人设计之间的区别。最后，它还描述了管理一个受试者多项任务的方法，即随机彩票激励（random lottery incentive，RLI）方案和策略方法（strategy method，SM）。第 2 章也介绍了四个非常著名的实验——最后通牒博弈、独裁者博弈、信任博弈和公共品博弈，这些博弈在全书中被多次运用。

第 3 章讲述了处理检验。该章包含了许多实操案例，其中一些涉及真实的数据集，还包含参数检验和非参数检验，对比强调两种方法的优点和缺点，以及每种方法适用的情况。此外，还介绍了自助法，这是一种当潜在分布假设不成立时，可以让参数检验更有效的方法。该章还包含了比较完整分布检验和内部检验。

第 4 章从回归分析角度考虑处理检验。应用程序从拍卖实验和竞赛实验中取得数据，在基础预测理论检验、静态比较预测检验和不均衡行为原因检验间展开讨论，该章涵盖了涉及解决依赖性的方法，包括聚类、区块自助法以及面板数据和多层次模型的图解分析。在该章的最后，提供了一个将元分析应用于竞赛实验的实例。

第 5 章给出了一个与众不同的回归分析应用——决策时间分析。近年来,这个领域十分受欢迎,部分原因是决策时间是测量受试者耗费精力的有效途径[例如,参见 Moffatt(2005b)]。面板数据估计和检验将在本章中再次被阐释。

第 6 章和第 7 章主要围绕当结果是离散型变量时,可以采用的建模方法,如二元数据模型、截尾数据模型、区间回归和顺序模型。几乎所有的这些情况,都可以采用 STATA 内置命令来解决。此外,在第 6 章中,将介绍 STATA 中的 ml 例程(Gould et al.,2010),并且将它应用到简单的最大似然估计问题中去。

第 8 章在进一步利用 ml 例程的基础上,介绍了有限混合模型,最后一个实例使用了一个公共品实验中的真实数据,并且第一次提出了将 ml 例程应用于面板数据问题。

第 9 章讲解了实验数据的模拟。该章包含了怎样模拟面板数据、动态面板数据和二元面板数据。如前所述,模拟数据适用于真实数据不存在的情况,模拟数据对检验程序与调查估计和检验属性也十分有用,后者是使用蒙特卡洛技术完成的。蒙特卡洛技术的使用会在该章中演示,其中包含了第 7 章中衍生出来的对评估检验统计量问题的应用。

第 10 章介绍了 MSL 方法,该方法是处理连续异质性的标准模型结构,此外,本章还包括了 MSL 被应用于模拟数据集的例子。第 11 章包含了在面板门槛模型估计中首次应用 MSL,该模型允许面板数据集中零贡献类型的存在,并且还被应用到了先前已发表的数据集中。这个门槛框架的一个优点就是它允许改变受试者类型及其行为。第 12 章涵盖了风险决策的理论问题,并且为第 13 章的风险选择模型构建建立了基础,同时这也是 MSL 方法的第二个应用。

第 14 章是关于二元选择实验的最优设计问题,该章从统计学文献中借鉴了发展完善的最优设计理论,并将该理论应用到了特定经济实验中。

第 15 章所涉及的是社会偏好模型的估计问题,其核心是效用函数中"自我回报"和"他人回报"部分的参数估计。从独裁者博弈中得到的真实数据被用来做了相应的演示。我们使用了多种方法对效用函数的参数进行了估计,包括:设定非负约束以解释零观测值的模型;允许个体有不同公平理念的混合模型;以及建立在受试者分配决策数据基础上的离散选择模型。

第 16—18 章是关于用实验博弈中的数据进行实验经济学建模的问题。

第 16 章解释了 QRE 模型,用追逃博弈中的真实数据阐述了该模型的估计。QRE 模型同样适用于第 4 章的竞赛数据。第 17 章建立了 k 层级和认知层级模型,解释了如何运用猜估博弈中的模拟数据估计它们。第 18 章包括了大量的学习模型:定向学习(DL)、强化学习(RL)及信念学习(BL)。最后以具有大量参数的、嵌套了强化学习和信念学习模型的经验加权吸引力模型作为结尾。

本书的一大特征在于章节间的紧密连接。因为这个学科领域的主题在不同情境下都有体现,章节间存在着大量的交叉引用。例如,第 13 章中关于风险选择的实验经济学建模的数据设置,就是运用第 9 章里所讲的技术模拟得出的,估计也是运用第 10 章里详细描述的 MSL 框架方法进行的。另外,第 13 章的风险选择模型估计的一个副产品就是在第 5 章中扮演着非常重要的角色的"无差异接近程度"的度量。

最后,本书有三个附录。附录 A 提供了数据集的列表和一些本书参考的其他文件,也可以在 www.palgrave.com/moffatt 上查阅这些内容。附录 B 提供了书中使用较多的 STATA 命令,以及关于每一个命令的简洁解释。附录 C 包含了一张表格,对第 5 章和第 13 章分析的风险选择实验用到的 50 个选择问题进行了定义。

2 实验经济学中实验设计的统计学基础

2.1 引言

本章主要涉及实验经济学中实验设计的内容。与经济学的其他领域不同,实验经济学中的数据生成过程是受实验者控制的。正因如此,识别处理效应所需的假设远远没有其他领域那样严格。在实验设置中,识别处理效应所需的主要假设就是适当的随机化(对合适的样本容量)。正如 List 等(2011)指出的,随机化发挥着工具变量在数据自然生成情境中所起的作用。

如果框架(framework)是其中一个处理检验,实验设计问题将相对简单。所需样本容量是实验设计的一个中心问题,而选择样本容量的一个有效框架就是功效分析。功效分析的主要目的是找到合适的样本容量,使给定的处理检验达到预先设定的功效水平。本章包含了功效分析的基础知识。

其他设计问题涉及匹配方式:熟人匹配与陌生人匹配。这与聚类问题密切相关。我们也将考虑一些实验设计:如随机彩票激励机制和策略方法。

2.2 平均处理效应

本节为处理效应分析提供了一个正式框架。人们普遍认为每个个体都有自己的处理效应,并且个体处理效应通常是围绕一个平均值随机波动的。我们特别感兴趣的是对平均处理效应(ATE)进行估计。

考虑一个特殊处理对特殊结果变量 Y 的影响。设 T 为一个二元变量,代表不同的处理状态:$T=1$ 代表处理;$T=0$ 代表控制。$Y_i(T)$ 是给定处理状态 T 下,受试者 i 的处理效应结果。

针对结果变量,我们假设了一个简单模型,如式(2.1):

$$Y_i(T) = \alpha + \beta'X_i + \bar{\tau}T + \tau_i T + \epsilon_i \tag{2.1}$$

其中,X_i 是所观察个体特征(如性别)的向量,且该个体特征会影响结果变量;$\bar{\tau}$ 是 ATE;τ_i 是受试者所特有的处理效应,且 $E(\tau_i)=0$;ϵ_i 是一个独立同分布随机误差项。综上,可将 ATE 定义为:

$$\bar{\tau} = E[Y_i(1) - Y_i(0)] = E[Y_i(1)] - E[Y_i(0)] \tag{2.2}$$

处理检验的难点在于:通常不能观察到式(2.2)右边的两个数值。对于一个给定的 i,我们只能观察到数值 $E[Y_i(1)|T=1]$ 和 $E[Y_i(0)|T=0]$,也就是说,我们只能观察到我们选择施加处理的受试者平均行为,以及我们没有施加实验处理的受试者平均行为。如果受试者接受处理的倾向与受试者可观察或不可观察的特征相关,ATE 的估计值 $\hat{\tau}$ 将是有偏的,因为:

$$\hat{\tau} = E[Y_i(1)|T=1] - E[Y_i(0)|T=0] \neq E[Y_i(1)] - E[Y_i(0)] = \bar{\tau} \tag{2.3}$$

采用随机化是为了确保处理分配独立于其他无关变量,则在式(2.3)中有 $E[Y_i(1)|T=1] = E[Y_i(1)]$,$E[Y_i(0)|T=0] = E[Y_i(0)]$,说明估计的处理效应是 ATE 的无偏估计值。

这个框架所隐含的关键假设是:受试者特有的处理效应[即式(2.1)中的 τ_i]分布是"表现良好的",即围绕 ATE 呈钟形对称分布。而在具体的情境中,预期这一假设不成立是合理的。例如,样本总体中有一半的人对实验处理做出反应,且处理效应为 +1.0;剩下一半的人对处理不予回应,处理效应为 0。很明显,这种情形下的 ATE 为 +0.5,但这种处理效应度量是具有误导性的,因为它不接近于任何个体受试者的实际处理效应。度量这种离散分布的处理效应的最好方法是采用混合建模框架(McLachlan and Peel,2000)。该框架假设"受试者类型"不止一种,且各类型受试者对处理的反应方式及占总体的比重(即"混合比例",被估计为额外参数)也各不相同。混合建模方法在本书的后面章节也被多次运用。

2.3 随机化技术

正如上一节所述,随机化的重要性在于它产生了一种能够识别处理效应的情形。在这里,我们讨论几种常见的随机化技术,更多细节可参考 List 等(2011)。

2.3.1 完全随机设计

实验设计中最简单的设计是完全随机设计。从受试者池中随机抽出一个样本,并且按照一定的概率将实验处理分配给受试者,且整个过程独立于受试者任何可观察或不可观察的特征。这种方法的优点在于它能够将实验处理与受试者之间的关联性风险最小化;缺点在于每个处理中的样本容量是随机的,得到的结果方差可能会很大,所有的这些因素会削弱实验者从实验数据中提取统计推论的能力。

2.3.2 因子设计

针对完全随机设计产生的随机样本容量问题,最直接的解决方法是给每一个处理组或处理组的组合事先确定好受试者数量。当然,重要的是我们不能按照受试者到达实验场所的先后顺序给其分配处理组,因为到达时间很有可能与受试者的特征相关联。实验组织者应该在受试者到达现场时,分给他们一个随机号码,以决定后面处理组的分配。当达到事先确定的数量目标时,应立即停止对实验受试者的招募。

参考一下接下来给出的分配实验(比如,独裁者博弈)。我们假设这里有两个处理方案:高赌注与低赌注(低赌注作为"控制组");有交流(两个参与者之间)与无交流(无交流作为"控制组")。假设我们设计的实验数字如下面表格所示;每个处理组合应用于 30 个实验受试者,总共有 120 个受试者。表格里的每个单元格都代表一个"实验"。

	低赌注	高赌注
无交流	30	30
有交流	30	30

这个就是所谓的"全因子设计",因为所有可能的处理组合都被包含在内,它也被视为一个"2×2设计"。除了两个 ATE 外,如果我们还对两个处理间的"相互作用"感兴趣,那么使用这种设计是有效的。例如,我们可能假设当风险更高时,交流就显得没有那么重要,这或许是因为财务动机会"挤出"内在动机。为了检验两个处理间的交叉效应,使用全因子设计就很有必要了。

但是如果我们对这种交叉效应并不感兴趣,仅仅对"主要效应"(即处理本身所持有的效应)感兴趣,作出如下的设计就已足够:

	低赌注	高赌注
无交流	30	30
有交流	30	0

在这个设计里只需进行三个试验,总共的实验受试者数量只有 90 个,这个就是所谓的"部分因子设计"。如果实验处理方案的数量更大的话,全因子设计和部分因子设计间的区别将会更明显。确切地说,如果有 m 个处理方案,全因子设计将要求完成 2^m 个试验,而只需辨别 m 个处理方案主要效应的部分因子设计就只需要完成 $m+1$ 个试验。很显然,在只对处理方案主要效应感兴趣的情况下,大幅缩减样本容量是可行的。

2.3.3　区组设计

如果受试者池在某些可观察的方面中呈现显著的异质性,采用区组设计是比较合适的。按可观察的特征[包含在式(2.1)的矢量 X_i 内]将实验单位分为不同的区组,然后在区组内而不是区组间实施随机化。进行区组设计的变量就是我们所知的区组因子(blocking factor)。一般地,区组因子通常是实验可变性的根源,但不是实验者主要关注的对象。

一个常用的区组因子是性别。性别可能是结果可变性的重要根源,且按性别进行区组设计,能有效控制这一可变性根源,使实验者对感兴趣的处理效应估计得更为精确。

2.3.4 受试者内设计

受试者内设计(即重复测量设计)可视为区组设计的一种特殊情况,在该设计中,实验者按单一受试者进行分组,且每个受试者要接受一个以上的实验处理。受试者内设计的一个显著优势在于受试者特有效应的影响[式(2.1)里的 $\alpha_i = \alpha + \epsilon_i$]从本质上得到消除,而这极大地提高了处理效应估计的准确性。

形式上,如果 $\hat{\tau}_{bs}$ 和 $\hat{\tau}_{us}$ 分别是使用相同数量 N 的观察对象得到的样本间估计值和样本内估计值,则(List et al.,2011):

$$V(\hat{\tau}_{us}) = V(\hat{\tau}_{bs}) - \frac{2}{N}V(\alpha_i) \tag{2.4}$$

对于式(2.4)可做如下理解:如果所有的实验受试者都是相同的,则 $V(\alpha_i) = 0$,这时使用受试者内设计是没有任何益处的;但是如果受试者间存在显著的差异性,$V(\alpha_i)$ 的值是很大的,则受试者内设计的优势是相当显著的。

受试者内设计的缺点是其可能存在"顺序效应",也就是说,受试者的行为取决于受试者接受实验处理的顺序。

2.3.5 交叉设计

顺序效应问题可以通过改变受试者接受实验处理的顺序来解决。比如,有两个实验处理 A 和 B,让一半受试者接受处理的顺序为"先 A 后 B",另一半接受处理的顺序为"先 B 后 A"。这两组间的差异将会证实顺序效应的存在,在处理检验中需要对该效应加以控制。

2.3.6 ABA 设计

"ABA"指的是实验设计开始于一个基准期,在该基准期(A)内,不施加任何处理,而在接下来的一个时期(B)内,引入处理,再在下一个实验期(A)

内移除处理，这样不施加处理的行为将会被再次观测到，使得观测受试者在处理前、处理中和处理移除后三个阶段的行为成为可能。

2.4 有多少受试者？ 功效分析的基础

在决定需要招募多少受试者时，使用功效分析（Cohen，2013）是非常有效的。功效分析指的是确定研究样本容量的正式过程。这个过程的重要性在于它决定了实现特定检验功效的必要样本容量。一个检验的功效指的是当一个真效应实际存在时，判定这一效应为"真"的概率。

本节使用的功效分析是建立在结果连续这一假设基础之上的。在第 14 章，我们将解决一个更苛刻的问题，即二元结果情况下的最优设计问题。

2.4.1 一个样本的情况

假设我们有兴趣研究连续分布结果测量 Y，其总体均值为 μ。进一步假设我们想要检验原假设 $\mu = \mu_0$ 与备择假设 $\mu = \mu_1$，且 $\mu_1 > \mu_0$。[①]基于这一目标，我们计划采集一个容量为 n 的样本，并且我们需要确定 n 的值。在进行这一操作之前，我们需要先设置两个数值：第一个是检验水平 α，即原假设为真时拒绝原假设的概率（第 Ⅰ 类错误概率）；第二个数值为原假设为假时接受原假设的概率（第 Ⅱ 类错误概率），这一概率通常用 β 表示。值得注意的是，原假设为假时拒绝原假设的概率就等于 $1-\beta$，即所谓的检验功效，我们用 π 表示。

标准情况下，我们令 α 为 0.05，有强制性理由时另当别论。尽管效用没有正式的标准，但是很多学者都将 $\pi = 0.80$ 作为一个合适的标准来评估他们的检验功效。此时，相应的 β 值为 0.2。这些惯例揭示了在第 Ⅰ 类错误概率和第 Ⅱ 类错误概率之间存在 4 比 1 的权衡关系。

---

① 备择假设几乎总是涉及不等式，例如，$\mu > \mu_0$ 或 $\mu \neq \mu_0$。然而，在功效分析的背景下，原假设和备择假设都采用等式形式是必要的，以便定义找到所需样本量的问题。在备择假设下的值被假设为要么来自先验信念，要么来自之前的研究，要么来自试点研究。

确定了 α 和 β 的值之后，我们进一步进行功效分析。采用的检验为单样本 t 检验，该检验建立在以下统计检验基础之上：

$$t=\frac{\bar{y}-\mu_0}{s/\sqrt{n}} \tag{2.5}$$

其中 $\bar{y}$ 和 s 分别代表样本容量为 n 时的样本均值和标准差。在原假设条件下，式(2.5)中定义的 t 呈 $t(n-1)$ 分布。因此，根据我们确定好的 α 值，拒绝条件就是 $t>t_{n-1,\alpha}$。

考虑到最终确定的 n 值会相对较大，我们可以采用正态近似值，则拒绝条件变为 $t>z_\alpha$，这极大地简化了分析难度。

检验功效如下：

$$\begin{aligned}
P(t>z_\alpha \mid \mu=\mu_1) &= P\left(\frac{\bar{y}-\mu_0}{s/\sqrt{n}}>z_\alpha \mid \mu=\mu_1\right)\\
&= P\left(\bar{y}>\mu_0+\frac{z_{0.05}}{s/\sqrt{n}} \mid \mu=\mu_1\right)\\
&= P\left(\frac{\bar{y}-\mu_1}{s/\sqrt{n}}>\frac{\mu_0+z_\alpha s/\sqrt{n}-\mu_1}{s/\sqrt{n}} \mid \mu=\mu_1\right)\\
&= \Phi\left(\frac{\mu_1-\mu_0-z_\alpha s/\sqrt{n}}{s/\sqrt{n}}\right)
\end{aligned}$$

如果这个期望的检验功效为 $1-\beta$，得到：

$$\frac{\mu_1-\mu_0-z_\alpha s/\sqrt{n}}{s/\sqrt{n}}=z_\beta \tag{2.6}$$

重新整理式(2.6)得到：

$$n=\frac{s^2(z_\alpha+z_\beta)^2}{(\mu_1-\mu_0)^2}$$

当我们确定的 α 和 β 值分别为 0.05 和 0.20 时，可以得到 $z_\alpha=1.645$ 及 $z_\beta=0.84$。因此，我们可以得到必要样本容量的公式为：

$$n=\frac{6.17s^2}{(\mu_1-\mu_0)^2} \tag{2.7}$$

举一个关于式(2.7)的应用例子，假设检验原假设 $\mu=10$，备择假设 $\mu=12$，且我们恰巧知道样本数据的标准差为 5，应用式(2.7)可以得到：

$$n=\frac{6.17\times5^2}{(12-10)^2}=38.6$$

很明显,这里的 n 应该为整数,同时为了确保达到必要的功效要求(即功效至少为 0.8),我们应该向上取整而不是向下取整,所以这个例子里的样本容量应该是 39。

我们可以用 STATA 命令 sampsi 来直接执行这一运算,sampsi 命令是 STATA 的 immediate 命令中的一个个例。一个 immediate 命令(总是以字母 i 结束)获得的结果并不来自内存中已存储的数据,而是来自使用时所输入的参数。为了使用 sampsi 命令完成对上述例子的分析,需要采用如下语句:

```
. sampsi 10 12 , sd(5) onesam oneside p(0.8)
```

主要的争议在于,原假设和备择假设中的值(10 和 12)。语句中的选项可做如下理解:"sd(5)"指的是已知的标准差为 5;"onesam"指的是要求采用单样本检验;"oneside"表示采用单尾检验;"p(0.8)"指规定的功效水平为 0.8。该命令导出的结果如下所示。值得注意的是,该命令得出的必要样本容量为 39,和前面的计算结果一致。

```
Estimated sample size for one-sample comparison of mean
  to hypothesized value
Test Ho: m =   10, where m is the mean in the population
Assumptions:
          alpha =   0.0500   (one-sided)
          power =   0.8000
 alternative m =       12
           sd  =        5
Estimated required sample size:
            n  =       39
```

2.4.2 有处理检验情况下的样本容量选择

我们现在考虑一种实验经济学里稍微复杂且更加普遍的情况:有两个样本,一个是控制样本,一个是处理样本。研究的目的是探究两个样本得出的结果是否存在显著的差异。这里同样可以使用功效分析来确定达到这一目标所需要的样本容量。

设 μ_1 和 μ_2 分别为控制组和处理组的总体均值。我们感兴趣的原假设为 $\mu_2-\mu_1=0$(即实验处理没有影响);备择假设为 $\mu_2-\mu_1=d$(即实验处理有影响且效应量级为 d）。d 就是所谓的"效应量"，为了找到合适的必要样本容量，一开始就设定好 d 值是非常有必要的。我们假定所选择的 d 值是从先验理念、前人研究或者试点研究中得到的。

检验原假设 $\mu_2 - \mu_1 = 0$ 所需要的检验方法是独立样本 t 检验。如果这两个样本容量分别是 n_1 和 n_2，样本均值分别是 $\bar{y}_1$ 和 $\bar{y}_2$，样本的标准差分别是 s_1 和 s_2，则独立样本 t 检验统计量为：

$$t = \frac{\bar{y}_2 - \bar{y}_1}{s_p \sqrt{\dfrac{1}{n_1} + \dfrac{1}{n_2}}}$$

其中 s_p 是"混合"样本标准差，公式为：

$$s_p = \sqrt{\frac{(n_1 - 1)s_1^2 + (n_2 - 1)s_2^2}{n_1 + n_2 - 2}}$$

原假设条件下的 t 分布是 $t_{n_1 + n_2 - 2}$。这里同样可以使用正态近似值来简化计算，因此我们将使用一个关键值 z_α。

很明显，在双样本检验中，我们需要为每个样本找到必要样本容量，即两个必要样本容量 n_1 和 n_2。但是最开始我们先令这两个样本的容量相等，即 $n_1 = n_2 = n$，检验统计量变为：

$$t = \frac{\bar{y}_2 - \bar{y}_1}{s_p \sqrt{\dfrac{2}{n}}}$$

检验功效为：

$$P(t > z_{0.05} \mid \mu_2 - \mu_1 = d) = P\left(\frac{\bar{y}_2 - \bar{y}_1}{s_p \sqrt{\dfrac{2}{n}}} > z_\alpha \mid \mu_2 - \mu_1 = d\right)$$

$$= P\left(\bar{y}_2 - \bar{y}_1 > z_\alpha s_p \sqrt{\frac{2}{n}} \mid \mu_2 - \mu_1 = d\right)$$

$$= P\left(\frac{\bar{y}_2 - \bar{y}_1 - d}{s_p \sqrt{\dfrac{2}{n}}} > \frac{z_\alpha s_p \sqrt{\dfrac{2}{n}} - d}{s_p \sqrt{\dfrac{2}{n}}} \mid \mu_2 - \mu_1 = d\right)$$

$$= \Phi \left(\frac{d - z_a s_p \sqrt{\dfrac{2}{n}}}{s_p \sqrt{\dfrac{2}{n}}} \right)$$

如果期望的检验效用是 $1-\beta$，我们将会得到：

$$\frac{d - z_a s_p \sqrt{\dfrac{2}{n}}}{s_p \sqrt{\dfrac{2}{n}}} = z_\beta \tag{2.8}$$

重新整理式(2.8)我们可以得到：

$$n = \frac{2 s_p^2 (z_a + z_\beta)^2}{d^2}$$

再一次代入确定好的 α 和 β，我们将会得到 $z_a = 1.645$，$z_\beta = 0.84$。我们可以得到必要样本容量公式为：

$$n = \frac{12.35 s_p^2}{d^2} \tag{2.9}$$

针对式(2.9)，我们举一个例子。假设我们正在检验的检验量 $d=2$，且我们已经知道总体 1 和总体 2 的标准差分别为 4.0 和 5.84。鉴于这两个样本容量相等，合并标准差为 5.0，通过式(2.9)我们可以得到：

$$n = \frac{12.35 \times 25}{4} = 77.2$$

向上圆整，我们得到(每个处理组的)必要样本容量为 78。

执行该检验的 STATA 语句为：

```
. sampsi 10 12 , sd1(4.0) sd2(5.84) oneside p(0.8)
```

主要的争议在于 μ_1 和 μ_2 的取值。在这里我们可以选用任何值，只要它们的差值(即效应量)为 2。选项为两个样本的标准差及单尾检验要求。这个命令导出的结果如下所示。值得注意的是，该命令得出的必要样本容量和计算得出的一致。

```
Estimated sample size for two-sample comparison of means
```

```
Test Ho: m1 = m2, where m1 is the mean in population 1
                  and m2 is the mean in population 2
Assumptions:

        alpha =    0.0500   (one-sided)
        power =    0.8000
           m1 =       10
           m2 =       12
          sd1 =        4
          sd2 =     5.84
        n2/n1 =     1.00

Estimated required sample sizes:
           n1 =    -   78
           n2 =       78
```

2.4.3 不等成本的处理

在前面的分析中,我们限定两个处理中的样本容量是相等的。但由于处理组和对照组间存在抽样成本差异,我们需要放开这一约束。假设实验的研究重心是激励效应,且实验中设有低激励处理和高激励处理。很明显,预期高激励处理的成本更高是符合逻辑的。

这种情况下,为了在成本约束内获得期望效用水平,应该设定样本容量,使得样本容量的比率和成本比率的平方根成比例。确切地说,如果这两个处理中的人均成本分别是 c_1 和 c_2,则设定的样本容量应满足:

$$\frac{n_2}{n_1} \propto \sqrt{\frac{c_1}{c_2}} \qquad (2.10)$$

例如,我们假设高激励处理的人均成本是低激励处理的 4 倍,根据式(2.10),我们可以得到低激励处理的样本容量应是高激励处理的 2 倍。

在 STATA 中,用 sampsi 命令完成这一运算,需要再多添加一个选项 "r(.)",用于 n_2/n_1 比率的设定。如果低激励处理为处理 1,我们就令 $r = 0.5$,命令和结果如下所示。值得注意的是,结果正如所要求的那样,低激励处理的期望样本容量(131)(几乎)是高激励处理的期望样本容量(66)的 2 倍。

```
. sampsi 10 12 , sd1(4) sd2(5.84) oneside p(0.8) r(0.5)

Estimated sample size for two-sample comparison of means Test Ho: m1
= m2, where m1 is the mean in population 1
                  and m2 is the mean in population 2
Assumptions:
```

```
alpha   =   0.0500   (one-sided)
power   =   0.8000
   m1   =        10
   m2   =        12
  sd1   =         4
  sd2   =      5.84
n2/n1   =      0.50

Estimated required sample sizes:

   n1   =       131
   n2   =        66
```

当然,如果实验者受限于成本约束,且完成期望样本容量的预算又太大,那么需要放宽功效要求。例如,将功效从 0.80 降到 0.60,我们就能得到更小的必要样本容量,且完成检验的成本在预算约束内:

```
. sampsi 10 12 , sd1(4) sd2(5.84) oneside p(0.6) r(0.5)

Estimated required sample sizes:

   n1   =        76
   n2   =        38
```

2.4.4 集群设计的样本容量

思考如下情况。你负责教授一个模块,一共有 300 个学生。这些学生被分成 30 个"研讨小组",每组 10 人,且这些小组每周都会开会一次。你想要组织一个实验,打算从这些学生中挑选出实验样本。假设你已经按照前面章节中的指导进行了功效分析,确定实验所需的受试者容量为60。为了方便管理,你从这 30 个小组中随机挑选 6 组,并在被选中的 60 个学生中开展实验。这个过程就叫"集群设计",其中的研讨小组就是"集群"。

不幸的是,集群设计的方便性也带来了并发问题。我们可以预期,如果结果在组内呈现相关性,那么为了获得期望的功效水平,就需要一个容量更大的样本。为了使解释更为规范化,我们假设了如下一个模型,其中 u_j 为小组 j 的特定扰动项:

$$Y_{ij}(T) = \alpha + \bar{\tau}T + u_j + \epsilon_{ij}$$

为了达到期望功效,由独立观察假设所决定的样本容量受以下因素的影响会扩大[参阅 List 等(2011)]:

$$1 + (c-1)\rho$$

其中 c 是每个集群的容量(在本例中 c 为 10),ρ 是"集群内相关系数",被定义为:

$$\rho = \frac{var(u_j)}{var(u_j) + var(\epsilon_{ij})} \qquad (2.11)$$

为了理解式(2.11),首先想象各组间不存在差异,则 $var(u_j)=0$,因此 $\rho=0$。膨胀因子(2.4.4)是 1,意味着必要样本容量和前面的一样大。接下来,再想象组间存在差异,并且小组成员的行为是同质的,则 $var(\epsilon_{ij})=0$,因此 $\rho=1$。再次运用膨胀因子,可知受因素 c(团队数量)的影响,需要增加样本容量。这是因为,在这种极端情况下,从一个组内抽取多个受试者是毫无价值的,样本容量要求演变成了集群量要求。

在实践中,我们预期的 ρ 是一个较小的正数,代表了适度的组间差异。例如,若在本例中,$\rho=0.05$,受膨胀因子 1.45 的影响,样本量将从 60 上升到 87。这意味着我们需要将参与抽样的讨论小组数量从 6 增加到 9。

2.5 四个特别著名的实验

四个最著名的实验分别是最后通牒博弈、独裁者博弈、信任博弈和公共品博弈。这些博弈或者它们的组合在本书中被多次应用。基于这一原因,我们在本节对它们进行简单的描述。

2.5.1 最后通牒博弈

Güth 等(1982)介绍的最后通牒博弈如下:两个参与者("提议者"和"响应者")在一些固定金额的(比如 100 美元)分配上讨价还价。提议者首先提出一个分配方案(比如我分 65 美元,你分 35 美元),之后响应者面临两个选择:接受或者拒绝。如果响应者选择"接受",提议的分配方案就会被实施;相反,响应者选择"拒绝",两个参与者都不会得到任何数量的钱。唯一子博弈精炼纳什均衡是提议者只分给响应者最小出价单位的钱(或许是 1 美元),且响应者接受该提议。然而大量的实验证明,参与者的实际行为会偏离子博弈精炼纳什均衡,且偏离的方式是可预测的:提议者给出的提议经常是非常慷慨的,有时候是对半分配;响应者通常会拒绝"低"分配提议。Camerer(2003)报告了总的发现:提议者平均会分出总资金的 40%;在所有提议中,低报价提议约占 20%,且约有一半会被拒绝。

2.5.2 独裁者博弈

独裁者博弈是最后通牒博弈的简化版。在独裁者博弈里,提议者也是决定固定金额的分配,而响应者只能分得提议者分配后剩余的钱。在这个博弈中,响应者的角色完全是被动的,对于博弈的结果没有策略上的投入。有时候我们也说独裁者博弈中的响应者没有"否决权"。个体行为理性经济人模型认为:如果个体只关注自己的经济福利,提议者可能会把所有的钱都分给自己,而响应者一无所有。然而独裁者博弈中所观察到的行为对个体行为理性经济人模型进行了非常直接的检验,大量的实验证据拒绝了该模型:有相当比例的独裁者会分配给响应者可观的数量。平均来讲,独裁者会大约将禀赋数量的 20%给予响应者(Camerer,2003)。

2.5.3 信任博弈

在信任博弈里(Berg et al.,1995),两个参与者分别是"发送者"和"接受者"。发送者有一个初始禀赋,且他或她有机会把其中的一些或者全部转让给接受者。实验者会将发送者分出的数额扩大到原来的 3 倍,接受者接收这个转让数额(数量的 3 倍)之后,他或她可能会还钱给发送者。发送者转让的数额是对"信任"的一种自然度量,而接受者返还的数额是对"信赖"的一种自然度量。

信任博弈与独裁者博弈是相关的。在一定程度上,发送者把自己的禀赋转让给接受者,接受者就是一个独裁者。

信任博弈中的唯一子博弈精炼纳什均衡是:发送者转让 0 禀赋给接受者。这是因为发送者考虑到接受者可能会返还 0 禀赋给他,所以他没有必要向接受者转让任何数额的禀赋。同样,实验中观测到的实际行为以多种方式背离了这一预测结果。根据 Johnson 和 Misllin(2011)的元分析,发送者平均会转让他们原有禀赋的 50%,向接受者传递出合适的信任信息,而接受者大约会将他们所得数额(原始转让额的 3 倍)的 37％返还给发送者,这一返还量已足以"偿付"发送者的信任。

2.5.4 公共品博弈

公共品实验是在自愿贡献机制(VCM)下开展的,概述如下:对实验受试者进行分组,每组由 n 个成员组成。每个成员都拥有价值 E 代币的禀赋,并必须将该禀赋在私人账户和公共账户之间分配。受试者分配给自己私人账户的每个代币只为他自己挣得一单位收益(不会给其他人带来收益);相比之下,任何一个团队成员分配给公共账户的代币数将会乘以 m,之后在 n 个小组成员间平均分配。因此,团队成员分配给公共账户的每一个代币,会给每个团队成员带来 m/n 个单位的收益。这个比率被称为资本边际收益(MPCR)。通常情况下,$n>m>1$,使得 MPCR 尽管是正值,但严格小于1。

这个博弈的唯一子博弈精炼纳什均衡为每个受试者都作出零贡献。考虑到当分配一个代币给私人账户时,受试者可以获得一单位收益,而分配相同数量的代币到公共账户,他只能获得 m/n 个单位的收益,且 $m/n<1$,最后很显然受试者行为偏向该均衡。因此,不管团队其他成员的分配如何,每一个成员都会选择将他们持有的所有禀赋分配到自己的私人账户中,从而使得自己的收入最大化。

同样显而易见的是,这个纳什均衡对整个社会而言是低效的。当团队的每个成员都将禀赋放到私人账户,只会给每个成员带来 E 单位代币的收益;若所有成员都将他们的全部禀赋分配到公共账户里,每个成员都会得到 mE 单位收益,而 $mE>E$。值得注意的是,如果团队只由两个参与者组成,博弈情形将和著名的囚徒困境非常类似。

以上描述的使用 VCM 程序的实验在 Ledyard(1995)中已有过相关调查,一个总的发现是:平均每个受试者大约会贡献他所持禀赋的 40％给公共账户。当分析这种博弈数据时,我们首要的兴趣就是鉴别隐藏在这一贡献水平下的动机。我们尤其应该给予高度重视的一个动机是互惠动机:受试者的贡献水平与其他受试者之前的贡献水平呈正相关。另一个有趣的现象是,随着博弈的不断重复,贡献水平普遍会下降。

2.6　设计的其他方面

2.6.1　随机彩票激励机制

随机彩票激励(RLI)机制是一种精心制作的组内设计方式。每个受试者都需要完成大量不同的决策任务,这些任务可能是彩票的估价、两种彩票间的选择,也可能是整个博弈中的策略决策。每个任务都有明确的奖励结构,报酬是已做决策的函数,同时也是(机会博弈中)本能行动或者(策略博弈中)其他参与者行动的函数。在实验的最开始,受试者就被告知:当任务系列完成时,会随机挑选其中一个任务,并将该任务的结果作为受试者最终的报酬。

因为只有一个任务会真正地变为现实,RLI 机制有可能会鼓励受试者认真思考每个任务,仿佛它是真实的,也是自己所面临的唯一一个任务。如果受试者真的这样想,那 RLI 机制将能够有效消除财富效应,即任务回报影响后面决策所产生的效应。

如果任务的顺序在受试者间是变化的,RLI 机制也可以视为一种"交叉"设计,这对识别经验在决策中的作用十分有用。

2.6.2　策略方法

Selten(1976)介绍的策略方法是一种诱发博弈受试者响应的机制,最后通牒博弈为描述这一方法提供了合适的情境。在标准化实施的最后通牒博弈中,生成的数据包括了观察到的所有决策,即记录提议者的提议和响应者回应。这个就是所谓的"直接决策方法"。值得注意的是,这种方法的局限性在于它只能揭示响应者的决策,而不能反映出其他东西:我们能够观测到他们对提议者实际分配的反应,但却不能观测到他们如何对不同分配进行反应。

决策方法的基础原理是让每个参与者揭示他们的整体策略。在知道提议者实际作出的分配之前,该方法要求每个响应者对每个可能提出的提议作出条件反应。一旦得知参与者的整体策略,可实施策略方法,完成博弈。

策略方法的显著优势是获得的信息更为丰富,因为它包含了代理人对实际博弈中不太可能出现的信息集所作出的行为响应信息。这在最后通牒博弈中尤其重要,因为策略方法可以让我们观察到代理人是如何对非常低的提议作出反应的,尽管较低的提议是非常少见的。

2.6.3 一次性、合作伙伴及陌生人设计

纯粹形式的理论往往假设博弈只会进行一次,参与者具有正确信念,是完全理性的,且并不要求其具有博弈经验。如果我们只对受试者一次性博弈中的行为感兴趣,我们只需要从当前环节的受试者池中随机挑选出对手,让受试者和所选出的对手博弈一次。这个设计被称为一次性设计。

但在博弈理论实验中,受试者重复进行一系列的博弈更为常见。最直接的原因是这样可以产生更多的数据,还有一个原因是它为受试者提供了获得博弈经验的机会。我们希望受试者获得经验,因为相对于没有经验的受试者,我们对有经验受试者的博弈行为更加感兴趣。我们同样对受试者获取经验的过程感兴趣,该过程就是学习过程。

这样就产生了一个问题:我们如何对重复博弈进行管理? 有两种较为流行的协议类型,合作伙伴设计和陌生人设计。在合作伙伴设计(有时被称为固定匹配设计)中,小组成员不会发生改变,每一轮博弈是相同的小组在一起进行博弈。在这个情况下,引起轮与轮之间的博弈行为发生改变的原因有两个:学习(为了理解博弈激励,受试者需要获得经验)和策略考虑(一个受试者的行为会随着自身对小组成员信念的改观而发生变化)。在陌生人设计(有时被称为随机匹配设计)中,每一轮进行博弈的小组是经过随机再匹配的(从当前环节的受试者池中抽取)。正如 Andreoni(1988)所阐述的那样,陌生人设计的目的就是将学习效应和策略考虑效应分离开。如果在陌生人设计中,轮与轮之间的博弈行为发生了改变,我们将其归因于学习效应是合理的,因为这一设计中不存在策略考虑效应。

根据是否在重选小组的随机匹配过程中施加限制条件,可将陌生人设计分为不同类型。完美陌生人设计就是其中的一种,它指的是在陌生人设计的随机匹配过程中,任意两个受试者匹配在一起进行两次博弈的概率为0。但这也留下了一种可能性,即受试者 i 预期第 t 轮实验中和他一起进行博弈的受试者 j 会在第 $t+1$ 轮实验中遇到另一个受试者 k,而他(受试者 i)

可能会在第 $t+2$ 轮实验中遇到受试者 k。因此可以想象，受试者前面作出的决策可能会间接影响到未来博弈中他们将遇到的受试者的行为。可以论证，完美陌生人设计必须保证在每一轮博弈中，与受试者 i 进行博弈的对象必须是 i 之前没有遇到的，或者没有遇到 j 的，或者 i 和跟 j 进行过博弈的受试者都没有遇到过的，等等。这样的设计将完全消除受试者 i 在第 t 轮博弈中的决策影响未来轮次中与 i 进行博弈的受试者行为的可能性。然而，这种设计相当复杂，且与自由随机匹配相比，其实施成本更高。

2.7　小结与拓展阅读

本章包含的一个重点概念是随机性。这个概念和经济学实验设计关注的其他问题在 List 等(2011)与 Green 和 Tusicisny(2012)中有详细的阐述。

本章开篇就已提到过，随机性很重要，因为它产生了一种能够鉴别处理效应的情形。但是我们也应该意识到一个遗留问题，即可适性(也称外部有效性)。根据 Al-Ubaydli 和 List(2013)，在识别能力和适应能力之间有一个折衷。本章已经描述了一些常见的随机化技术，想要了解更多内容的读者可以参阅 List 等(2011)。

本章也对功效分析的某些方面做了一定的阐述，想做进一步研究的读者可参阅 Cohen(2013)。

关于第 2.5 节中的"四个著名实验"和第 2.6 节中的实验设计，想要了解更多信息的读者可参阅 Bardsley 等(2009)。

练习

1. Burnham(2003)谈到了独裁者博弈中的"图像"处理。用报告中给定的效果量，求出最优样本容量。

2. 为了使 RLI 机制激励相容，需要作出什么样的假设？

3

处理检验

3.1 引言

上一章阐释了处理检验中的实验设计问题,其中最重要的设计特征是处理检验的样本容量选择。本章主要是在实验设计和数据收集均已完成的基础上,探究处理检验的实施方法。

进行处理检验主要有两种方法。第一种为"受试者间"方法,在这种方法中,样本被分为两组:一个是处理组,实验处理将会应用于该组;另一个是控制组,不施加任何处理。期间各个受试者的观察指标都会被记录下来。第二种为"受试者内"方法,这种方法用于获取样本中每个个体经过处理的观察指标和未经处理的观察指标。不管采用两种方法中的哪一种,需要解答的核心问题始终都是:处理是否影响检验结果? 如果会影响,影响是正向的,还是反向的?

在"受试者间"与"受试者内"两种方法中选出要使用的方法后,有多种方式进行检验。可将它们粗略地分为参数和非参数检验,两种方式各有其优缺点。

选择非参数检验还是参数检验的关键因素在于数据测量尺度,有大量文献对这一问题进行研究[例如,可参阅 Harwell 和 Gatti(2001)],基本上可以归结为三种主要的测度:标称尺度、顺序尺度和基数尺度。在某种程度上来说,参数检验只能运用于变量被基数尺度衡量的分布假设。

即使是用基数尺度衡量,一些实验经济学家还是对使用参数检验感到不适,因为他们担心正态分布假设难以被满足。对于这一担忧,有两个重要的补救措施。第一,假定各项处理中的观测数量都足够大,则使用中心极限定理,即在特定情况下,即使样本是从非正态分布的总体中取出的,(标准化的)样本均值也会服从正态分布[具体可参考 Berenson 等(1988)]。第二,即使在无法依靠中心极限定理的情况下(例如样本容量小),不管数据分布情况如何,自助法都能确保基于参数检验的推理是可靠的。

正如在第 1 章中所强调的,实验计量经济学的一个重要问题就是依赖性,尤其是在分析各受试者的多个观察值时。而在本章中,我们暂且将这个问题放在一边,只把注意力放在单个受试者只有一个观察值(或者在受试者内检验中,每个受试者有两个观察值)的情况下。关于处理检验中存在的依赖性问题,我们将在下一章进行阐释。

3.2 处理检验机制

Siegelt 和 Castellan(1988)对处理检验机制进行了较为全面的概括。在此,我们可以在某种程度上进行简化。

每个处理检验总是包含一个原假设和一个备择假设。原假设通常假定处理对实验结果不产生影响,而备择假设通常假定处理对实验结果会产生影响。如果备择假设明确设定了影响的方向,则其为单边备择假设,我们进行的检验是单尾检验。否则备择假设为双边备择假设,并进行双尾检验。单边备择假设通常适用于研究者对影响方向存在先验信念的情况,而先验信念可能来自经济理论。实施该检验的第一阶段是计算出检验统计量,该检验统计量实际就是关于数据值的一个函数。然后将检验统计量与零分布(即原假设为真时统计量在理论上遵循的分布)相比较。如果检验统计量落在拒绝域,就拒绝原假设,接受备择假设;相反,如果统计量落在拒绝域之外,则接受原假设,并且可以由此推断出检验结果与原假设相一致。拒绝域的决定因素有:检验为双尾还是单尾,以及检验选定的"显著性水平"。"显著性水平"代表拒绝真的原假设的概率,一般用 α 表示,且通常设置为 0.05。拒绝域的起点被称为该检验的临界值。

检验中的 p 值表示获取一个比已知统计量更极端的检验统计量的概率。p 值是十分有用的,因为在不将检验统计量与临界值进行比较的情况下,它依旧可以得出结论(也就是说不必查阅统计表)。p 值代表了支持备择假设的"证据强度"(即显著性水平),用来代表"证据强度"的说法因人而异,常用的专业术语是:如果 $p<0.10$,为轻微显著;如果 $p<0.05$,为显著;如果 $p<0.01$,为较强显著;如果 $p<0.001$,为非常显著。

注意,除了考虑处理是否有影响以及它影响的显著性程度外,如果我们不探究出处理的影响方向,我们所做的是没有任何意义的。正如之前所提到的,如果有影响方向的先验信念,则使用单尾检验。对于单尾检验[假设检验统计量有预期标志(expected sign)]来说,其 p 值是双尾检验 p 值的一半。因此,单尾检验更有可能反映效用显著性,这也是先验信念在经济学理论形式中的价值体现。

3.3 离散结果检验

3.3.1 二项检验

我们从所有检验中最简单的检验开始。

先来思考下面的选择问题:两个圆圈代表彩票,圈内的区域表示出现相应结果的概率。如图 3.1 所示,左边的彩票是"安全"彩票,它在任何情况下都会有 5 美元的确定收益。右边的是"风险"彩票,代表了 0 美元和 10 美元收益间存在 50∶50 比率的赌博。很明显,通过在这两种彩票间进行选择,受试者会传递出其持有的风险态度信息。尤其要注意的是,由于两种彩票有着相同的期望收益(5 美元)(假设受试者遵循 EU 理论),风险厌恶受试者

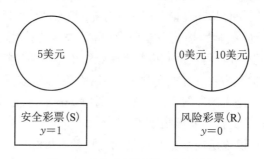

图 3.1 一个典型的彩票选择问题

会选择 S, 风险爱好受试者会选择 R, 而风险中立受试者不在乎选择 S 还是
R。因此,如果所有个体都是风险中立的,我们预测可能会有 50% 选择安全
彩票,50% 选择风险彩票。但通常情况下,如果人们大多属于风险厌恶型,
我们可以预测选择安全彩票的受试者会超过 50%。

在此基础之上,受试者样本在这两种彩票间作出的选择可用于风险中
立假设检验。文件 lottery_choice_sim 中包含了 30 个受试者样本信息。数
据集有 30 行,每个受试者一行,其中一个变量为 y,取值分别为 0 或 1,0 表
示受试者选择 R,1 表示受试者选择 S。下列命令显示 30 人中有 21 个选择
了 S:

```
. tab y

        y |      Freq.     Percent        Cum.
----------+-----------------------------------
        0 |          9       30.00       30.00
        1 |         21       70.00      100.00
----------+-----------------------------------
    Total |         30      100.00
```

如果原假设(风险中立)为真,那么任一受试者选择 S 的概率都为 0.5。
在原假设为真的条件下,30 个受试者中有至少 21 个选择 S 的概率就是下列
二项概率的总和:

$$P(N_S \geqslant 21) = \sum_{n=21}^{n=30} \frac{30!}{n!\,(30-n)!}(0.5)^{30} = \underline{0.021\,3} \tag{3.1}$$

因为这一概率小于 0.05,我们可以推断出原假设为假。也就是说,受试者并
非风险中立(更确切地说,他们是风险厌恶的)。

上面进行的检验属于二项检验,计算出的概率即为检验的 p 值。当结
果是二元的,且原假设可直接用两种结果中的任意一种的概率来表示,我们
就可使用这类检验。

使用 STATA 中的 bitest 命令可以简单地完成二项检验。将其应用于
现有的数据集,我们就可获得以下结果:

```
. bitest y==0.5

     Variable |       N   Observed k   Expected k    Assumed p   Observed p
--------------+--------------------------------------------------------------
            y |      30           21           15      0.50000      0.70000

Pr(k >= 21)                  = 0.021387  (one-sided test)
Pr(k <= 21)                  = 0.991938  (one-sided test)
Pr(k <= 9 or k >= 21)        = 0.042774  (two-sided test)
```

STATA 得出的结果给出了三个不同的 p 值。第一个与前面计算得出的值相同。值得注意的是，因为备择假设为参与者是风险厌恶的，所以上面进行的检验是一个单尾检验，且我们可以预测作出安全选择的比例大于 0.5。如果我们没有这样的先验信念，我们就会选用双尾检验。注意双尾检验的 p 值恰好是单尾检验的 2 倍。可以发现，双尾检验的 p 值小于 0.05，说明即使没有先验信念，我们仍然可以证明代理人并非风险中立。

3.3.2　Fisher 精确检验

使用和第 3.3.1 节中一样的例子。现在我们假设受试者的性别信息可知（性别用变量"性别"（male）表示，男为 1，女为 0）。使用"tabulate"命令可得到一个关于性别和选择的交叉联表，如下：

```
. tab y male, col

+------------------+
| Key              |
|------------------|
|     frequency    |
| column percentage|
+------------------+

           |       male
         y |      0        1 |    Total
-----------+------------------+----------
         0 |      1        8 |        9
           |   8.33    44.44 |    30.00
-----------+------------------+----------
         1 |     11       10 |       21
           |  91.67    55.56 |    70.00
-----------+------------------+----------
     Total |     12       18 |       30
           | 100.00   100.00 |   100.00
```

我们可以看到，在 30 个受试者中，有 12 个女性和 18 个男性。易发现，12 个女性受试者中，11 人（91.67%）选择了 S，18 个男性受试者中，10 人（55.56%）选择了 S。注意这些（列）百分比是使用了"col"选项的结果。选择 S 的百分比差异显示出女性似乎比男性更加厌恶风险。为了确保统计显著性，这一差异还需进一步检验。

出于这一目的，我们可以使用 Fisher 精确检验。这一检验要求就已知行、列的合计数获取表中数字组合或更极端的组合的概率。为了思考这种概率如何计算得出，我们先要考虑下表：

表 3.1

	性别＝0	性别＝1	合　计
Y＝0	A	B	A＋B
Y＝1	C	D	C＋D
合　计	A＋C	B＋D	A＋B＋C＋D

根据已知行列合计数，获取 A、B、C 和 D 组合的概率由式(3.2)给出：

$$P=\frac{\binom{A+C}{A}\binom{B+D}{B}}{\binom{A+B+C+D}{A+B}}=\frac{(A+B)!(C+D)!(A+C)!(B+D)!}{(A+B+C+D)!A!B!C!D!} \quad (3.2)$$

将交叉表中的数字带入式(3.2)，得到：

$$P=\frac{9!21!12!18!}{30!1!8!11!10!}=0.036\,7$$

接下来我们要求根据已知行、列合计数获取一个比之前的组合（即女性表现得更加厌恶风险）"更加极端"的组合。只有如下一个组合：

表 3.2

	性别＝0	性别＝1	合　计
Y＝0	0	9	9
Y＝1	12	9	21
合　计	12	18	30

将式(3.2)应用于这个组合，我们得到 0.003 4 的概率。因此，我们要求的概率(Fisher 精确检验的 p 值)就为：

$$0.036\,7+0.003\,4=0.040\,1$$

在 STATA 中可以在制表命令后加上"exact"选项来完成这一检验。

```
. tab y male, col exact

+-------------------+
| Key               |
|-------------------|
|     frequency     |
| column percentage |
+-------------------+

           |        male
        y  |      0         1  |     Total
-----------+----------------------+----------
        0  |      1         8  |         9
           |   8.33     44.44  |     30.00
-----------+----------------------+----------
        1  |     11        10  |        21
           |  91.67     55.56  |     70.00
-----------+----------------------+----------
     Total |     12        18  |        30
           | 100.00    100.00  |    100.00

            Fisher's exact =                 0.049
    1-sided Fisher's exact =                 0.040
```

STATA 运行结果给出了两个 p 值。单尾 Fisher 精确检验 p 值为 0.040，与前面计算得出的 p 值一致。因为它小于 0.05 且为单尾检验，所以我们可以有理由推断女性比男性更厌恶风险。

另一个 p 值为双尾检验 p 值。在对性别的影响方向没有先验信念的情况下，我们可以选用双尾检验 p 值。但计算双尾检验 p 值会稍微棘手一些，因为我们需要在单尾检验 p 值基础上，加上在"另一个"方向上获取更极端结果的概率。为了判断一个结果是否更极端，我们会使用选择 S 的男女比例差值。根据所给出的数据，其差值为 $0.9167 - 0.5556 = 0.3611$。

我们现在要考虑其他可能的结果，如：

表 3.3

	性别＝0	性别＝1	合　计
Y＝0	9	0	9
Y＝1	3	18	21
合　计	12	18	30

对于这个结果，其比例的差值为 $0.25 - 1 = -0.75$。很显然，和（反方向上的）0.361 1 相比，这个结果更加极端。再考虑另外一个可能：

表 3.4

	性别＝0	性别＝1	合　计
Y＝0	8	1	9
Y＝1	4	17	21
合　计	12	18	30

这一结果的比例差值为 0.333 3－0.944 4＝－0.611 1。这一次的结果更加极端。还有一种情况为：

表 3.5

	性别＝0	性别＝1	合　计
Y＝0	7	2	9
Y＝1	5	16	21
合　计	12	18	30

这一结果的比例差值为 0.416 6－0.888 8＝－0.472 2。这个结果也是一个更极端的结果。

将以上结果分别带入概率函数[式(3.2)]，我们可以得到(相应的 p 值)0.000 01、0.000 62 和 0.008 47。由此得到双尾检验的 p 值为：

$$0.040+0.000\ 01+0.000\ 62+0.008\ 47=0.049\ 1$$

这个数字与前面 STATA 给出的 Fisher 精确检验 p 值一致。该数字小于0.05，说明彩票的选择是存在性别效应的，即使在对影响方向没有先验信念时。

3.3.3　卡方检验

性别效应也可以用卡方检验的方法进行检验。这就需要在 tab 命令中加入 chi2 选项：

```
. tab y male, col chi2

+-------------------+
| Key               |
|-------------------|
|       frequency   |
| column percentage |
+-------------------+
```

```
            |         male
          y |       0          1 |    Total
 -----------+---------------------+----------
          0 |       1          8 |        9
            |    8.33      44.44 |    30.00
 -----------+---------------------+----------
          1 |      11         10 |       21
            |   91.67      55.56 |    70.00
 -----------+---------------------+----------
      Total |      12         18 |       30
            |  100.00     100.00 |   100.00

         Pearson chi2(1) =    4.4709   Pr = 0.034
```

我们发现检验的 p 值为 0.034,略低于 Fisher 精确检验的 p 值,为在风险态度中的性别差异提供了更为有力的证据。

让我们思考一下卡方统计量是如何计算出来的。我们需要发问:如果原假设为真(即性别效应不存在),我们期望上表中的数字是怎样的? 答案是:

期望频数:

```
            |         male
          y |       0          1 |    Total
 -----------+---------------------+----------
          0 |     3.6        5.4 |        9
            |   30.00      30.00 |    30.00
 -----------+---------------------+----------
          1 |     8.4       12.6 |       21
            |   70.00      70.00 |    70.00
 -----------+---------------------+----------
      Total |      12         18 |       30
            |  100.00     100.00 |   100.00
```

我们将第一个表中的数字标记为 O(观察值),第二个表中的数字标记为 E(期望值),然后根据下列公式,代入表中相应的数据,计算出如下总和:

$$\chi^2 = \sum \frac{(O-E)^2}{E}$$
$$= \frac{(1-3.6)^2}{3.6} + \frac{(11-8.4)^2}{8.4} + \frac{(8-5.4)^2}{5.4} + \frac{(10-12.6)^2}{12.6} = 4.4709$$

原假设(性别效应不存在)情况下,检验统计量满足 χ^2 分布。那它的自由度为多少呢? 在这里,我们要看表中的四个条目有多少是"自由"的。可以发现,如果你固定了一行中的两个条目,那另一行中的两个条目也被确定了(通过列合计数);同样,如果你确定一行中的一个条目,另一个也就被确定了(通过行合计数)。这说明表中只有一个自由的数字,这就是检验的自由度。通常,如果一个交叉表有 m 行和 n 列,那么卡方检验的自由度为 $(m-1)(n-1)$。

回想一下 χ^2 分布的临界值:

表 3.6

自由度	基于 5% 显著性的 χ^2 分布	自由度	基于 5% 显著性的 χ^2 分布
1	3.84	4	9.49
2	5.99	5	11.07
3	7.82	6	12.59

在本例中，$\chi^2 > 3.84$，我们拒绝原假设。正如之前所提到的，这表示不同性别间存在显著差异。

p 值表示的是 $\chi^2(1)$ 分布下检验统计量右侧的区域，即 p 值 $= P(\chi^2(1) > 4.470\,9)$。$p$ 值 0.034 略小于 0.05，与检验统计量在临界值 0.05 右侧的概率一致。* 注意在 Excel 中，也可以用 =CHIDIST(4.470 9, 1) 计算出这个 p 值，且得出的结果与 STATA 得出的相同，均为 0.034。

在 STATA 中，还可以使用另一种方法进行卡方检验。我们假设完整的数据集是不可得的，能获得的数据是交叉表中的数字。仅用这些信息进行卡方检验，我们将使用 STATA 中的"immediate"命令 tabi。回想一下，"immediate"命令（总是以字母 i 结尾）是从命令行参数那里获取结果，而不是利用内存中已有的数据。之前在第 2 章中见到的一个类似的命令是 sampsi，该命令是为特定检验找到必要样本容量。为了使用命令 tabi 重新得到上一个检验的结果，我们使用：

```
. tabi 1 8 \ 11 10, chi

           |         col
       row |        1          2 |     Total
-----------+----------------------+----------
         1 |        1          8 |         9
         2 |       11         10 |        21
-----------+----------------------+----------
     Total |       12         18 |        30

           Pearson chi2(1) =    4.4709   Pr = 0.034
```

3.3.4 基于真实数据组的卡方检验

"套牢"问题研究将用到多种检验。我们首先从卡方检验开始，引用 Ellingsen 和 Johannesson(2004) 的实验数据集。该数据集收纳在 STATA

---

* 0.034 略小于 0.05，该值是符合检验统计量的。——译者注

文件 holdup 中。

我们首先对套牢实验进行描述。有两个参与者,分别扮演"卖方"和"买方"。整个博弈包含三个阶段:

(1)卖方有 60 单位禀赋,并且有机会将其用于投资,使其增值为 100 单位。注意这是一个二元选择:要么将 60 个单位全部用于投资,要么不进行任何投资。

(2)如果卖方已经进行了投资,由买方提议怎样将这 100 单位在两人之间进行分配。

(3)卖方选择是否接受买方的提议,即选择按照买方的提议进行分配还是拒绝该提议。如果卖方拒绝,双方均获得 0 单位,且卖方净损失 60 单位。

首先要注意,套牢实验是第 2.5.3 节中的信任博弈和第 2.5.1 节中的最后通牒博弈的结合。准确地说,套牢实验的前两个阶段构成了一个信任博弈。由于卖方投资或不投资的决策是二元的,它应该被称为"二元信任博弈"。套牢实验的第 2、第 3 阶段相当于一个最后通牒博弈。

如果按照利己主义常规假设,得到的唯一子博弈完美均衡是:卖方选择不进行投资。为什么呢? 因为在博弈的最后一个阶段,卖方应该接受任何能够分给他大于 0 单位的提议,所以买方没有任何理由作出大于 1 单位的分配提议。卖方可以预测:如果他选择进行投资,将会损失 59 单位。在这种情况下,卖方选择进行投资是不理智的。

和往常情况一样,实验结果对该理论提出了诸多质疑。实验结果显示:有三分之一的卖方会选择投资,且最后他们常常会从中获利。

Ellingsen 和 Johannesson(2004)着重研究买方和卖方间的沟通效果。为了达到这一目标,他们考虑了三项处理:

处理 1(T1):双方在自己决策之外不进行任何交流。

处理 2(T2):在卖方做投资决策之前,买方可向卖方传递信息(如"我是个有原则的人,如果你信任我就投资,我保证你会得到回报")。

处理 3(T3):卖方可向买方传递信息,信息中附带投资决策。(可以假设这样的措辞:"我选择投资,因为我信任你,即使我不知道你是谁。但是我希望你知道我不是个傻子,如果我信任你的结果是一无所获,我也保证你将一无所获。")

很明显,处理 2 的目的是评估承诺带来的影响,而处理 3 的目的是评估威胁带来的影响。当然,无论是承诺还是威胁都不会改变理论预测(即卖方选择不进行任何投资),但问题是它们是否影响卖方或买方的实际决策?

研究问题 1:沟通对卖方是否进行投资的决策存在什么影响?

对于这个问题,我们可以简单观察一下每项处理中投资者的比例。当然,最好的方法是在交叉表中进行观察。

```
. tab invest treatment, col chi2

+------------------+
| Key              |
|------------------|
|     frequency    |
| column percentage|
+------------------+

  sellers |
investment|
decision: |
     1 if |
 invest; 0|              treatment
    if not|      1          2          3 |     Total
----------+---------------------------------+----------
        0 |     26         14         12 |        52
          |  65.00      46.67      36.36 |     50.49
----------+---------------------------------+----------
        1 |     14         16         21 |        51
          |  35.00      53.33      63.64 |     49.51
----------+---------------------------------+----------
    Total |     40         30         33 |       103
          | 100.00     100.00     100.00 |    100.00

      Pearson chi2(2) =    6.1788   Pr = 0.046
```

注意该实验中有 103 对受试者,投资者的总体比例非常接近 50%。但是各项处理间存在着一个显著差异:投资者的比例在处理 3 中最高(64%),在处理 1 中最低(35%)。这告诉我们,沟通对投资决策确实存在正面的影响,特别是含有卖方威胁信息的沟通(稍后,我们会研究两种不同类型的沟通存在的差异)。

为评价处理差异是否具有统计显著性,我们使用含有 chi2 选项的 STATA 命令,进行一次卡方检验。我们发现检验中的 p 值为 0.046,表明沟通会影响投资决策(尽管显著性不是特别强)。第 3.3.3 节中有关于卡方检验数据计算过程的解释。

注意本例中的检验自由度为 2。这是因为列数(n)为 3,行数(m)为 2,代入自由度公式$(m-1)(n-1)$,可求出检验自由度。第 3.3.3 节中解释过,检验自由度为 2 在根本上意味着表中只有两个数字是"自由的",另外四个数字都可以通过行、列合计数推算出来。

在本例中,$\chi^2 > 5.99$,我们拒绝原假设。正如之前提到过的,这说明处理间存在差异。0.046 的 p 值略小于 0.05,与 0.05 临界值右侧的检验统计量一致。

我们已经确定沟通对卖方的投资决策存在影响,但我们还需要确定哪一种类型的沟通对决策的影响更大。

研究问题 2:两种不同类型的沟通对卖方的投资决策影响是否有差异?

这需要再次进行卡方检验,但是只使用处理 2 和处理 3,即只使用列联表三列中的两列:

```
. tab invest treatment if treatment!=1, chi2  col

+-------------------+
| Key               |
|-------------------|
|      frequency    |
| column percentage |
+-------------------+

   sellers |
investment |
 decision: |
      1 if |
 invest; 0 |        treatment
    if not |         2          3 |     Total
-----------+----------------------+----------
         0 |        14         12 |        26
           |     46.67      36.36 |     41.27
-----------+----------------------+----------
         1 |        16         21 |        37
           |     53.33      63.64 |     58.73
-----------+----------------------+----------
     Total |        30         33 |        63
           |    100.00     100.00 |    100.00

        Pearson chi2(1) =   0.6882   Pr = 0.407
```

注意,该 STATA 命令包含了 if treatment! =1,意思是"如果处理不等于 1",因此只检验处理 2 和处理 3 的比较。

尽管处理 3 中的投资百分比(63.64%)高于处理 2 中的投资百分比(53.33%),但卡方检验表明这两项处理间的差异不存在显著性。因此,我们没有证据证明这两种沟通形式(承诺或威胁)对卖方决策的影响程度存在差异。

3.4 正态检验

在这一节里,我们会继续使用套牢决策数据。假设卖方已经作出投资,我们将目光转向买方决策。和卖方的二分决策不同,买方决策由货币数量——即买方提议返还给卖方的货币数量——呈现。本节中,我们感兴趣的特殊假设为数据的正态性。了解数据是否满足正态分布对决定使用哪种检验非常重要,随后的章节里有对各种检验的介绍。

因为有 51 个卖方进行了投资,所以我们也将得到关于买方决策的 51 个观察值。图 3.2 是关于买方 51 个出价的频数分布,获取该直方图的 STATA 语句为:

```
hist offer, disc freq normal xline(60) xlabel(0(10)100)
```

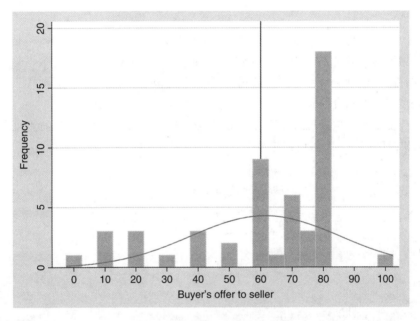

图 3.2　买方出价的频数直方图

这个命令里有若干个选项。disc 选项能够确保数据的每个离散值都有不同的条形图;freq 能够使频数在纵轴上得到测量,而不是密度;normal 选项在直方图上叠加一条正态密度线,且其均值和标准差与数据的均值和标准差相同;xline(60)在出价 60 处(即返还的数额正好等于投资额)绘制一条垂线;xlabel(0(10)100)使 x 轴包含了数值 0 到 100,且每隔 10 单位标记出一个刻度。

模型中买方出价为 80,说明买方倾向于归还卖方 60 单位投资成本,然后平均分配剩下的 40 单位收益。但是有些买方的出价远远低于这一水平，给卖方带来了净损失。

从图 3.2 中可以看出，数据分布与正态曲线并不特别吻合，这是数据不服从正态分布的体现。一个正式的正态检验是"偏度-峰度"检验，可使用 STATA 中的 sktest 命令完成该检验。将"偏度-峰度"检验运用于完整的出价数据集，我们得到：

```
. sktest offer

                    Skewness/Kurtosis tests for Normality
                                                    ------- joint ------
     Variable |   Obs   Pr(Skewness)   Pr(Kurtosis)   adj chi2(2)   Prob>chi2
 -------------+------------------------------------------------------------
        offer |    51      0.0021         0.4595          8.60         0.0136
```

这个输出实际上包含了三种不同检验的 p 值结果。Pr(Skewness)是假设偏度[1]为零时（即对称分布）的检验 p 值，而 p 值 0.002 1 揭示了数据是非对称的。Pr(Kurtosis)是"正态峰"[2]假设下的 p 值。第三个 p 值则代表了偏度和峰度联合检验的结果。

分别对各项处理进行正态检验同样是非常有用的。我们可以看到处理 1 和处理 2 的正态假设都是被拒绝的，且后者尤为明显。

```
. sktest offer if treatment==1

                    Skewness/Kurtosis tests for Normality
                                                    ------- joint ------
     Variable |   Obs   Pr(Skewness)   Pr(Kurtosis)   adj chi2(2)   Prob>chi2
 -------------+------------------------------------------------------------
        offer |    14      0.5120         0.0088          6.52         0.0383

. sktest offer if treatment==2

                    Skewness/Kurtosis tests for Normality
                                                    ------- joint ------
     Variable |   Obs   Pr(Skewness)   Pr(Kurtosis)   adj chi2(2)   Prob>chi2
 -------------+------------------------------------------------------------
        offer |    16      0.0003         0.0012         16.65         0.0002

. sktest offer if treatment==3

                    Skewness/Kurtosis tests for Normality
                                                    ------- joint ------
     Variable |   Obs   Pr(Skewness)   Pr(Kurtosis)   adj chi2(2)   Prob>chi2
 -------------+------------------------------------------------------------
        offer |    21      0.2886         0.6833          1.42         0.4918
```

---

① 偏度是由分布的第三个中心力矩来测量的。对称分布的偏度为零。如果偏度是正的，则认为分布"正偏"或"右偏"，分布的特征是右尾长。负偏度（或左偏度）的特征是左尾较长。

② 峰度是对一个分布的第四个中心力矩的一种测量。标准化的正态分布的峰度为 3。如果峰度大于 3，则称其分布为尖峰状（厚尾）；如果小于 3，则为扁峰状。

另一个正态检验叫作夏皮罗-威尔克(Shapiro-Wilk)检验,用 STATA 中的 swilk 命令来进行。将该检验应用于同样的样本时,我们得到与之前一样的结论:正态假设被强烈拒绝。

```
. swilk offer

              Shapiro-Wilk W test for normal data

    Variable |    Obs       W         V        z      Prob>z
-------------+--------------------------------------------------
       offer |     51    0.87616    5.916    3.795    0.00007
```

3.5 处理检验

3.5.1 处理效应的参数检验

在这一节中,我们将处理检验应用于买方的套牢决策数据。因为该决策由连续变量(买方返还给卖方的出价数额)表示,所以需要的检验与第 3.3 节中的离散结果检验不同。另外,在第 3.4 节中,正态检验被应用于买方出价,找到了变量不服从正态分布的证据。这对本节中检验方法的选择具有重要意义。

因为有 51 个卖方作出了投资,所以我们将得到与之对应的 51 个买方决策观察值。这 51 个出价的分布如图 3.2 所示。正如前一节所提到的,模型买方的出价为 80 单位,说明买方倾向于归还卖方 60 单位投资成本,然后平均分配剩下的 40 单位收益。但是一些买方的出价金额远低于这一水平,导致了卖方的净损失。

我们同样对处理间的差异感兴趣,所以将每项处理的"平均"出价进行比较是很自然的做法。下表列出了各项处理的平均出价:

```
. table treatment, contents(n offer mean offer)

------------------------------------
treatment |   N(offer)    mean(offer)
----------+-------------------------
        1 |       14          48.5714
        2 |       16               70
        3 |       21          63.3333
------------------------------------
```

首先,要注意那些没有做任何投资的情况是排除在这张表之外的。这是因为当卖方没有做任何投资时,卖方的出价是以缺失值(missing value)间接表达的(在 STATA 中)。请认清这件事的重要性:一个常见的错误就是将缺失值编码为零——这将是一个极大的误导,因为这使平均出价出现严重的下行偏差。

其次,值得注意的是,如果沟通是想要提高出价,处理间就会存在差异。在这一情形中,承诺(T2)比威胁(T3)影响更大。

我们需要再次考虑这些差异是否具有统计学意义,这里有三个比较:

研究问题 3:卖方的沟通(威胁)对买方的出价有什么影响?(T3 与 T1)

研究问题 4:买方的沟通(承诺)对买方的出价有什么影响?(T2 与 T1)

研究问题 5:两种不同形式的沟通对买方出价的影响是否存在差异?(T3 与 T2)

解决这些问题的方式有多种。

1. 独立样本 t 检验(或双样本 t 检验)

下面我们对两个样本进行比较。假设第一个样本取自均值为 μ_1、标准差为 σ_1 的总体,而第二个样本取自均值为 μ_2、标准差为 σ_2 的总体。

我们希望能够用这两个样本中的信息检验原假设 $H_0 : \mu_1 = \mu_2$ 以及备择假设 $H_1 : \mu_1 \neq \mu_2$。两个样本的样本容量分别为 n_1 和 n_2,样本均值分别为 $\bar{x}_1$ 和 $\bar{x}_2$,样本标准差分别为 s_1 和 s_2。

独立样本 t 检验统计量直接以两个样本均值的差值为基础:

$$t = \frac{\bar{x}_1 - \bar{x}_2}{s_p \sqrt{\dfrac{1}{n_1} + \dfrac{1}{n_2}}} \tag{3.3}$$

当 s_p(合并标准差)只是两个独立样本标准差的加权平均时:

$$s_p = \sqrt{\frac{(n_1 - 1)s_1^2 + (n_2 - 1)s_2^2}{n_1 + n_2 - 2}} \tag{3.4}$$

当我们假设两个总体的方差相同时,即 $\sigma_1 = \sigma_2$,就可以使用合并标准差(s_p)。如果因为某种原因不能作出这样的假设,还可以采用"不等方差"版本的检验方法。

如果假设已经满足,则式(3.3)中的 t 统计量在原假设下服从 $t(n_1 + n_2 - 2)$ 分布。

让我们将检验应用于研究问题 3(卖方沟通):

```
. ttest offer if treatment!=2, by(treatment)

Two-sample t test with equal variances
---------------------------------------------------------------------
  Group |    Obs        Mean    Std. Err.   Std. Dev.   [95% Conf. Interval]
--------+------------------------------------------------------------
      1 |     14    48.57143    8.619371    32.25073    29.95041    67.19245
      3 |     21    63.33333    4.230464    19.38642    54.50874    72.15793
--------+------------------------------------------------------------
combined|     35    57.42857    4.383753    25.93463    48.51971    66.33743
--------+------------------------------------------------------------
   diff |              -14.7619    8.711774               -32.48614    2.962333
---------------------------------------------------------------------
   diff = mean(1) - mean(3)                                 t =  -1.6945
Ho: diff = 0                                degrees of freedom =       33

   Ha: diff < 0                Ha: diff != 0                 Ha: diff > 0
Pr(T < t) = 0.0498      Pr(|T| > |t|) = 0.0996       Pr(T > t) = 0.9502
```

与 $t(33)$ 分布比较,检验统计量为 $-1.694\,5$。STATA 已经为我们计算出来了。结果的最后一行给出了不同的 p 值。双尾检验 p 值为 $0.099\,6$,这说明两项处理(处理 1 和处理 3)间的差异存在轻微显著性。

在本例中,我们对影响方向有先验信念:我们预期卖方沟通对买方决策具有正面影响。基于这个原因,如果统计量处于分布中较低的一尾,我们就只能拒绝原假设。将 p 值除以 2,得到 $0.049\,8$。这个 p 值在 STATA 输出结果的左边。注意,拥有先验信念允许我们将显著性理解得更强一点,我们可以将"轻微显著"升级为"显著"。

正如之前所提到的,当不能假设两个总体的方差一致时,我们可以使用另一种形式的检验。只需要 unequal 选项:

```
. ttest offer if treatment!=2, by(treatment) unequal

Two-sample t test with unequal variances
---------------------------------------------------------------------
  Group |    Obs        Mean    Std. Err.   Std. Dev.   [95% Conf. Interval]
--------+------------------------------------------------------------
      1 |     14    48.57143    8.619371    32.25073    29.95041    67.19245
      3 |     21    63.33333    4.230464    19.38642    54.50874    72.15793
--------+------------------------------------------------------------
combined|     35    57.42857    4.383753    25.93463    48.51971    66.33743
--------+------------------------------------------------------------
   diff |              -14.7619    9.601583               -34.83782    5.314009
---------------------------------------------------------------------
   diff = mean(1) - mean(3)                                 t =  -1.5374
Ho: diff = 0                Satterthwaite's degrees of freedom =    19.29

   Ha: diff < 0                Ha: diff != 0                 Ha: diff > 0
Pr(T < t) = 0.0702      Pr(|T| > |t|) = 0.1404       Pr(T > t) = 0.9298
```

注意,因为不能假设方差相等,所以显著性降级为"轻微"。假设检验的通常经验是:我们在进行检验之前能够作出的假设越少,显著性就可能越差。

如果你想要确定你能否假设方差相等,就进行一个如下的方差比率检验:

```
. sdtest offer if treatment!=2, by(treatment)

Variance ratio test
--------------------------------------------------------------------------
  Group |    Obs        Mean    Std. Err.   Std. Dev.   [95% Conf. Interval]
--------+-----------------------------------------------------------------
      1 |     14    48.57143    8.619371    32.25073    29.95041    67.19245
      3 |     21    63.33333    4.230464    19.38642    54.50874    72.15793
--------+-----------------------------------------------------------------
combined |    35    57.42857    4.383753    25.93463    48.51971    66.33743
--------------------------------------------------------------------------
    ratio = sd(1) / sd(3)                                   f =   2.7675
Ho: ratio = 1                              degrees of freedom =   13, 20

    Ha: ratio < 1            Ha: ratio != 1              Ha: ratio > 1
 Pr(F < f) = 0.9801     2*Pr(F > f) = 0.0398          Pr(F > f) = 0.0199
```

很遗憾,这告诉我们确实存在处理 1 和处理 3 之间变化幅度有差异的证据。

将双样本 t 检验应用于其他两个研究问题。三个问题(忽略方差不等的问题)的结论如下:

表 3.7　双样本 t 检验中处理对买方决策的效应的双尾 p 值

		双尾检验 p 值(方差相等)
研究问题 3	无沟通(T1)与卖方沟通(T3)	0.099 6
研究问题 4	无沟通(T1)与买方沟通(T2)	0.025 0
研究问题 5	卖方沟通(T3)与买方沟通(T2)	0.267 3

正如前面谈到的,双样本 t 检验依赖于对数据的较强假设。最重要的是,除非两个样本容量足够大,否则两个总体都要求服从正态分布。在第 3.4 节,我们找到强有力的证据证明买方的出价不符合正态分布。这一结果和每一个处理中的观察数量都低于应用中心极限定理所需的 30 个事实,使我们怀疑这一小节中所进行检验的有效性。

3.5.2　处理效应的非参数检验:曼-惠特尼检验

在不依赖任何分布假设(如数据的正态性)的情况下,对两个样本进行比较检验的是曼-惠特尼 U 检验。因为没有作出任何假设,所以将其归类为非参数检验。

为了进行这一检验,需将两个样本的所有观测值混合,按照值的大小编排等级。最大值的等级最高,若值相同就取它们等级的平均值。* 然后求出每个样本的等级和,并进行比较。曼-惠特尼 U 检验正是以这一比较为基础。

在 STATA 中可用 ranksum 命令进行该检验。下面将 T1 和 T3 进行比较,就得到关于研究问题 3 的检验。

```
. ranksum offer if treatment!=2, by(treatment)

Two-sample Wilcoxon rank-sum (Mann-Whitney) test

    treatment |      obs    rank sum    expected
--------------+-------------------------------
            1 |       14       220.5         252
            3 |       21       409.5         378
--------------+-------------------------------
     combined |       35         630         630

unadjusted variance      882.00
adjustment for ties      -26.56
                         ----------
adjusted variance        855.44

Ho: offer(treatm~t==1) = offer(treatm~t==3)
             z =  -1.077
    Prob > |z| =   0.2815
```

p 值 0.281 5 表示 T1 和 T3 的出价没有显著差异性。

曼-惠特尼检验可以应用于研究问题 3—问题 5,p 值结果如下表所示(并与 t 检验的对应结果进行比较)。

表 3.8 双样本 t 检验和曼-惠特尼检验的双尾 p 值

		双样本 t 检验	曼-惠特尼检验
研究问题 3	T1 与 T3	0.099 6	0.285 1
研究问题 4	T1 与 T2	0.025 0	0.088 6
研究问题 5	T3 与 T2	0.267 3	0.176 5

通过使用曼-惠特尼检验,我们没有发现任何显著的差异性。对于研究问题 4,我们也只发现了轻微的显著差异。凭直觉而言,我们预期这样的非

---

* 如数据{3, 5, 5, 9},那么它们的等级值应该是{1, 2.5, 2.5, 4}。——译者注

参数检验所代表的效应显著性比相对应的参数检验所代表的显著性更弱，因为非参数检验作出的假设更少。将这张表中的 p 值与前面表中的 p 值相对比，发现结果满足我们这一预期。

3.5.3 自助法

我们已经介绍了类似于双样本 t 检验的一个非参数检验：曼-惠特尼检验，并发现当对数据的正态性假设有质疑时，我们更偏好使用曼-惠特尼检验。但是，这一类型的非参数检验有一个弊端，就是它们仅仅以数据的顺序为基础，以至于完全忽视了数据（可能）包含的非常丰富的基数信息。

Efron 和 Tibshirani(1993)中的自助法为进行参数检验（如双样本 t 检验，该检验给予了基数尺度高度的重视）提供了一个方法，且不必作出任何数据分布假设。Ellingsen 和 Johannesson(2004)将这一方法应用于他们的套牢决策数据。我们尝试重新得出他们的结果。

自助法程序包括以下五个步骤：

（1）将参数检验应用于数据集，得到一个检验统计量 $\hat{t}$。

（2）产生一个合理的"自助法样本"数 B。这些样本与原始样本拥有相同的样本容量，并且它们来自原始样本，但关键点在于这里的抽样是有放回的。对于每一个自助法样本，都要计算检验统计量 $\hat{t}_j^*$（$j=1, \cdots, B$）。

（3）计算自助法检验统计量 $\hat{t}_j^*$（$j=1, \cdots, B$）的标准差 s_B。

（4）得到新的检验统计量 $z_B = \hat{t}/s_B$。

（5）将 z_B 与标准正态分布下的统计量相比较以找出"自助法 p 值"。

根据 MacKinnon(2002)，自助法样本容量 B 的选择，应使 $\alpha(B+1)$ 为一个整数。其中 α 是选择的检验水平。因为 α 通常被设定为 0.01、0.05 或 0.10，这说明 B 应该等于 99、999、9 999……如下就是一个例子。

下列命令的作用是将自助法双样本 t 检验应用于研究问题 3（T3 与 T1）。

```
bootstrap t=r(t), rep(999) nodrop : ///
ttest offer if treatment!=2, by(treatment)

(running ttest on estimation sample)
```

```
Bootstrap replications (999)
----+--- 1 ---+--- 2 ---+--- 3 ---+--- 4 ---+--- 5
..................................................      50
..................................................     100
..................................................     150
..................................................     200
..................................................     250
..................................................     300
..................................................     350
..................................................     400
..................................................     450
..................................................     500
..................................................     550
..................................................     600
..................................................     650
..................................................     700
..................................................     750
..................................................     800
..................................................     850
..................................................     900
..................................................     950
..................................................
Bootstrap results                       Number of obs   =      103
                                         Replications    =      999

        command:  ttest offer if treatment!=2, by(treatment)
             t:  r(t)

------------------------------------------------------------------------
            |  Observed   Bootstrap                      Normal-based
            |    Coef.    Std. Err.      z    P>|z|    [95% Conf. Interval]
------------+-----------------------------------------------------------
          t |  -1.694477  1.144873    -1.48   0.139   -3.938386   .5494314
------------------------------------------------------------------------
```

由于 bootstrap 命令太长无法放进一行里，所以我们用连续符"///"将其分为两行。当执行命令时，屏幕上会出现一连串的点，每一个点代表一个自助法样本，以便使用者知晓程序的进度。

学习这种方法时还可以尝试一下另外一件非常有用的事，即将 saving 选项添加到 bootstrap 命令里。在接下来的命令中，我们会用到这个选项，同时将自助法样本容量变为 9 999。鉴于我们不想看到屏幕上出现 9 999 个点，我们还需使用 nodots 选项。

```
bootstrap t=r(t), nodots rep(9999) nodrop saving("hello.dta", replace) : ///
ttest offer if treatment!=2, by(treatment)

Bootstrap results                       Number of obs   =      103
                                         Replications    =     9999

        command:  ttest offer if treatment!=2, by(treatment)
             t:  r(t)

------------------------------------------------------------------------
            |  Observed   Bootstrap                      Normal-based
            |    Coef.    Std. Err.      z    P>|z|    [95% Conf. Interval]
------------+-----------------------------------------------------------
          t |  -1.694477   1.1553     -1.47   0.142   -3.958824   .5698692
------------------------------------------------------------------------
```

使用了 saving 选项，自助法检验统计量 $\hat{t}_j^*$（$j=1$, …, 9 999）另存到新的数据集"hello"中。如果我们读取这个文件，就能够看到 9 999 个自助法检验统计量的分布情况：

```
. summ t

    Variable |        Obs        Mean    Std. Dev.         Min         Max
-------------+-----------------------------------------------------------
           t |       9999   -1.718972       1.1553   -8.077973    2.979723
```

要特别注意，这 9 999 个数的标准差是上面 bootstrap 命令导出的结果表中的"自助法标准误差"。图 3.3 中的直方图展示了自助法检验统计量的分布。我们可以看到该分布呈对称的钟形，并且中心非常接近检验的"实际"t 统计量$-1.694\,5$。

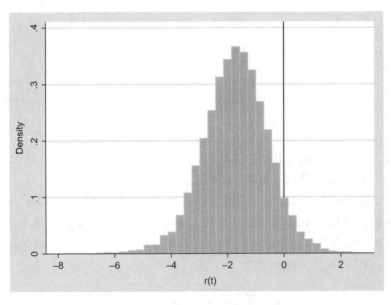

图 3.3　9 999 个自助法检验统计量的分布

我们现在可以把自助法列加入研究问题 3—问题 5 的检验结果表中。结果如下所示。这些结果与 Ellingsen 和 Johannesson(2004)的表 2 中的结果类似，虽然不是完全相同的，且这是一个自助法程序得出的随机性结果。我们认可 Ellingsen 和 Johannesson(2004)的结论，只有 T1 和 T2（买方沟通）的比较具有显著效应。

表 3.9　来自双样本 *t* 检验；曼-惠特尼检验和自助法的双尾 *p* 值*

		双样本 *t* 检验	曼-惠特尼检验	自助法
研究问题 3	T1 与 T3	0.099 6	0.285 1	0.140
研究问题 4	T1 与 T2	0.025 0	0.088 6	0.045
研究问题 5	T3 与 T2	0.267 3	0.176 5	0.289

3.5.4　整体分布的比较检验

在这一节中,我们将使用到最后通牒博弈和独裁者博弈中的数据。读者们可以回顾第 2.5 节中关于这些博弈的解释、关于它们理论预测的讨论,以及与它们有关的经验证据的总结。

Forsythe 等(1994)进行了一个验证:是否可以只凭公平性来解释在特定情境下提议者给予响应者的意愿? 他们通过使一个组参与最后通牒博弈,而另一个组参与独裁者博弈来进行该检验。其基本理念是,如果双方付出相等,那么公平性就是付出的唯一解释。如果最后通牒博弈中付出较多,那么其他因素一定在影响着决策(例如担心出价遭到拒绝)。

他们所偏好的这些检验是基于两项处理下对提议的总体分布的比较,而不是对平均或方差的分布特征的比较。这是因为(Forsythe et al.,1994,p.351):

传统理论预测结果会集中于一点······由于该理论没有预测结果的分布,它对该对哪些分布函数进行检验这一问题没有指导作用。总体分布恒定意味着所有函数均为恒定的,这一特性非常吸引人。

对总体分布进行比较的检验包括:柯尔莫可洛夫-斯米诺夫检验(Kolmogorov-Smirnov test)、埃普斯-辛格尔顿检验(Epps-Singleton test)、克拉默-冯·米塞斯检验(Camer-von Mises test)、安德森-达林检验(Anderson Darling test)。我们会在 Forsythe 等(1994)的数据基础之上对前两个检验进行阐释。所需数据在文件 forsythe 中。

柯尔莫可洛夫-斯米诺夫检验由 STATA 中的 ksmirnov 命令执行。运行结果如下:

---

*　由于自助法具有随机性,所以 STATA 给出的结果和 Ellingsen 和 Johannesson(2014)不一致。——译者注

```
. ksmirnov y, by(dic_ult)

Two-sample Kolmogorov-Smirnov test for equality of distribution functions

Smaller group        D      P-value  Corrected
---------------------------------------------
1:                 0.3516    0.000
2:                -0.0110    0.989
Combined K-S:      0.3516    0.000      0.000

Note: ties exist in combined dataset;
      there are 11 unique values out of 182 observations.
```

为了理解 Kolmogorov-Smirnov 检验统计量是如何计算出来的，可以借助一个非常有用的图形"cdfplot"（这是一个用户编写的需要安装的 STATA 命令，以输入 findit cdfplot 开始）。在这里，我们使用下面这个命令：

```
cdfplot y, by(dic_ult)
```

其结果如图 3.4 所示，两条线中较高的一条是独裁者博弈中的出价的累积分布函数（cdf），较低的一条为最后通牒博弈中出价的累积分布函数。独裁者博弈的累积分布函数较高，符合独裁者博弈的出价通常低于最后通牒博弈出价这一现象。

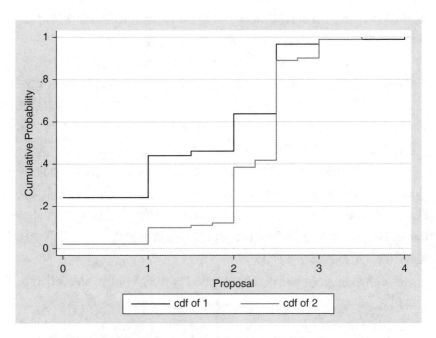

图 3.4 最后通牒博弈（较低线）和独裁者博弈（较高线）的累积分布函数

Kolmogorov-Smirnov 检验统计量是用两条累积分布函数曲线之间的最大垂直距离计算出来的,而且我们可以从 STATA 结果和图形中看到,这个最大距离(发生在提议为 1.5 和 1.75 之间)为 0.351 6。将这一差距与零分布作比较,得到这个检验的 p 值,也就是 0.000 0。这个 p 值表明两个分布间存在显著差异。

Epps-Singleton 检验(Epps and Singleton,1986)并没有直接比较两个分布,而是比较经验特征函数。这一检验的检验功效与柯尔莫可洛夫-斯米诺夫检验相似,并且当结果为离散分布(例如结果是在测验中回答正确问题的数量)时,更适于使用该检验。这一检验在 STATA 中使用用户编写的命令 escftest 执行(Georg,2009),这是另一个需要安装的命令,以输入 findit escftest 开始。

下面是应用 Epps-Singleton 检验,对独裁者博弈和最后通牒博弈出价分布的对比检验结果。

```
. escftest y, group(dic_ult)

Epps-Singleton Two-Sample Empirical Characteristic Function test

Sample sizes: dic_ult = 1          91
              dic_ult = 2          91
              total               182
t1                                0.400
t2                                0.800

Critical value for W2 at 10%      7.779
                          5%      9.488
                          1%     13.277
Test statistic W2                35.624

Ho: distributions are identical
P-value                         0.00000
```

我们已经将 Epps-Singleton 检验和 Kolmogorov-Smirnov 检验应用于最后通牒博弈和独裁者博弈中出价的分布比较问题。两个检验得到的 p 值均为 0.000,说明两个分布之间存在显著差异。我们可以将这个结果理解为:公平性并不是影响给予决策的唯一因素。

3.6　性别效应的检验

在这一节中,我们会示范如何对性别效应进行处理检验。尽管性别不是一个典型的实验处理,因为它并不是由实验者指派,但为了完成检验,我们可以简单地将性别视为一项"处理"。该检验会在最后通牒博弈(第2.5节中有相关解释)情境中进行。正如前一节提到的,我们对提议者的决策感兴趣。

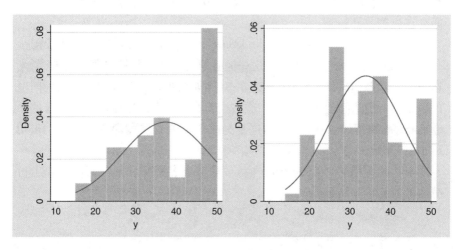

图 3.5   提议者出价:女性(左)与男性(右)

文件 ug_sim 包含了参与最后通牒博弈的 200 个受试者的(模拟)数据,博弈中的禀赋为 100 单位。每个受试者进行两次博弈,一次作为提议者,一次作为响应者,且每次博弈的对象不同。博弈涉及的变量有:

i:提议者编号。

j:响应者编号。

$male\_i$:如果提议者为男,取值为 1;否则取值为 0。

$male\_j$:如果响应者为男,取值为 1;否则取值为 0。

y:提议者出价。

d:响应者决策:若接受,取值为 1;若拒绝,取值为 0。

有大量研究探索过最后通牒博弈中的性别效应,Eckel 和 Grossman (2001)就是一个很好的研究。本书中,我们研究的是提议者出价中存在的性别差异。图 3.5 按性别展示了提议者出价的分布。和预期的一样,出价分布在 0 到 50 之间(占了禀赋的一半),并且两种性别都在 50 处出现集中分布。将正态密度线叠加到图中,发现两个分布均不是正态分布。

接下来,我们可以使用第 3.4 节中介绍的检验方法,对不同性别的提议者的出价分布进行正态检验。

```
. sktest y if male_i==0

                 Skewness/Kurtosis tests for Normality
                                               ------- joint ------
    Variable |    Obs   Pr(Skewness)   Pr(Kurtosis)   adj chi2(2)   Prob>chi2
-------------+---------------------------------------------------------------
           y |     91      0.3391        0.0000         21.61        0.0000
. sktest y if male_i==1

                 Skewness/Kurtosis tests for Normality
                                               ------- joint ------
    Variable |    Obs   Pr(Skewness)   Pr(Kurtosis)   adj chi2(2)   Prob>chi2
-------------+---------------------------------------------------------------
           y |    109      0.3899        0.0135          6.42        0.0403
```

检验结果拒绝了以上两个分布的正态性。这在女性提议者的出价分布中表现得尤为明显，因为女性在 50（传统意义上的公平分配数额）处的分布（比男性）更集中（见图 3.5）。

我们想要进行的是两个样本间的等方差检验。检验结果如下：

```
. sdtest y, by(male_i)

Variance ratio test
------------------------------------------------------------------------------
   Group |     Obs        Mean    Std. Err.   Std. Dev.   [95% Conf. Interval]
---------+--------------------------------------------------------------------
       0 |      91    37.37363    1.115618    10.64231    35.15726       39.59
       1 |     109    33.86239    .8779076    9.165624    32.12222    35.60255
---------+--------------------------------------------------------------------
combined |     200       35.46    .7067101     9.99439    34.0664     36.8536
------------------------------------------------------------------------------
    ratio = sd(0) / sd(1)                                   f   =   1.3482
Ho: ratio = 1                                   degrees of freedom = 90, 108

    Ha: ratio < 1               Ha: ratio != 1                 Ha: ratio > 1
 Pr(F < f) = 0.9314       2*Pr(F > f) = 0.1372            Pr(F > f) = 0.0686
```

检验结果显示两个方差的差异具有轻微显著性。接下来我们对提议者出价的性别差异进行独立样本 t 检验，该检验能够允许方差差异的存在。

```
. ttest y, by(male_i)

Two-sample t test with equal variances
------------------------------------------------------------------------------
   Group |     Obs        Mean    Std. Err.   Std. Dev.   [95% Conf. Interval]
---------+--------------------------------------------------------------------
       0 |      91    37.37363    1.115618    10.64231    35.15726       39.59
       1 |     109    33.86239    .8779076    9.165624    32.12222    35.60255
---------+--------------------------------------------------------------------
combined |     200       35.46    .7067101     9.99439    34.0664     36.8536
---------+--------------------------------------------------------------------
    diff |            3.511241    1.400706                .7490252    6.273457
------------------------------------------------------------------------------
    diff = mean(0) - mean(1)                                  t   =   2.5068
Ho: diff = 0                                    degrees of freedom =      198

    Ha: diff < 0                Ha: diff != 0                  Ha: diff > 0
 Pr(T < t) = 0.9935       Pr(|T| > |t|) = 0.0130            Pr(T > t) = 0.0065
```

```
. ttest y, by(male_i) unequal

Two-sample t test with unequal variances
----------------------------------------------------------------------------
 Group |     Obs       Mean    Std. Err.   Std. Dev.   [95% Conf. Interval]
-------+--------------------------------------------------------------------
     0 |      91    37.37363   1.115618    10.64231    35.15726       39.59
     1 |     109    33.86239   .8779076    9.165624    32.12222    35.60255
-------+--------------------------------------------------------------------
combined |   200      35.46   .7067101    9.99439     34.0664     36.8536
-------+--------------------------------------------------------------------
  diff |            3.511241   1.419621                .7098767    6.312605
----------------------------------------------------------------------------
    diff = mean(0) - mean(1)                                    t =   2.4734
Ho: diff = 0                      Satterthwaite's degrees of freedom = 178.831

    Ha: diff < 0                  Ha: diff != 0                  Ha: diff > 0
Pr(T < t) = 0.9928         Pr(|T| > |t|) = 0.0143         Pr(T > t) = 0.0072
```

无论我们是否假设方差相等,性别差异都存在强烈的显著性,女性的平均出价远高于男性。当进行等方差假设时,性别差异的显著性要稍强一些(显示为 p 值略微小一些)。

尽管拒绝了正态分布假设,但在大样本情况下,独立样本 t 检验的结论还是有效的。但是,为了更好地度量差异,我们还需对性别效应进行非参数检验。

```
. ranksum y, by(male_i)

Two-sample Wilcoxon rank-sum (Mann-Whitney) test

      male_i |     obs    rank sum    expected
-------------+---------------------------------
           0 |      91    10122.5      9145.5
           1 |     109     9977.5     10954.5
-------------+---------------------------------
    combined |     200     20100       20100

unadjusted variance    166143.25
adjustment for ties     -1147.79
                       ----------
adjusted variance      164995.46

Ho: y(male_i==0) = y(male_i==1)
           z =    2.405
    Prob > |z| =   0.0162
```

尽管由于 p 值大于 0.01,这次的效应不是特别显著,但我们还是发现性别差异具有显著性。通过这一系列检验,我们可以得出结论:对数据做的假设越多(如检验中的"参数"越多),检验结果的显著性就越强(根据 p 值接近 0 的程度)。

当然,我们可以将其他检验应用于这个问题,比如第 3.5.4 节介绍的总体分布的相等性检验。其他检验方法得出的结论也是一样的。读者可以自己去探索这些检验。

3.7 受试者内检验

受试者内检验是在处理前后都要对每个受试者进行观察的条件下检验处理效应的情形,这与本章中考虑的受试者间检验(在一组受试者接受检验时,另一组不接受检验)相反。从理论上来看,受试者内检验比受试者间检验更受欢迎;受试者内检验有更大的统计功效。但是也有很多原因导致实验经济学家并不支持受试者内检验。受试者内检验中关于"顺序效应"的问题引起了广泛讨论[参考 Harrison 等(2005)、Holt 和 Laury(2002)],如果检验结果取决于控制和处理进行的顺序,顺序效应就会出现。简单来说,就是前一个处理经验会影响下一个处理中的受试者行为。

但是,有些实验经济学中的例子说明了受试者内检验是最可取的方法。

在实验经济学中,适用于大部分受试者内情境的检验就是麦克尼马尔变化检验[McNemar change test,见 Siegel 和 Castellan(1988)]。这是因为两个决策通常是二元的,并且我们只对从一个选择"转换"为另一个选择的受试者及其转换方向感兴趣。Conlisk(1989)使用的检验是适用于该情境的另一个检验。如果两种情境中观察到的结果是连续分布的,可以使用成对比较 t 检验,或者说,如果偏好非参数检验,可以运用威尔科克森符号秩检验(Wilcoxon signed ranks test)。

3.7.1 阿莱悖论

阿莱悖论(Allais,1953)是 EU 理论著名的反例。该悖论的检验方法主要是上文介绍的受试者内检验。

该悖论是通过两个选择问题(通常是假设的)来进行阐释的。第一个选择是在 A 和 A* 两个彩票中做选择;第二个选择是在 B 和 B* 中作出选择。

彩票 A:确定能够获得 100 万。

彩票 A*:0.01 的概率一无所获;0.89 的概率获得 100 万;0.10 的概率获得 500 万。

彩票 B:0.89 的概率一无所获;0.11 的概率获得 100 万。

彩票 B*：0.90 的概率一无所获；0.10 的概率获得 500 万。

如果某受试者在第一个问题中选择了 A，在第二个问题中选择了 B，我们将其答案的顺序标记为"AB"。显然，受试者对这两个问题的回答有四种可能：AB、A*B*、AB* 和 A*B。在这四种可能中 AB 和 A*B* 符合 EU，而 AB* 和 A*B 与 EU 相违背。

事实上，大量的受试者选择了 AB* 或 A*B，由此违背了 EU。但是让人们感兴趣的是"阿莱行为"模式，即 AB* 出现的频率要比 A*B 更高。

为检验阿莱行为的存在，我们用符号 $n(.)$ 表示每一特定回答的受试者数量，如 $n(AB^*)$ 就是答案为 AB* 的受试者数量。

McNemar 变化检验如下所示。原假设：AB* 和 A*B 出现的概率是相同的，即我们预期 $n(AB^*)$ 与 $n(A^*B)$ 相等。为检验原假设，我们应用第 3.3.3 节中介绍的卡方检验对这两组进行检验，得到如下检验统计量：

$$\chi^2 = \sum_{i=1}^{2} \frac{(O_i - E_i)^2}{E_i} = \frac{\left[n(AB^*) - \dfrac{n(AB^*) + n(A^*B)}{2}\right]^2}{\dfrac{n(AB^*) + n(A^*B)}{2}}$$

$$+ \frac{\left[n(A^*B) - \dfrac{n(AB^*) + n(A^*B)}{2}\right]^2}{\dfrac{n(AB^*) + n(A^*B)}{2}} \tag{3.5}$$

对式(3.5)进行简化，我们得到：

$$\chi^2 = \frac{\left[n(AB^*) - n(A^*B)\right]^2}{n(AB^*) + n(A^*B)} \tag{3.6}$$

在不存在阿莱行为的原假设条件下，式(3.6)的分布服从 $\chi^2(1)$ 分布。[1]

Conlisk(1989)向 236 个受试者提出了这两个选择问题，受试者给出各回答组合的数量如表 3.10 所示。

---

[1] 在第 3.3.3 节中，解释了基于 $m \times n$ 的卡方检验的零分布交叉表格是 χ^2 与 $(m-1)(n-1)$ 的自由度。当 $m=1$ 或 $n=1$，即交叉表只包含一行或一列时，例外就产生了。如果 $m=1$，$df=n-1$；如果 $n=1$，$df=m-1$。在目前的情况下，交叉表本质上是 2×1，因此自由度是 1。

表 3.10　Conlisk(1989)的阿莱实验结果

	B	B*
A	18	103
A*	16	99

资料来源:Conlisk(1989)的表 1。

　　我们关注的是表中的对角线条目,同时我们可以看到答案次序为 AB* 的受试者数量远远多于 A* B。为了检验差异的显著性,我们使用麦克尼马尔变检验去检验式(3.6):

$$\chi^2 = \frac{(103-16)^2}{103+16} = 63.6$$

　　由于零分布是 $\chi^2(1)$ 分布,所以当检验统计量的值大于 3.84 时,表明存在阿莱行为;当该值大于 6.63 时,表明阿莱行为具有强烈的显著性。因此,本例中的统计量 63.6 表明阿莱行为具有强烈显著性。

　　对 McNemar 变化检验进行进一步探讨。当公式中的数值很小时,用 $\chi^2(1)$ 分布进行近似的效果会变差,因为这相当于使用连续分布来近似估计一个离散分布。"连续校正"可以解决这一问题[参阅 Yates(1934)]。包含了连续校正的检验统计量公式如下:

$$\chi^2 = \frac{[|n(AB^*)-n(A^*B)|-1]^2}{n(AB^*)+n(A^*B)} \tag{3.7}$$

在本例中,连续校正[式(3.7)]的应用使得检验统计量从 63.6 变为 62.15。

　　Conlisk(1989)提出了检验阿莱行为的另一个检验统计量,并最终成为我们熟知的"Conlisk 检验"。该统计量由下列公式得出:

$$Z = \frac{\sqrt{N-1}\left(S-\frac{1}{2}\right)}{\sqrt{\frac{1}{4V}-\left(S-\frac{1}{2}\right)^2}} \tag{3.8}$$

公式中 N 为受试者总数,V 为给出 AB* 或 A* B 回答从而违背 EU 的受试者占总体的比例,即:

$$V = \frac{n(AB^*)+n(A^*B)}{N} \tag{3.9}$$

S 是回答 AB* 的受试者占给出 AB* 或 A* B 回答的受试者的比例,即:

$$S = \frac{n(AB^*)}{n(AB^*) + n(A^*B)} \tag{3.10}$$

在不存在阿莱行为的原假设条件下,式(3.8)中的检验统计量服从标准正态分布。标准正态分布右尾中的概率值表明比例 S 远大于二分之一,也就是说存在阿莱行为。

将 Conlisk 检验应用于表中数据,我们得到 $V = 0.504$,$S = 0.866$,以及

$$Z = \frac{\sqrt{236-1}\left(0.866 - \dfrac{1}{2}\right)}{\sqrt{\dfrac{1}{4 \times 0.504} - \left(0.866 - \dfrac{1}{2}\right)^2}} = \underline{9.32}$$

该检验统计量很明显在标准正态分布的右尾,并且再次证明了样本中阿莱行为的存在。

3.7.2 偏好逆转

"偏好逆转"(PR)是一个术语,主要是指在两种彩票(安全彩票和风险彩票)间进行选择时,受试者倾向于选择安全彩票(机会赌局);但是当让受试者分别对这两种彩票进行估值时,他们对风险彩票的估值更高(金钱赌局),这与他们的选择是相违背的。这一现象由 Lichtenstein 和 Slovic (1971)发现,随后由 Grether 和 Plott(1979)引入经济学文献中。

为了找到一个合适的例子,我们参考了 Tversky 等(1990)的研究。他们考虑的第一组彩票(在他们的表 1 中:study 1, set 1, triple 1)是:

机会赌局:0.97 的机会得到 4 美元;0.03 的机会得到 0 美元。

金钱赌局:0.31 的机会得到 16 美元;0.69 的机会得到 0 美元。

他们让 179 个受试者在这组彩票间进行选择。根据他们表 2 的信息,我们可以总结出表 3.11:

表 3.11　由 Tversky 等(1990)得出的结论,study 1, set 1, triple 1

	认为机会价值更高	认为美元价值更高
选择机会	43	106
选择金钱	4	26

若受试者选择了机会,且对金钱的估值更高,他们就做了所谓的"标准逆转";相反,若他们选择了金钱,且对机会的估值更高,他们就做了所谓的"非标准逆转"。如果给出标准逆转的受试者人数明显多于做出非标准逆转的人数,我们可以由此得出 PR 现象是存在的。

在这种情况下,进行"受试者内"检验是必不可少的。显然,PR 是可观察到的,这就需要我们对同一个受试者重复"观察"两次:一次是观察他们的选择,另一次是观察他们对这两种彩票的估值。这里所用的检验与第 3.7.1 节中用于检验阿莱行为的检验是一样的。

将麦克尼马尔变化检验应用于上表中的数字,我们得到:

$$\chi^2 = \frac{(106-4)^2}{106+4} = 94.58$$

另外,在零分布 $\chi^2(1)$ 条件下,显示出 PR 现象具有强烈显著性。

通过应用 Conlisk 检验,我们得到 $V=0.614$,$S=0.963$,以及

$$Z = \frac{\sqrt{179-1}\left(0.963-\frac{1}{2}\right)}{\sqrt{\frac{1}{4\times0.614}-\left(0.963-\frac{1}{2}\right)^2}} = \underline{\underline{14.07}}$$

在标准正态分布下,该检验统计量表明 PR 现象具有强烈显著性。

3.7.3 连续结果

目前为止,所有受试者内检验都是在二元结果的情景下进行的。现在我们考虑另一种情况,无论是处理前还是处理后,我们同样需要对受试者进行观察,但结果是一个连续变量。

当调查独裁者博弈实验中"取走处理"的影响时会出现这种情况。"取走博弈"是一种独裁者博弈,在博弈过程中独裁者可以从接收方那里取走钱,也就是说,"给予"小于零。Bardsley(2008)和 List(2007)发现,当引入该取走规则时,独裁者博弈给予较低。这些研究都使用了受试者间检验。但是,一个明显的可选择的方法就是受试者间设计,该设计中每个受试者先后参与两次独裁者博弈:第一个是"仅给予"博弈,第二个是"给予或取走"博弈。"取走处理"的效应可以通过比较两个处理的给予量进行检验。据我们所知,仅有

的在该特定情境下采用受试者内方法的研究是 Chlaß 和 Mofftt(2012)。

这里,我们假设以下设计。每个受试者用 10 单位的禀赋参与两场独裁者博弈。在第一场博弈中,如果这些受试者有禀赋的话,会被问到愿意拿出多少禀赋给接受者。在第二场博弈中,他们会被再次问到愿意将多少禀赋给接受者,但是在这个时候他们的机会集会扩大,即可以"给予"高达 10 单位的负数,也就是说,他们可以从接受者处最多取走 10 单位禀赋。受试者作出两个决策后,随机发生器会选择其中一个决策,并且依照被选中的决策实施支付。

文件 give_take_sim 包含了 50 个受试者的模拟数据。变量如下:

i:被试编号;

$y1$:仅给予博弈中的给予;

$y2$:给予或取走博弈中的给予(如果从接受者处取走,$y2<0$)。

首先绘制出两个给予变量的散点图是有效的。我们可以使用以下的散点命令:

```
scatter y2 y1, msize(1)  jitter(2) yline(0) xlabel(0(1)5) ylabel(-5(1)5)
```

图 3.6 为得出的散点图。jitter 选项是非常有用的,因为它可以在散点图中的每一点处添加微小的随机扰动,以便于我们观察散点在图中的哪些位置

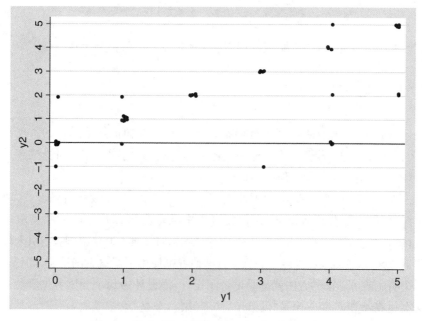

图 3.6　给予或取走博弈与仅给予博弈的对比图

大量集聚。可以发现,大量受试者分布在 45 度线上,说明在两个处理中,他们给予的数量相等。但是,仍然有一些受试者分布在 45 度线以下,说明在做决策时,他们选择取走的数量更多,而给予的数量较少,有时甚至"给予的数量"为负。通过散点图,我们发现只有个别受试者位于 45 度线上方。

读者可能会感到迷惑:图 3.6 只给出了少量的离散值,但却被描述为"连续"结果。这是因为从理论上来说,变量"给予"是一个连续变量。但变量被度量的方式——即诱导受试者选择一个整数,导致观察到的变量是离散的。当然,这是所有度量体系的特征:所有连续变量都必须通过一定程度的圆整度量。针对圆整问题,可以利用计量经济学方法解决——如第 6 章介绍的区间回归模型估计。但可以证实的是,在当前情况下,应用该模型的结果与将结果变量作为连续变量处理得到的结果非常相似。

为正式检验处理效应,我们通常会使用参数检验或者非参数检验。参数检验是成对比较 t 检验。该检验可以计算出不同处理间给予数额的差值,然后使用 t 检验,检验这些差值的均值是否为 0。

```
. ttest y2=y1

Paired t test
------------------------------------------------------------------------------
Variable |     Obs        Mean    Std. Err.   Std. Dev.   [95% Conf. Interval]
---------+--------------------------------------------------------------------
      y2 |      50        1.56    .2971429    2.101117    .9628691    2.157131
      y1 |      50        2.18    .2613778    1.84822     1.654742    2.705258
---------+--------------------------------------------------------------------
    diff |      50        -.62    .2038206    1.44123    -1.029593   -.2104071
------------------------------------------------------------------------------
    mean(diff) = mean(y2 - y1)                                  t =  -3.0419
Ho: mean(diff) = 0                           degrees of freedom =       49

Ha: mean(diff) < 0           Ha: mean(diff) != 0           Ha: mean(diff) > 0
Pr(T < t) = 0.0019        Pr(|T| > |t|) = 0.0038        Pr(T > t) = 0.9981
```

可以发现,给予或取走博弈中的给予数额低于平均值,处理间的平均差值为 -0.62。并且由于单尾($<$)p 值为 0.001 9,说明给予或取走处理中的给予数值低于平均水平具有强烈的显著性。

适用于该情境的非参数检验方法是 Wilcoxon 符号秩检验[可参阅 Siegel 和 Castellan(1988)]。与参数检验一样,该检验是以不同处理间给予数额的差值为基础。将绝对差值由低到高排序,最大差值的等级最高。然后分别计算正差和负差的等级和。如果取走处理没有任何效应,那么正差和负差的等级总数应相等。因此,该检验就是对这两个数值进行比较。在 STATA 中,可以使用 signrank 命令进行该检验:

```
. signrank y2=y1

Wilcoxon signed-rank test

        sign |     obs    sum ranks    expected
-------------+-------------------------------------
    positive |       3       116.5         340
    negative |      13       563.5         340
        zero |      34         595         595
-------------+-------------------------------------
         all |      50        1275        1275

unadjusted variance     10731.25
adjustment for ties        -7.50
adjustment for zeros    -3421.25
                        ----------
adjusted variance        7302.50

Ho: y2 = y1
              z =   -2.615
    Prob > |z| =    0.0089
```

负差的等级总数为 563.5，显然是较高的数值。该检验得出（双尾）p 值 0.008 9，该数值表示取走处理下的给予存在强烈的差异显著性。单尾 p 值为 0.004 5，与前面得出的相应参数检验 p 值 0.001 9 相比，该 p 值较大，即非参数检验的显著性更弱。

事实上，要注意的是 Wilcoxon 符号秩检验并非完全意义上的自由分布。它依赖于某一具体假设，该假设为两个数值间的差值是围绕中位数对称分布的。而双样本符号检验就不需要这一假设，该检验只是简单地比较正差和负差的数量，并且根据二项分布观察该差值是否与 0.5 相差很大。该检验同样可以在 STATA 中进行：

```
. signtest y2=y1

Sign test

        sign |   observed    expected
-------------+-------------------------
    positive |         3          8
    negative |        13          8
        zero |        34         34
-------------+-------------------------
         all |        50         50

One-sided tests:
  Ho: median of y2 - y1 = 0 vs.
  Ha: median of y2 - y1 > 0
      Pr(#positive >= 3) =
        Binomial(n = 16, x >= 3, p = 0.5) =  0.9979

  Ho: median of y2 - y1 = 0 vs.
  Ha: median of y2 - y1 < 0
      Pr(#negative >= 13) =
        Binomial(n = 16, x >= 13, p = 0.5) =  0.0106
```

```
Two-sided test:
  Ho: median of y2 - y1 = 0 vs.
  Ha: median of y2 - y1 != 0
      Pr(#positive >= 13 or #negative >= 13) =
        min(1, 2*Binomial(n = 16, x >= 13, p = 0.5)) =  0.0213
```

相关的 p 值是第二个,为 0.010 6。该检验证明了在取走处理下,给予数值更低是具有显著性的。但是,作为大多数非参数检验的结果,显著性仍然较弱,另外由于 p 值大于 0.01,也就不能将其归为强烈显著性。

在第 2 章的受试者间设计讨论中,提出了顺序效应问题。该问题或许与当前情境相关。可以预期,受试者在仅给予博弈的经验会在某种程度上影响受试者在随后的给予或取走博弈中的行为,因此,处理效应会因为两个处理的顺序而产生混淆。正如第 2 章所述,解决这类问题的方法是进行交叉设计,有一半的受试者依照相反的顺序接受两个相同的处理。这样在处理检验过程中能够有效控制顺序效应。事实上,Chlaß 和 Moffatt(2012)采用的也正是这个方法。

3.8 小结与拓展阅读

本章通过实例介绍了各种各样的处理检验。想要了解更多信息的读者们可以参阅 Siegel 和 Castellan(1988)。Camerer(2003,ch.2)调查了大量应用于最后通牒博弈、独裁者博弈和信任博弈行为的处理检验。

检验方法的选择(选择参数检验还是非参数检验)非常重要,选择常常受到数据测量尺度的影响(标称尺度、顺序尺度、基数尺度)。大量文献对该问题进行了研究,如 Harwell 和 Gatti(2011)。

在本章中,处理检验的一个特殊应用为性别效应检验。Croson 和 Gneezy(2009)对在经济学实验中研究性别效应检验的文献进行了全面的梳理。

受试者内检验方法被应用于大量的情境,如 PR 现象。PR 现象最早由 Grether 和 Plott(1979)提出,之后 Seidl(2002)针对该现象进行了有效的调查研究。

本章涵盖的另一种方法为自助法。想要了解细节的读者可以参考 Efron 和 Tibshirani(1993)与 MacKinnon(2002)。

练习

1. Burnham(2003)使用二项检验对不给予任何付出的二元决策进行了检验,请通过运算,重新得出 Burnham(2003)中表 4 的结果。

2. Eckel 和 Grossman(1998)对影响独裁者博弈分配方案的性别效应进行了大量的检验。文章中已经给出了他们的数据集。请重新得出他们的结果。

3. Branas-Garza(2007)探究了独裁者博弈分配中存在的框架效应。处理组(2)中的独裁者在指导文件的最后有一行额外的提示,从西班牙语翻译过来大致是"注意,你的分配提议是否会被接受取决于你"。而控制组(1)中的独裁者则没有这句提示。这个实验在教室(C)和实验室(L)都有进行。每组的贡献分布如下表所示:

贡献	C1	C2	L1	L2
0	11	2	5	1
1	1	0	2	2
2	4	3	6	3
3	2	7	6	5
4	1	5	5	10
5	1	3	3	5
合计	20	20	27	26

(a) 制作一个 93 行的数据集(每一行代表一个受试者),然后假设如下三个变量:

设置:如果是教室,取值为 1;如果是实验室,取值为 2。

处理:如果不能看见提示,取值为 1;如果能够看见,取值为 1。

X:贡献。

(b) 请重新得出他们的结果。

4 理论检验、回归分析和独立性

4.1 引言

本章主要阐释如何通过实验数据对经济理论进行检验。就像在第 1 章开篇强调的那样，许多经济学实验聚焦于一种特定经济制度的运行，目的是在特定经济制度背景下，去检验经济理论假设。本章将以拍卖和竞赛两种制度为案例，这两种制度的经济理论都得到了很好的发展，并且有了非常明确的"基本预测"，通常是"RNNE 预测"。这一基本预测为本章中所演示的检验案例提供很好的研究基础。

在本章所考虑的情境中，以及事实上在很多实验情境中，实验受试者的行为往往与理论"基本预测"发生系统性地背离。在随后的拍卖和竞赛的案例中，纳什均衡的偏离表现为系统性"过度竞标"。因此，如果实验的唯一目的是检验纳什均衡理论的基本预测，那么结果显然是：该理论被拒绝。然而，我们可以从其他层面进行理论检验。典型的理论会衍生出大量的"比较静态预测"，例如，本章中观察拍卖中竞标者数量改变造成的影响。如果纳什均衡理论预测竞标者数量的增加会造成出价的降低，那么比较静态预测可以很容易地通过实验数据进行检验——比较在不同处理中（竞标者数量不同）竞标者的出价水平。

本章的主要目的是演示如何在可能的线性回归模型框架中检验理论的比较静态预测和其他类型的处理效应。基本思想是：在检验的结果变量为因变量的线性回归模型中，可以对"处理虚拟"的显著性进行处理检验。事实上，正如在第 3 章描述的，当回归中只有一个虚拟变量和一个截距时，如果处理组和控制组在均值上存在差异，那么针对虚拟效应显著性的 t 检验

等同于独立样本 t 检验。

在处理检验中应用回归分析有显著的优点。第一,它可以同时检验多个处理效应,如果需要的话,还可以检验处理效应间的关系。第二,它可以控制可能会影响到结果的其他变量的效应(如受试者的特性)。第三,它可以调整观测值间的依赖性。无论是在受试者个体层次、受试者小组层次,还是在实验局间层次,依赖性通常表现为聚类。当进行简单的线性回归时,可以较容易地对标准误差进行调整,以确保"聚类稳健",从而验证处理检验。当然,更为有效的方法是:运用面板估计量以充分遵循数据的"面板"结构。如果出现多层次聚类(如,受试者层次和局间层次),可以根据多层次建模方法设置估计量。本章包含了上述的所有方法。

选择拍卖实验作为处理检验的主要案例,有以下几点原因:第一,如上文所述,拍卖理论发展较为完善[参阅 Krishna(2010)],并且衍生出大量可以用计量经济学方法检验的清晰预测。检验过程中的中心预测是 RNNE 出价函数。第二,虽然可以使用真实拍卖数据检验这些预测[参阅 Laffont 等(1995)],但计量经济学中介绍的拍卖实验更加简单。这是因为拍卖实验采用诱导价值法:在每轮实验中,实验者都会给受试者一个"私有价值"或者"信号",受试者会在该信息基础上作出竞标决策。换句话说,调查者知道所有受试者的私有价值。这不同于真实拍卖数据,在真实拍卖中,私有价值是不可观测的,而且对分布的估计是估计和检验过程中的主要障碍。在实验数据中,私有价值是已知的,可以直接对 RNNE 运用单样本检验,同时拍卖理论的某些比较静态预测可以运用双样本处理检验。另外,用私有价值表示出价的"出价函数",可以用线性回归分析来进行估计,因为因变量和自变量都是可观测的。当然,为了对那些令人感兴趣的比较静态预测进行检验,回归中可以包含处理虚拟实验。第三,回归框架同样适用于有关出价的其他决定因素的分析,如经验和累积余额。第四,拍卖实验数据有一个较为清晰的面板结构,该结构在竞标者层次和实验局间层次存在聚类,这为最后一段描述的面板数据方法的演示提供了理想的环境。

当分析拍卖实验数据时,有一个普遍的趋势是出价普遍有"竞争性",即高于 RNNE 所预测的价格。导致该现象的原因有很多,主要是没有对最高私有信号过高的情况进行调整,这种失败称为"赢者的诅咒"。过度竞标的其他解释还包括:赢得拍卖的乐趣、简单探索法的应用、后悔、迷茫、实验者需求效应、赌资效应。其中一些解释会在下文探索检验方式中进行探讨。

处理检验的另一个案例情境是竞赛实验,竞赛实验和拍卖实验在某些方面是相似的:RNNE 可以直接计算,并且实验结果与 RNNE 预测相比较表现出过度竞标趋势。但是,我们针对竞赛数据的处理检验的目的是不同的。在拍卖实验中,我们感兴趣的是检验理论的比较静态预测。在竞赛实验中,重点研究"均衡外博弈的驱动因素"。也就是说,实验设计的一些特点会导致行为接近或者偏离 RNNE 理论。

我们会在竞赛实验情境中使用元分析方法,该方法也可以检验理论预测和鉴别均衡外博弈的驱动因素。

本章第 4.2 节对拍卖理论进行了简要概述,为便于理解之后章节中的各种理论预测,我们介绍了一些基本概念。在接下来的部分,会运用拍卖实验模拟数据。第 4.3 节包含了一些对拍卖理论基本预测的基本检验。第 4.4 节对比较静态预测的处理检验进行描述,涉及标准处理检验和回归模型检验。该节还说明了如何兼容依赖性。第 4.5 节将模型扩展到多元回归情境中,该情境考虑到不确定性因素与竞标经验和现金余额累积等因素的影响。第 4.6 节引入了面板数据估计量并将它们应用到第 4.5 节的模型中。第 4.7 节说明了如何运用多层次建模来兼容受试者层次和局间层次的依赖性。第 4.8 节介绍竞赛实验及演示了该案例的一些检验。第 4.9 节对竞赛研究公布结果的样本进行了元分析。第 4.10 节对本章进行了总结。

4.2　拍卖实验

4.2.1　拍卖理论概述

拍卖类型一般分为两种:共同价值拍卖和私有价值拍卖。在共同价值拍卖中,每个竞标者会对一件物品进行出价,该物品的价值对于每个竞标者来说是相同的,但是他们竞标时不知道这件物品的真实价值。由于物品的价值是未知的,所以当竞标者赢得拍卖,而他们给出的价格高于物品的真实价值时,竞标者就会蒙受损失。

在私有价值拍卖中,物品的价值对于每个竞标者来说是不同的,并且竞标者知道商品的真实价值。在这种情况下,竞标者需要做的就是使出价低于他们的私有价值。只有这样,他们在赢得拍卖的同时也会有收益。但是如果出价过分低于物品的私有价值,竞标者赢得拍卖的概率也会明显下降。

给出最高出价的竞标者最终将会赢得拍卖,但是,这个赢家会支付多少钱呢? 显然,他们应该按照他们的出价支付。如果他们确实这样做,就是在遵循"一级密封价格"拍卖的规则。但是,在一些被称为"二级密封价格"的拍卖中,中标者最终只需要支付拍卖中第二高的出价。我们对二级密封价格拍卖感兴趣的重要原因是它们与英式(增价)拍卖是策略等价的。英式拍卖是我们最熟悉的一种拍卖方式,拍卖者最初给出较低的起价,然后竞标者逐渐加价,直到只剩下一个竞标者。显然,当出价第二高的竞标者出局的时候,出价最高的竞标者会立即停止加价。

一级密封拍卖与我们不太熟悉的"荷式拍卖"是策略等价的,荷式拍卖是指拍卖者在最开始给出一个较高的起拍价,之后的拍卖中不断地降低价格直到有一个竞标者愿意接受为止。

拍卖理论中一个很著名的结论是等价收入定理:参与拍卖的是风险中性竞标者,这种情况下,不管是一级密封拍卖还是二级密封拍卖,支付的预期价格是一样的。

这里,我们对出价函数十分感兴趣。函数 $b(x)$ 会告诉我们,当私有信号(或者私有价值)是 x 时,出价应该是怎样的。对于任何拍卖类型,都可以根据拍卖理论预测出价函数。从拍卖理论中得出的出价函数通常是 RNNE 出价函数。

在二级密封价格共同价值拍卖中,我们特别感兴趣的是 RNNE 出价函数。Kagel 等(1995)中给出的出价函数为:

$$b(x) = x - \frac{\epsilon(N-2)}{N} \tag{4.1}$$

其中 N 表示竞标者的数量,ϵ 表示私有信号隐含的不确定水平,下文会在适当的时候会对后者进行充分解释。

预测竞标出价会低于私有价值的情况很正常,根据式(4.1),低于私有价值的数值显然取决于不确定性水平(ϵ)和竞标者数量(N),且与它们正相关。在之后的内容中,我们会对(模拟的)出价数据应用一系列不同的检验方法,以检验比较静态预测。

出价与私有价值的差值被称作"出价系数",我们设出价系数为 y,在二级密封价格共同价值拍卖情境下,带入式(4.1),则(RNNE)出价系数可表示为:

$$y = x - b(x) = \frac{\epsilon(N-2)}{N} \tag{4.2}$$

在共同价值拍卖中,竞标行为的非常重要的特征是"赢者的诅咒"。该特征反映了受试者没有充分考虑逆向选择问题:中彩票通常揭示了私有价值"过高",如果不能充分进行调节,可观测的出价会高于式(4.1)RNNE 的预测。因此,该实验中的出价系数会在一定程度上低于式(4.2)RNNE 预测的出价系数。

4.2.2　拍卖实验的实施

我们接下来会介绍二级密封价格共同价值拍卖的实验方法。

受试者被募集到包含一系列拍卖期间的拍卖会中。由于"陌生人匹配"是可行的,所以单个期间内的竞标者的数量必须大于单个竞标组所要求的数量,并且在每一轮拍卖中,不同的竞标组会在单个期间内随机结合。对给定期间内的给定竞标组,实验者会对虚构物体生成一个"真实价值",记作 x_0,该值不会透露给竞标者。之后实验者会在均匀分布区间 $[x_0 - \epsilon, \; x_0 + \epsilon]$ 上提取一个"私有信号",记作 x,给每个受试者。受试者知道竞标者不确定性 ϵ 的值。尽管他们知道自己的私有价值,但是并不知道其他受试者的私有价值。竞标组内的每个竞标者会对标的物给出一个密封的出价。

在实验的开始,每个受试者都有一定的初始余额。对于给定期间内的给定竞标组来说,出价最高者会赢得标的物。赢家会以拍卖中第二高的出价来购买标的物。这时会揭露标的物的真实价值。中标者的获利数额为真实价值减去出价之差。注意,该差值可能为负。其他的竞标者在该轮拍卖中的获利为零。在每轮拍卖中,每个竞标者的获利会加到他们的现有余额中。任何余额低于零的竞标者将会被宣告"破产"而且不能再参与之后的拍卖。破产的竞标者会在当前拍卖期间结束时收到一份"出场费"。而坚持到最后的竞标者会在拍卖结束后获得他们的期末余额和出场费。

4.2.3　模拟拍卖数据

在二级密封价格共同价值拍卖中会出现的模拟数据被放在文件 common-value-sim 中，[1]一共有 160 受试者，他们会被划分到 16 个拍卖期间里。每一个受试者会参与 30 场拍卖。从均匀分布区间$[25, 975]$内取得真实价值(x_0)，然后根据取得的每个真实价值(x_0)，在均匀分布区间$[x_0-\epsilon, x_0+\epsilon]$上相应得到一系列的"私有信号"$x$，参数$\epsilon$会在每个期间内变化。数值$N$与数值$\epsilon$在 16 个期间之间的变化如下：

表 4.1

局间	受试者总数	N	ϵ	RNNE 出价函数	RNNE 出价系数	观测值
1—4	8	4	12	$b(x)=x-6$	6	871
5—8	12	6	12	$b(x)=x-8$	8	1 250
9—12	8	4	24	$b(x)=x-12$	12	840
13—16	12	6	24	$b(x)=x-16$	16	1 273

在期间 1—4 和 9—12，每个期间有 8 个受试者，在每场拍卖中，8 个受试者被分为 2 组，每组 $N=4$。而在期间 5—8 和 13—16，每个期间有 12 个受试者，并且被分为 2 组，每组 $N=6$。

表格中还给出了各个期间内每组的 RNNE 出价函数和 RNNE 出价系数。注意，根据式(4.1)，不同期间内每组的 N 值与 ϵ 值是不同的，所以不同期间的每组的出价函数也会不同。

实验过程中采用 2×2 全因子设计，该设计包含了 N 与 ϵ 的所有 4 种可能的组合。该设计对理论的检验十分重要，因为理论的出价函数不仅包含了它们各自的主要效应，还包含 N 与 ϵ 之间的交叉效应。

在模拟实验中，每个受试者的初始余额为 14 单位。模拟的出价预测依赖于私有信号、局间数、受试者数量、不确定性水平及受试者的累积余额。观测值的总数(如表格最后一列所示)会在不同的处理期间中发生变化，主要原因是：处理过程中 $N=6$ 会比 $N=4$ 产生更多的数据。同时，宣布破产

---

[1]　模拟中假设的设计与 Kagel 等(1995)和 Ham 等(2005)的设计有很强的相似性，尽管这两者都是私有价值拍卖——在这里我们考虑了共有价值拍卖。

的受试者不能参与之后的拍卖，所以也不会产生观测值。最后，由于 RNNE
出价函数在分布的两端更加复杂，所以私有价值在[60，963]区间外的观测
值将会从估计值中排除。

图 4.1 是前 31 行数据的截图。关注这些数据中的其中一行是非常有用
的，如第 5 行包含了以下信息：在期间 1 中的阶段 5，受试者 1 进入市场 1（注
意：每个阶段中，受试者会分到两个不同的市场中），标的物的真实价值是
592，受试者 1 可以接受的私有价值是 591，最终出价是 587，所以该受试者的
出价系数是 591−587＝4。在这场拍卖中，受试者赢得拍卖（用 winner＝1
表示），并且支付第二价格 584，最终获利 592−584＝8，累加到当前余额 14
上，在之后的拍卖中余额为 22。从其他行可以发现，该受试者在 30 场拍卖
中赢了 5 场，在 30 场拍卖结束后，累计余额为 38。

	session	i	period	market	x_0	x	bid	winner	spr	profit	balance
1	1	1	1	2	596	589	582	0	602	0	14
2	1	1	2	2	375	378	370	0	370	0	14
3	1	1	3	2	556	545	548	0	551	0	14
4	1	1	4	2	945	950	942	0	942	0	14
5	1	1	5	1	592	591	587	1	584	8	14
6	1	1	6	1	387	395	391	1	386	1	22
7	1	1	7	1	754	744	743	0	752	0	23
8	1	1	8	1	744	735	734	0	750	0	23
9	1	1	9	2	661	670	661	0	661	0	23
10	1	1	10	2	913	903	899	0	905	0	23
11	1	1	11	2	927	933	926	0	926	0	23
12	1	1	12	1	370	359	352	0	374	0	23
13	1	1	13	1	727	719	713	0	716	0	23
14	1	1	14	2	703	712	709	1	708	-5	23
15	1	1	15	1	311	303	297	0	298	0	18
16	1	1	16	2	139	142	138	0	138	0	18
17	1	1	17	2	65	67	58	0	58	0	18
18	1	1	18	1	438	437	435	0	439	0	18
19	1	1	19	2	203	194	196	0	196	0	18
20	1	1	20	2	531	533	525	0	529	0	18
21	1	1	21	1	328	332	324	0	326	0	18
22	1	1	22	1	575	586	578	1	565	10	18
23	1	1	23	2	765	756	748	0	751	0	28
24	1	1	24	2	519	509	508	0	513	0	28
25	1	1	25	2	507	500	495	0	505	0	28
26	1	1	26	2	487	484	482	0	483	0	28
27	1	1	27	2	709	714	711	0	711	0	28
28	1	1	28	1	779	787	783	1	769	10	28
29	1	1	29	2	697	685	676	0	687	0	38
30	1	1	30	2	185	180	172	0	184	0	38
31	1	2	1	1	705	717	713	1	698	7	14

图 4.1 共同价值拍卖数据

为便于检查特定的拍卖，可以使用命令 sort session period market i 对
数据进行排序。排序后的数据集如图 4.2 所示。为了研究拍卖期间 1 中阶
段 1 的情况，我们可以观察前 4 行数据。可以发现，受试者 2、受试者 3、受试

者 4 和受试者 6 被分到了市场 1,标的物的真实价值为 705,受试者 2 以 713 的出价赢得了这场拍卖。该受试者将支付受试者 6 给出的本场拍卖的第二高出价 698。最终,受试者 2 的获利是 $705-698=7$。

	session	i	period	market	x_0	x	bid	winner	spr	profit	balance	y
1	1	2	1	1	705	717	713	1	698	7	14	4
2	1	3	1	1	705	700	696	0	698	0	14	4
3	1	4	1	1	705	699	697	0	698	0	14	2
4	1	6	1	1	705	705	698	0	698	0	14	7
5	1	1	1	2	596	589	582	0	602	0	14	7
6	1	5	1	2	596	595	582	0	602	0	14	13
7	1	7	1	2	596	605	602	0	602	0	14	3
8	1	8	1	2	596	605	603	1	602	-6	14	2
9	1	2	2	1	303	302	290	0	309	0	21	12
10	1	6	2	1	303	299	298	0	309	0	14	1
11	1	7	2	1	303	313	309	0	309	0	14	4
12	1	8	2	1	303	315	312	1	309	-6	8	3
13	1	1	2	2	375	378	370	0	370	0	14	8
14	1	3	2	2	375	372	368	0	370	0	14	7
15	1	4	2	2	375	373	372	1	370	5	14	1
16	1	5	2	2	375	379	362	0	370	0	14	17
17	1	3	3	1	442	433	428	0	430	0	14	5
18	1	6	3	1	442	448	441	1	430	12	14	7
19	1	7	3	1	442	432	430	0	430	0	14	2
20	1	8	3	1	442	446	441	1	430	12	2	5
21	1	1	3	2	556	545	548	0	551	0	14	-3
22	1	2	3	2	556	559	560	0	551	0	21	8
23	1	4	3	2	556	563	560	1	551	5	19	3
24	1	5	3	2	556	560	547	0	551	0	14	13
25	1	2	4	1	322	333	317	0	320	0	21	16
26	1	4	4	1	322	321	320	0	320	0	24	1
27	1	7	4	1	322	331	326	0	320	2	14	5
28	1	8	4	1	322	316	313	0	320	0	14	3
29	1	1	4	2	945	950	942	0	942	0	14	8
30	1	3	4	2	945	945	940	0	942	0	14	5
31	1	5	4	2	945	938	924	0	942	0	14	14

图 4.2　共同价值拍卖数据(排序后)

4.3　拍卖理论的检验

4.3.1　二级密封共有价值拍卖的 RNNE 检验

在本小节,我们考虑直接对理论的基本预测进行检验。这些检验是针对出价系数的单样本检验。重要的是,在进行这些检验时,我们需要假设观测值的独立性,该假设在下文会被多次用到,但是我们很难去证明它的合理性,因此,此处得出的结论不具有权威性。在本章后面的有些情境中,会采用回归方法重新检验这些基本预测。在数据依赖性方面进行适当的调整主要是因为在回归框架中进行这样的调整是较为简单的。这些基于回归的检验将提供关于数据与理论预测的接近程度的更可靠结论。

在这里,我们会考虑 Kagel 等(1995)使用过的两个基准模型:感性竞标模型(naive bidding model)和 RNNE。第一个模型代表着感性的极端形式,第二个模型代表着理性的极端形式。我们没有预料到的是观察到的行为与两个模型中的任何一个都没有密切的联系。

我们会着重观察拍卖期间 1—4,这些期间内受试者的数量(N)固定为 4,不确定性参数(c)固定为 12,如果我们将这些值代入式(4.1),可以发现这些拍卖期间的 RNNE 预测如下:

$$b(x)=x-6 \qquad (4.3)$$

这种预测的另一种表述就是出价系数(y)=6。在图 4.3 中,我们可以看到拍卖期间 1—4 的出价系数的直方图,以及一条 RNNE 预测为 6 的垂线。直方图显示,出价系数变动幅度较大,相当明显的是,分布的主要部分在 RNNE 预测为 6 的垂线的左侧。

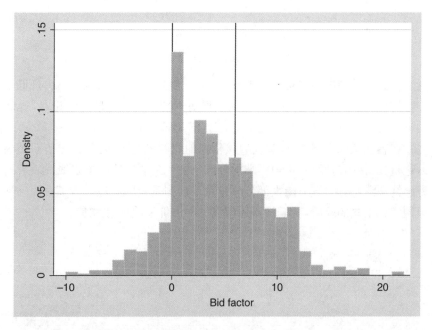

图 4.3　拍卖期间 1—4 出价系数柱状图,垂线落在 RNNE 预测(6)和感性预测(0)

对理论进行正式的统计检验的方法就是,针对 y 的总体均值 μ 小于 6.0

（因为小于 6.0 的值会导致"赢者的诅咒"）的备择假设和 μ 为 6.0 的原假设进行检验。如果数据集中有 n 个观测值，我们首先要找到出价系数的平均值 $\bar{y}$ 和标准偏差 s，之后计算出单样本 t 检验统计量：

$$t = \frac{\bar{y} - 6.0}{s/\sqrt{n}} \tag{4.4}$$

用 STATA 更容易对这一结论进行检验：

```
. * USE ONLY FIRST 4
SESSIONS (TO FIX N=4 AND EPSILON=6)

. keep if session<5
(1349 observations deleted)

. * test of RNNE

. ttest y=6

One-sample t test
-----------------------------------------------------------------------------
Variable |     Obs        Mean    Std. Err.   Std. Dev.   [95% Conf. Interval]
---------+-------------------------------------------------------------------
       y |     871    4.337543       .1535      4.5302    4.036269    4.638817
-----------------------------------------------------------------------------
    mean = mean(y)                                            t =  -10.8303
Ho: mean = 6                                   degrees of freedom =      870

   Ha: mean < 6                 Ha: mean != 6                Ha: mean > 6
 Pr(T < t) = 0.0000     Pr(|T| > |t|) = 0.0000        Pr(T > t) = 1.0000
```

我们观察到平均出价系数为 4.34，从 p 值为 0.000 0 可以看出出价低于 6.0 具有强烈显著性。因此，我们强烈反对 RNNE 预测，最终结论是"赢者的诅咒"在发挥作用（因为平均出价高于 RNNE 预测水平）。

在感性竞标模型中，受试者直接依据他们的私有价值出价，出价系数为 0，这是"赢者的诅咒"一个很极端的形式。图 4.3 中另外一条垂线代表着这种感性预测，显然，直方图大部分分布在该预测垂线的右边。为了对该感性模型实施正式的检验，我们检验原假设——出价系数均值为零。

```
. * test of naive behaviour

. ttest y=0

One-sample t test
-----------------------------------------------------------------------------
Variable |     Obs        Mean    Std. Err.   Std. Dev.   [95% Conf. Interval]
---------+-------------------------------------------------------------------
       y |     871    4.337543       .1535      4.5302    4.036269    4.638817
-----------------------------------------------------------------------------
    mean = mean(y)                                            t =   28.2576
Ho: mean = 0                                   degrees of freedom =      870

   Ha: mean < 0                 Ha: mean != 0                Ha: mean > 0
 Pr(T < t) = 1.0000     Pr(|T| > |t|) = 0.0000        Pr(T > t) = 0.0000
```

当 $p=0$ 时,这个模型也被明显拒绝了。尽管我们已经找到证据证明,竞标者正在沦为"赢者的诅咒"的牺牲品,他们却清楚地知道,明智的出价是低于他们的私有价值的。

4.4　比较静态预测的检验

在上一节中,我们检验了两个非常简单的模型:RNNE 和感性竞标模型。尽管没有考虑数据的依赖性,但是这两个模型仍然都被强烈拒绝了。真理显然存在于这两种极端情况之间。也就是说,我们还可以检验许多理论的其他预测。

在这一节中,我们考虑检验 RNNE 理论的一个比较静态预测,即考虑受试者数量 N 对出价的影响。如果 N 变化而拍卖的其他特征不变,竞标行为是否会变化? 再次回到式(4.1),我们可以发现答案是肯定的。根据 RNNE 理论,我们预计被试者数量 N 的增加会对出价产生负面影响,从而对出价系数产生正面影响。

首先,我们进行的检验是建立在数据独立性假设基础上的。在第 4.4.3 节,我们将开始考虑允许依赖性存在的方法。

4.4.1　标准处理检验

关于受试者数量 N 的比较静态预测可以运用标准处理检验。在实验中,N 分别取两个不同的值,4 和 6。数据中包含一个虚拟变量 $N6$:当 $N=6$ 时,$N6$ 取值为 1; $N=4$ 时,$N6$ 取值为 0。该虚拟变量在检验中被用作分离变量,将 $N6$ 视为一个"虚拟处理":$N6=1$ 为处理组,$N6=0$ 为控制组。

注意这些检验只能在拍卖实验的 1—8 局采用。这是因为我们重点是观察 N 变化所带来的影响,而设计参数(c)在这些期间内是固定的。

```
. keep if session<9
(2247 observations deleted)

. ranksum y, by(N6)
```

```
Two-sample Wilcoxon rank-sum (Mann-Whitney) test

          N6 |      obs     rank sum      expected
-------------+---------------------------------------
           0 |      871     843078.5        924131
           1 |     1250    1407302.5       1326250
-------------+---------------------------------------
    combined |     2121     2250381       2250381

unadjusted variance    1.925e+08
adjustment for ties    -984989.31
                       ----------
adjusted variance      1.915e+08

Ho: y(N6==0) = y(N6==1)
             z =  -5.856
   Prob > |z| =   0.0000


.
. ttest y, by(N6)

Two-sample t test with equal variances
------------------------------------------------------------------------------
   Group |    Obs       Mean    Std. Err.   Std. Dev.   [95% Conf. Interval]
---------+--------------------------------------------------------------------
       0 |    871    4.337543     .1535      4.5302     4.036269    4.638817
       1 |   1250       5.348    .1163788    4.114613    5.11968     5.57632
---------+--------------------------------------------------------------------
combined |   2121     4.93305   .0937551    4.317827    4.749189    5.116912
---------+--------------------------------------------------------------------
    diff |           -1.010457  .1893543               -1.381797   -.6391172
------------------------------------------------------------------------------
    diff = mean(0) - mean(1)                                 t =  -5.3363
Ho: diff = 0                            degrees of freedom =      2119

    Ha: diff < 0                Ha: diff != 0                Ha: diff > 0
 Pr(T < t) = 0.0000      Pr(|T| > |t|) = 0.0000       Pr(T > t) = 1.0000
```

曼-惠特尼检验（STATA 中的 ranksum 命令）和独立样本 t 检验（STATA 中的 ttest 命令）都拒绝了 N 对出价没有影响的原假设。当然，我们也不能忘记核实影响的方向是正还是负。显然，在第二张表格中，当 $N=4$ 时，平均出价系数是 4.34，而当 $N=6$ 时，平均出价系数更高，为 5.35。这表明，当 N 增加时，出价会降低，这和理论预测的结果一样。或许也可以因此得出结论：这些处理检验的结果和 RNNE 理论预测是一致的。

4.4.2 用回归进行处理检验

处理检验同样可以采用回归方式进行。事实上，只有一个虚拟变量的回归等同于独立样本 t 检验。为了验证这一点，我们对虚拟变量 $N6$ 实施出价系数的回归。

```
. regress y N6

      Source |       SS       df       MS              Number of obs =    2121
-------------+------------------------------           F(  1,  2119) =   28.48
       Model |  524.110821      1  524.110821          Prob > F      =  0.0000
    Residual |  39000.3823   2119  18.4050884          R-squared     =  0.0133
-------------+------------------------------           Adj R-squared =  0.0128
       Total |  39524.4932   2120  18.6436289          Root MSE      =  4.2901

-------------+----------------------------------------------------------------
           y |      Coef.   Std. Err.      t    P>|t|     [95% Conf. Interval]
-------------+----------------------------------------------------------------
          N6 |   1.010457   .1893543     5.34   0.000     .6391172    1.381797
       _cons |   4.337543    .145365    29.84   0.000      4.05247    4.622616
-------------+----------------------------------------------------------------
```

可以观察到,截距为 4.34("控制"组出价系数的均值),$N6$ 的对应系数为 1.01("处理"组和"控制"组间均值的差异,即影响大小)。同样需要注意的是,t 统计量和上一小节使用的独立样本 t 检验得到的 t 统计量是一样的(在数值上)。因此,该回归检验得到的结论相同:当 N 增加时,出价系数也会上升,即出价降低。

4.4.3 依赖性验证:极端保守检验

至今为止演示的检验和回归都是建立在观测值相互独立的假设基础上的。而在当前的情境中(和实验经济学大部分情境中),该独立性假设是不能被满足的。首先,由于按照 30 个拍卖期间的顺序观察受访者,因此受试者内部存在依赖性。由于有些受试者比其他受试者更"具有攻击性"(或者说更容易受"赢者的诅咒"的影响),所以他们整体的出价会比其他受试者高。我们将这种现象视为受试者层次的"聚类"。当然,同样存在局间层次的"聚类":某些拍卖局的特点是具有有攻击性的出价,而其他的拍卖局间的特点是具有保守出价。聚类的存在说明了以上所做的检验都是无效的。

解决依赖性的有效方法是在最开始提取数据时,取每个聚类中具有依赖性观测值的平均值,之后在这些平均值基础上进行标准处理检验。每个独立单元的结果数据集中只有一个观测值,以此解决依赖性问题。采用这种方法明显的不足之处是样本规模会变得很小,因此检验的功效也会受到限制。这是该方法被认为"极端保守"的原因。但无论该检验中被观测到的显著性(p 值)如何,我们都期望具有更强显著性(p 值更小)的其他检验出现。

在当前情境下,极端保守检验的应用包含了找到每个拍卖局间的平均出价系数[使用 STATA 命令 table session，contents(n y mean y)]。实验结果的均值如下表所示。

表 4.2

拍卖局间	N	ϵ	RNNE 出价系数	每期平均出价系数
1—4	4	12	6	6.25，5.69，2.58，2.36
5—8	6	12	8	7.32，5.72，4.31，3.68
9—12	4	24	12	10.74，10.73，9.40，6.96
13—16	6	24	16	15.78，12.99，12.73，10.63

我们再次将注意力投向拍卖局间 1—8，不确定性参数 ϵ 固定为 12。我们得到了 8 个独立观测值，$N=4$ 和 $N=6$ 时各有 4 个。我们对这 8 个观测值应用常规处理检验，可以得到如下结果：

```
. ranksum mean_y, by(n6)

Two-sample Wilcoxon rank-sum (Mann-Whitney) test

        n6 |      obs    rank sum    expected
-----------+---------------------------------
         0 |        4          15          18
         1 |        4          21          18
-----------+---------------------------------
  combined |        8          36          36

unadjusted variance        12.00
adjustment for ties         0.00
                      ----------
adjusted variance          12.00

Ho: mean_y(n6==0) = mean_y(n6==1)
             z =  -0.866
    Prob > |z| =   0.3865

. ttest mean_y, by(n6)

Two-sample t test with equal variances
------------------------------------------------------------------------------
   Group |     Obs        Mean    Std. Err.   Std. Dev.   [95% Conf. Interval]
---------+--------------------------------------------------------------------
       0 |       4        4.22      1.0178      2.0356     .9809063    7.459094
       1 |       4      5.2575    .8090156    1.618031     2.682851    7.832149
---------+--------------------------------------------------------------------
combined |       8     4.73875    .6329902    1.790367     3.241966    6.235534
---------+--------------------------------------------------------------------
    diff |             -1.0375    1.300163                -4.218884    2.143883
------------------------------------------------------------------------------
    diff = mean(0) - mean(1)                                  t =  -0.7980
Ho: diff = 0                                degrees of freedom =        6

    Ha: diff < 0               Ha: diff != 0                Ha: diff > 0
 Pr(T < t) = 0.2276      Pr(|T| > |t|) = 0.4553        Pr(T > t) = 0.7724
```

曼-惠特尼检验和独立样本 t 检验都无法证明参与者数量对出价有影

响。记住,我们假设 $N=6$ 时的出价系数比 $N=4$ 时要高,我们可以进行单尾检验。曼-惠特尼检验中单尾 p 值为 $0.19(0.38$ 除以 $2)$,t 检验中单尾 p 值为 0.23。但是,由于上述原因,我们必须将这些 p 值视为"极端保守的",而且,假设确实存在处理效应,当对相同的假设进行不同类型的检验时,我们期望得到更小的 p 值。

4.4.4 考虑回归中的依赖性

在上一小节,我们给出了一个可以明确避免数据依赖性问题的检验。然而,鉴于在平均观测值过程中大量信息被丢弃,该程序运行结果不能令人满意。显然,我们希望有一个可以充分利用数据集中所有可用信息,同时对数据依赖性结构又具有稳健性的检验程序。

基于这一目标,我们回到第 4.4.2 节提出的回归框架。在回归框架下,数据依赖性导致误差项成为一个非对角协方差矩阵。这违背了线性回归模型的一个经典假设——误差向量的协方差矩阵是对角的。受试者层次和局间层次观测值的"聚类",导致实际上的协方差矩阵是区块对角化的。

在处理检验中运用回归框架的主要优点是:存在用于校正结果以允许观测值间依赖性存在的成熟程序。众所周知[参阅 Greene(2008)],每当误差协方差矩阵是非对角的,计算标准误差的常规公式都是错误的。通常都会有一个校正公式,而且公式的选择取决于非对角化的性质。在区块对角化情境下,STATA 中的 vce(cluster clustvar)选项应用的公式比较合适,因为 clustvar 是指定每个观测值属于哪种"聚类"的变量(如受试者标识符 i)。

假设在受试者(标识符 i)层次出现聚类,我们将对第 4.4.2 节进行的处理检验应用校正公式,可以得到以下结果:

```
. regress y N6, vce(cluster i)

Linear regression                              Number of obs =     2121
                                               F(  1,   79) =     1.90
                                               Prob > F      =   0.1725
                                               R-squared     =   0.0133
                                               Root MSE      =   4.2901

                            (Std. Err. adjusted for 80 clusters in i)
---------------------------------------------------------------------
           |             Robust
         y |    Coef.   Std. Err.      t    P>|t|    [95% Conf. Interval]
-----------+---------------------------------------------------------
        N6 |  1.010457  .7339144    1.38   0.172   -.4503632    2.471277
     _cons |  4.337543  .5999469    7.23   0.000    3.143379    5.531707
---------------------------------------------------------------------
```

可以观察到,系数和之前的是一样的,唯一变化的是标准误差(及根据标准误差计算得到的相应值)。因为聚类效应的处理,$N6$ 的系数的标准误差从 0.189 上升到 0.734。这意味着该处理效应的 t 检验统计量比之前的小,而且,不幸的是,该效应不再具有显著性($p=0.172$)。

数据依赖性的调整,导致高度显著的处理效应转化为不具显著性的处理效应。这个例子表明在实施这种检验的时候确实需要对数据依赖性进行调整。

4.4.5 考虑数据依赖性:区块自助法

正如第 3 章中阐释的,"自助法检验"在实验计量经济学中非常普遍,因为它们允许不依赖于正态分布假设的标准参数检验(如 t 检验)的实施。

回想一下,如果是独立观测值,自助法程序步骤如下:

(1)将所选择的参数检验应用于数据集,得到一个检验统计量 $\hat{t}$。

(2)生成一个"自助法样本"的合理容量 B。这些样本与原样本具有同样的样本容量。它们是从原样本中有放回地提取出来的。计算出每个自助法样本相应的检验统计量,$\hat{t}_{j=1}^*$,…,B。

(3)计算自助法检验统计量 $\hat{t}_{j=1}^*$,…,B 的标准偏差 s_B,即自助法标准误差。

在聚类情境下,上述程序将会失效,因为它无法复制数据中的依赖关系。而区块自助法试图通过重新采样数据区块而不是仅仅通过单个观测值复制依赖性。

为了在 STATA 中运用区块自助法,我们将 bootstrap 引入 vce 选项后的括号内,同时指明自助法样本的数量,结果如下:

```
. reg y N6, vce(bootstrap, rep(999) cluster( i) )
(running regress on estimation sample)

Bootstrap replications (999)
----+--- 1 ---+--- 2 ---+--- 3 ---+--- 4 ---+--- 5
..................................................     50
..................................................    100
..................................................    150
..................................................    200
..................................................    250
..................................................    300
..................................................    350
..................................................    400
..................................................    450
..................................................    500
..................................................    550
..................................................    600
..................................................    650
```

```
..........................................    700
..........................................    750
..........................................    800
..........................................    850
..........................................    900
..........................................    950
..........................................

Linear regression                        Number of obs    =      2121
                                          Replications     =       999
                                          Wald chi2(1)     =      1.73
                                          Prob > chi2      =    0.1886
                                          R-squared        =    0.0133
                                          Adj R-squared    =    0.0128
                                          Root MSE         =    4.2901

                               (Replications based on 80 clusters in i)

------------------------------------------------------------------------
             |  Observed    Bootstrap                    Normal-based
         y   |    Coef.     Std. Err.     z     P>|z|   [95% Conf. Interval]
-------------+----------------------------------------------------------
         N6  |  1.010457   .7685028    1.31    0.189   -.4957809   2.516695
       _cons |  4.337543   .6176459    7.02    0.000    3.126979   5.548107
------------------------------------------------------------------------
```

在这种情境下,区块自助法检验的结果和第 4.4.4 节的带有聚类稳健标准误差的结果并没有很大的差别。

4.5 拍卖数据的多元回归分析

目前为止,研究过的回归都只含有一个虚拟解释变量。回归框架的另一个明显优点是可以同时研究行为的多种决定因素。存在多个解释变量的模型称为"多元回归模型"。我们现在考虑这样的模型。

4.5.1 引入不确定性因素

参数 ε 是一个反映不确定性程度的设计参数,参数 ε 的值越大,私有信号在真实值附近的范围越大,受试者对自己的私有价值与真实价值接近的信心越小。再次回到式(4.1),可以观察到 RNNE 理论预测 ε 会对出价产生负面影响,如果参数 ε 的值增大,而其他条件不变,预期出价会降低。这是 RNNE 理论的另一个比较静态预测。在实验中,有两个不同参数 ε 值,12 和 24,该变量可以让我们用与检验受试者数量对出价影响相类似的方法检验该比较静态预测。

需要注意的是,现在有两个"处理变量":一个是我们之前提到的 $N6$;另一个是虚拟变量"$eps24$",当 $c=24$ 时,取值为 1,否则就取值为 0。在这个阶段,有必要重现之前总结了实验特点的表。

表 4.3

局间	受试者总数	N	c	RNNE 出价函数	RNNE 出价系数
1—4	8	4	12	$b(x)=x-6$	6
5—8	12	6	12	$b(x)=x-8$	8
9—12	8	4	24	$b(x)=x-12$	12
13—16	12	6	24	$b(x)=x-16$	16

根据这些信息,写出包含两个处理虚拟(充分体现了 RNNE 预测)的("真实的")回归模型:

$$bid=x-6-2.N6-6.eps24-2.N6 \bigstar eps24 \tag{4.5}$$

该模型中,因变量是出价而不是出价系数。只要私有信号 x 是其中一个解释变量,并且其系数取值为 1,这种做法是可行的。需要注意的是,除了两个处理虚拟以外,方程中还包含两个虚拟的产物——交叉项 $N6 \bigstar eps24$。由于采用了"全因子设计",所以可以估计出该交叉变量的系数。

运用多元回归估计式(4.5)(使用包含了 16 个局间的完整数据集)。估计该式之后,运用一个检验命令实施含有联合假设的 Wald 检验:得到的 RNNE 系数和式(4.5)中所给的系数是一致的。注意,这相当于 RNNE 的进一步检验(更严格)。由于同时检验 5 个独立的方程——式(4.5)中每项一个,因此这是一个 F 检验。

```
. regress bid x N6 eps24 N6eps24, vce(cluster i)

Linear regression                              Number of obs =      4234
                                               F(  4,   159) =         .
                                               Prob > F      =    0.0000
                                               R-squared     =    0.9997
                                               Root MSE      =    4.3029

                                  (Std. Err. adjusted for 160 clusters in i)
--------------------------------------------------------------------------
             |              Robust
         bid |     Coef.   Std. Err.      t    P>|t|    [95% Conf. Interval]
-------------+------------------------------------------------------------
           x |  1.000129   .0002183   4581.20   0.000    .9996974    1.00056
          N6 | -1.012588   .7326532     -1.38   0.169   -2.459576    .4343989
       eps24 | -5.112904   .8103825     -6.31   0.000   -6.713407   -3.512402
     N6eps24 | -2.661983   1.024279     -2.60   0.010   -4.684929   -.6390368
       _cons | -4.401871   .6015577     -7.32   0.000   -5.589945   -3.213797
--------------------------------------------------------------------------
```

```
. test (x=1) (_cons=-6) (N6=-2) (eps24=-6) (N6eps24=-2)

 ( 1)   x = 1
 ( 2)   _cons = -6
 ( 3)   N6 = -2
 ( 4)   eps24 = -6
 ( 5)   N6eps24 = -2

       F(  5,   159) =   23.01
            Prob > F =   0.0000
```

　　尽管应用了聚类稳健标准误差,但是所有的系数似乎看起来都是"正确的",而且大部分都具有显著性。特别要注意,当其他条件不变时,不确定性水平(ϵ)从12上升到24,出价下降了5.11,与预测的6.0相差不多。事实上,由于该参数95%的置信区间包含了RNNE预测的6.0,所以我们可以得出结论:该比较静态预测是由数据证实的。

　　然而,所有针对RNNE预测的Wald检验都强烈拒绝RNNE假设——p值为0.0000。

4.5.2　引入经验效应

　　我们利用表示局间数的变量来说明经验的作用。预计经验能够"改善"竞标人的表现,即他们的行为会更加接近RNNE预测。我们也预计会出现"趋同"格局:出价在早期急剧下降,而在后期表现稳定。捕捉这种现象的方法是:将局数的倒数1/局数作为模型中的解释变量。该变量的系数为正,表明在学习过程中主体行为逐渐趋向RNNE预测。模型的其他参数可以用长期均衡来解释。

　　将1/局数(在数据集中称为rec-period)纳入回归,得到了如下结果:

```
. regress bid x rec_period N6 eps24 N6eps24, vce(cluster i)

Linear regression                        Number of obs =    4234
                                         F(  5,   159) =      .
                                         Prob > F      = 0.0000
                                         R-squared     = 0.9997
                                         Root MSE      = 4.2658

                                    (Std. Err. adjusted for 160 clusters in i)
-------------------------------------------------------------------------------
             |              Robust
         bid |     Coef.   Std. Err.      t    P>|t|     [95% Conf. Interval]
-------------+-----------------------------------------------------------------
           x |  1.000184   .0002142  4670.16   0.000     .9997613   1.000607
  rec_period |  2.911282   .3183578     9.14   0.000     2.282527   3.540038
          N6 |  -1.04156   .7324525    -1.42   0.157     -2.48815   .4050315
       eps24 | -5.126073   .8112263    -6.32   0.000    -6.728242  -3.523905
     N6eps24 | -2.619187   1.024981    -2.56   0.012     -4.64352   -.594853
       _cons | -4.821608   .6031499    -7.99   0.000    -6.012827  -3.630389
-------------------------------------------------------------------------------
```

```
. test (x=1) (_cons=-6) (N6=-2) (eps24=-6) (N6eps24=-2)

 ( 1)  x = 1
 ( 2)  _cons = -6
 ( 3)  N6 = -2
 ( 4)  eps24 = -6
 ( 5)  N6eps24 = -2

       F(  5,  159) =   15.81
            Prob > F =    0.0000
```

正如所料,变量 1/局数的正系数较大。接下来又是针对 RNNE 的一个 Wald 检验。但是,需要注意的是,这次是针对"长期"行为(即学习后的行为)与 RNNE 预测的接近程度的检验。有趣的是,尽管 RNNE 再次被强烈拒绝,但是这次的统计量是 15.8(与之前模型中的统计量 23.0 相比较),拒绝的程度比之前弱。这与随着经验的增加,竞标者越来越接近 RNNE 的预测是一致的。

4.5.3　引入现金余额效应

回顾一下,受试者拥有 14 单位的初始禀赋,然后在每个局间赚取利润或者遭受损失。"现金余额"是受试者积累至当前局间的现金数量。出于各种原因,该变量会对竞标行为产生影响。一个原因是"有限责任":因为受试者明白如果他们的现金余额低于 0,他们就不能参与之后的拍卖,因此当余额变少时,受试者可能会过度激进地竞标,期望增加余额。如果是这样,我们预计现金余额会对出价有负面影响。但是,我们同样预计存在"赌场盈利效应":当受试者拥有较高余额时,可能会更激进地竞标,因为较高的余额为损失提供一个缓冲,而且钱不是他们自己的。如果是这样,我们预计现金余额会对出价有正面影响。

当现金余额被包含在内时,结果如下:

```
. regress bid x balance rec_period N6 eps24 N6eps24, vce(cluster i)

Linear regression                            Number of obs =    4234
                                             F(  6,   159) =       .
                                             Prob > F      = 0.0000
                                             R-squared     = 0.9997
                                             Root MSE      = 4.2602

                            (Std. Err. adjusted for 160 clusters in i)
-----------------------------------------------------------------------
             |               Robust
        bid  |    Coef.    Std. Err.      t    P>|t|   [95% Conf. Interval]
-------------+---------------------------------------------------------
           x |  1.000188   .0002148  4657.23   0.000    .9997643   1.000613
     balance | -.0124342   .0096541    -1.29   0.200   -.0315011   .0066327
  rec_period |  2.600908   .3841625     6.77   0.000    1.842188   3.359627
          N6 | -1.158259   .7417146    -1.56   0.120   -2.623142   .3066246
       eps24 | -4.887118   .842503     -5.80   0.000   -6.551058  -3.223177
     N6eps24 | -2.730037   1.032137    -2.65   0.009   -4.768504  -.6915695
       _cons | -4.480833   .6760663    -6.63   0.000   -5.816061  -3.145605
-----------------------------------------------------------------------
```

```
. test (x=1) (_cons=-6) (N6=-2) (eps24=-6) (N6eps24=-2)

 ( 1)   x = 1
 ( 2)   _cons = -6
 ( 3)   N6 = -2
 ( 4)   eps24 = -6
 ( 5)   N6eps24 = -2

        F(  5,   159) =     9.57
            Prob > F =    0.0000
```

我们可以发现，就"有限责任"效应而言，现金余额会产生负影响，但要注意这一效应不是很显著。

4.6 面板数据估计

我们一直在研究解决实验数据依赖性的方法。但是目前为止，我们在这个方向只前进了小小一步：使用聚类标准误差。更好的方法是在面板数据框架中处理数据集，通过该框架可以清晰地识别 n 个被观测的受试者在 T 个期间中的所有决策。通过这种方法运用面板数据估计量而不是 OLS（普通最小二乘法），可以改善估计值本身（即，不仅仅是标准误差）。两个较为普遍的面板数据估计分别是固定效应估计和随机效应估计。这两个估计都可以用如下方程表示：

$$bid_{it} = \alpha + \beta' x_{it} + \gamma' z_i + u_i + \epsilon_{it}$$

$$i = 1, \cdots, n$$

$$t = 1, \cdots, T$$

$$Var(U_i) = \sigma_u^2$$

$$Var(\epsilon_{it}) = \sigma_\epsilon^2 \qquad (4.6)$$

注意，在式(4.6)中有两个解释变量，向量 x_{it} 包含同时在受试者和局间变化的变量，如现金余额，而向量 z_i 包含只在受试者间变化而在局间上固定的变量，如 z_i 中的变量为虚拟变量（应用于受试者间处理）和受试者特性。还需要注意的是，公式中有两个误差项：ϵ_{it} 是常规方程误差项，假定均值为 0，方差为 σ_ϵ^2；u_i 是特定受试者项，不同受试者的 u_i 不同，但是对于一个给定的受试者 i，u_i 是固定的。这两个估计在解释该项的方式上有所不同。

固定效应估计实际上是包含 $n-1$ 个虚拟变量的线性回归,在数据集中的每个受试者都有一个虚拟变量(排除一个以防止虚拟变量陷阱)。这些虚拟变量的存在使每个受试者的截距都要单独估计:受试者 i 的截距是 $\alpha + u_i$, $i-1$, $\cdots$, n。

随机效应估计不会估计每个受试者的截距。它只是表明每个受试者的截距都不相同,而且估计出它们的方差 σ_u^2。需要注意的是,由于随机效应需要估计的参数比较少,因此它比固定效应效率更高。如果该模型可行,人们会倾向于使用随机效应。

人们更倾向于随机效应的另一个原因是,固定效应条件下无法鉴别局间不变时的变量的效应,即式(4.6)中的参数向量在固定效应条件下无法识别。这是很重要的,因为如果不采用受试者间设计,我们最感兴趣的变量,即处理变量,将是局间不变时的向量。

一般情况下,采用固定效应还是随机效应,可以使用 Hausman 检验。但是在目前情境下,固定效应模型是没有用的。因为对于一个给定的受试者,我们最感兴趣的变量(即处理虚拟 $N6$ 和 $eps24$)的效应是不会变化的。但是这种变化对固定效应估计至关重要。

随机效应模型是有效的,结果如下所示。STATA 中的面板数据命令可以通过前缀 xt 识别,例如,面板数据(线性)回归是通过 xtreg 来实现的。固定效应估计和随机效应估计是分别通过该命令中的选项 fe 和 re 来执行的。我们这里使用的是 re 选项。同样需要注意的是,开始的时候我们需要使用 xtset 命令将数据指定为面板数据,然后根据局间变量指定面板变量。

```
. xtset i period
       panel variable:  i (unbalanced)
        time variable:  period, 1 to 30, but with gaps
               delta:  1 unit

. xtreg bid x balance rec_period N6 eps24 N6eps24 , re

Random-effects GLS regression            Number of obs     =      4234
Group variable: i                        Number of groups  =       160

R-sq:  within  = 0.9999                  Obs per group: min =        1
       between = 0.9957                                 avg =     26.5
       overall = 0.9997                                 max =       30

                                         Wald chi2(6)      = 3.22e+07
corr(u_i, X)  = 0 (assumed)              Prob > chi2       =   0.0000
```

```
------------------------------------------------------------------------
       bid |     Coef.   Std. Err.       z    P>|z|    [95% Conf. Interval]
-----------+------------------------------------------------------------
         x |   1.000459   .0001763  5674.85   0.000    1.000114    1.000805
   balance | -.0050899    .003371    -1.51   0.131    -.011697    .0015171
rec_period |   2.453855   .2521596     9.73   0.000    1.959632    2.948079
        N6 |  -1.115177   .7052598    -1.58   0.114    -2.497461    .2671071
     eps24 |  -5.180012   .7765955    -6.67   0.000    -6.702112   -3.657913
   N6eps24 |  -2.594669   .9987159    -2.60   0.009    -4.552116   -.6372215
     _cons |  -4.482867   .5609601    -7.99   0.000    -5.582329   -3.383406
-----------+------------------------------------------------------------
   sigma_u |  3.0182377
   sigma_e |  2.9870243
       rho |  .50519753   (fraction of variance due to u_i)
------------------------------------------------------------------------

. test (x=1) (_cons=-6) (N6=-2) (eps24=-6) (N6eps24=-2)

 ( 1)   x = 1
 ( 2)   _cons = -6
 ( 3)   N6 = -2
 ( 4)   eps24 = -6
 ( 5)   N6eps24 = -2

         chi2( 5) =    99.47
       Prob > chi2 =    0.0000
```

注意,两个方差分量的估计值在很大程度上相似:$\hat{\sigma}_u = 3.02$,$\hat{\sigma}_e = 2.98$,这表明受试者间和受试者内的方差同等重要。另外,该结果与第4.5.3节中提出的聚类标准误差的回归结果不同。

如果受试者间的标准差 σ_u 为0,那么随机效应模型就等同于线性回归模型。σ_u 的估计值较大的事实强烈地表明了随机效应模型的优越性。似然比检验可以对其进行正式的比较,这将在下一节中的多层次建模中实施。

4.7 多层次建模

多层次建模是随机效应框架的扩展,允许多层次依赖关系、随机斜率和随机截距的存在。

这里计数和排序模型层次的惯例类似于 Skrondal 和 Rabe-Hesketh (2004)。"一层次"模型是指具有固定截距和固定斜率的简单线性回归模型。例如,设想单个受试者有 T 个观测值,y_1, $\cdots$, y_T。该样本只有一个聚类,即一个层次的聚类。接下来,如果 n 个受试者中的每个受试者都有 T 个观测值 y_{it},$i=1$, $\cdots$, n,$t=1$, $\cdots$, T,则"二层次"模型更为合适,受试者标识符 i 表示聚类的第二个层次的存在。然后,如果将 n 个主体分到 J 个局间,用特定观测值 y_{ijt} 表示,这时"三层次"模型较为合适,同时局间标识符 j 代表聚类的第三个(或者说"最高的")层次的存在。

以上描述的三层次模型表示如下:

$$bid_{ijt} = \alpha + \beta' x_{it} + \gamma' z_i + u_i + v_j + \epsilon_{ijt}$$
$$i = 1, \cdots, n \quad j = 1, \cdots, j \quad t = 1, \cdots, T$$
$$Var(u_i) = \sigma_u^2$$
$$Var(u_j) = \sigma_v^2$$
$$Var(\epsilon_{it}) = \sigma_\epsilon^2 \tag{4.7}$$

在式(4.7)中,u_i 再次表示特定受试者的随机效应,而新项 v_j 是特定期间的随机效应。

接下来,假设其中一个解释变量的斜率会在受试者间变化。为了简单起见,我们假设在 x_{it} 中只包含一个变量,这样 x_{it} 和相关参数 β 都是标量,模型如下:

$$bid_{ijt} = \alpha + \beta x_{it} + \gamma' z_i + u_{0i} + u_{1i} x_{it} + v_j + \epsilon_{ijt}$$
$$i = 1, \cdots, n \quad j = 1, \cdots, J \quad t = 1, \cdots, T$$
$$Var(u_{0i}) = \sigma_{u0}^2$$
$$Var(u_{1j}) = \sigma_{u1}^2$$
$$Var(v_j) = \sigma_v^2$$
$$Var(\epsilon_{it}) = \sigma_\epsilon^2 \tag{4.8}$$

在式(4.8)中有两个受试者间方差参数:σ_{u0} 表示受试者间的截距变化,σ_{u1} 表示受试者间的变量 x_{it} 上斜率的变化。

多层次建模的 STATA 命令是 xtmixed。我们现在将使用与之前相同的解释变量集,用多种方式演示该命令的使用。

我们首先考虑如果 xtmixed 命令只包含变量列表会发生什么。即:

```
. xtmixed bid x balance rec_period N6 eps24 N6eps24
```

答案是:该模型是与线性回归模型相同的一层次模型。因此,我们预计系数估计值和第 4.5.3 节中描述的线性回归模型相同。

下面我们会通过二层次模型介绍受试者层次的聚类。注意只需要在命令行的末尾加上"‖ i:"。当然,该模型等同于式(4.6)的随机效应模型,下面的结果也在很大程度上与第 4.6 节采用 xtreg 命令得到的结果相同。估计完成后，为了之后的检验，估计值将储存在命名为"two_level"的向量中。

```
. xtmixed bid x balance rec_period N6 eps24 N6eps24  || i:

Performing EM optimization:

Performing gradient-based optimization:

Iteration 0:   log likelihood =   -10909.6
Iteration 1:   log likelihood =   -10909.6

Computing standard errors:

Mixed-effects ML regression              Number of obs     =      4234
Group variable: i                        Number of groups  =       160

                                         Obs per group: min =         1
                                                        avg =      26.5
                                                        max =        30

                                         Wald chi2(6)      =   3.24e+07
Log likelihood =   -10909.6              Prob > chi2       =    0.0000

------------------------------------------------------------------------
        bid |     Coef.   Std. Err.      z    P>|z|    [95% Conf. Interval]
------------+-----------------------------------------------------------
          x |   1.000461   .0001759  5688.01   0.000    1.000116   1.000805
    balance |  -.0050284    .003367    -1.49   0.135   -.0116276   .0015708
 rec_period |   2.450794   .2516203     9.74   0.000    1.957627   2.943961
         N6 |  -1.116107   .7315565    -1.53   0.127   -2.549931   .3177177
      eps24 |  -5.181521   .8053375    -6.43   0.000   -6.759953  -3.603088
    N6eps24 |  -2.593384   1.035923    -2.50   0.012   -4.623756  -.5630121
      _cons |  -4.480923   .5807649    -7.72   0.000   -5.619202  -3.342645
------------------------------------------------------------------------


------------------------------------------------------------------------
Random-effects Parameters  |   Estimate   Std. Err.   [95% Conf. Interval]
---------------------------+--------------------------------------------
i: Identity                |
                sd(_cons)  |   3.142733   .1845878    2.800995   3.526165
---------------------------+--------------------------------------------
              sd(Residual) |   2.986586   .0330984    2.922413   3.052167
------------------------------------------------------------------------
LR test vs. linear regression: chibar2(01) =  2462.09 Prob >= chibar2 = 0.0000

. est store two_level
```

可以发现，xtmixed 的输出"LR test vs. linear regression:"在 xtreg 输出中是不存在的。这属于线性回归模型的似然比检验，该模型是随机效应模型的受限版本。因此，这也是验证受试者间差异的检验，其中原假设为受试者间差异(σ_u^2)为 0.

似然比检验是一种适用于嵌套模型的检验程序，它的计算如下：

$$LR = 2(LogL_u - LogL_r) \tag{4.9}$$

$LogL_u$ 和 $LogL_r$ 分别来自无限制和受限模型的最大对数似然。对数似然函数的概念会在第 6 章进行详细阐释。在原假设（限制模型为真）下，检验

统计量呈 $\chi^2(k)$ 分布,这里的 k 就是受限数量。在本例中,只检验过一个限制($\sigma_u^2 = 0$),所以原分布为 $\chi^2(1)$。极高的检验统计量(2 462.09)和相应的 p 值 0.000 0 显然证实了受试者间差异的显著性,同时也证实了相对于线性回归,随机效应模型的优越性。

接下来,我们通过对局间层次和受试者层次的聚类的分析,研究三层次模型。该模型的应用需要在命令中加入"‖session",要注意的是由于期间是更高层次的聚类,因此"‖session"必须在"‖i:"之前。如果命令的这两个部分放在错误的位置,该命令将无法运行。最后将结果储存为"three_level"。

```
. xtmixed bid x balance rec_period N6 eps24 N6eps24  || session: || i:

Performing EM optimization:

Performing gradient-based optimization:

Iteration 0:   log likelihood = -10900.072
Iteration 1:   log likelihood = -10900.072

Computing standard errors:

Mixed-effects ML regression                 Number of obs     =       4234

------------------------------------------------------------
               |   No. of      Observations per Group
Group Variable |   Groups   Minimum   Average   Maximum
---------------+--------------------------------------------
       session |     16        182      264.6       350
             i |    160          1       26.5        30
------------------------------------------------------------

                                            Wald chi2(6)      =   3.24e+07
Log likelihood = -10900.072                 Prob > chi2       =     0.0000

------------------------------------------------------------------------------
         bid |    Coef.    Std. Err.      z     P>|z|    [95% Conf. Interval]
-------------+----------------------------------------------------------------
           x |  1.000463   .0001759   5688.39   0.000    1.000118    1.000808
     balance | -.0042531   .0033643     -1.26   0.206   -.0108471    .0023408
  rec_period |   2.46885   .2515514      9.81   0.000    1.975819    2.961882
          N6 | -1.108771   1.248898     -0.89   0.375   -3.556566    1.339024
       eps24 | -5.204657   1.284162     -4.05   0.000   -7.721568   -2.687747
     N6eps24 | -2.576869   1.766896     -1.46   0.145   -6.039922    .8861837
       _cons | -4.500616   .9152521     -4.92   0.000   -6.294477   -2.706755
------------------------------------------------------------------------------

------------------------------------------------------------------------------
  Random-effects Parameters  |   Estimate   Std. Err.    [95% Conf. Interval]
-----------------------------+------------------------------------------------
session: Identity            |
                  sd(_cons)  |   1.512163   .3639928     .943422     2.42377
-----------------------------+------------------------------------------------
i: Identity                  |
                  sd(_cons)  |   2.756427   .1716992    2.439635    3.114356
-----------------------------+------------------------------------------------
                sd(Residual) |   2.986448   .0330933    2.922285    3.052019
------------------------------------------------------------------------------
LR test vs. linear regression:       chi2(2) =  2481.15   Prob > chi2 = 0.0000

Note: LR test is conservative and provided only for reference.

. est store three_level
```

　　我们发现期间层次的随机效应项的引入导致系数和标准误差及有关显著性结论的改变。另外，局间层次的随机效应(σ_v)的标准差估计值为1.51，而且通过置信区间可以发现该估计值显著大于 0。

　　再次利用似然比检验证明。这次，我们对三层次模型中的一个限制条件——二层次模型，进行检验。为了在 STATA 中完成该检验，我们使用 lrtest 命令，如下：

```
. lrtest three_level two_level

Likelihood-ratio test                        LR chi2(1)  =     19.06
(Assumption: two_level nested in three_level) Prob > chi2 =    0.0000

Note: The reported degrees of freedom assumes the null hypothesis is not on
      the boundary of the parameter space.  If this is not true, then the
      reported test is conservative.
```

　　如检验结果后的注释所示，该结果是"保守的"，因为原假设下 σ_v^2 的值确实在参数空间的边界上。我们发现检验结果强烈拒绝了原假设，因此得出结论：局之间的差异是确实存在，并且三层次模型优于二层次（随机效应）模型。

　　如本小节开始所述，多层次建模方法允许随机斜率存在。现在我们回到第 4.5.3 节中讨论的现金余额效应部分。该部分提到由于"有限责任"，现金余额会对出价产生负面影响，但鉴于"赌场盈利效应"，它也可能对出价产生正面影响。迄今为止，从估计的所有模型中得到的结论是：现金余额对出价的影响不具有显著性。然而，现金余额的影响可能因人而异，也许对一些人是负面影响，对另一些人是正面影响。为了调查这一可能性，我们允许现金余额的斜率随受试者变化。之前我们在命令的结尾添加"||i："来获取受试者间的随机截距，现在我们添加"||i：balance"同时获取随机斜率和随机截距，结果如下：

```
. xtmixed bid x balance rec_period N6 eps24 N6eps24  || session: || i: balance

Performing EM optimization:

Performing gradient-based optimization:

Iteration 0:   log likelihood = -10896.454
Iteration 1:   log likelihood = -10896.046
Iteration 2:   log likelihood = -10896.041
Iteration 3:   log likelihood = -10896.041

Computing standard errors:

Mixed-effects ML regression              Number of obs   =      4234
```

```
--------------------------------------------------------------
             |  No. of     Observations per Group
Group Variable | Groups    Minimum    Average    Maximum
-------------+------------------------------------------------
     session |    16        182        264.6       350
           i |   160          1         26.5        30
--------------------------------------------------------------

                                   Wald chi2(6)     =  3.25e+07
Log likelihood = -10896.041        Prob > chi2      =    0.0000

--------------------------------------------------------------------
      bid |    Coef.    Std. Err.     z     P>|z|    [95% Conf. Interval]
---------+----------------------------------------------------------
        x |  1.000464   .0001756  5697.79   0.000     1.00012   1.000808
  balance |  -.006549   .0043847    -1.49   0.135   -.0151429  .0020449
rec_period|  2.418536   .2523934     9.58   0.000    1.923854  2.913218
       N6 | -1.157555   1.243504    -0.93   0.352   -3.594777  1.279668
    eps24 | -5.239497   1.280784    -4.09   0.000   -7.749787 -2.729207
   N6eps24| -2.494244   1.761641    -1.42   0.157   -5.946997  .9585088
    _cons | -4.415022   .9132111    -4.83   0.000   -6.204883 -2.625161
--------------------------------------------------------------------


--------------------------------------------------------------------
Random-effects Parameters |  Estimate   Std. Err.   [95% Conf. Interval]
--------------------------+-----------------------------------------
session: Identity         |
              sd(_cons)   |  1.506631   .3628689   .9397166    2.415555
--------------------------+-----------------------------------------
i: Independent            |
            sd(balance)   |  .0180286   .0050008   .0104677    .0310506
              sd(_cons)   |  2.714525   .1734982   2.394912    3.076792
--------------------------+-----------------------------------------
            sd(Residual)  |  2.975482   .0331918   2.911134    3.041253
--------------------------------------------------------------------
LR test vs. linear regression:     chi2(3) = 2489.21   Prob > chi2 = 0.0000
Note: LR test is conservative and provided only for reference.

. est store random_slope
```

在式(4.8)中，σ_{u1} 表示随机斜率的标准差，在标准差为 0.005 情况下的估计值为 0.018。我们再次用似然比检验来检验它的显著性。这次的检验将比较没有随机斜率（"three_level"）的三层次模型和有随机斜率（"random_slope"）的三层次模型。

```
. lrtest random_slope three_level

Likelihood-ratio test                        LR chi2(1)  =      8.06
(Assumption: three_level nested in random_slope)   Prob > chi2 =    0.0045
```

似然比检验中的 p 值小于 0.01，说明现金余额的斜率确实是随受试者变化的。因为现金余额效应的点估计值（-0.0065）接近 0，因此我们得出结论：总体来看，出价与现金余额负相关（由于有限责任）的受试者，出价与现金余额正相关（由于赌场盈利效应）的受试者，二者是均匀分布的。

这是本书受试者间异质性的一个很好的例子。竞标者对现金余额的变化作出了回应，但他们反应的程度是不断变化的，当这种异质性被忽略时，现金余额的影响会被错误地估计为接近于零。

4.8 竞赛实验的数据建模

现在思考理论检验的第二个例子,本节中,我们考虑对竞赛实验数据进行分析。

竞赛在某些方面与拍卖类似,本质的区别在于:在拍卖中,只有出价最高的受试者能赢得拍卖,而在竞赛中,任何出价为正的受试者都可以赢。并且,在大多数拍卖类型中(除了"全支付拍卖"),只有赢家需要支付;而在竞赛中,所有的受试者都需要支付。

4.8.1 塔洛克价格竞赛

人们最常见的竞赛模型是 Buchanan 等(1980)提出的"塔洛克竞赛"(Tullrock contest),有时也称为"寻租竞赛"。该竞赛中有 n 个参与者对奖励 v 进行竞争,每个参与者 i 投入的努力为 e_i,赢得奖励的概率可以用竞赛成功函数(CSF)定义:

$$p_i(e_i, e_{-i}) = \frac{e_i}{\sum_{j=1}^{n} e_j} \tag{4.10}$$

根据式(4.10),受试者 i 的预期支付是:

$$E(\pi_i(e_i, e_{-i})) = p_i(e_i, e_{-i})v - c(e_i) \tag{4.11}$$

$c(e)$ 是投入 e 水平努力的成本。假设 n 个参与者是风险中立的并且相互之间没有差异,则可以很容易地看出,每个参与者 (e^*) 的纳什均衡努力水平为:

$$c'(e^*)e^* = \frac{(n-1)}{n^2}v \tag{4.12}$$

通常情况下,成本是呈线性的,即 $c(e) = e$,代入可将式(4.12)化简为:

$$e^* = \frac{(n-1)}{n^2} v \qquad (4.13)$$

竞赛实验中的常规现象是,参与者的努力水平系统地高于式(4.13)的纳什均衡预测努力水平。这就如同,在拍卖实验中,我们发现的过度竞标现象。

4.8.2　竞赛实验

Sheremeta(2013)提供了有关竞赛实验结果的调查。这里,我们对Chowdhury 等(2014)实施的竞赛实验的数据进行分析。

该实验包含 12 个局间,每个局间有 12 个受试者,每一个受试者参与 30 场竞赛。受试者被匹配成 $n=4$ 组,每次竞赛后随机重新匹配。在所有的竞赛中,奖品的价值都是 $v=80$。在每场竞赛中,受试者同时在 0 到 80 中选择一个努力水平。通过式(4.12),我们可以发现当前情境中的均衡预测 $e^*=15$。

这里将进行两个处理。第一个处理是线性(L)成本与凸(C)成本。在采用线性成本函数局间,标准的努力成本函数为 $c(e)=e$;而在采用凸成本函数局间,努力成本函数为 $c(e)=\dfrac{e^2}{30}$。均衡预测的成本函数为 $c'(e)=\dfrac{e}{15}$,$c'(15)=1$,所以努力的均衡预测与线性成本函数条件下的相同,都是 15。这种处理的目的是调查收益函数平坦度对过度竞标的影响程度。Harrison (1989)提出了(在私有价值拍卖情境下)支付函数的平坦度。如果这确实是过度竞标的原因,我们预期支付函数在凸成本处理下更加陡峭,即出价会更低。

第二个处理是颁发奖品的概率(P)规则与分享(S)规则。概率规则处理是指具有一定的概率赢得单一不可分割奖品的标准情况,如式(4.10)。在分享规则处理下,该奖品依据式(4.10)确定的份额实行分配,同时该处理不会改变均衡预测值15。这种处理的目的是调查过度竞标在多大程度上是由Sheremeta(2010)提出的赢得比赛的非货币效用(或"获胜的喜悦")或者Goeree 等(2002)提出的扭曲概率观念造成的。两者之间的任何一个原因都是有效的,我们就可以预期在分享处理中的出价会比概率处理的更低。这是因为在分享处理中,没有明确的赢家,也不会出现扭曲的概率观念。

处理信息总结如下表:

表 4.4

局间	受试者总数	n	P/S	L/C	RNNE 出价	观测值
1—3	12	4	P	C	15	1 080
4—6	12	4	P	L	15	1 080
7—9	12	4	S	C	15	1 080
10—12	12	4	S	L	15	1 080

注意这是一个 2×2 的全因子设计,其中包含了两种处理所有可能的组合。这意味着除了估计主要效应之外,还可以估计两种处理间的交叉效应。

4.8.3　竞赛实验的数据分析

Chowdhury 等(2014)的数据在文件 chowdhury 中,为了增强数据的直观感受,我们给出了基准处理中 1 080 个观测值的努力水平直方图。可以发现,如图 4.4 所示,在整个允许范围内努力水平变动很大,且呈现多模态分布,

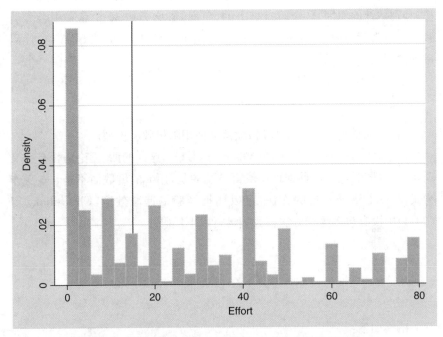

图 4.4　Chowdhury 等(2014)的实验中努力水平的分布
注:在基准处理中所有的 1 080 个观测值,在纳什均衡预测绘制的垂直线。

努力水平在 5 的倍数处聚类。更重要的是,我们发现努力水平有超过纳什
均衡预测的 15 的趋势(即有过度竞标的趋势)。基准处理中 1 080 个观测值
的平均努力水平为 26.2,意味着平均过度竞标率为 75%。

这里的分析类似于 Chowdhury 等(2014)所做的分析。我们将变量 o_{it}
定义为"过度竞标",即受试者 i 在第 t 场竞赛中所投入的相对于纳什均衡预
测多余的努力,则有:

$$o_{it} = e_{it} - 15 \qquad (4.14)$$

然后我们考虑将 o_{it} 作为因变量的随机效应模型:

$$o_{it} = \beta_0 + \beta_1 S_i + \beta_2 C_i + \beta_3 S_i \bigstar C_i + \beta_4 (1/t) + u_i + \epsilon_{it} \qquad (4.15)$$

S_i 和 C_i 分别代表分享和凸成本函数的处理虚拟,$S_i \bigstar C_i$ 是两者的乘积形
成的交叉变量,截距参数 β_0 是考虑到经验(当 t 很大时)的基准处理中过度
竞标的期望水平。

Chowdhury 等(2014)分别在前 15 轮和后 15 轮中估计这两种处理虚
拟,分别估计的原因是:经验对努力的(负面)影响会在 30 轮竞赛中会显著
减少。该文献的表 3 中提供了 8 组估计结果,我们用下面的 STATA 代码
重现他们第一组的结果:

```
gen o = bid - 15
xtset i t
xtreg o s t if (c==1)&(t<=15)
```

当 xtreg 命令后没有选项时,默认为使用随机效应模型。

这里,我们将使用所有的数据估计式(4.15),这样的话,无论是否有交叉
项,都可以同时包含两种处理。值得注意的是,用 t 的倒数而不是 t 本身作
为式(4.6)中解释变量的方法,可以捕捉经验的递减效应,Chowdhury 等
(2014)中没有包含这种方法。我们运行以下代码:

```
gen o = bid - 15
xtset i t
gen sc=s*c
gen rec_t=1/t
xtreg o s c rec_t
xtreg o s c sc rec_t
```

结果如下:

```
. *Random effects model without interaction:
. xtreg o s c  rec_t
```

```
Random-effects GLS regression              Number of obs      =      4320
Group variable: i                          Number of groups   =       144

R-sq:  within  = 0.0223                    Obs per group: min =        30
       between = 0.0883                                   avg =      30.0
       overall = 0.0497                                   max =        30

                                           Wald chi2(3)       =    108.72
corr(u_i, X)   = 0 (assumed)               Prob > chi2        =    0.0000

------------------------------------------------------------------------------
           o |      Coef.   Std. Err.      z    P>|z|     [95% Conf. Interval]
-------------+----------------------------------------------------------------
           s |  -7.234259   1.986886    -3.64   0.000    -11.12848   -3.340034
           c |  -1.249074   1.986886    -0.63   0.530      -5.1433    2.645151
       rec_t |   11.51388   1.180853     9.75   0.000     9.199449    13.82831
       _cons |   11.64993   1.727864     6.74   0.000     8.263383    15.03649
-------------+----------------------------------------------------------------
     sigma_u |  11.614135
     sigma_e |  14.727186
         rho |  .38344663   (fraction of variance due to u_i)
------------------------------------------------------------------------------

.
. *Random effects model with interaction:
. xtreg o s c sc rec_t

Random-effects GLS regression              Number of obs      =      4320
Group variable: i                          Number of groups   =       144

R-sq:  within  = 0.0223                    Obs per group: min =        30
       between = 0.1150                                   avg =      30.0
       overall = 0.0608                                   max =        30

                                           Wald chi2(4)       =    113.26
corr(u_i, X)   = 0 (assumed)               Prob > chi2        =    0.0000

------------------------------------------------------------------------------
           o |      Coef.   Std. Err.      z    P>|z|     [95% Conf. Interval]
-------------+----------------------------------------------------------------
           s |  -3.194537   2.778254    -1.15   0.250    -8.639815    2.250741
           c |   2.790648   2.778254     1.00   0.315     -2.65463    8.235926
          sc |  -8.079444   3.929045    -2.06   0.040    -15.78023   -.3786583
       rec_t |   11.51388   1.180853     9.75   0.000     9.199449    13.82831
       _cons |   9.630073   1.970806     4.89   0.000     5.767365    13.49278
-------------+----------------------------------------------------------------
     sigma_u |  11.476361
     sigma_e |  14.727186
         rho |  .37781999   (fraction of variance due to u_i)
------------------------------------------------------------------------------
```

  我们首先对不存在交叉效应模型的结果进行说明。该模型中的截距估计值为$+11.6$，并且该估计值具有强烈的显著性。这告诉我们，在存在经验效应的基线处理中，受试者平均过度竞标的幅度为11.6。该结果相当于拒绝理论的基础预测。

  我们观察到经验效应是相当重要的。从$1/t$的系数为正的显著性可以看出，努力水平的下降速度是递减的。受试者向着均衡点方向移动，但他们最终会在均衡点附近聚集。事实上，从$1/t$的系数与截距的估计值接近程度可以看出，实验过程中，受试者会在起点和均衡点中间聚集。

关于处理效应,我们首先看到,分享处理导致过度竞标现象减少的显著性较高。该结果与"胜利的喜悦"假设一致;在分享的规则下,没有明确的赢家,因此任何关于"胜利的喜悦"的激励因素必然会减少。我们也可以用概率失真假设来解释该结果。凸成本函数处理在第一个模型中没有任何效应。

第二个模型含有交叉变量"$s \star c$"。该变量的系数为负,具有显著性,表明分享处理的效应在凸成本条件下会更强。

Chowdhury 等(2014)提出,对均衡外博弈的驱动因素的研究有利于健全的竞赛设计,尤其是这些驱动因素之间的交叉效应也是非常重要的。

4.9 元分析

元分析是将不同研究结果进行整合的一类方法的总称,其目的是识别优于个体研究的模式。在这部分,我们将演示一些可以通过元分析进行验证(或者驳斥)的有趣的实验结果(包括比较静态预测和设计特征效应)。接下来,我们继续研究竞赛实验。

在上节中,我们分析了 Chowdhury 等(2014)的竞赛实验数据,并且值得注意的是,在基准处理实验中,平均过度竞标率为 75%。Sheremeta(2013)从出版的 30 篇文章中的实验部分收集了 39 个过度竞标率(包括上文所述的)。除了过度竞标率,每个实验的其他特性也被记录了下来,包括竞标者的数量、奖励、禀赋和匹配协议。Sheremeta(2013)中的表 1 展示了该数据集,这些数据也被复制在了文件 sheremeta 中。图 4.5 是数据集的前 21 行数据。

利用元分析竞赛结果时,有一个显著的问题:由于不同研究中禀赋和奖励的计量单位不同,因此无法直接比较结果。为使不同的调查具有可比性,我们定义禀赋除以奖励为变量 endowment_rel(相对禀赋)。另一个问题是,如图 4.5 所示,数据含有聚类元素,一些文章生成了多行数据。尽管元数据的这个特性在某些情境下十分重要,但是聚类的调整(用本章中之前描述的方法)对接下来的分析几乎没有影响。因此,我们将会忽视聚类问题。

	obs	study	author	year	treatment	matching	endowment
1	1	1	millner_pratt	1989	lottery	random	12
2	2	2	millner_pratt	1991	less RA	random	12
3	3	3	shogren_baik	1991	lottery	fixed	24
4	4	4	davis_reilly	1998	lottery	fixed	.
5	5	5	potters_etal	1998	lottery	random	15
6	6	6	anderson_stafford	2003	homogeneous	one-shot	5
7	7	6	.			one-shot	5
8	8	6	.			one-shot	5
9	9	6	.			one-shot	5
10	10	6				one-shot	5
11	11	7	schmitt_etal	2004	static	random	150
12	12	8	schmitt_etal	2005	single-prize	one-shot	20
13	13	9	herrmann_orzen	2008	direct repeated	random	16
14	14	10	kong	2008	less RA	fixed	300
15	15	11	fonseca	2009	simultaneous	random	300
16	16	12	abbink_etal	2010	one:one	fixed	1000
17	17	13	sheremeta	2010	one-stage	random	120
18	18	14	sheremeta_zhang	2010	individual	random	120
19	19	15	ahn_etal	2011	individual	fixed	.
20	20	16	deck_jahedi	2011	baseline	one-shot	5

图 4.5　Sheremeta(2013)中数据集的前 21 行数据

Sheremeta(2013)中的式(2)提出了将含有过度竞标率的线性回归结果描述为因变量和 4 个解释变量——相对禀赋、参与者数量(n)、合作伙伴虚拟匹配、单次虚拟(排除陌生人虚拟匹配,代表基本情况)。重新生成结果如下:

```
. reg  overbid endowment_rel n partners one_shot

      Source |       SS           df       MS            Number of obs =       39
-------------+------------------------------            F(  4,   34) =     8.73
       Model |  6.49674324        4  1.62418581          Prob > F      =   0.0001
    Residual |  6.32637945       34  .186069984          R-squared     =   0.5066
-------------+------------------------------            Adj R-squared =   0.4486
       Total |  12.8231227       38  .337450597          Root MSE      =   .43136


     overbid |      Coef.   Std. Err.      t    P>|t|     [95% Conf. Interval]
-------------+----------------------------------------------------------------
endowment_rel |    .431265   .2061099     2.09   0.044     .0123993    .8501307
           n |   .2036022   .0414801     4.91   0.000     .1193046    .2878999
    partners |  -.0778284   .1690991    -0.46   0.648    -.4214791    .2658223
    one_shot |   .2929277   .1984659     1.48   0.149    -.1104035    .6962588
       _cons |  -.4108494   .2713689    -1.51   0.139    -.9623374    .1406386
```

该回归的 R^2 略大于 0.50,表明这个简单的模型可以解释超过一半的过度竞标率的变化。结果还显示,过度竞标率与相对禀赋($p < 0.05$)和参与者数量($p < 0.01$)正相关。另外两个系数说明匹配协议对于过度竞标率无关紧要。"合作伙伴"匹配的结果可能是:参与者间的勾结导致较低的努力程

度,但这种影响没有体现在这些数据中。在匹配协议会在处理间变化的单个实验情境下,Baik 等(2014)找到了"结果未发生"(non-result)的证据。他们强调"结果未发生"的有用性是因为这表明合作伙伴匹配优于陌生人匹配,合作伙伴匹配的优势是对于给定的受试者数量,含有更多的观测值。

接下来我们具体研究相对禀赋效应。图 4.6 是过度竞标率和相对禀赋的散点图,叠加在散点图上的是用由 Cleveland(1979)首次提出的一种非参数回归"局部加权回归散点平滑法"(Lowess smoother)得到的曲线。如图所示,禀赋和努力水平之间的关系是非线性的,特别是,在努力水平最大值 1 的周围存在"最优的"(至少在竞赛组织者看来)相对禀赋。Baik 等(2014)已经在禀赋为处理变量的单个实验情境下,找到这种结果的证据。他们认为,这种结果的出现是因为当禀赋较低时会产生约束,当禀赋较高时会产生财富效应。这里假设财富会导致"冲突强度"的降低,即努力水平的降低。

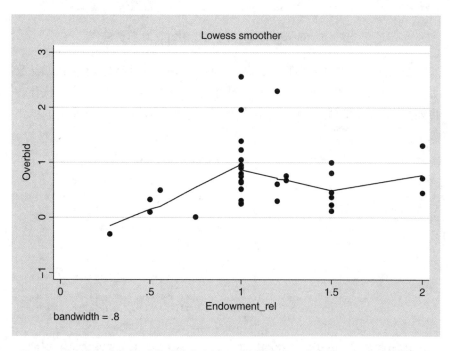

图 4.6 过度竞标率和相对禀赋的散点图和由局部加权回归散点平滑法得到的曲线
注:带宽=0.8。

禀赋的非线性效应可以在元分析中得到检验,通过引入相对禀赋的平方(数据集中的 end2)作为解释变量。结果如下：

```
. reg  overbid endowment_rel end2 n partners one_shot

      Source |       SS       df       MS              Number of obs =      39
-------------+------------------------------           F(  5,    33) =    9.86
       Model |  7.68145525        5  1.53629105         Prob > F      =  0.0000
    Residual |  5.14166744       33  .155808104         R-squared     =  0.5990
-------------+------------------------------           Adj R-squared =  0.5383
       Total |  12.8231227       38  .337450597         Root MSE      =  .39473


     overbid |      Coef.   Std. Err.      t    P>|t|     [95% Conf. Interval]
-------------+----------------------------------------------------------------
endowment_rel |    2.37303    .729003     3.26   0.003     .8898622    3.856198
        end2 |  -.8146338    .2954276    -2.76   0.009    -1.415686   -.2135818
           n |   .1986473   .0379999     5.23   0.000     .1213359    .2759587
    partners |   .0185187   .1586342     0.12   0.908     -.304225    .3412624
    one_shot |   .3408628   .1824413     1.87   0.071    -.0303169    .7120424
       _cons |  -1.471736   .4579111    -3.21   0.003    -2.403363    -.540109
```

我们可以观察到，相对禀赋及其平方的系数明显一正一负，这表明努力水平达到最大值时，确实存在一个可以证实 Baik 等(2014)的结论的相对禀赋值。很容易证明，最优的水平可以表示为 $-\dfrac{\hat{\beta}_1}{2\hat{\beta}_2}$，$\hat{\beta}_1$ 和 $\hat{\beta}_2$ 分别是相对禀赋和相对禀赋平方的系数。在 STATA 中可以用 delta 方法计算，关于 delta 方法，我们将在第 6 章中进行详细的介绍。其 STATA 命令是 nlcom，并且该命令在 regression 命令后执行，执行的结果如下：

```
. nlcom end_star: -_b[endowment_rel]/(2*_b[end2])

     end_star:  -_b[endowment_rel]/(2*_b[end2])

------------------------------------------------------------------------------
     overbid |      Coef.   Std. Err.      t    P>|t|     [95% Conf. Interval]
-------------+----------------------------------------------------------------
    end_star |   1.456501   .1503841     9.69   0.000     1.150542     1.76246
------------------------------------------------------------------------------
```

我们可以看到，"最优的禀赋"的估计值为 1.46。使用 delta 命令的一个主要优势在于它会返回一个标准误差和 95％的置信区间。执行结果返回的置信区间为[1.15，1.76]，说明最优相对禀赋会比估计值大。

4.10 小结与拓展阅读

本章我们主要介绍了在受试者需要出价的实验中，分析实验数据的各类方法。这类方法适用于大量的实验情境。本章中,我们主要是通过拍卖实验和竞赛实验进行阐释的。

想要进一步了解拍卖理论的读者可以参阅 Krishna(2010)。本章中介绍的对拍卖数据建模分析的研究主要包含 Kagel 等(1995)、Kagel 和 Levin(1986)与 Ham 等(2005)。

聚类是一个重复出现的话题。关于最近对经济学实验中聚类重要性的有关讨论,可参阅 Frechette(2012)。关于面板数据估计方法可参阅 Baltagi(2008),关于多层次建模可参阅 Rabe-Hesketh 和 Skrondal(2008)。

Drichoutis 等(2011)运用动态面板估计程序允许拍卖实验中(不同轮次)出价的互依性的存在。(例如)前一轮拍卖中的出价影响现时拍卖中的出价。对动态面板数据模型感兴趣的读者可以参阅 Roodman(2009)。本章中没有包含这些估计方法,但是第 9.3.3 节对动态面板估计进行了简单的介绍。

本章中对元分析做了简短的介绍,并对 Sheremeta(2013)关于竞赛实验的元分析结果进行了延伸和拓展,实验经济学文献中已经出版的其他元分析包括 Zelmer(2003)(公共品博弈)、Engel(2011)(独裁者博弈),以及 Johnson 和 Mislin(2011)(信任博弈)。

练习

1. 参考第 4.5 节和第 4.6 节中估计的每个回归模型,其中用 Wald 检验检验了 RNNE 理论。用 LR 检验检验相同的假设,结果会一致吗?

2. 根据式(4.11),思考在有 n 个参与者的塔洛克竞赛中参与者 i 的期望报酬。将竞赛成功函数[式(4.10)]带入式(4.11),不同的是将 e_i 设为 0,并假设所有的 n 个参与者投入相同的努力,以找出式(4.12)中定义的纳什均衡预测努力水平。

5 采用回归分析进行决策时间建模

5.1 引言

在本章中,我们会考察一个越来越重要的回归分析应用问题,即决策时间建模。每个受试者花在一个既定任务上的决策时间是通过电子方式精准测量的,同时决策时间也是度量完成任务所需努力的有效方式。很多原因可以说明回归分析是有效的,其中最重要的是它能帮助我们识别受试者投入更多努力任务的特征。

采用决策时间案例对于进一步展示面板数据估计量及突出估计方法的差异十分有帮助,尤其是我们在本书中所举的例子,因为模型中出现的所有解释变量都是随时间变化的。这意味着与第 4 章的拍卖数据不同,我们可以使用固定效应估计,且可以使用 Hausman 检验判定固定效应和随机效应。

本章我们研究的是(模拟的)风险选择实验中的决策时间:使用线性回归模型鉴别影响受试者在两种彩票间选择的决策时间的决定性因素。线性回归模型结果就是受试者的认知努力分配。Moffatt(2005b)做过类似分析。Camerer 和 Hogarth(1999)的"资本-劳动-产量"框架在这里也是相关的。"资本"指受试者已有知识、技能及经验,同时也包括受试者在实验过程中获得的经验。"劳动"指受试者在完成任务时所做的脑力劳动。"产量"反映受试者在任务中的具体表现,它由资本和劳动的投入水平决定。有很多原因证明资本投入在单个实验中是固定不变的,而劳动投入是充分变动的,且受激励和其他相关因素的强烈影响。

上文定义的资本投入很难进行精确的度量,但是我们可以发现,在估计的过程中,可以多次间接地发现知识和经验的效应。相比之下,劳动投入则很容易度量:以秒为单位度量每次决策的时间。

有大量因素会影响劳动投入(即努力)。在第 5.2 节激励案例的辅助下,我们将对这些因素进行介绍。在第 5.3 节,我们建立了一个关于努力分配的理论模型,且随后的经验分析会对其进行检验。第 5.4 节给出了实验数据,且使用线性回归对努力模型进行估计。第 5.5 节进一步深入到相同模型的面板数据估计,包括用于判定固定效应和随机效应的 Hausman 检验的演示。在第 5.6 节中,我们将对结果进行讨论。第 5.7 节涉及后估计问题,并详细介绍了一种获取"后随机效应"的方法及这种方法有效的原因。第 5.8 节是对全章的总结。

5.2 决策时间数据

与第 13 章类似,本章数据是通过实验模拟得到的,详细数据见附件 decision_time_sim。进行数据模拟时,要使模拟数据与真实数据尽可能地接近。要达到这一目标,可以将 Moffatt(2005b)的结果作为模拟基础,因为 Moffatt(2005b)分析了 Hey(2001)的真实数据集。所有模拟细节见第 13 章。

这个模拟是 60 个受试者进行为期两天的彩票选择实验,每个受试者每天进行 50 项选择实验。数据集中的观测值有 $60 \times 100 = 6\,000$ 个。问题的顺序在不同局间和不同受试者之间是可以变化的。50 个选择问题的发生概率见附录 C。所有 50 个问题包括三个结果"0 美元,10 美元,20 美元"。我们可以采用 RLI 机制:在第二个局间结束时,从受试者选择的 100 个彩票中选择一个进行实际支付。

我们假设对每一个选择的决策时间进行电子记录。因此样本中存在 6 000 个决策时间,附录 C 中表的倒数第二列给出了每个选择问题的平均决策时间(以秒为单位)。

简单观察实验中的两个风险选择问题,我们可以发现决策时间分析的直接动机。在实验中,选择问题将会以图 5.1 的形式展示给受试者(为了尽量逼真)。图中的平均决策时间是每个问题观察到的 120 个决策时间的均值。

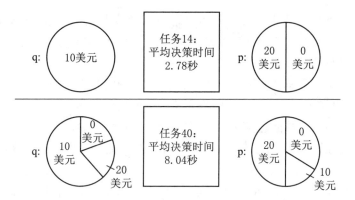

图 5.1 风险选择实验的典型决策任务

所给例子的突出特征是:受试者解决"任务 40"所用的平均决策时间几乎是"任务 14"的 3 倍。产生这一差异的原因有很多,其中最明显的原因是复杂性的不同:第二个问题明显比第一个问题更复杂。这个因素不是最让人感兴趣的努力的决定因素,但显然我们需要对其加以控制。因此,后面需要解决的一个重要问题是:怎样更好地度量复杂性。导致决策时间差异的第二个原因是金钱激励的不同:第二个问题中的彩票期望收益更高。第三个更细微的原因是:可能存在这样一种情况,受试者认为第二个问题中的两个选择比第一个问题中的选择更接近于无差异。为了探究这种可能性,我们需要建立一个框架来衡量每个受试者和每个问题的无差异接近程度。这个框架就是第 13 章中估计的参数选择模型。采用第 13.4.5 节的方法,可获得一个代表无差异接近程度的变量,本章的建模将用到这个变量。

5.3 努力分配的理论模型

在这一节,我们采用 Moffatt(2005b)介绍的框架,分析我们认为在努力分配中比较重要的两个因素的效应。这两个因素分别是:在两个彩票间,受试者的选择接近于无差异*;两个彩票的客观相似性。我们必须认识到,这两个因素并不是等价的。如果两个彩票相同,则受试者在这两个彩票间的选择是无差异的,但反过来,结论不成立:选择接近于无差异并不等价于同质性。为了将受试者接近于无差异的效应分离出来,我们需要控制彩票的客观相似性。

正如前面的章节所指出的,实验中所有选择问题均是三个结果的组合:0 美元,10 美元,20 美元。我们将实验中的问题编码为 t($t=1, \cdots, 100$)。对于大多数的选择问题,都能将其中一个彩票归为"风险"彩票,另一个归为"安全"彩票。当无法做到这一点时,这个问题就是一个"占优"问题,因为一个彩票一阶随机占优于另一个彩票。[①]如果任务 t 是一个非占优问题,我们将风险彩票标记为 $\mathbf{p}_t$,将安全彩票标记为 $\mathbf{q}_t$。对于一个占优问题,$\mathbf{p}_t$ 将是占优彩票,而 $\mathbf{q}_t$ 是被占优彩票。$\mathbf{p}_t=(p_{1t} \quad p_{2t} \quad p_{3t})$和 $\mathbf{q}_t=(q_{1t} \quad q_{2t} \quad q_{3t})$是关于三个结果对应概率的向量。

我们用差值的绝对值 $|\hat{\Delta}_{it}|$ 描述受试者 i 在问题 t 中的无差异接近程度。第 13 章对这个变量进行了充分的解释,并演示了其生成过程。总之,这是一个非负变量。如果受试者 i 对于问题 t 中的两个彩票选择是完全无差异的,则 $|\hat{\Delta}_{it}|$ 取值为 0;如果受试者对其中一个彩票有明显的偏好性,则 $|\hat{\Delta}_{it}|$ 的取值是一个较大的正数。

我们可以使用下面的方法对(问题 t 中彩票的)客观相似性进行度量:

$$\Delta_t^o = \sum_{j=1}^{3} (q_{jt} - p_{jt})^2 \tag{5.1}$$

注意,$\Delta_t^o=0$ 表示,问题 t 中的两个彩票 $\mathbf{p}_t$ 和 $\mathbf{q}_t$ 是完全一致的。但若两个彩票的金额为确定不同的值,Δ_t^o 将达到最大值 2。

如图 5.2 所示,横轴代表一个特定受试者的差值绝对值,纵轴代表彩票间的客观差异。首先,我们注意到可行区域是三角形 OAC 区域。这是因为当两个彩票相同时,受试者必定是无差异的,即在原点处。同样,当两个彩票客观差异最大时,即,当两个彩票的确定金额不同时,受试者的差值绝对值不可能为 0,所以 B 点被排除在可行区域外。三角形中,向上倾斜的直线,包括 OC,可以理解为等努力曲线。在 OC 曲线上努力水平最小,因为在 OC

---

* 即受试者在两个选择间不具有倾向性。——译者注

① 这些术语的定义参见第 12 章。

上,受试者的偏好是清晰的,就如同一组彩票的金额差是给定的一样。其他的等努力曲线代表着高水平的努力,其中在 A 点达到了最高努力水平。尽管在 A 点处,彩票在客观上是不同的,但受试者关于问题的选择是无差异的。

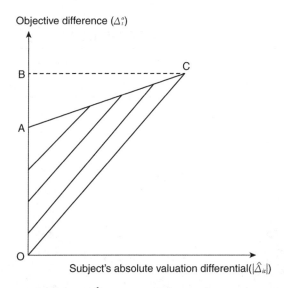

图 5.2 ($|\hat{\Delta}_{it}|$, Δ_i^p)空间中的等努力曲线

对图 5.2 进行简单分析,我们可以预测:在其他条件不变的前提下,努力会随着彩票间客观差异的增加而增加,但随着受试者差值绝对值的减少而减少。第 5.4 节—第 5.6 节中关于努力分配的计量经济模型会证实这些预测,虽然是通过模拟数据来验证的。

5.4 努力分配的计量经济模型

正如第 5.1 节所提出的,对解决问题时的"劳动投入"或者所需努力的度量,就是做决策所需的时间。这个变量的对数值是模型的因变量。本节主要对这个因变量进行估计。

为了对数据进行直观分析,表 5.1 给出了混合决策时间的相关统计指标。图 5.3 给出了决策时间的直方图。从图 5.3 可以发现,尽管在右侧有一个非常长的尾部,但大部分的决策时间是分布在 1—10 秒之间的。这要求在进行计量经济学建模时,对变量采用对数变换。将均值乘以 50,我们发现,在为期 2 天的实验中,一个特定受试者每天会大约花 5 分钟的时间参与实验决策。

表 5.1　决策时间的综合统计

变量	n	均值	中间值	标准差	最小值	最大值
决策时间(秒)	6 000	5.098	3.808	4.623 5	0.231	73.02

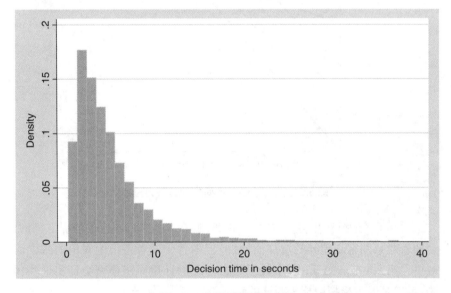

图 5.3　决策时间的直方图

与其他的实验数据类似,以上数据包含对每个受试者的重复观察。建模时需要对这些因素加以考虑。正如第 4 章所解释的,使用面板数据框架处理这些数据集是正常的。在面板数据模型中,假定 n 个受试者进行决策,每个的决策时间为 T。显然,受试者间是存在差异的。在当前情境下,一些受试者是天生的快速决策者,而其他受试者是慢速决策者。显然,如果我们把决策时间看作是回归模型中的因变量,那么我们预测在受试者层次存在依赖性,并且我们需要采用一些方法来处理这种依赖性,第 4 章在不同情境下对这种方法进行了演示。

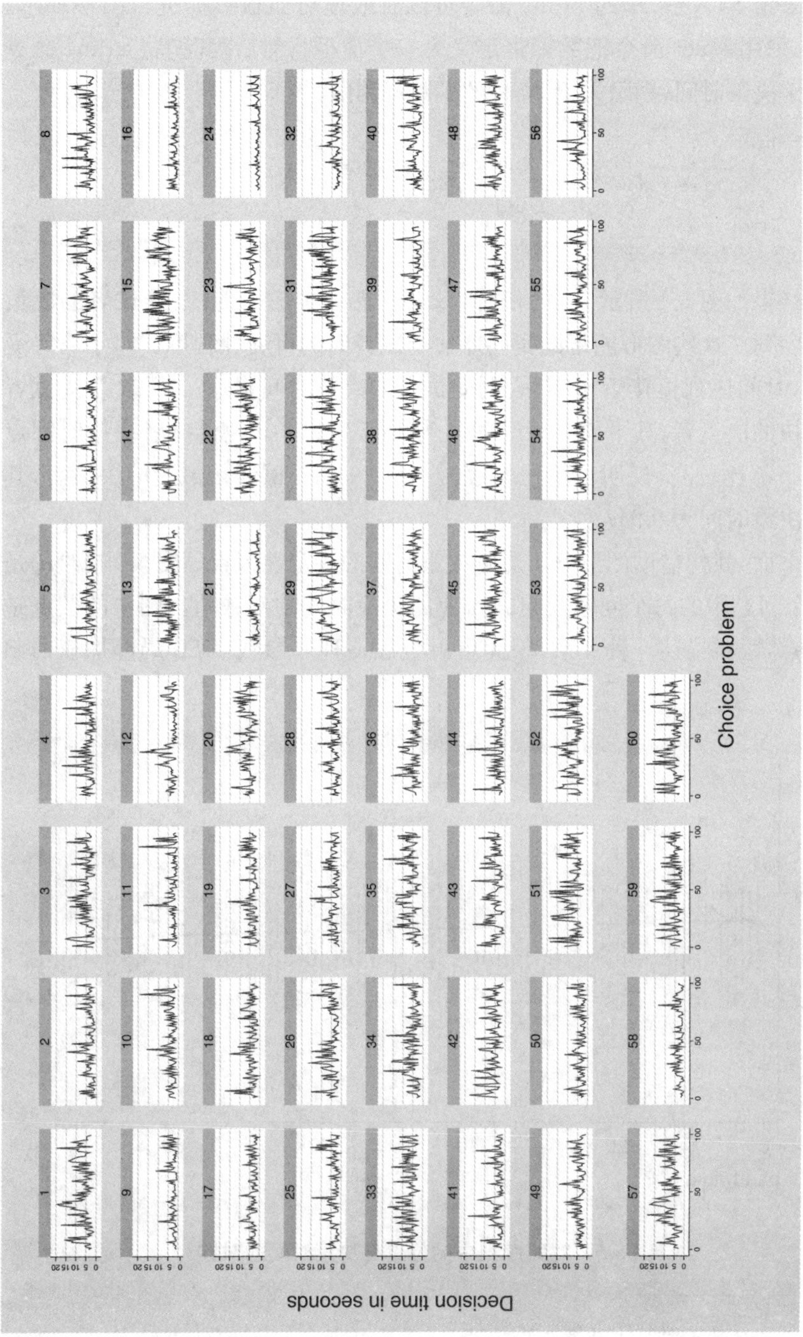

图 5.4 受试者决策时间的时间序列图

119

采用 STATA 中的 xtline 命令可以有效地对面板数据进行图形展示。首先,采用 xtset 命令把数据集定义为一个面板。然后,我们将 xtline 命令应用于决策时间,剔除大于 20 秒的少数观测值。

```
. xtset i t
     panel variable:   i (strongly balanced)
     time variable:    t, 1 to 100
             delta:    1 unit

. xtline dt if dt<20
```

结果如图 5.4 所示。我们看到,xtline 命令生成了 60 个受试者的决策时间序列。这些图形能帮助我们评估受试者间的可变性程度。对于一些受试者,时间序列恒接近于零,表明受试者的决策时间很短。第 24 个受试者是最快的决策者,其平均决策时间仅为 1.558 秒。[①]其他受试者决策时间点的分布都比较高,说明决策比较缓慢。第 29 个受试者是最慢的决策者,其平均决策时间为 9.947 秒。

下面,我们借助图形分析影响决策时间的决定性因素。图 5.5 描绘的是 100 个问题中的每个问题及与其对应的决策时间的对数值。图中的散点是孤立点,很难描述一种关系,因此可以叠加一种非参数回归[局部加权回归

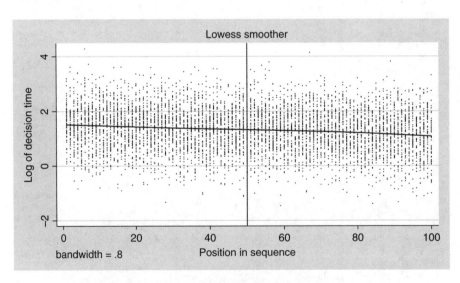

图 5.5 对照序列中的位置与决策时间的对数

---

① 个体受试者的平均决策时间由以下命令计算:table i, contents(mean dt)。

散点平滑法;参见 Cleveland(1979)],有时也称这种非参数回归为"平滑"。
这种平滑可以清晰地揭示决策时间随着实验的进行而不断减少的趋势。请
注意,每天受试者需要解决的问题为 50 个,所以从图 5.5 中我们也可以得出
(一天内)决策时间的下降幅度(在极端分布下,这也是很容易得出的)。实
验中整体决策时间的下降可能归因于受试者经验的积累,但每天的决策时
间下降,可能是实验中决策无聊导致的。在下一节的模型中,我们将分别估
计这两种效应。

图 5.6 描绘的是每一个差值的绝对值(接近于无差异的程度)所对应的
决策时间(以秒为单位),同样在最初的关系图基础上添加了一条平滑曲线。
从平滑曲线可以看出,受试者越接近于无差异,解决问题所需的努力分配就
越多 *。参数模型的估计结果将对这一关系进行进一步确认。

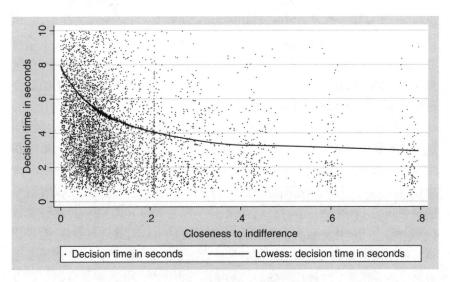

图 5.6　接近于无差异的程度与决策时间

正如第 5.2 节所提出的,解决一个问题所需的努力在很大程度上取决于
问题的复杂性。因此,我们必须采取一些措施对这一因素加以控制。我们
假定受试者评判问题复杂性的规则非常简单:他们只注重两组彩票所含的

---

* 即决策时间越长。——译者注

结果数目。①这一规则可以将复杂性分为三个等级,分别定义为等级 1、等级 2 和等级 3。具体的例子,我们可以参考图 5.1。任务 14 的复杂性为等级 1,因为其中一个彩票仅含有一种结果(即 10 美元)。而任务 40 的复杂性更高,为等级 3,因为两个彩票的构成都包含了 3 种结果。

在后面的章节中,我们将估计如下的一个线性回归模型,决策时间的对数为该模型的因变量:

$$\log(decision\ time_{it}) = \alpha + \beta_1 complex2_t + \beta_2 complex3_t + \beta_3 \tau_{it}^d$$
$$+ \beta_4 \tau_{it} + \beta_5 \log(EV_t) + \beta_6 |\hat{\Delta}_{it}| + \beta_7 |\hat{\Delta}_{it}|^2$$
$$+ \beta_8 |\hat{\Delta}_{it}|^3 + \beta_9 \Delta_t^o + u_i + \epsilon_{it} \tag{5.2}$$

其中,$i=1, \cdots, n$, $t=1, \cdots, T$, $var(u_i)=\sigma_u^2$, $var(\epsilon_{it})=\sigma_\epsilon^2$。

在式(5.2)中,i 指代受试者,而 t 指代问题。注意,式中一共有两个随机项:u_i 为特定受试者的效应,其均值为 0,方差为 σ_u^2;ϵ_{it} 为等式误差,其均值为 0,方差 σ_ϵ^2。式(5.2)是固定效应模型还是随机效应模型,取决于我们对个体效应 u_i 的理解。下节会对这两个模型进行估计。我们估计一个模型,在该模型中,假设所有受试者 i 的 u_i 为 0。这样的模型就是所谓的混合回归模型,因为它忽略了数据的面板结构。

根据前面所做的定义,式(5.2)中的前两个解释变量为虚拟变量,指代问题 t 的复杂性等级。最低的复杂性等级(等级 1)是被排除在外的。第三和第四个解释变量代表问题的序号:τ_{it}^d 代表问题 t 在一天被解决问题中的排序位置,所以 τ^d 的取值范围为 1 到 50;而 τ_{it} 代表的是问题 t 在受试者面临的所有问题序列中的位置,所以它的取值范围为 1 到 100。第五个解释变量代表与每个问题相关联的金钱激励,有多种方法可以对其进行度量,而我们选择使用两个彩票期望值的对数对其进行度量。紧随其后的三个解释变量分别代表受试者 i 对选择问题的无差异接近程度及其相关的平方值和立方值,无差异接近程度在 5.3 节中有简单介绍。这三个变量的目的是允许无差异接近程度对努力有非线性效应,正如图 5.6 中它在非参数回归中的作用一样。最后一个解释变量是我们对两个彩票间的客观差异性的度量,客观差异性在式(5.1)中有相关定义。

———————————

① 最初使用的是更精细的问题分类,但估计模型表明,这种简单的分类分为三个层次就足以解释数据。Hey(1995)和其他人使用了一种不同的测量方法:用两种彩票的结果数量的平均值。

数据集(decision_times_sim)中的变量命名如下：

log_dt：决策时间(以秒为单位)的对数；

$complex$：选择问题的复杂性等级(分为等级 1、等级 2 和等级 3)；

tau_d：选择问题在一天中(1—50)(τ_{it}^d)序列中的排序；

tau：选择问题在完全序列 $100(\tau_{it})$ 中的排序；

log_ev：彩票期望价值的对数；

cti：无差异接近程度 $|\hat{\Delta}_t|$；

obj_diff：两种彩票间的客观差异性(Δ_i^o)。

5.5　努力分配的面板数据模型

我们首先运用一个混合模型(也可以称为运用 nT 个观察点的完整样本的一个回归)估计式(5.2)，该混合模型将所有不能解释的变化都归因于受试者内随机性，而不允许受试者间存在任何变化。在式(5.2)中的混合模型里，对于所有的受试者 i 都会有 $u_i = 0$。接下来的 STATA 命令执行了所需要的回归方法。

```
. regress  log_dt complex2 complex3 tau_d tau  logev cti cti2 cti3 obj_diff

      Source |       SS       df       MS              Number of obs =    6000
-------------+------------------------------           F(  9,  5990) =  116.66
       Model |  576.37795      9  64.0419944           Prob > F      =  0.0000
    Residual |  3288.28327   5990  .548962149           R-squared     =  0.1491
-------------+------------------------------           Adj R-squared =  0.1479
       Total |  3864.66122   5999  .644217573           Root MSE      =  .74092


      log_dt |      Coef.   Std. Err.      t    P>|t|     [95% Conf. Interval]
-------------+----------------------------------------------------------------
    complex2 |   .2397661   .0493898     4.85   0.000     .1429443    .336588
    complex3 |   .3804073   .0654843     5.81   0.000     .2520345    .5087801
       tau_d |   -.002203   .0007657    -2.88   0.004    -.0037041    -.000702
         tau |  -.0032846   .0003826    -8.58   0.000    -.0040346   -.0025345
       logev |   .0609713   .0562583     1.08   0.279    -.0493151    .1712578
         cti |  -5.590682   .3889394   -14.37   0.000    -6.353144   -4.828221
        cti2 |   12.31351   1.443477     8.53   0.000     9.483773    15.14324
        cti3 |  -8.576194   1.349663    -6.35   0.000    -11.22202   -5.930369
    obj_diff |   .1323685   .0428824     3.09   0.002     .0483035    .2164335
       _cons |   1.648698   .0793198    20.79   0.000     1.493202    1.804193
```

我们发现，几乎所有的解释变量都对决策时间有强烈的显著效应。但是在这一阶段，我们无须去理解每个个体效应。这是因为我们将简要报告来自面板数据模型的估计值,这些模型比混合模型更为高级。在下一节,我们将会解释随机效应模型的结果。

在图 5.4 的数据支撑下,我们有理由相信在受试者层次,或者说"受试者层次的聚类",存在强烈的依赖性。在第 4 章中,我们通过修正依赖性的标准差来解决这个问题。这需要在回归命令中加入 vce(cluster i)。

```
regress  log_dt complex2 complex3 tau_d tau logev cti cti2 cti3 obj_diff ///
, vce(cluster i)

Linear regression                               Number of obs =     6000
                                                F(  9,     59) =   196.50
                                                Prob > F      =   0.0000
                                                R-squared     =   0.1491
                                                Root MSE      =  .74092

                             (Std. Err. adjusted for 60 clusters in i)
        ------------------------------------------------------------------
                   |              Robust
            log_dt |    Coef.   Std. Err.      t    P>|t|    [95% Conf. Interval]
        -----------+------------------------------------------------------
          complex2 |  .2397661  .0395952     6.06   0.000    .1605363    .318996
          complex3 |  .3804073  .0529175     7.19   0.000    .2745197    .486295
             tau_d | -.002203   .0008415    -2.62   0.011   -.0038868   -.0005192
               tau | -.0032846  .000355     -9.25   0.000   -.0039949   -.0025743
             logev |  .0609713  .047967      1.27   0.209   -.0350105    .1569531
               cti | -5.590682  .3573599   -15.64   0.000   -6.305758   -4.875607
              cti2 |  12.31351  1.283165     9.60   0.000    9.745901    14.88811
              cti3 | -8.576194  1.178483    -7.28   0.000   -10.93433   -6.218055
          obj_diff |  .1323685  .0340484     3.89   0.000    .0642379    .2004992
             _cons |  1.648698  .0713508    23.11   0.000    1.505925    1.79147
        ------------------------------------------------------------------
```

值得注意的是,估计值本身与前面没有针对聚类做调整的回归得到的结果一致。改变的只有标准差。几乎所有调整过的标准差比原来没有调整过的标准差更小。这意味着 t 统计值更大,因此经过调整得到的显著性更为强烈。但是在本例中,所做的变化不够大,不足以扭转原有显著效应的结论。

使用聚类稳健标准误差只是解决数据面板结构的第一步。运用面板数据估计而不是 OLS,也有可能改善估计值。正如在第 4.6 节所讨论的,两个最受欢迎的面板数据估计分别是固定效应估计和随机效应估计。这两个估计都可以用式(5.2)表示。前面我们提到,式(5.2)中有两个误差项:ϵ_{it} 是传统等式中的误差项,假设其均值为 0,方差为 σ_ϵ^2;u_i 为受试者特有的误差项。不同受试者间的 u_i 是不同的,因此用下标 i 表示特定的受试者,但是一个既定受试者的 u_i 是固定的。随机效应估计和固定效应估计对误差项 u_i 的理解是不同的。

我们在第 4.6 节仅仅是简短地解释了固定效应和随机效应的区别。固定效应估计在本质上是一个包含 $n-1$ 个虚拟变量(为了避免虚拟变量陷阱,排除了一个虚拟变量)的线性回归,每个虚拟变量对应数据集中的一个受试者。因此,每个受试者都有不同的截距。而随机效应估计没有对每个受试者都估计截距,它认为每个受试者都是不同的,所以只估计他们的方差 σ_u^2。值得注意的是,随机效应估计比固定效应估计更高效,因为它需要估计的参数更少。因此,只要随机效应模型是可用的,我们就更偏好于使用该模型。

我们想要问的第一个问题是:面板数据模型是否适用于所有情况? 如果受试者间不存在差异,前面估计的混合回归模型就是正确的模型。检验受试者内差异最显著的方法是:检验固定效应模型中的受试者固定效应相等时的情况,这个检验的原假设为:

$$H_0 : u_1 = u_2 = \cdots = u_n = 0$$

原假设中包含了对模型的 $n-1$ 个限制。在固定效应模型估计中,这种检验通常表现为 F 检验。如果这个原假设被拒绝(通常情况下会出现这种情况),我们得出结论:受试者间差异具有显著性,混合回归模型无效,需要使用面板数据估计。

我们用 Hausman 检验来决定选用固定效应还是随机效应,该检验建立在两组估计值的对比基础上。在第 7.6 节中,我们将对这一检验做更为具体的阐释。下面我们只大致介绍其基本原理。随机效应情境下的假设比固定效应情境下的假设更为严谨,如果这两组估计值比较接近,说明这两组估计值条件下的假设是有效的,并且更倾向于采用随机效应,因为它是一个更为高效的估计。相反,如果这两组估计值相差很远,说明只有固定效应是正确的,而随机效应情境下的假设一定是错误的。因此,如果 Hausman 检验结果拒绝了原假设,使用固定效应;如果没有,则使用随机效应。

正如第 4.6 节所提到的,STATA 中的面板数据命令通常要以前缀 xt 开始。比如,使用 xtreg 运行面板数据(线性)回归。固定效应估计和随机效应估计分别使用带选项 fe 和 re 的 xtreg 命令来运行。

通过下面的一系列命令,我们估计了固定效应和随机效应两个模型,并且进行了 Hausman 检验:

```
. xtset i t
       panel variable:  i (strongly balanced)
        time variable:  t, 1 to 100
               delta:  1 unit
```

```
. xtreg log_dt complex2 complex3 tau_d tau logev cti cti2 cti3 obj_diff, fe

Fixed-effects (within) regression          Number of obs     =      6000
Group variable: i                          Number of groups  =        60

R-sq:  within  = 0.2004                     Obs per group: min =       100
       between = 0.0002                                    avg =     100.0
       overall = 0.1491                                    max =       100

                                            F(9,5931)         =    165.12
corr(u_i, Xb)  = -0.0059                     Prob > F          =    0.0000
------------------------------------------------------------------------------
    log_dt |     Coef.    Std. Err.      t     P>|t|    [95% Conf. Interval]
-----------+------------------------------------------------------------------
  complex2 |   .2374196   .0417019     5.69   0.000     .1556687    .3191706
  complex3 |   .3770243   .0552954     6.82   0.000     .2686252    .4854234
     tau_d |  -.0022045   .0006465    -3.41   0.001    -.0034718   -.0009372
       tau |  -.0032846   .000323    -10.17   0.000    -.0039179   -.0026513
     logev |   .0601018   .0474991     1.27   0.206    -.0330137    .1532173
       cti |  -5.671949   .330508    -17.16   0.000    -6.319865   -5.024033
      cti2 |   12.46305   1.22361     10.19   0.000     10.06433    14.86177
      cti3 |  -8.645294   1.142589    -7.57   0.000    -10.88518   -6.405403
  obj_diff |   .1324667   .0362049     3.66   0.000     .0614919    .2034415
     _cons |   1.656612   .0670205    24.72   0.000     1.525227    1.787996
-----------+------------------------------------------------------------------
   sigma_u |  .40495036
   sigma_e |  .62554574
       rho |  .29531259   (fraction of variance due to u_i)
------------------------------------------------------------------------------
F test that all u_i=0:     F(59, 5931) =     41.90             Prob > F = 0.0000

. est store fe

.
. xtreg log_dt complex2 complex3 tau_d tau logev cti cti2 cti3 obj_diff, re

Random-effects GLS regression              Number of obs     =      6000
Group variable: i                          Number of groups  =        60

R-sq:  within  = 0.2004                     Obs per group: min =       100
       between = 0.0002                                    avg =     100.0
       overall = 0.1491                                    max =       100

                                            Wald chi2(9)      =   1486.20
corr(u_i, X)   = 0 (assumed)                 Prob > chi2       =    0.0000
------------------------------------------------------------------------------
    log_dt |     Coef.    Std. Err.      z     P>|z|    [95% Conf. Interval]
-----------+------------------------------------------------------------------
  complex2 |   .2374744   .0416953     5.70   0.000     .1557531    .3191957
  complex3 |   .3771036   .0552865     6.82   0.000     .268744     .4854631
     tau_d |  -.0022024   .0006464    -3.41   0.001    -.0034718   -.0009376
       tau |  -.0032846   .000323    -10.17   0.000    -.0039176   -.0026516
     logev |   .0601223   .0474916     1.27   0.206    -.0329595    .1532041
       cti |  -5.670031   .3304062   -17.16   0.000    -6.317615   -5.022446
      cti2 |   12.45948   1.223303    10.19   0.000     10.06185    14.85711
      cti3 |  -8.643612   1.142337    -7.57   0.000    -10.88255   -6.404672
  obj_diff |   .1324644   .0361992     3.66   0.000     .0615152    .2034136
     _cons |   1.656426   .0851303    19.46   0.000     1.489574    1.823278
-----------+------------------------------------------------------------------
   sigma_u |  .40678176
   sigma_e |  .62554574
       rho |   .2971941   (fraction of variance due to u_i)
------------------------------------------------------------------------------

. est store re
```

```
.
. hausman fe re

             ---- Coefficients ----
          |      (b)          (B)            (b-B)      sqrt(diag(V_b-V_B))
          |       fe           re         Difference          S.E.
----------+---------------------------------------------------------------
complex2  |   .2374196     .2374744      -.0000548         .0007429
complex3  |   .3770243     .3771036      -.0000792         .0009906
   tau_d  |  -.0022045    -.0022045      -3.38e-08         .0000115
     tau  |  -.0032846    -.0032846       8.98e-17         5.72e-06
   logev  |   .0601018     .0601223      -.0000205         .0008433
     cti  |  -5.671949    -5.670031      -.0019184         .0082029
    cti2  |   12.46305     12.45948        .00357          .0274092
    cti3  |  -8.645294    -8.643612      -.0016819         .0239862
obj_diff  |   .1324667     .1324644       2.26e-06         .0006416
---------------------------------------------------------------------------
                     b = consistent under Ho and Ha; obtained from xtreg
           B = inconsistent under Ha, efficient under Ho; obtained from xtreg

Test:  Ho:  difference in coefficients not systematic

             chi2(9) = (b-B)'[(V_b-V_B)^(-1)](b-B)
                     =        0.17
             Prob>chi2 =      1.0000
```

我们发现,两组结果非常相似。不足为奇的是,Hausman 检验让我们更倾向于随机效应模型(p 值为 1.000 0)。在下一小节,我们将重心放在随机效应模型结果的理解上。

5.6 结果讨论

为了便于比较,我们将所有计量模型得出的结果统一呈现在表 5.2 中。

由于 F 检验强烈拒绝混合 OLS 模型($p=0.000\ 0$),而 Hausman 检验证明了随机效应模型($p=1.000\ 0$)的可接受性,我们应该解读随机效应模型得出的结果,该结果为表 5.2 中的最后一列。

表5.2 决策时间的对数线性回归模型的结果

决策时间对数	OLS	聚类 OLS	固定效应	随机效应
常数	1.649(0.073)	1.649(0.071)	1.656(0.067)	1.656(0.085)
复杂性等级 1（基准）	—	—	—	—
复杂性等级 2	0.240(0.049)	0.240(0.040)	0.237(0.042)	0.237(0.042)
复杂性等级 3	0.380(0.065)	0.380(0.053)	0.377(0.055)	0.377(0.055)

决策时间对数	OLS	聚类 OLS	固定效应	随机效应
τ^d	$-0.002(0.000\ 8)$	$-0.002(0.000\ 8)$	$-0.002(0.000\ 6)$	$-0.002(0.000\ 6)$
τ	$-0.003(0.000\ 4)$	$-0.003(0.000\ 4)$	$-0.003(0.000\ 3)$	$-0.003(0.000\ 3)$
$\text{Log}(EV)$	$0.061(0.056)$	$0.061(0.048)$	$0.060(0.047)$	$0.060(0.047)$
cti	$-5.591(0.389)$	$-5.591(0.357)$	$-5.672(0.331)$	$-5.670(0.330)$
cti^2	$12.313(1.443)$	$12.313(1.283)$	$12.463(1.223)$	$12.459(1.223)$
cti^3	$-8.576(1.350)$	$-8.576(1.178)$	$-8.645(1.143)$	$-8.643(1.142)$
Δ^o	$0.132(0.043)$	$0.132(0.034)$	$0.132(0.036)$	$0.132(0.036)$
σ_ι	0.741	0.741	0.625	0.625
σ_u	—	—	0.405	0.407
n	60	60	60	60
T	100	100	100	100
F 检验 $(59, 5\ 931)$		$41.90(p=0.000\ 0)$		
Hausman 检验 $\chi^2(9)$			$0.17(p=1.000\ 0)$	

注:括号中为标准误差。

首先,我们从截距的估计中可以看出,预测的用于"最简单"类型问题的决策时间是 $\exp(1.656)=5.238$ 秒,"最简单"类型问题就是复杂性等级 1 的问题,该决策问题中,两种彩票实际上是相同的($\Delta^o=0$)。当然,在实验最初必须假定这个问题是正确的,这可能可以解释为什么对于这样一个样本问题,会出现这样高的预测值($\tau^d=\tau=0$)。

其次,我们发现除了一个模型以外,其余所有的模型都包含了解释变量,显示出很强的显著性。对复杂性效应的预期如下:会导致更多结果的问题会花费更长的决策时间。我们也注意到从等级 2 上升到等级 3 需要的额外努力低于从等级 1 上升到等级 2 的额外努力。这可以成为解释受试者因复杂任务而气馁的证据,这也可以用来延伸解释当复杂性达到不能处理的程度时,努力投入会下降的现象。然而,没有证据表明这个实验中遭遇了这样的复杂等级。

经验效应很明显存在，τ 和 τ^d 都对决策时间有显著的负面影响。正如前面所提到的，τ 可以理解为一种经验效应，而 τ^d 理解为厌倦效应。

变量 Log(EV) 的相关系数为 0.060，可以理解为与金钱激励相对应的努力弹性：如果所有的奖品都加倍，我们预期决策时间会有 6% 的增幅。这和许多经济学家的激励观点是一致的：更高的激励会引起努力投入的增加。但是，我们也发现这一效应事实上并不具有显著性。所以我们没有给出这一先验信念的统计证明。

最后，也许也是最重要的一点，我们发现受试者接近于无差异的程度存在强烈的非线性负效应，而客观差异性存在强烈的正效应。这和第 5.3 节中的努力分配理论模型预期的一致。图 5.7 清晰地证明了第一个效应。在本节中，我们使用模型估计了与每一个无差异接近程度值、不同的复杂性等级及其他解释变量值相对应的决策时间。从图 5.7 中可以发现，随着受试者趋近于无差异，决策时间急剧上升。当一个受试者完全处于无差异时（即无差异的接近程度＝0），所预测的决策时间比受试者对其中一个选项有明显偏好时的两倍还多。

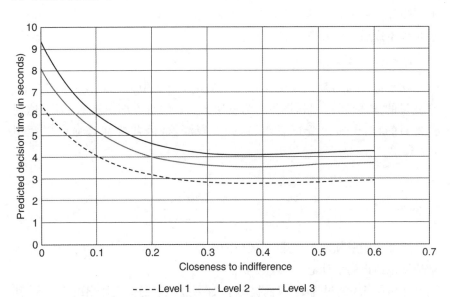

图 5.7　在不同复杂性等级下的差值绝对值与预测决策时间

注：τ 设为 0；EV 设为 10；Δ^0 设为 0.5。

当然,由于图 5.6 中的非参数回归给出了相似的形状,图 5.7 的出现并不让人感到惊讶。两者间的相似性与我们的努力模型[式(5.2)]的正确定义是分不开的。

5.7 后估计

在第 5.6 节中,我们认为随机效应模型是分析决策时间数据最合适的模型,并且对模型得出的结论进行了解读。随机效应方法是获取受试者间异质性的一个有效方法,并且该方法在本书的后面章节会多次用到。在某些情况下,我们对随机效应项有一个非常清晰的理解。例如,在第 13 章估计的风险选择模型中,可将随机效应项理解为受试者的风险厌恶系数。

对随机效应模型进行估计后,需要回答一个问题:每一个受试者的随机效应(估计)值为多少? 我们将这些值视为后随机效应(posterior random effects)。在完成模型估计后,就需要解决这一任务。它通常包括贝叶斯法则对估计参数和数据的应用。在使用 xtreg 命令后,只需要再添加一个命令就可以生成后随机效应。该命令为:

```
predict u_hat, u
```

这个命令将后随机效应储存于新变量 u_hat 中。下面我们给出了这个变量的描述性统计量,图 5.8 为变量 u_hat 的直方图。注意,为了达到这些目的,对于每个受试者,只需一个观测值,因此要在该命令中使用 if t==1。

```
. summ u_hat if t==1

    Variable |        Obs        Mean    Std. Dev.         Min         Max
-------------+--------------------------------------------------------------
       u_hat |         60    5.59e-10    .3955946    -1.093639    .7443957
```

正如我们所预期的,后随机效应的均值为零,其标准差非常接近于随机效应结果给出的估计值 σ_u^2,即 0.407。

在对图 5.4 的讨论中,我们提出了 24 号受试者是最快作出决策的人,其平均决策时间为 1.558 秒。这个受试者具有最低的后随机效应-1.09,这并不让人感到惊讶。我们还提出了 29 号受试者是最慢作出决策的人,其平均

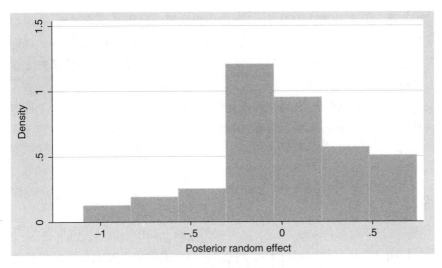

图 5.8　后随机效应直方图

决策时间为 9.947 秒。该受试者具有最高的后随机效应＋0.744 也不让人感到惊讶。

5.8　小结与拓展阅读

本章采用回归分析进行决策时间建模,以鉴别影响受试者努力程度的决定性因素。Wilcox(1994)为达到同样的目的做过相关研究,他发现,在评估任务中使用简单规则可以减少决策时间,说明这种规则的出发点就是减少努力程度。Hey(1995)研究了影响风险选择决策时间的因素,并估计了选择模型,该模型允许"噪声"(noisiness)响应取决于这些因素。Buschena 和 Eilberman(2000)、Moffatt(2005B),以及 Alos-Ferrer 等(2012)也对决策时间进行了研究。

本章所使用的是模拟数据,但该数据和 Moffet(2005b)分析的 Hey(2001)真实数据集相似。读者如果对模拟感兴趣,可以参考本书的第 13.3.2 节和第 13.4.6 节。

本章的研究是实验经济学和心理学交叉领域的经典案例。经济学家通常感兴趣的是所作的决策是什么,而对作出决策的过程并不感兴趣;心理学家则侧重于决策的过程[例如,参阅 Busemeyer 和 Townsend(1993)]。最近在实验经济学中,关注决策时间的论文大量涌现,这可能是经济学家关注重心转向决策过程的一个标志。

当然,除了观察决策时间外,还有很多其他分析决策时间的方法。其中一种分析方法已经逐渐引起重视,即眼动仪(Holmqvist et al., 2011)。

练习

Little(1949,p.92)提出了以下问题:"一个人在他宣布无动于衷前犹豫了多久?"如何调用第 5.6 节,特别是图 5.7 中得出的结果,来提供这个问题的答案?

6

处理实验数据的离散性

6.1 引言

来自经济实验的数据大多是离散性的。在很多情况下，实验任务要求受试者在大量离散备选项中作出一个选择，为分析受试者得出的数据需要采用离散选择模型。通常有两个离散备选项，在这种情况下，需要用到的是二元数据模型。即使在决策变量是连续的条件下，变量经常受到上限或者下限的截尾，或者在一些其他"焦点"上进行数据的积累；这些数据特征被建模成离散数据的结构。

本章主要介绍该类型数据模型。当决策数据是二元变量的时候，首先需要选择合适的模型，主要有简单的概率模型和简单的逻辑模型。本章给出了大量例子，包括在彩票间选择及最后通牒博弈中关于响应者决策的分析。

本章也包括了其他数据类型——精确数据、截尾数据和区间数据，并且对每种数据都举了相关例子。

本章同样介绍了最近文献中出现的热门随机建模方法间的差异，这些方法包括：Fechner方法，这个方法中最佳行为有一个零均值，后面加上一个对称分布随机项；异质代理方法，该方法将行为的差异性归因于主体偏好参数的差异性；"抖动"方法（tremble approach），该方法假设在任何时间点，个体会失去中心，而他们的行为由一种随机方式决定，属于一种小概率事件。值得一提的是，将这些方法结合起来是完全可能的，而且许多模型已经做到了这一点。

注意，在本章所给出的每个例子中，都假设每个受试者只有一个观测值,而关于每个受试者有多个观测值的处理方法已经在第 4 章和第 5 章的线性模型部分介绍过,还会在后面章节的离散数据部分进行阐述。

第 6.2 节将介绍二元数据模型中的最大似然估计概念。第 6.3 节介绍在本书中多次用到的 STATA 中的 ml 例程。第 6.4 节和第 6.5 节将介绍几种不同的结构化建模方法,通过这些方法,我们可以得到决策者效用函数的参数估计值均值。第 6.6 节介绍了几种其他的数据类型,比如区间数据和截尾数据。第 6.7 节对最后通牒博弈数据应用了几种建模方法,例如将提议者的决策处理为一个风险决策问题,并估计出该模型。

6.2 二元数据

对二元数据模型及本章和全书中介绍的大部分模型,标准的估计方法是最大似然估计(MLE)法。本节开篇便会列举一个有色球的例子,该例子不仅可以有效表达 MLE 的概念,同时也引发大量的实践性争议。然后,我们在两种不同的实验背景下,把这种方法应用到二元数据中。

已经熟悉了似然函数和 MLE 概念的读者可以跳过第 6.2.1 节。

6.2.1 似然和对数似然的解释

假设我们有一个缸,里面装有 1 000 个红球(R)或者白球(W)。我们不知道多少是白的,多少是红色的。我们的目标就是估计缸中红球的比例。假设这个比例为 p,白色的比例就是 $1-p$。

我们从中有放回地抽取 10 个球组成一个样本,即每次拿出球记录颜色后,要将球放回缸中。这样做保证了被选取的 10 个球之间的独立性。我们假设选取的 10 个球里有 7 个红球和 3 个白球。这就是我们的样本。这个样本表示如下:

RRRWRRWRWR

在大多数情况下,被选取出来的 10 个球的顺序是不相关的。

我们可以得到样本的似然函数,并且把这个视为我们观察到的样本概

率,即:

$$L(p) = p^7 (1-p)^3 \qquad (6.1)$$

值得注意的是,由于我们假设观测值是独立的,所以式(6.1)仅仅是 10 个概率的乘积。如果观测值不是独立的(即样本不是有放回抽取的),似然函数将会比式(6.1)更加复杂。

p 的 MLE 是使似然函数[式(6.1)]最大化。换句话说,就是抽取到的被观测样本的最大概率值。我们用 $\hat{p}$ 代表 MLE。获得 $\hat{p}$ 的一个方式就是对式(6.1)中的 p 求偏导,然后令等式等于 0,求解可得 p 值:

$$
\begin{aligned}
\frac{\partial L}{\partial P} &= 7p^6(1-p)^3 - 3p^7(1-p)^2 \\
&= p^6(1-p)^2[7(1-p) - 3p] \\
&= p^6(1-p)^2[7 - 10p] \\
&= 0
\end{aligned} \qquad (6.2)
$$

这里有三个答案——$p=0$;$p=1$;$p=7/10$,说明这里有三个转折点。图 6.1 显示了 L 关于 p 的图像。从图形中,我们可以发现,在 $p=7/10$ 处,L 取得最大值,在 0 和 1 处,L 取得最小值。因此,p 的 MLE 就是:

$$\hat{p} = \frac{7}{10}(样本中红球的比例) \qquad (6.3)$$

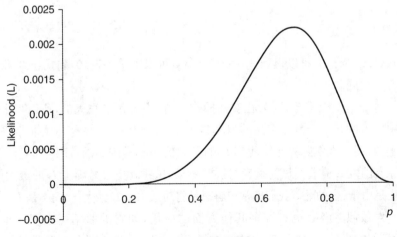

图 6.1 似然函数

图 6.2 是关于对数似然函数 Log L 的图像,我们注意到,随着比例规模的变化,L 变化较为平缓,最重要的是 Log L 和 L 函数最大化求得的结果是相同的。显然这是因为 Log 是一个单调递增函数,接下来,我们证明一下它们的结果是相同的,式(6.1)的对数函数为:

$$\text{Log } L = 7\log(p) + 3\log(1-p) \tag{6.4}$$

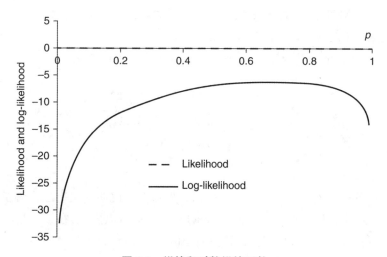

图 6.2　似然和对数似然函数

对式(6.4)求导,我们可以得到:

$$\frac{\partial \text{Log } L}{\partial p} = \frac{7}{p} - \frac{3}{(1-p)} \tag{6.5}$$

让式(6.5)等于 0,可以得到 $3p = 7(1-p)$,可求得 $\hat{p} = 7/10$,和式(6.3)得到的答案相同。

这个结论很重要,因为在实际操作中,样本容量是很大的,所以从大样本中取得的某一个具体产品的概率接近于 0,似然函数 L 是一个非常平滑的函数,所以在实际操作中找到 L 的最大值是非常困难的,而将 L 对数化,对原有函数 L 有着明显的垂直"拉伸"效果,这样就更容易确定 L 的最大值,也正是由于这一原因,我们通常求解时是将对数 Log L 最大化,而不是 L。

对数似然函数也有许多其他方面的应用,如它的曲率可以用来求解 MLE 的标准差,式(6.5)中的 p 求导,我们可以得到参数的二阶导函数:

$$\frac{\partial^2 \text{Log } L}{\partial p^2} = -\frac{7}{p^2} - \frac{3}{(1-p)^2} \tag{6.6}$$

式(6.6)通常被认为是"黑塞矩阵"(Hessian matrix),尽管在本例中,由于参数向量仅仅由一个因素组成,即标量。对于式(6.6)首先要注意的是对于所有的 p 值,式(6.6)都是严格为负值,这表明对数似然函数是上凸的,所以只有一个 MLE。当黑塞矩阵真的是一个矩阵的时候,MLE 的唯一性的必要条件就是黑塞矩阵是负值。这个条件只对一些模型而不是全部模型适用。

在黑塞矩阵前加一负号,然后求其倒数,我们可以得到关于 MLE 向量的估计协方差矩阵,在 MLE 做估计。在本例中,我们得到的结果是一个标量:

$$\hat{V}(\hat{p}) = \left[-\frac{\partial^2 \text{Log } L}{\partial p^2} \right]^{-1} \bigg|_{p=\hat{p}} = \left[\frac{7}{\hat{p}^2} + \frac{3}{(1-\hat{p})^2} \right]^{-1} \tag{6.7}$$

把 MLE$\hat{p}=0.7$ 代入式(6.7),我们可以得到:

$$\hat{V}(\hat{p}) = \left[\frac{7}{0.7^2} + \frac{3}{0.3^2} \right]^{-1} = \underline{0.021} \tag{6.8}$$

最后,对式(6.8)中的渐进方差估计值平方,我们可以得到 $\hat{p}$ 的标准误差估计值。即:

$$a.s.e(\hat{p}) = \sqrt{0.021} = \underline{0.145} \tag{6.9}$$

我们把式(6.9)看作是参数 p 的 MLE 的"渐进标准误差"。用"渐进"这个词是因为建立式(6.7)的理论是渐进理论(即大样本量)。

当用更大容量的样本进行相同的实验时,会发生什么变化呢? 这是一个有趣的问题。我们假设挑选 100 个球而不是 10 个(同样有放回地抽取),其中 70 个红球,30 个白球。p 的 MLE 还是 0.7,然而,标准误差将会发生改变:

$$a.s.e(\hat{p}) = \sqrt{\left[\frac{70}{0.7^2} + \frac{30}{0.3^2} \right]^{-1}} = \underline{0.046} \tag{6.10}$$

注意到,当样本容量增加 10 倍,导致因素的标准误差大约减少了三分之一。这是因当样本容量增加时,对数似然函数在 MLE 的周围变得更陡,事实上,这是渐进理论的中心思想"n 的平方根"规则的体现:估计的精确性随着样本量平方根的提高而提高。

6.2.2 彩票选择模型(赌场盈利效应)

在这一小节,我们将介绍一个二元数据模型的普遍应用:风险选择实验。将应用模型去检验一个与本章行为相关的特定假说。这个有趣的假说就是"赌场盈利效应",即初始禀赋最高时,选择将会呈风险偏好的现象[参阅 Thaler 和 Johnson(1990)、Kwasey 和 Moon(1996)]。

思考一下图 6.3 的选择问题,图中两个圆代表两种彩票,圆内区域代表给定结果的可能性(第 3 章中也有使用相同的彩票选择案例来演示证明无参数检验的应用)。左边的彩票是"安全"彩票并且确定需要支付 5 美元。右边的彩票是"风险彩票"而且代表了 50:50 的投机性,50%的概率支付 0 美元,50%的概率支付 10 美元。

很显然,通过在图 6.3 里的彩票选择,受试者会传递出一些他们的风险偏好信息,有趣的地方在于,先前是否给予受试者一定禀赋数量的金钱,将会影响受试者的最终抉择。

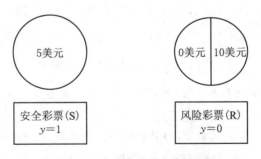

图 6.3　一个典型的彩票选择问题

我们定义"赌场盈利效应"为这样一种现象:即当参与者的初始禀赋(即,赌场资金)增加时,他们的风险厌恶倾向会下降(即,更加倾向于选择风险彩票)。

假设我们有一个样本容量为 1 050 的受试者群体。赋予每个受试者(i)不同的财富水平(w_i),然后我们立即要求他们在图 6.3 里显示的彩票里进行选择。之后我们定义二元变量 y,当安全彩票被选择的时候,令 $y=1$;如果是风险彩票,令 $y=0$。这个(虚构的)实验结果被放在 house_money_sim

文件里。下面是这些数据的一些统计信息：

```
. table w, contents(n y mean y)
------------------------------
      w |       N(y)    mean(y)
--------+---------------------
      0 |         50        .92
     .5 |         50        .88
      1 |         50        .88
    1.5 |         50        .84
      2 |         50        .84
    2.5 |         50         .9
      3 |         50        .84
    3.5 |         50        .72
      4 |         50        .78
    4.5 |         50         .7
      5 |         50         .7
    5.5 |         50        .74
      6 |         50        .72
    6.5 |         50        .72
      7 |         50         .5
    7.5 |         50        .64
      8 |         50         .5
    8.5 |         50        .48
      9 |         50        .56
    9.5 |         50         .5
     10 |         50         .5
------------------------------
```

　　表格的最后一列展现了不同财富水平的二元变量均值。因为二元变量均值是在样本中个体的比例，所以这一列的数字展现了在每个财富水平选择安全彩票的受试者比例。随着财富水平的上升，比例下降的趋势和赌场盈利效应是一致的。

　　接下来，我们将会应用参数模型证明这个结论。最开始用到的模型自然是概率模型，定义为：

$$P(Y_i = 1 | w_i) = \Phi(\beta_0 + \beta_1 w_i) \tag{6.11}$$

这里的 $\Phi(.)$ 是标准正态累积分布函数[1]，概率模型的似然函数是：

$$L = \prod_{i=1}^{n} [\Phi(\beta_0 + \beta_1 w_i)]^{y_i} [1 - \Phi(\beta_0 + \beta_1 w_i)]^{1-y_i} \tag{6.12}$$

而且对数似然是：

---

① 如果一个随机变量 Z 有一个标准的正态分布，它的密度函数为 $\phi(z) = \dfrac{1}{\sqrt{2\pi}} \exp\left(\dfrac{-z^2}{2}\right)$，其累积分布函数 $\Phi(z) = P(Z < z) = \displaystyle\int_{-\infty}^{z} \phi(z) \mathrm{d}z$。

$$\text{Log } L = \sum_{i=1}^{n} \left[y_i \ln(\Phi(\beta_0 + \beta_1 w_i)) + (1 - y_i) \ln(1 - \Phi(\beta_0 + \beta_1 w_i)) \right]$$

$$(6.13)$$

在定义概率模型方面,式(6.11)一个重要的性质就是对称性。对称性则意味着有 $\Phi(-z) = 1 - \Phi(z)$。这一性质同样适用于潜在的逻辑模型分布(查看本章练习第 1 题),这一潜在分布特点是有用的,因为它使对数似然函数更加简洁。如果我们对二元变量重新编码:

$$\begin{cases} yy_i = 1 & \text{当选择 S 时} \\ yy_i = -1 & \text{当选择 R 时} \end{cases}$$

之后对数似然[式(6.13)]可以表示为:

$$\text{Log } L = \sum_{i=1}^{n} \ln(\Phi(yy_i \times (\beta_0 + \beta_1 w_i)))$$ (6.14)

令式(6.14)中的 Log L 最大化,得出两个参数 β_0 和 β_1 的 MLE。这个任务用 STATA 中的 probit 命令处理,命令代码如下:

```
. probit y w

Iteration 0:   log likelihood =  -634.4833
Iteration 1:   log likelihood = -584.91375
Iteration 2:   log likelihood =  -584.5851
Iteration 3:   log likelihood = -584.58503
Iteration 4:   log likelihood = -584.58503

Probit regression                              Number of obs    =      1050
                                               LR chi2(1)       =     99.80
                                               Prob > chi2      =    0.0000
Log likelihood = -584.58503                    Pseudo R2        =    0.0786

------------------------------------------------------------------------------
         y |      Coef.   Std. Err.      z    P>|z|     [95% Conf. Interval]
-----------+------------------------------------------------------------------
         w |  -.1409882   .0145377    -9.70   0.000    -.1694816   -.1124948
     _cons |   1.301654   .0911155    14.29   0.000     1.123071    1.480237
------------------------------------------------------------------------------
```

得到这一结果后,要做的第一件事就是检验赌场盈利效应的存在,这个检验已经为我们验证。与财富相关的渐进 t 检验统计量 $z = -9.70$,而且相应的 p 值是 0.000,强有力的证据证明财富和选择安全彩票的概率是显著负相关的。换句话说,在这个数据中赌场盈利效应很明显。

对模型作出估计之后,我们可以立即运行 STATA 里的 test 命令,通过对刚才的检验使用这一命令,我们可以得到:

```
. test w=0

 ( 1)  [y]w = 0

        chi2(  1) =    94.05
        Prob > chi2 =    0.0000
```

这是赌场盈利效应的 Wald 检验。Wald 检验统计数值是渐进 t 检验统计数值的平方$[94.5=(-9.70)^2]$，并且在不存在效应的原假设下，该检验统计量呈 $\chi^2(1)$ 分布。Wald 检验和渐进 t 检验是等价的，而且两个检验通常有相等的 p 值。

接下来我们想要做的事情就是预测在每个财富水平上，受试者选择安全彩票的概率。我们将会在 Excel 中完成这一操作。我们编写程序的公式为 $\Phi(1.302-0.141w)$。这一操作在 Excel 的 House Money Calculations Sheet 中运行，结果如下图所示。注意，概率模型中的截距和斜率估计值出现在右上角，分别在单元格 E1 和 E2 中，以作为后面运算法则的输入值。"P(SAFE)"这一列将使用这两个值计算出与第一列对应的财富水平下受试者选择安全彩票的概率。Excel 函数 NORMSDIST 给出的是括号中数值的标准正态分布函数。

	A	B	C	D	E
1	w	P(SAFE)		b0:	1.3017
2	0	=NORMSDIST(E$1+E$2*A2)		b1:	-0.141
3	1	=NORMSDIST(E$1+E$2*A3)			
4	2	=NORMSDIST(E$1+E$2*A4)			
5	3	=NORMSDIST(E$1+E$2*A5)			
6	4	=NORMSDIST(E$1+E$2*A6)			
7	5	=NORMSDIST(E$1+E$2*A7)			
8	6	=NORMSDIST(E$1+E$2*A8)			
9	7	=NORMSDIST(E$1+E$2*A9)			
10	8	=NORMSDIST(E$1+E$2*A10)			
11	9	=NORMSDIST(E$1+E$2*A11)			
12	10	=NORMSDIST(E$1+E$2*A12)			
13	11	=NORMSDIST(E$1+E$2*A13)			
14	12	=NORMSDIST(E$1+E$2*A14)			
15	13	=NORMSDIST(E$1+E$2*A15)			

我们可以画出所预测概率关于财富水平的趋势图，结果如图 6.4 所示。观察该图，可以发现当初始禀赋为 0 时，选择安全彩票的概率很高，即受试者表现出强烈的风险厌恶倾向。同时我们也可以发现，当初始禀赋上升时，

受试者选择安全彩票的概率陡然下降。由于概率为 0.5 时,表明受试者呈风险中性,而 $\Phi^{-1}(0.5)$,为了诱发受试者持风险中性态度,需要给每个受试者 $1.301\,6/0.141\,0=9.23$ 美元的初始资源禀赋。而当受试者初始禀赋高于这一数值时,可以预测受试者选择风险行为,因为受试者选择安全彩票的预测概率值低于 0.5(关于风险中性初始禀赋的深入分析,可参考本章练习 1)。

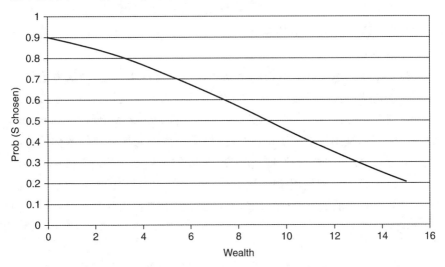

图 6.4　初始禀赋水平和选择安全彩票预期概率的关系图

6.2.3　边际效应

在估计概率模型之后,求得条件边际效应是十分有用的。我们所预测的概率变化是由解释变量从一个特定值发生较小的变动所引起的。例如,如果我们想要知道当 w 从 0 增加,所引起受试者选择 S 的概率的变化,可以用:

```
. margins, dydx(w) at(w=0)

Conditional marginal effects                Number of obs   =      1050
Model VCE    : OIM

Expression   : Pr(y), predict()
dy/dx w.r.t. : w
at           : w               =         0

------------------------------------------------------------------------
             |            Delta-method
             |    dy/dx    Std. Err.      z    P>|z|    [95% Conf. Interval]
-------------+----------------------------------------------------------
           w | -.024109    .0013299   -18.13   0.000    -.0267155   -.0215026
------------------------------------------------------------------------
```

可以观察到条件边际效应是-0.024，简单地说就是，如果w从 0 增加到 1，受试者选择 S 的概率会下降 2.4 个百分点。如果w增加到一个更高的值，我们将会得到一个不同的结果：

```
. margins, dydx(w) at(w=10)

Conditional marginal effects                    Number of obs   =      1050
Model VCE     : OIM

Expression    : Pr(y), predict()
dy/dx w.r.t. : w
at            : w                      =          10

------------------------------------------------------------------------------
             |            Delta-method
             |     dy/dx   Std. Err.      z    P>|z|     [95% Conf. Interval]
-------------+----------------------------------------------------------------
           w | -.0559177   .0053804   -10.39   0.000    -.0664631   -.0453724
```

$w=10$时，边际效应(-0.056)在数值上更高，说明图 6.4 中的曲线在$w=10$处比在$w=0$处的更陡。如果我们在使用 margins 命令时，不使用 at( )选项，我们得到的结果将会是平均边际效应。

```
. margins, dydx(w)

Average marginal effects                        Number of obs   =      1050
Model VCE     : OIM

Expression    : Pr(y), predict()
dy/dx w.r.t. : w

------------------------------------------------------------------------------
             |            Delta-method
             |     dy/dx   Std. Err.      z    P>|z|     [95% Conf. Interval]
-------------+----------------------------------------------------------------
           w | -.0444259   .0039929   -11.13   0.000    -.0522518      -.0366
```

可以看出，平均边际效应为-0.044，这是关于所有样本观测值的平均边际效应。

6.2.4　Wald 检验和似然比检验

第 6.2.2 节中用于检验变量w显著性的方法就是 Wald 检验，这个检验可以通过使用 test 命令来运行，并且 Wald 检验统计量就是渐进t检验统计量的平方。

检验相同假设的另一种方法就是似然比检验，这个检验是建立在两个不同模型的最大对数似然估计的比较基础上的，其检验统计量可以通过式(6.15)进行计算。

$$LR = 2(\text{Log } L_U - \text{Log } L_R) \qquad (6.15)$$

其中 $\text{Log } L_U$ 是没有约束条件下模型的最大对数似然估计，$\text{Log } L_R$ 是在约束条件下模型的最大对数似然估计。在这里，没有约束条件的模型就是我们已经估计过的模型（关于 w 的概率模型），而有约束条件的模型指的是与 w 无关的概率模型，即只有一个截距的模型，该模型的估计如下：

```
. probit y

Iteration 0:   log likelihood = -634.4833
Iteration 1:   log likelihood = -634.4833

Probit regression                               Number of obs   =       1050
                                                LR chi2(0)      =       0.00
                                                Prob > chi2     =          .
Log likelihood = -634.4833                      Pseudo R2       =     0.0000

------------------------------------------------------------------------------
          y |      Coef.   Std. Err.      z    P>|z|     [95% Conf. Interval]
------------+-----------------------------------------------------------------
      _cons |   .5464424   .0408516    13.38   0.000     .4663746    .6265101
------------------------------------------------------------------------------
```

我们可以发现，约束条件下的对数似然估计为 -634.48，将其代入式 (6.15)，可以得到似然比检验统计量为：

$$LR = 2(\text{Log } L_U - \text{Log } L_R) = 2(-584.59 - (-634.48)) = 99.8 \quad (6.16)$$

在没有赌场盈利效应的原假设之下，式 (6.16) 里的统计量来自 $\chi^2(1)$ 分布。我们拒绝原假设，因为 $99.8 > \chi^2_{1,0.05} = 3.84$。

事实上，在 STATA 中有直接计算似然比检验统计量的方法，将两个模型的估计值记录下来，然后使用 lrtest 命令，需要的命令行及相关的运行结果如下：

```
probit y w
est store with_w

probit y
est store without_w

lrtest with_w without_w

Likelihood-ratio test                          LR chi2(1)  =      99.80
(Assumption: without_w nested in with_w)       Prob > chi2 =     0.0000
```

令人欣慰的是，这种方法得出的结果和式 (6.16) 得出的结果相同，使用 STATA 来进行检验的一个优势就是：得出的结果中不仅包含了检验统计量，还包含了 p 值。在本例中，p 值（0.000 0）说明了赌场盈利效用的强烈显著性。

最后，值得注意的是，检验相同的假设，似然比检验统计量（99.80）接近于 Wald 检验统计量,但是这两个检验统计量间的相似并不奇怪,因为这两个检验是渐进等价的。

6.2.5 最后通牒博弈数据分析

Güth 等(1982)介绍了最后通牒博弈的基本结构,我们在第 2.5 节进行了描述。读者可以先回到那个部分回顾一下最后通牒博弈的结构。

在文件 ug_sim 中包含了参加最后通牒博弈的 200 个受试者的(模拟的)数据,每个博弈有 100 个单位的禀赋。每个受试者可以进行两次博弈,一次作为提议者,一次作为响应者,并且受试者每次的对手都不相同。变量是:

i: 提议者编号。

j: 响应者编号。

$male\_i$:如果提议者是男性,为 1;反之为 0。

$male\_j$:如果响应者是男性,为 1;反之为 0。

y: 提议者的提议。

d: 响应者的决定:接受为 1;拒绝为 0。

在第 3.6 节,我们分析了数据集中提议者愿意分配给响应者的禀赋数量,并且通过检验,我们还给出了性别效应。在这一小节,我们将会把目光转向响应者的决策,这是一个二元决策,所以需要用二元数据模型来检验出影响该决策的决定性因素。

我们首先只考虑有多少受试者拒绝提议方案。针对这个,我们做了一个二元变量列表,从这个列表中,我们可以发现,200 个受试者中有 51 个(即大约三分之一的响应者)拒绝了提议方案。

```
. tab d

       d |      Freq.     Percent        Cum.
---------+-----------------------------------
       0 |         51       25.50       25.50
       1 |        149       74.50      100.00
---------+-----------------------------------
   Total |        200      100.00
```

影响响应者决策的主要决定性因素在于提议者愿意分给响应者的禀赋数量(y)。有时候画出二元数据是非常有用的。lowess d y 命令作出了如图 6.5 的图形。局部加权回归散点平滑法(Lowess)是先前在本书里用过的无参数回归。简单来说,它展现了在不同 y 值条件下,d 的平均值。因为 d 的均值非常接近于受试者接受提议方案的概率,所以从这个图我们可以看出,当提议者愿意分出的资源禀赋数量上升时,响应者接受该提议的概率也大幅上升,且当数量上升到 50 时,接受概率接近于 1。

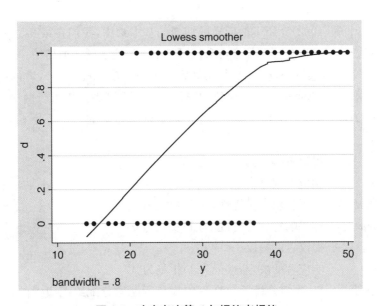

图 6.5 响应者决策 d 与提议者提议 y

与"局部加权回归散点平滑法"完全相反的是,在第 6.2.2 节介绍的概率模型是一个全参数估计方法。该概率模型被定义如下:

$$P(d=1|y)=\Phi=(\beta_0+\beta_1 y) \tag{6.17}$$

在这里 $\Phi(.)$ 为标准正态累积分布函数。结果显示如下:

```
. probit d y

Iteration 0:   log likelihood = -113.55237
Iteration 1:   log likelihood = -70.230335
Iteration 2:   log likelihood = -66.806698
Iteration 3:   log likelihood = -66.738058
Iteration 4:   log likelihood = -66.738049
Iteration 5:   log likelihood = -66.738049

Probit regression                          Number of obs  =      200
                                           LR chi2(1)     =    93.63
                                           Prob > chi2    =   0.0000
Log likelihood = -66.738049                Pseudo R2      =   0.4123
```

```
------------------------------------------------------------------
       d |     Coef.   Std. Err.      z    P>|z|    [95% Conf. Interval]
---------+--------------------------------------------------------
       y |  .1439157   .0212804     6.76   0.000    .1022069    .1856244
   _cons | -3.855266    .631443    -6.11   0.000   -5.092872   -2.617661
------------------------------------------------------------------
```

从上面的结果,我们可以推理出一个公式,以预测提议(y)被接受的概率:

$$\hat{P} = (d=1|y) = \Phi(-3.855 + 0.144y) \tag{6.18}$$

在这一条件下,在概率模型基础上考虑式(6.19)是十分有用的:

$$d^* = \beta_0 + \beta_1 y + \epsilon \tag{6.19}$$

$$其中,\epsilon \sim N(0,\ 1)$$

在式(6.19)中,d^*代表响应者接受提议的倾向。如果这个倾向比零大,这个提议就会被接受:

$$d=1 \Leftrightarrow d^* > 0 \Leftrightarrow \beta_0 + \beta_1 y + \epsilon > 0 \Leftrightarrow \epsilon > -\beta_0 y - \beta_1 y \tag{6.20}$$

因此,提议被接受的概率就是:

$$P(d=1) = P(\epsilon > -\beta_0 - \beta_1 y) = \Phi(\beta_0 + \beta_1 y) \tag{6.21}$$

这就是基于概率模型的概率公式(6.17)。式(6.19)十分有用,因为我们可以通过它计算出特定受试者"最小可接受的报价"(MAO)。在忽略误差项的基础上,我们可以得到:

$$d^* = \beta_0 + \beta_1 y \tag{6.22}$$

当式(6.22)等于零的时候,一个特定受试者接受和拒绝提议的倾向没有什么差别:

$$\beta_0 + \beta_1 y = 0 \Rightarrow y = \frac{-\beta_0}{\beta_1} \tag{6.23}$$

将相关估计值代入,我们可以计算出:

$$y^{MAO} = -\frac{-3.855}{0.144} = \underline{\underline{26.79}} \tag{6.24}$$

MAO[式(6.24)]也可以用 STATA 中的 nlcom 命令计算:

```
. nlcom MAO: -_b[_cons]/_b[y]

       MAO: -_b[_cons]/_b[y]

------------------------------------------------------------------------
     d |     Coef.    Std. Err.      z    P>|z|    [95% Conf. Interval]
-------+----------------------------------------------------------------
   MAO |  26.78837   .9268278    28.90   0.000    24.97182    28.60492
------------------------------------------------------------------------
```

这个 nlcom 程序运用了一种称为"三角法"的技术,第 6.5 节将阐述这一方法的更多细节。应用这种技术主要的好处在于除了点估计之外,对于 MAO,它还可以得到标准差和置信区间。上例中的点估计值为 26.79,这说明一个"特定"响应者(误差项 ϵ 均值为 0)将会对数量为 26 的分配提议说"不",而对数量为 27 的分配提议说"好"。

6.2.6 策略方法

策略方法在第 2.6.2 节已有相应的解释和阐述,并且在 Solnick(2001)的最后通牒博弈中也有使用。提议者首先作出一个数量分配提议,在提议中分配给响应者的数量为 y,同时,在另外一个房间里,响应者被要求给出他们能接受的最低分配数量(y^{MAO}),然后把 y 和 y^{MAO} 相比较。如果 $y \geqslant y^{MAO}$,这个提议就被接受,同时参与者双方按照提议内容得到相应的回报;但如果 $y < y^{MAO}$,提议就被拒绝,双方什么也得不到。

在这种方式下,响应者不仅要做一个决策,而且还要想出一个策略。注意,是要根据他们的兴趣真实地表达他们的 MAO。出于这个原因,策略方法也叫激励兼容。

标准的最后通牒博弈(如第 2.5.1 节中所描述的)是"直接决策方式"。策略方法相对于直接决策方式有较显著的优越性:其数据包含的信息量更大,很明显,通过策略方法将会知道响应者的 MAO,而不是简单地知晓响应者是否会接受一个特定的分配额。这一点在提议者愿意分出其禀赋的 50% 的时候表现得更为明显。当提议者提议分配禀赋数量的 50% 给响应者的时候,这个分配提议很明显会被接受,很少有被拒绝的情况。如果采用"直接决策方式",对实验者来说,除了较高的花费,从实验中得出的有用信息将特别少,但是策略方法将会给实验者带来更多可供研究的信息。

让我们假设应用到 200 个受试者的方法是策略方法,而不是"直接决策方法",并且数据设定如下:

i：　　　提议者编号。

j：　　　响应者编号。

$male\_i$：如果提议者是男的为 1；反之为 0。

$male\_j$：如果响应者是男的为 1；反之为 0。

y：　　　提议者的提议。

MAO：　响应者的最小接受提议量。

d：　　　如果 $y \geqslant y^{MAO}$，结果为 1；如果 $y < y^{MAO}$，结果为 0。

包含这些变量的（模拟）数据集保存在文件 ug_sm_sim 中。运用这些数据，我们可以做如下的简单分析：

```
. ci MAO

    Variable |       Obs        Mean    Std. Err.     [95% Conf. Interval]
-------------+-------------------------------------------------------------
         MAO |       200      31.375    .6666664       30.06036    32.68964

. tab d

           d |      Freq.     Percent        Cum.
-------------+-----------------------------------
           0 |         87       43.50       43.50
           1 |        113       56.50      100.00
-------------+-----------------------------------
       Total |        200      100.00
```

最前面的命令 ci MAO 是用来获得 y^{MAO} 的总体均值的 95% 的置信区间，这个置信区间显然比在第 6.2.5 节直接决策数据条件下的置信区间 (24.971 82→28.604 92) 要小。这说明使用策略方法能够帮助我们更准确地估计参数。

但是，值得注意的是，当使用策略方法时，MAO 会大约高出 5 单位，这也会导致拒绝的响应者数量（87，相比直接决策方法下的 51）更多。这是普遍发现。Eckel 和 Grossman(2001) 解释了策略方法下出现更高拒绝比率的原因：受试者没有很好地理解决策的自然属性，以及他们内心想要抢占"强硬的"讨价还价地位的意图。

站在响应者角度，这里还有另外一个解释，即他们给出的 MAO 是假设的，不是真实的（尽管这不是真的，但是它决定了他们的收益）。我们将只是询问一个受试者在不同情况下将会作出怎样的行动的做法称作冷处理，与热处理形成鲜明对比，即将分配给响应者的禀赋直接摆在响应者面前，而他们所需要做的就是"接受"。

这里反映的信息就是：或许使用策略方法将会获得更为有用的数据，但

是为了使 *MAO* 数据能够同样适用"直接决策"情况, *MAO* 数据应该作出一定调整。基于以上论述,我们得出应该将响应者给出的 *MAO* 值减少大约 5 个单位。

6.3　STATA 的 ml 例程

除了前面所讲的方法,估计概率模型还有另外一种方式。就是我们自己设定对数似然函数,然后运行 STATA 令它最大化。在这里,我们将要用到第 6.2.2 节用过的 house_money_sim 数据集。

下面的代码定义一个用于计算对数似然函数的程序 myprobit,该程序会读取数据并且启动 ml 程序使得对数似然函数最大化。这里被程序化的公式就是前面给出的式(6.14):

$$\text{Log } L = \sum_{i=1}^{n} \ln(\Phi(yy_i(\beta_0 + \beta_1 w_i))) \tag{6.25}$$

```
* LOG-LIKELIHOOD EVALUATION PROGRAM "myprobit" STARTS HERE:

program define myprobit

* SPECIFY NAME OF QUANTITY WHOSE SUM WE WISH TO MAXIMISE (logl)
* AND ALSO PARAMETER NAMES (EMBODIED IN xb)
* PROVIDE LIST OF TEMPORARY VARIABLES (p ONLY)

args logl xb
tempvar p

* GENERATE PROBABILITY OF CHOICE MADE BY EACH SUBJECT (p):

quietly gen double `p'=normal(yy*`xb')

* TAKE NATURAL LOG OF p AND STORE THIS AS logl

quietly replace `logl'=ln(`p')

* END "myprobit" PROGRAM:

end

* READ DATA

use "house money_sim", clear

* GENERATE (INTEGER) yy FROM y:

gen int yy=2*y-1
```

```
* SPECIFY LIKELIHOOD EVALUATOR (lf), EVALUATION PROGRAM (myprobit),
* AND EXPLANATORY VARIABLE LIST.
* RUN MAXIMUM LIKELIHOOD PROCEDURE

ml model lf myprobit ( = w)
ml maximize
```

args logl xb 这一命令行很重要。它揭示了我们希望最大化的数量是 logl 样本变量的总和,而且毫无疑问,我们希望最大化的参数是和公式里 β_0 $+\beta_1 w$ 相一致的变量 xb。logl 和 xb 是"本地变量"的典型例子,即存在于程序内部而不是程序外面的变量。任何其他的当地变量都需要 tempvar 命令来引出。无论什么时候,临时变量在程序内部被提及,都需要放在特殊的符号"p"里面。在 p 之前的符号即左边的符号,你可以在键盘的左上角找到它,它在"escape"键下面;在 p 之后的符号即右边的符号,你可以"enter"键附近找到。

没有符号的变量是"全局变量",意味着它存在于程序外。在这个例子里,yy(二元独立变量)就是一个全局变量。

以上代码的最后两行是让程序运行的命令行。ml 命令的特殊性在于 lf 似然估计将会被使用。lf 代表"线性形式",本质上认为似然估计程序对于数据集的每一行会得出一个对数似然估计贡献。没有遇到的线性表限制的场景是在面板数据模型内容里,因为似然估计程序将会对每一行的区块得出一个贡献值。在这个条件下 d-family 估计将会取代 lf。这些会在之后章节的合适之处被介绍。

运行以上代码,得到的结果如下:

```
. ml model lf myprobit ( = w)
. ml maximize

initial:      log likelihood = -727.80454
alternative:  log likelihood =  -635.1321
rescale:      log likelihood =  -635.1321
Iteration 0:  log likelihood =  -635.1321
Iteration 1:  log likelihood = -584.84039
Iteration 2:  log likelihood = -584.58503
Iteration 3:  log likelihood = -584.58503

                                        Number of obs   =       1050
                                        Wald chi2(1)    =      94.05
Log likelihood = -584.58503             Prob > chi2     =     0.0000

------------------------------------------------------------------------
           |    Coef.   Std. Err.      z    P>|z|    [95% Conf. Interval]
-----------+------------------------------------------------------------
         w | -.1409882  .0145377    -9.70   0.000    -.1694816   -.1124948
     _cons |  1.301654  .0911155    14.29   0.000     1.123071    1.480237
------------------------------------------------------------------------
```

我们注意到这个结果和在第 6.2.2 节使用 probit y w 命令得到的结果

是相同的。

本章练习 1 中有更多关于 ml 例程的练习。

6.4 结构模型

在当前的介绍里,结构模型是用来表达单个个体效用函数的。在第 6.2 节分析的模型不是结构化的,它们仅仅想要解释数据。而在接下来的章节里,我们会考虑一些简单结构模型的估计。

第一,让我们假设所有的个体都有相同的效用函数,即:

$$U(x) = \frac{x^{1-r}}{1-r} \qquad r \neq 1$$
$$= \ln(x) \qquad r = 1 \qquad (6.26)$$

式(6.26)被认为是常数相对风险厌恶(CRRA)效用函数[①],参数 r 为相关风险厌恶系数:r 越高,受试者的风险厌恶程度越高。注意,r 也可能是负数,表示风险寻找倾向。

第二,我们假设个体会将期望效用最大化。我们将继续使用第 6.2.2 节中的"赌场盈利效应"例子。选择安全彩票和风险彩票的预期效用分别是:

$$EU(S) = \frac{(w+5)^{1-r}}{1-r} \qquad (6.27)$$
$$EU(R) = \frac{0.5(w)^{1-r}}{1-r} + \frac{0.5(w+10)^{1-r}}{1-r} \qquad (6.28)$$

第三,我们假设单个个体计算预期效益差异时,会产生一个计算误差 ϵ,且 $\epsilon \sim N(0, \sigma^2)$。这种类型的误差在 Fechner(1980)后,逐渐被认为是风险模型中的 Fechner 误差项。

基于以上三种假设,如果

$$EU(S) - EU(R) + \epsilon > 0$$

将选择安全彩票,其中 $EU(S)$ 和 $EU(R)$ 被分别由式(6.27)和式(6.28)定义。

---

① CRRA 的详细定义参见第 12.2 节。

所以作出安全彩票选择的概率为：

$$P(S) = P[EU(S) - EU(R) + \iota > 0]$$
$$= P[\iota > EU(R) - EU(S)]$$
$$= P\left[\frac{\iota}{\sigma} > \frac{EU(R) - EU(S)}{\sigma}\right]$$
$$= 1 - \Phi\left[\frac{EU(R) - EU(S)}{\sigma}\right]$$
$$= \Phi\left[\frac{EU(S) - EU(R)}{\sigma}\right] \tag{6.29}$$

把式(6.27)和式(6.28)代入式(6.29)里，同时使用在第 6.2.2 节介绍的"yy trick"，对数似然函数可以写成：

$$\text{Log } L = \sum_{i=1}^{n} \ln \Phi\left[yy_i \times \frac{(w_i+5)^{1-r} - \left(0.5\frac{(w_i)^{1-r}}{1-r} + 0.5\frac{(w_i+10)^{1-r}}{1-r}\right)}{\sigma}\right] \tag{6.30}$$

我们将式(6.30)最大化，可以得到 r 和 σ 两个参数的估计值。但是在这里我们将遇到一个难题，因为没有可用的 STATA 命令可以为我们完成这一目标，我们需要自己编程，并且使用 ml 命令。

达到该目标所需的程序和命令如下所示，关于语法信息，读者需要重新回顾一下第 6.3 节所举的例子，在该例中，语法的每一步都有相应的解释。

```
program drop structural
program structural
args logl r sig
tempvar eus eur diff p

quietly gen double 'eus'=(w+5)^(1-'r')/(1-'r')
quietly gen double 'eur'=0.5*w^(1-'r')/(1-'r')+0.5*(w+10)^(1-'r')/(1-'r')
quietly gen double 'diff'=('eus'-'eur')/'sig'
quietly gen double 'p'=normal(yy*'diff')
quietly replace 'logl'=ln('p')
end

ml model lf structural /r  /sig
ml maximize
```

args logl r sig 这一行又很重要。在这里，它代表了我们正在寻找的最大化数量叫作 logl，而且关于我们想要使之最大化的参数是 r 和 sig。不同于第 6.3 节的代码的是两个参数(r 和 sig)在 ml 命令里被命名。这样是较为合适的，因为这两个参数是单机参数，不像在第 6.3 节例子的那些回归参

数。考虑到在 ml 命令里的参数名字是非常有用的,因为它会使相同的名字出现在结果表格里:

```
. ml model lf structural /r  /sig

. ml maximize

initial:       log likelihood =     -<inf>  (could not be evaluated)
feasible:      log likelihood = -601.45646
rescale:       log likelihood = -601.45646
rescale eq:    log likelihood = -600.78259
Iteration 0:   log likelihood = -600.78259
Iteration 1:   log likelihood =  -595.2424
Iteration 2:   log likelihood = -595.22797
Iteration 3:   log likelihood = -595.22739
Iteration 4:   log likelihood = -595.22739

                                        Number of obs   =        1050
                                        Wald chi2(0)    =           .
Log likelihood = -595.22739             Prob > chi2     =           .

------------------------------------------------------------------------------
             |      Coef.   Std. Err.      z    P>|z|     [95% Conf. Interval]
-------------+----------------------------------------------------------------
r            |
       _cons |    .21765   .0976928     2.23   0.026     .0261757    .4091244
-------------+----------------------------------------------------------------
sig          |
       _cons |  .3585733   .1046733     3.43   0.001     .1534174    .5637292
------------------------------------------------------------------------------
```

我们得到如下两个参数的预测值:

$$\hat{r} = 0.217\,7$$
$$\hat{\sigma} = 0.358\,6$$

因此,在模型假设的基础上,这表明每个个体都有相同的效用函数:

$$U(x) = \frac{x^{1-0.217\,7}}{1-0.217\,7} = \frac{x^{0.782\,3}}{0.782\,3}$$

并且当个体计算两个彩票的期望效用间的差值时会产生一个随机计算误差,该误差的均值为 0,且标准差为 0.358 6。

6.5　深层次结构建模

6.5.1　异构代理模型

我们继续假设受试者有 CRRA 效用函数:

$$U(x) = \frac{x^{1-r}}{1-r} \qquad r \neq 1$$

在第 6.4 节,我们假设所有的受试者都持有相同的风险偏好,即所有的受试者都有相同的 r 值。我们把选择上的变化归因于期望效用的误差计算。

在这里,我们采取一个不同的方式。假设(更贴近实际一点)每一个受试者都有自己的 r 值,我们倾向于将这个模型叫作"异构代理模型"。只需要对 r 值在受试者之间的变化作出一个假设,一个比较明智的选择是假设:

$$r \sim N(\mu, \sigma^2) \tag{6.31}$$

假定每个受试者需要在两种彩票 S 和 R 之间作出选择,在这里,我们可以应用比较流行的 Holt 和 Laury(2002)设计,如表 6.1 所示。

在表 6.1 里,这 10 个问题按照顺序排列。在问题 1 里,我们预期所有的受试者都选 S;在问题 10 里,我们预期所有的受试者都选 R(事实上,在问题 10 里 R 是随机占优的①)。有趣的是受试者选择从 S 向 R 转变的问题系列,因为这将会展现他们对风险的态度。表 6.1 的内容有时候也称"多价目表"(MPL)。

表 6.1　Holt 和 Laury(2002)设计,每个选择问题都有阈值风险厌恶参数

问题	安全彩票(S)	风险彩票(R)	r^*
1	(0.1, 2.00 美元;0.9, 1.60 美元)	(0.1, 3.85 美元;0.9, 0.10 美元)	−1.72
2	(0.2, 2.00 美元;0.8, 1.60 美元)	(0.2, 3.85 美元;0.8, 0.10 美元)	−0.95
3	(0.3, 2.00 美元;0.7, 1.60 美元)	(0.3, 3.85 美元;0.7, 0.10 美元)	−0.49
4	(0.4, 2.00 美元;0.6, 1.60 美元)	(0.4, 3.85 美元;0.6, 0.10 美元)	−0.15
5	(0.5, 2.00 美元;0.5, 1.60 美元)	(0.5, 3.85 美元;0.5, 0.10 美元)	0.15
6	(0.6, 2.00 美元;0.4, 1.60 美元)	(0.6, 3.85 美元;0.4, 0.10 美元)	0.41
7	(0.7, 2.00 美元;0.3, 1.60 美元)	(0.7, 3.85 美元;0.3, 0.10 美元)	0.68
8	(0.8, 2.00 美元;0.2, 1.60 美元)	(0.8, 3.85 美元;0.2, 0.10 美元)	0.97
9	(0.9, 2.00 美元;0.1, 1.60 美元)	(0.9, 3.85 美元;0.1, 0.10 美元)	1.37
10	(0.10, 2.00 美元;0.0, 1.60 美元)	(0.10, 3.85 美元;0.0, 0.10 美元)	∞

在表 6.1 的第 4 行,有一个相应的 r^* 值,它被称为该问题的"阈值风险态度"。它表示在该风险态度(即相对风险厌恶系数)水平上,受试者选择 S

---

① 随机占优的定义详见第 12 章。

和选择 R 没有什么区别(假设 EU)。通过使用 Excel 表(参见 spreadsheet：risk aversion calculations),可以计算出如下结果。

	A	B	C	D	E	F	G	H	I	J
1	r:	-1.72	-0.95	-0.49	-0.15	0.15	0.41	0.68	0.97	1.37
2	prob of higher outcome:	0.1	0.2	0.3	0.4	0.5	0.6	0.7	0.8	0.9
3										
4	x	U(x)	U(x)	U(x)	U(x)	U(x)	U(x)	U(x)	U(x)	U(x)
5	0.1	0.000701	0.005754	0.021718	0.061561	0.166181	0.43566	1.495719	31.10848	-6.33575
6	1.6	1.320193	1.282329	1.351925	1.492932	1.754216	2.236551	3.632189	33.80667	-2.2713
7	2	2.422327	1.981408	1.885161	1.929686	2.120589	2.551266	3.901033	34.03374	-2.0913
8	3.85	14.38415	7.105814	5.002075	4.098095	3.700179	3.754653	4.81058	34.70904	-1.64126
9										
10	eu(S):	1.430406	1.422145	1.511896	1.667634	1.937403	2.42538	3.82038	33.98832	-2.1093
11	eu(R):	1.439046	1.425766	1.515825	1.676174	1.93318	2.427056	3.816122	33.98893	-2.11071
12										
13	cert equiv (S):	1.647867	1.687207	1.724713	1.761618	1.798329	1.835619	1.873599	1.912933	1.954209
14	cert equiv (R):	1.651519	1.689409	1.72772	1.76946	1.793719	1.83777	1.867081	1.914063	1.950689
15										

在本例中,如果一个受试者在问题 1—6 中选择 S,在问题 7—10 里选择 R,说明(假设 EU)他们的风险偏好(r)在 0.41 到 0.68 之间。

在这里,我们假设每一个受试者只需要回答 10 个问题中的一个。每个问题都被 10 个受试者回答,因此我们一共有 100 个受试者。实验数据储存在文件 holtlaury_sim 里。

假设在阈值风险水平 r_i^* 上,受试者面临一个选择问题。如果选择 S,就令 $y_i = 1$;如果选择 R,就令 $y_i = 0$。受试者 i 选择 S 的概率为[应用式(6.31)中定义的关于 r 的正态分布]：

$$P(y_i = 1) = P(r_i > r_i^*) = P\left(z > \frac{r_i^* - \mu}{\sigma}\right) = P\left(z < \frac{\mu - r_i^*}{\sigma}\right)$$

$$= \Phi\left(\frac{\mu - r_i^*}{\sigma}\right) = \Phi\left(\frac{\mu}{\sigma} - \left(\frac{1}{\sigma}\right)r_i^*\right) \qquad i = 1, \cdots, n \quad (6.32)$$

在式(6.32)中,我们再次得到了关于因变量 y 的概率模型,解释变量就是与所回答问题相对应的阈值风险态度 r_i^*。

截距是 $\frac{\mu}{\sigma}$,斜率是 $-\frac{1}{\sigma}$。因此,根据所估计的概率模型,我们可以推断出 μ 和 σ 的值。这个在 STATA 中利用 nlcom 命令可以完成,nlcom 命令是执行三角法的一种命令方式(参考下一小节)。

概率模型估计结果如下：

```
. probit y rstar

Iteration 0:   log likelihood = -68.994376
Iteration 1:   log likelihood = -32.754689
Iteration 2:   log likelihood = -31.899974
Iteration 3:   log likelihood = -31.896643
Iteration 4:   log likelihood = -31.896643

Probit regression                               Number of obs   =        100
                                                LR chi2(1)      =      74.20
                                                Prob > chi2     =     0.0000
Log likelihood = -31.896643                     Pseudo R2       =     0.5377

------------------------------------------------------------------------------
          y |      Coef.   Std. Err.      z    P>|z|     [95% Conf. Interval]
------------+-----------------------------------------------------------------
      rstar | -1.826082   .3481266    -5.25   0.000    -2.508398   -1.143767
      _cons |  .7306556   .2264169     3.23   0.001     .2868867    1.174424
------------------------------------------------------------------------------
Note: 10 failures and 0 successes completely determined.

.
. nlcom (mu: -_b[_cons]/_b[rstar]) (sig: -1/_b[rstar])

       mu:  -_b[_cons]/_b[rstar]
      sig:  -1/_b[rstar]

------------------------------------------------------------------------------
          y |      Coef.   Std. Err.      z    P>|z|     [95% Conf. Interval]
------------+-----------------------------------------------------------------
         mu |   .400122   .0978294     4.09   0.000     .2083799    .5918641
        sig |  .5476205    .104399     5.25   0.000     .3430021    .7522389
------------------------------------------------------------------------------
```

值得注意的是，我们已经得到了 μ 和 σ 的估计值。因此，可以估算出来异构代理模型，具体解释为：每个受试者均有一个不同的"相对风险厌恶系数"，并且满足下列分布：

$$r \sim N(0.400\,1,\ 0.547\,6^2)$$

从中提取他们的风险厌恶参数之后，使用这一参数计算期望效用将没有误差。

6.5.2　三角法

三角法（使用 STATA 中的 nlcom 命令）是用来获取式(6.32)中参数 μ 和 σ 的估计值标准误差的。

假设概率估计值为 $\hat{\beta}$ 和 $\hat{\alpha}$。我们把这些估计看作是简化型估计。运用 STATA，我们可以得到这些估计值的方差矩阵：

$$\hat{V}\begin{pmatrix}\hat{\beta}\\\hat{\alpha}\end{pmatrix} = \begin{pmatrix}\mathrm{var}(\hat{\beta}) & \mathrm{cov}(\hat{\alpha},\hat{\beta})\\ \mathrm{cov}(\hat{\alpha},\hat{\beta}) & \mathrm{var}(\hat{\alpha})\end{pmatrix} \tag{6.33}$$

这个矩阵的对角元素的平方根就是标准差,在 STATA 中,我们可以通过 probit 命令得到该结果。

如果想要看 $\hat{V}$ 估计出概率模型,可以按照下面的步骤做,将得到以下结果:

```
. mat V=e(V)
. mat list V

symmetric V[2,2]
                y:            y:
              rstar         _cons
y:rstar     .12119211
y:_cons    -.04842685     .05126459
```

我们感兴趣的参数是 α 和 β 的函数。

$$\alpha = \frac{\mu}{\sigma}; \ \beta = -\frac{1}{\sigma} \Rightarrow \mu = -\frac{\alpha}{\beta}; \ \sigma = -\frac{1}{\beta} \tag{6.34}$$

μ 和 σ 为结构参数,成为相关行为之下的效用函数参数。

我们需要矩阵 D,且:

$$D = \begin{vmatrix} \dfrac{\partial \mu}{\partial \beta} & \dfrac{\partial \mu}{\partial \alpha} \\[2mm] \dfrac{\partial \sigma}{\partial \beta} & \dfrac{\partial \sigma}{\partial \alpha} \end{vmatrix} = \begin{vmatrix} \dfrac{\alpha}{\beta^2} & -\dfrac{1}{\beta} \\[2mm] \dfrac{1}{\beta^2} & 0 \end{vmatrix} \tag{6.35}$$

让矩阵 $\hat{D}$ 取代 D,D 中的参数用 MLE 代替,则 $\hat{\mu}$ 和 $\hat{\sigma}$ 的方差矩阵是:

$$\hat{V}\left(\genfrac{}{}{0pt}{}{\hat{\mu}}{\hat{\sigma}}\right) = \hat{D}\left[\hat{V}\left(\genfrac{}{}{0pt}{}{\hat{\beta}}{\hat{\alpha}}\right)\right]\hat{D}' \tag{6.36}$$

需要求解的标准差就是这个矩阵对角元素的平方根。

需要注意的是,在 STATA 中是用 nlcom 命令来实施三角法的。在这里可以再次使用该命令,且在第 6.5.1 节的最后,我们所举的例子也清楚解释了该命令所需的语法。

6.5.3 运用三角法的另外一个例子

在第 6.2.1 节,我们采用放回抽取的样本估计了缸中红球的比例(p),在分析的例子中,抽取了 10 个球,其中有 7 个是红色的。因此,我们可以

推断出 p 的 MLE 是 0.7，同样，可以推断出这一估计值的渐进标准误差是 0.145。

在这个小节中，将会演示如何使用概率模型来估计参数 p 以及它的标准误差。概率模型的因变量是二元变量，以表明所抽取的球是否为红色（如果是，$y=1$；如果不是，$y=0$）。因此，我们需要一个字段名为 y 的列包含 7 个 1 和 3 个 0，数字的排列顺序是可以是任意的。之后我们估计概率模型没有解释变量，即概率模型只包含了一个截距 β_0，模型如下：

$$P(y=1)=\Phi(\beta_0) \tag{6.37}$$

结果如下：

```
. probit y

Iteration 0:   log likelihood =  -6.108643
Iteration 1:   log likelihood =  -6.108643

Probit regression                              Number of obs   =         10
                                               LR chi2(0)      =       0.00
                                               Prob > chi2     =          .
Log likelihood = -6.108643                     Pseudo R2       =     0.0000

------------------------------------------------------------------------------
           y |      Coef.   Std. Err.      z    P>|z|     [95% Conf. Interval]
-------------+----------------------------------------------------------------
       _cons |   .5244005   .416787     1.26   0.208    -.292487    1.341288
------------------------------------------------------------------------------
```

我们可以观察到截距的估计值为 0.524 4。为了推导出参数 p（红球的概率），我们需要应用式（6.37）得到这个估计值。我们也可以运用三角法得到：

```
. nlcom p_hat: normal(_b[_cons])

     p_hat:  normal(_b[_cons])

------------------------------------------------------------------------------
           y |      Coef.   Std. Err.      z    P>|z|     [95% Conf. Interval]
-------------+----------------------------------------------------------------
       p_hat |        .7   .1449138     4.83   0.000    .4159742    .9840258
------------------------------------------------------------------------------
```

三角法不仅给出了 p 的准确估计 0.7，而且给出了渐进标准误差 0.145，该标准误差和我们在第 6.2.1 节使用另外的方法得到的结果相同。需要注意的是，最大对数似然估计（-6.108 6）和我们在之前在图 6.2 中（对数似然函数通过 Excel 表格被绘制）的估计量是一样的。

使用没有解释变量的概率模型也能估计出参数 p，详情请见本章练习 2。

6.6　其他数据类型

6.6.1　区间数据：区间回归模型

让我们回到 Holt 和 Laury(2002)设计(表 6.1)。继续假设受试者的 CRRA 效用函数为：

$$U(x) = \frac{x^{1-r}}{1-r} \quad r \neq 1$$

在第 6.5.1 节中，我们在表 6.1 的第四列给出了 r(相关风险厌恶系数)值，当主体的风险厌恶系数为 r 值时，两种彩票对于受试者而言没有什么大的区别，即受试者选择任意一种彩票都是可以的。同时回忆一下，在问题 1 中我们期望所有受试者都选择 S；在问题 10 中，我们期望所有受试者都选择 R。在第 6.5.1 节，在获得受试者关于成对彩票的决策数据基础上，我们探究了估计总体 r 分布的方法。

在这一小节，我们假设可用信息更精确。我们要求每个受试者从问题 1 开始，按从小到大的顺序依次解决表中列出的 10 个问题，这样我们就可以在列表中发现他们决策从 S 转向 R 的转折点。在 EU 假设下，我们将能通过这一决策转折点，知道关于受试者相对应的 r 值的区间分布。例如，一个追求效用最大化的受试者在问题 5 和问题 6 之间发生了决策转折，那他的相关风险厌恶系数 r 位于 0.15 和 0.41 之间。

我们得到的这类数据就是所谓的"区间数据"，当区间数据可以获得时，我们感兴趣于找到合适的方法，估计出总体的 r 值分布。

文件 interval_data_sim 包含了参与实验的 100 个受试者的区间数据(以及受试者特性相关信息)。

在第 6.4 节，我们假设总体 r 值分布是：

$$r \sim N(\mu, \sigma^2) \tag{6.38}$$

对于每一个受试者 i，我们都为他们的 r 值设定了一个下限(l_i)和一个上限(u_i)。而受试者的似然贡献就是他们的实际 r 值处在我们所观察到的 r 值区间的概率，所以：

$$L_i = P(l_i < r < u_i) = P(r < u_i) - P(r < l_i) = \Phi\left(\frac{u_i - \mu}{\sigma}\right) - \Phi\left(\frac{l_i - \mu}{\sigma}\right)$$

(6.39)

样本对数似然函数是:

$$\text{Log } L = \sum_{i=1}^{n}\left[\Phi\left(\frac{u_i - \mu}{\sigma}\right) - \Phi\left(\frac{l_i - \mu}{\sigma}\right)\right]$$

(6.40)

将式(6.40)最大化,我们将得到 μ 和 σ 的 MLE,这被称为区间回归模型(尽管没有解释变量)。为了在 STATA 中估计出这一模型,我们需要使用如下的命令:

```
intreg  rlower rupper
```

其中的 rlower 和 rupper 是设定的每个受试者 r 观测值的下限和上限变量。

结果如下:

```
. intreg rlower rupper

Fitting constant-only model:

Iteration 0:   log likelihood = -199.07231
Iteration 1:   log likelihood = -198.96851
Iteration 2:   log likelihood = -198.96849

Fitting full model:

Iteration 0:   log likelihood = -198.96849
Iteration 1:   log likelihood = -198.96849

Interval regression                          Number of obs   =        100
                                             LR chi2(0)      =       0.00
Log likelihood = -198.96849                  Prob > chi2     =          .

-----------------------------------------------------------------------------
            |     Coef.   Std. Err.      z    P>|z|     [95% Conf. Interval]
------------+----------------------------------------------------------------
      _cons |   .613146   .0597808    10.26   0.000     .4959777    .7303143
------------+----------------------------------------------------------------
    /lnsigma |  -.5323404   .0764651    -6.96   0.000    -.6822092   -.3824716
------------+----------------------------------------------------------------
      sigma |   .587229   .0449025               .505499    .6821733
-----------------------------------------------------------------------------

Observation summary:         0  left-censored observations
                             0     uncensored observations
                             6 right-censored observations
                            94     interval observations
```

我们感兴趣的参数可以直接从结果中获得,估计总体风险偏好分布为:

$$r \sim N(0.613,\ 0.587^2)$$

接下来,我们假设风险偏好会随受试者特性而发生变化,例如:

$$r_i = \beta_0 + \beta_1 age_i + \beta_2 male_i + \epsilon_i$$
$$= x'_i \beta + \epsilon_i$$
$$\epsilon_i \sim N(0,\ \sigma^2) \tag{6.41}$$

在式(6.41)的第二行,我们按照惯例,将与受试者有关的所有解释变量(包括一个常数)组成了向量 x_i,而向量 β 包含了三个相应的系数,$\beta = (\beta_0 \quad \beta_1 \quad \beta_2)'$。

根据这一调整,式(6.38)将变为:

$$r_i \sim N(x'_i \beta,\ \sigma^2) \tag{6.42}$$

对数似然函数为:

$$\text{Log } L = \sum_{i=1}^{n} \ln \left[\Phi\left(\frac{u_i - x'_i \beta}{\sigma}\right) - \Phi\left(\frac{l_i - x'_i \beta}{\sigma}\right) \right] \tag{6.43}$$

为了估计出含有解释变量的区间回归模型,需要进行以下步骤:

```
. intreg rlower rupper age male

Fitting constant-only model:

Iteration 0:   log likelihood = -199.07231
Iteration 1:   log likelihood = -198.96851
Iteration 2:   log likelihood = -198.96849

Fitting full model:

Iteration 0:   log likelihood = -197.24143
Iteration 1:   log likelihood = -197.17109
Iteration 2:   log likelihood = -197.17108

Interval regression                      Number of obs    =        100
                                         LR chi2(2)       =       3.59
Log likelihood = -197.17108              Prob > chi2      =     0.1657

-------------------------------------------------------------------------
         |    Coef.    Std. Err.      z     P>|z|    [95% Conf. Interval]
---------+---------------------------------------------------------------
     age |   .02213    .0196956    1.12    0.261    -.0164727    .0607327
    male |  -.2165679  .1341118   -1.61    0.106    -.4794222    .0462864
   _cons |   .1592841  .4565128    0.35    0.727    -.7354646    1.054033
---------+---------------------------------------------------------------
 /lnsigma|  -.5507208  .0764747   -7.20    0.000    -.7006085   -.4008332
---------+---------------------------------------------------------------
   sigma |   .5765341  .0440903                      .4962832    .6697618
-------------------------------------------------------------------------

Observation summary:        0  left-censored observations
                            0      uncensored observations
                            6  right-censored observations
                           94        interval observations
```

根据这些结果,我们可以得到一个等式,该等式可以计算出一个已知性别和年龄的受试者的风险厌恶系数:

$$\hat{r}_i = 0.159 + 0.022 age_i - 0.217 male_i$$

但需要注意的是,这些解释变量对风险偏好的影响不是很大,其中变量"性别"($male$)对偏好的影响在几个变量中是最大的,前面的负号说明相比于女性,男性对风险的厌恶程度更低(即更倾向于寻求风险)。

6.6.2 连续(精确)数据

另外一种测定受试者风险偏好的方法是:给受试者一种彩票,询问他们心中所确定的与该彩票等价的估值,即与该彩票等价的现金数量,在该现金数量水平上,受试者在接受现金和持有彩票这两种选择之间是不关心的。[*]

例如,如果彩票的收益是:

$$(0.3,\ 3.85\ 美元;0.7,\ 0.10\ 美元)$$

且受试者宣称他们的等价估值为 0.75 美元,则可以推断相关风险厌恶系数为 0.41。因为:[①]

$$0.3\,\frac{3.85^{1-0.41}}{1-0.41} + 0.7\,\frac{0.10^{1-0.41}}{1-0.41} = \frac{0.75^{1-0.41}}{1-0.41}$$

一个非常重要的问题是:你如何得到一个受试者关于彩票的等价估值呢?你可以直接去问他们,然后祈祷他们给出一个诚实的答案。但是,就实验经验来说,我们需要给受试者一些激励,促使来他们给出真实的答案。询问受试者关于彩票的等价估值应是激励兼容的。

为了完成这种实验,一个非常受欢迎的方法是贝克尔-德格鲁特-马尔沙克(BDM;Becker et al., 1964)激励机制,这种方法是在激励兼容条件下进行的。BDM 的有关描述如下。实验者让每个个体对彩票给出一个价格(即告知他们确定的价值),并且告知他们,当他们完成报价之后,将会产生

---

[*] 即随便哪种选择带给受试者的效用是不相上下的。——译者注

① 用 Excel 的"risk aversion calculations"很容易确定这个。

一个随机"价格"：如果这个随机价格高于他们的报价，他们将会得到一笔与随机价格同等数量的钱，而不会得到彩票；但是如果随机价格低于他们的报价，他们将会得到彩票。

在 exact-datda-sim 文件中，存有该种方法下 100 个实验受试者的 r 值。这份数据在某种程度上就是确切观测到的"实际"r 值，相较于"离散数据"（二元数据和区间数据都是"离散"数据），它是"连续"的。100 个受试者样本的 r 值分布如图 6.6 所示。

我们回到最初的假设：

$$r \sim N(\mu, \sigma^2) \tag{6.44}$$

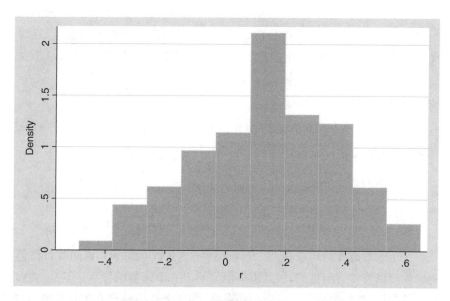

图 6.6   关于 100 个受试者样本的 r 值分布

当连续数据可得时，我们如何估计 μ 和 σ 的值？首先，要考虑当我们尝试使用最大对数似然函数时，会出现什么情况。

考虑与特定观察值 r_i 相关联的密度：

$$f(r_i; \mu, \sigma) = \frac{1}{\sigma\sqrt{2\pi}} exp\left(-\frac{(r_i-\mu)^2}{2\sigma^2}\right) = \frac{1}{\sigma}\varphi\left(\frac{r_i-\mu}{\sigma}\right) \tag{6.45}$$

式（6.45）是一个典型的似然贡献函数，所以样本的对数似然函数为：

$$\text{Log } L = \sum_{i=1}^{n} \ln\left[\frac{1}{\sigma}\varphi\left(\frac{r_i - \mu}{\sigma}\right)\right] \tag{6.46}$$

为了运行式(6.46)，我们采取如下做法：

```
program define exact
args lnf xb sig
tempvar y p

quietly gen double `y'=$ML_y1
quietly gen double `p'=(1/`sig')*normalden((`y'-`xb')/`sig')
quietly replace `lnf'=ln(`p')
end

ml model lf exact (r= ) ()
ml maximize
```

结果如下：

```
. ml maximize

initial:     log likelihood =      -<inf>  (could not be evaluated)
feasible:    log likelihood = -60.251905
rescale:     log likelihood = -7.5739988
rescale eq:  log likelihood =  3.1167494
Iteration 0: log likelihood =  3.1167494
Iteration 1: log likelihood =  3.2682025
Iteration 2: log likelihood =  3.6372157
Iteration 3: log likelihood =   3.637384
Iteration 4: log likelihood =   3.637384

                                     Number of obs   =        100
                                     Wald chi2(0)    =          .
Log likelihood =  3.637384           Prob > chi2     =          .

------------------------------------------------------------------------
         r |    Coef.   Std. Err.      z    P>|z|    [95% Conf. Interval]
-----------+------------------------------------------------------------
eq1        |
     _cons | .1340463   .0233327    5.74   0.000    .0883149    .1797776
-----------+------------------------------------------------------------
eq2        |
     _cons | .2333275   .0164987   14.14   0.000    .2009905    .2656644
------------------------------------------------------------------------
```

可以看到 MLE 是：

$$\hat{\mu} = 0.134$$
$$\hat{\sigma} = 0.233$$

当然，当连续数据可得时，有一种更简单的方法可以得到 μ 和 σ 的 MLE：

```
. summ r
    Variable |    Obs      Mean    Std. Dev.      Min       Max
-------------+-----------------------------------------------------
           r |    100  .1340463   .2345029   -.4884877   .6499107
```

μ 和 σ 的 MLE 分别是变量 r 的样本均值和样本标准差。MLE 和样本标准差之间会产生较小的差异,因为前者使用 n 作为因子,而后者使用 $n-1$。渐进地,这两个数值将会相等。

注意使用最大似然的主要目的是提醒我们对数似然函数的结构是在数据连续的情况下构建的,这一点在下一小节考虑截尾数据时极其重要,这种数据通常采取离散和连续数据的混合形式。

这个结果有趣的地方是:μ(0.134)的估计值比起目前为止使用其他方法获得的估计值(在 0.400 和 0.613 之间变动)更接近于 0。这表明,尽管我们知道大多数的受试者在选择彩票时是风险规避的,但被询问到等价估值时,他们趋向于风险中性(当 $r=0$,我们将会有风险中性)。这种现象的另外一种说法就是,当受试者被询问到等价估值时,他们会倾向于计算彩票的期望价值,并且给出一个接近于这个价值的估值。

在估值环节所产生的风险中性倾向是对第 3.7.2 节讨论的"偏好逆转"现象的一个很好的解释。"偏好逆转"现象就是:当受试者在两种彩票中进行选择时,他们会倾向于选择安全彩票("P 赌局"),但是他们会给风险彩票("美元赌局")一个更高的估值。

6.6.3　截尾数据:Tobit 模型

Tobit 类型模型,或者截尾回归模型,起源于 Tobin(1958),当因变量是截尾的,即观测值在变量的约束范围内集聚,就需要使用到该模型。该约束范围的下限一般是零,截尾一般是"零截尾",但是有时候我们也需要处理上截尾,即观测值在最大值处有集聚。

当说明截尾数据时,我们可以使用从公共品博弈中得出的真实数据。在这里描述的提取数据的方法其实就是第 2.5.4 节中阐述的自愿贡献机制(VCM)。这一机制的主要特色在于:该博弈的纳什均衡是所有受试者都作出零贡献给公共资金,小组中的所有受试者都是"搭便车",然而实验中重点观测的对象是在大多数人都作出零贡献时,还依旧作出正贡献的人。实验者调查的焦点也是探究受试者正贡献行为下所隐藏的动机。

我们会先对数据进行描述,然后解释 Tobit 模型的应用。文件 Bardsley 中包含有 Bardsley(2000)的实验中的 98 个受试者的相关数据,这些受试者被分成 14 个小组,每组 $n=7$,实验中每个实验参与者都需要完成 20 项任务。这个实验的主要特色是:小组中的 7 个成员将轮流作出贡献,每个成员可以观察到前一个成员的贡献情况,这种操作很有用,因为它可以帮助我们直接检验受试者间的相互作用对受试者贡献决策的影响。

我们这里需要使用的变量为:

y: 主体对于公众资金的贡献;

med: 团队其他成员已作出贡献的中位数;

tsk: 任务号。

图 6.7 是关于贡献的直方图,从图中,我们可以清晰地看到,在可能的最小贡献值 0 处有较大的集聚,而在可能的最大贡献值 10 处也有稍次一点的集聚。我们称贡献(y)为一个"双截尾"变量,因为它在 0 处有"下截尾",在 10 处有"上截尾"。

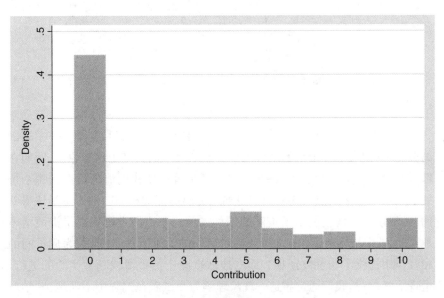

图 6.7 贡献直方图

图 6.8 是贡献(y)分别关于团队其他成员先前贡献的中位数(med)及任务号(tsk)[①]的散点图。得到这些图形,我们需要使用以下命令:

```
lowess y med, msize(0.4) jitter(1) bwidth(0.7) xlabel(0(1)10)
lowess y tsk, msize(0.4) jitter(1) bwidth(0.7) xlabel(0(5)30)
```

① 请注意,任务编号从 1 增加到 30,即使受试者只参与了 20 个任务。这是因为任务序列中还包含了与公共品实验无关的其他任务。

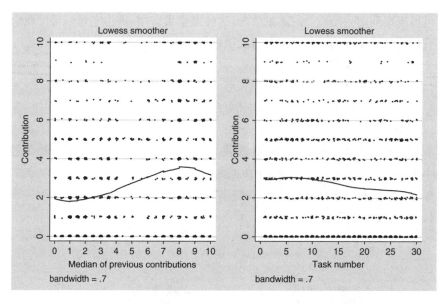

图 6.8　左小图:先前贡献的中位数与贡献;右小图:任务编号与贡献

注:带宽＝0.7。

　　散点本身并没有很高的信息价值。其中一个问题就是变量是一系列的离散变量,但大部分结果的结合也是由点来表示的。基于这个原因,我们在散点图中加入了"抖动"(jitter),[①]这样至少可以使我们清晰地看到哪个位置上集聚了最多的点。同时我们也加入了用局部加权回归散点平滑法得到的曲线,该平滑线绘制出了贡献的条件均值。左边散点图中的平滑线清晰地反映出团队成员先前的贡献数额对后面的贡献有促进作用,为成员间的相互作用提供了非参数证据。而右边散点图中的平滑线随着实验的进行,呈现下降趋势,我们通常将这一现象理解为受试者在过程中不断地去"学习纳什均衡"的结果。接下来,我们估计一些模型,帮助我们对受试者间的相互作用和学习进行相应的参数检验。

　　Tobit 模型的构造是从对期望贡献的线性设定开始的。在这一过程中,

---

　　① "抖动"散点图是指每个点的位置都受到轻微扰动的散点图。实验经济学家使用的另一种方法是"泡沫图",即在特定点的观测数量用绘制的圆的大小来表示在那一点。气泡图的一个可能的缺点是,我们不能确定一个圆的哪个尺寸(如半径、面积)被观察者感知为代表它的大小。对于抖动,没有歧义,因为每一个观察都在图中作为一个明显的点。

我们应该先忽略数据的面板结构。这就意味着在下文的回归模型中，i 仅仅只代表观测值编号，而不表示受试者编号。下面这个模型比较特别，它很好地考虑了受试者间的相互作用和学习：

$$
\begin{aligned}
y_i^* &= \beta_0 + \beta_1 med_i + \beta_2 tsk_i + \epsilon_i \\
&= x_i'\beta + \epsilon_i \\
\epsilon_i &\sim N(0, \sigma^2)
\end{aligned}
\tag{6.47}
$$

其中 y_i^* 表示的是第 i 次观测的期望贡献。

式(6.47)中所定义的 y_i^* 的重要特点是：它可能取负值，或者它会大于可能的最大贡献值，即禀赋。实验者允许受试者可以贡献为负，或者所作出的贡献大于他们手中持有的禀赋数量。当然，如果受试者想要贡献为负值，大部分的实验设计都会限制他们的贡献为 0；[①]同时，如果受试者想要作出的贡献大于所拥有的禀赋数量，他们的观测贡献额也会自动等于他们所持有的禀赋数额。但是如果受试者想要作出的贡献在 0 和所持有的禀赋数额之间，实验所记录的数额就是他们实际想要作出的贡献。

这些附加的规则就是所谓的截尾规则，定义如下：

$$
\begin{aligned}
y_i &= 0 \qquad \text{如果 } y_i^* \leqslant 0 \\
y_i &= y_i^* \qquad \text{如果 } 0 < y_i^* < 10 \\
y_i &= 10 \qquad \text{如果 } y_i^* \geqslant 10
\end{aligned}
\tag{6.48}
$$

这里的 y_i 就是第 i 次观测中实际观测到的贡献值。

有时候，我们也将这三个截尾规则称为三种体制，为了得到似然贡献函数，我们依次考虑每一种体制下的似然贡献：

$$
y_i = 0: P(y_i = 0) = P(y_i^* \leqslant 0) = \Phi\left(-\frac{x_i'\beta}{\sigma}\right)
\tag{6.49}
$$

$$
0 < y_i < 10: f(y_i) = \frac{1}{\sigma\sqrt{2\pi}} exp\left(-\frac{(y_i - x_i'\beta)^2}{\sigma\sqrt{2\sigma^2}}\right) = \frac{1}{\sigma}\varphi\left(\frac{y_i - x_i'\beta}{\sigma}\right)
\tag{6.50}
$$

$$
y_i = 10: P(y_i = 10) = P(y_i^* \geqslant 10) = \Phi\left(\frac{x_i'\beta - 10}{\sigma}\right)
\tag{6.51}
$$

---

① 最近一个有趣的发展是"拿取游戏"的出现，之前在 3.7.3 小节中讨论过，在这个游戏中，一些治疗允许独裁者从接受者那里拿走钱，即"给予"小于零。参见 Bardsley(2008)和 List(2007)。

将这三种情况合并在一起,我们就可以得到样本对数似然函数为:

$$\text{Log } L = \sum_{i=1}^{n} \left(I_{y_i=0} \ln\left[\Phi\left(-\frac{x_i'\beta}{\sigma}\right)\right] + I_{0<y_i<10} \ln\left[\frac{1}{\sigma}\varphi\left(\frac{y_i - x_i'\beta}{\sigma}\right)\right] \right.$$

$$\left. + I_{y_i=10} \ln\left[\Phi\left(\frac{x_i'\beta-10}{\sigma}\right)\right] \right) \tag{6.52}$$

$I_{(.)}$ 是指标函数,如果下标表达为真,取值为 1,否则,就取值为 0。

从模型式(6.47)逐渐推导而来的模型式(6.52)就是所谓的双限 Tobit 模型(Nelson, 1976),在 STATA 中,该模型的估计方法如下:

```
. tobit y med tsk, ll(0) ul(10)

Tobit regression                        Number of obs   =      1960
                                        LR chi2(2)      =    109.34
                                        Prob > chi2     =    0.0000
Log likelihood = -3821.3745             Pseudo R2       =    0.0141

----------------------------------------------------------------------
         y |      Coef.   Std. Err.      t    P>|t|    [95% Conf. Interval]
-----------+----------------------------------------------------------
       med |   .428854    .0441072     9.72   0.000     .342352    .5153559
       tsk |  -.0659412    .015992    -4.12   0.000    -.0973044   -.034578
     _cons |  -.1716389   .3612068    -0.48   0.635    -.8800291    .5367512
-----------+----------------------------------------------------------
    /sigma |  5.692231    .1497394                     5.398566    5.985896
----------------------------------------------------------------------
Obs. summary:         872  left-censored observations at y<=0
                      952      uncensored observations
                      136 right-censored observations at y>=10
```

与先前贡献中位数相关的斜率系数估计值+0.429 证实了数据间存在着强烈的依赖性,事实上,这一估计值小于"有偏作用"假设(即尽管受试者会受到其他成员所作贡献的带动,但是他们会倾向于作出小于他人贡献值的贡献)条件下的估计值。但是请记住,这里所估计的模型假设所有的受试者都是互惠者,估计效应会被对他人贡献没有作出回应的受试者降低。在第 8 章中估计"混合模型"的时候,我们假设只有一部分实验参与者是互惠者,会发现先前贡献中位数相应将会更大。

和任务编号相关的强烈负值系数证明了受试者学习过程的存在:通过学习了解博弈结构,受试者所作的贡献将会随着经验的增加而下降,在第 8 章我们谈及数据分析时,我们将对这一学习效应做更多的阐述。

最后,我们应该考虑一下我们忽视截尾数据的结果,如果我们直接应用线性回归,我们将得到如下结果:

```
. regress y med tsk

      Source |       SS       df       MS              Number of obs =    1960
-------------+------------------------------           F(  2,  1957) =   70.64
       Model | 1381.29031       2  690.645157           Prob > F      =  0.0000
    Residual | 19133.2627    1957  9.77683329           R-squared     =  0.0673
-------------+------------------------------           Adj R-squared =  0.0664
       Total | 20514.5531    1959  10.4719515           Root MSE      =  3.1268

------------------------------------------------------------------------------
           y |      Coef.   Std. Err.      t    P>|t|     [95% Conf. Interval]
-------------+----------------------------------------------------------------
         med |   .2439314   .0218857      11.15   0.000     .2010097    .2868531
         tsk |  -.0343927   .0080305      -4.28   0.000    -.0501419   -.0186434
       _cons |   2.016418   .1779047      11.33   0.000     1.667515    2.36532
------------------------------------------------------------------------------
```

当忽略截尾数据时,我们可以看到在互惠参数和学习参数的估计上有很明显的向下偏移(即偏向 0)。例如,互惠参数的 OLS 估计值是 0.24,比 Tobit 模型得到的估计值 0.43 低了大约 50%。

在这里很重要的一点是,如果不考虑在 0 处和 10 处的截尾,斜率、学习参数和互惠性参数都会被严重地低估。图 6.8 可以解释这一现象。考虑到左手边的散点图(贡献和先前贡献中位数)。低截尾的观测值(如,0 的贡献)更加高度集中在图 6.8 的左手边最后部分(即先前贡献的较低水平),而且当前的这些观测点有让较低的线性回归提高效用。高截尾观察点(如,10 的贡献)集中于图 6.8 的右手边,而且它们当前有下推上方回归偏量的效果。截尾观测点的集合的结合效用在回归斜率上面是一个严重的向下偏量。

在这一小节,我们已经忽略了数据的面板结构。考虑到由在 20 个任务的 98 个受试者的决策数据组成的数据集,数据集是面板,更加适合在第 4 章和第 5 章中介绍的面板数据模型。"面板 tobit"估计通过运用 xttobit 代替 tobit 命令实施。我们将在第 10.5 节中详细介绍它。

6.7 最后通牒博弈：进一步分析

6.7.1 性别效用的进一步检验

在第 3.6 节,我们采用简单处理检验方法,检验最后通牒博弈中性别对响应者出价的影响。在这里,我们将回到相同的问题,但是会使用更复杂的方法。我们将再次使用到 ug_sim 文件中的数据。

检验性别效用的常用方式就是使用回归分析。回归分析的重要优势在于它使我们能够同时估计不同的效用。

比如，我们或许希望进行如下操作。我们开始生成一个虚拟变量表明男性提议者是否会分给女性响应者一定禀赋数量。

```
. gen m_to_f=male_i*(1-male_j)

.
. regress y male_i male_j m_to_f

      Source |       SS       df       MS              Number of obs =     200
-------------+------------------------------           F(  3,   196) =    3.37
       Model |  976.185392     3  325.395131           Prob > F      =  0.0195
    Residual |  18901.4946   196  96.436197            R-squared     =  0.0491
-------------+------------------------------           Adj R-squared =  0.0346
       Total |    19877.68   199  99.8878392           Root MSE      =  9.8202

-------------------------------------------------------------------------------
           y |      Coef.   Std. Err.      t    P>|t|     [95% Conf. Interval]
-------------+-----------------------------------------------------------------
      male_i |  -4.519608   1.885099    -2.40   0.017    -8.23729   -.8019261
      male_j |   3.744608   2.074081     1.81   0.073   -.3457722    7.834988
      m_to_f |   2.381863    2.80275     0.85   0.396   -3.145557    7.909282
       _cons |     35.275   1.552709    22.72   0.000    32.21284    38.33716
-------------------------------------------------------------------------------
```

以上结果告诉我们：

（1）在其他条件相同的情况下，一般男性提议者提议分出的禀赋数量会比女性提议者少 4.5 个单位。

（2）在其他条件相同的情况下，如果对方是男性，女性提议者会比对方是女性时多分出 3.7 个单位的禀赋数量，但是值得注意的是，这种效用只是边际显著的。

（3）在其他条件相同的情况下，如果对方是女性，男性提议者会比对方是男性时多提议分出 2.38 个单位的禀赋数量。Eckel 和 Grossman（2001）将这种效应称为"骑士效应"。值得注意的是，这一效应在样本中不是很显著。

根据结论 2，我们可以知道，如果响应者是男性，提议者会倾向于提议分出更多的禀赋数量，这样做是否合理呢？如果男性有较大的可能拒绝提议，提议者提议分更多的禀赋给男性响应者是合理的。为了证明这一说法是否正确，我们可以回到第 6.2.5 节的概率模型部分，而且除了提议者的出价之外，还要添加提议者的性别作为解释变量。这样做得到的结果如下：

```
. probit d y male_j

Iteration 0:   log likelihood = -113.55237
Iteration 1:   log likelihood = -68.373743
Iteration 2:   log likelihood = -64.187937
Iteration 3:   log likelihood = -64.116934
Iteration 4:   log likelihood = -64.116904
Iteration 5:   log likelihood = -64.116904

Probit regression                         Number of obs   =       200
                                          LR chi2(2)      =     98.87
                                          Prob > chi2     =    0.0000
Log likelihood = -64.116904               Pseudo R2       =    0.4354

------------------------------------------------------------------------
          d |     Coef.   Std. Err.      z    P>|z|   [95% Conf. Interval]
------------+-----------------------------------------------------------
          y |  .1567836   .0231961     6.76   0.000    .11132    .2022472
     male_j | -.5976406   .2668131    -2.24   0.025  -1.120585  -.0746966
      _cons | -3.933341   .6589175    -5.97   0.000  -5.224796  -2.641886
------------------------------------------------------------------------
```

我们可以看到,这里有一个显而易见的证据($p=0.025$)证明男性比女性更难以接受给定数量的提议。因此,我们可以得出结论:提议者提议分出更多的禀赋给男性响应者是合理的。

接下来的问题是:为了使男性响应者和女性响应者接受提议的倾向相同,提议者提议分给男性响应者的禀赋数量应该比女性响应者多多少?我们可以看到,男性响应者的接受倾向低于 0.598,这一差异可以通过增加 0.598/0.157 个单位的禀赋提供来得到平衡。关于这一数值的计算可以通过 nlcom 命令来实现:

```
. nlcom more_to_male: -_b[male_j]/_b[y]

more_to_male:  -_b[male_j]/_b[y]

------------------------------------------------------------------------
          d |     Coef.   Std. Err.      z    P>|z|   [95% Conf. Interval]
------------+-----------------------------------------------------------
more_to_male |  3.811882   1.612015    2.36   0.018   .6523915   6.971373
------------------------------------------------------------------------
```

我们可以发现,尽管对这一数值设定 95% 的置信区间是比较宽泛的,但是一个理性的提议者提议给男性响应者的禀赋数量应该比提议给女性响应者的禀赋数量多 3.81 个单位。

比较有趣的是,提议者为了弥补不同性别带来的接受概率差异,所需要多提供的禀赋估计值 3.81 与回归命令下得到的提议者应实际多提供给男性响应者的禀赋估计值 3.74 很接近,这说明这份模拟数据来源的受试者本身(即提议者)是非常理性的。

6.7.2　提议者的决策是一个风险选择问题

让我们先回忆一下提议者的禀赋数量提供(y)和响应者能够接受提议的禀赋数量提供(d)之间的关系。图 6.5 证实了:随着提议者提议的禀赋数量的增加,响应者接受提议的概率会迅猛增加,并且当提议分出的禀赋数达到 50% 时(总得禀赋数量为 100 单位),接受概率等于 1。

因此,我们可以这样来看待提议者的决策。如果提议者提议分出 50 单位禀赋,他为自己保留了 50 禀赋的概率为 1,即他将会毫无风险地获得 50 禀赋的收益。而如果他只提议分出 40 单位禀赋,他自己的收益就会上升到 60,但是他得到这一报酬的概率将会小于 1,如果响应者拒绝这一提议,他得到的禀赋数额将会为 0。提议分出的禀赋数量越少,留给自己的禀赋数量就越多,但是得到这份回报的概率也越低。因此,我们可以将提议者的决策分析为一种风险选择问题,这也是 Roth 等(1991)和其他研究者所采用的方法。

在第 6.2.5 节,概率模型是用来获取任何提议 y 被接受概率的公式:

$$\hat{P}(d=1) = \Phi(-3.855 + 0.144y)$$

我们假设提议者知道这个概率公式,注意,这就等价于理性期望假设。

为了达到当前目的,我们将所有的禀赋数量视为 1 个单位,所以如果提议分出禀赋的 50%,他们将得到的无风险汇报也会是 0.5。而当提议者提议分出禀赋的 40%,他们的不确定回报就会使 0.6,以此类推。

Excel 工作表 proposer decision 包含了以下分析所需的计算。如果我们假设一个特殊的风险厌恶参数 $r=0.4$,则我们可以得到提议者关于禀赋提供数量 y 的 EU 函数为:

$$EU(y) = \Phi(-3.855 + 0.144y) \times \left(\frac{100-y}{100}\right)^{1-0.4} \Big/ (1-0.4) \quad (6.53)$$

根据式(6.53),我们可以绘制出关于每一可能出价所对应的 EU,如图 6.9,从这个图里我们可以发现,对于风险厌恶系数 $r=0.4$ 的提议者,最优出价为 40。通过对不同的 r 值进行相同的操作,我们可以得到每种风险态度相对应的最优出价。结果如图 6.10 所示。

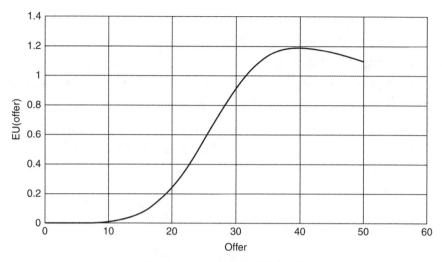

图 6.9 $r=0.4$ 时出价对应的 EU

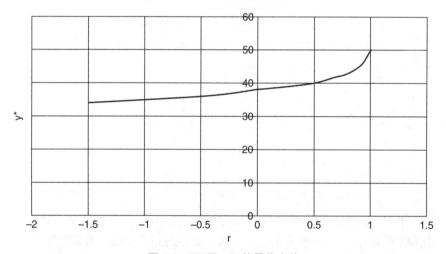

图 6.10 不同 r 下的最优出价

在知道提议者的出价后,我们也可以根据图 6.10 推导出该提议者的风险厌恶系数。例如,如果提议者的出价为 47,他的风险厌恶参数必定为0.95 (即他们对风险相当厌恶)。

回想一下,200 个提议者中有 36 个(18%)提议分出他们禀赋的 50%,我们是否应该将这一行为归因于受试者的极端风险厌恶态度? 或许不应该。提议贡献 50%禀赋数量的个体极有可能是出于公平考虑,他们提议分出禀赋的 50%是因为他们认为这是相当公平的分配,而不是因为他们担心

175

自己的提议会被响应者拒绝。

这样的考虑将我们引向混合模型,该模型在后面的章节中将发挥举足轻重的作用。总体中有大约 18% 的受试者受到公平因素的激励,希望和响应者平等地分配禀赋,而另外 82% 的人更倾向于谋求自我利益,他们的风险厌恶程度将影响他们愿意分出的禀赋数量,具体分析和上文一样。

将这一观点延伸开,仔细研究一下那些追求公平的受试者是十分有趣的(我们称这类人为"平等主义者",有时也叫他们"平等分离者")。

```
. gen egal=y==50

. tab egal

     egal |      Freq.     Percent        Cum.
----------+-----------------------------------
        0 |        164       82.00       82.00
        1 |         36       18.00      100.00
----------+-----------------------------------
    Total |        200      100.00
```

正如上文所示,共有 36 个提议者提议分出禀赋数量的 50%。我们现在来调查一下这 36 个人的性别。为了研究平等主义是否和性别相关,我们需要进行一个卡方检验(参考第 3 章)。

```
. tab male_i egal , chi2

          |       egal
   male_i |         0          1 |     Total
----------+----------------------+----------
        0 |        66         25 |        91
        1 |        98         11 |       109
----------+----------------------+----------
    Total |       164         36 |       200

     Pearson chi2(1) =   10.1506   Pr = 0.001
```

正如我们在表里看到的,91 个女性里有 25 个是平等主义者,然而 109 个男性里只有 11 个是平等主义者。这一显著的差异性由卡方检验得出,并且相应的 p 值证明了性别和平等主义间存在显著的联系:(根据模拟数据集)女性比男性更有可能是平等主义者。

6.8　小结与拓展阅读

本章涵盖了实验经济学上的常见的几种数据类型及它们适用的建模方

式。尽管离散数据的实验模型是本章的核心主题,本章也同样介绍了其他主题,其中一个就是 MLE 及如何在 STATA 中运行该模型。另外一个主题是结构建模,即效用函数的参数估计,这个模型在风险决策数据部分及最后通牒博弈的提议者决策部分都有相关的运用。

关于二元数据,最好可以参考一下 Cox(1970);而关于截尾和区间数据,可以参阅 Maddala(1983);想要深入研究最大似然和渐进理论的读者可以参考 Greene(2008);对于想要了解如何在 STATA 中使用 ml 命令的读者可以参考 Gould 等(2010)。

测评风险态度的普遍方式是多价目表(Holt and Laury,2002),而且分析结果数据的方法在本章也有相应的阐述。关于各种多价目表类型的优势和劣势在 Andersen 等(2006)中有讨论。

在第 6.7 节中探讨的模型和 Roth 等(1991)的模型非常相似,该模型将最后通牒博弈中的提议者决策处理为一个风险选择问题。

在最后通牒博弈中的决策部分,我们考虑了性别效应,类似的检验在 Eckel 和 Grossman(2001)中也有运用。想要对实验经济学中的性别效应有更好的把控,可以参阅 Croson 和 Gneezy(2009)。

在本章中使用次数最多的方法就是三角法,更多的信息可以参阅 Oehlert(1992)。

练习

1. 在第 6.2 节,我们介绍了二元数据概率模型,在第 6.3 节中,我们描述了一个方法:编写程序使对数似然函数最大化。概率模型的一个可替代选择就是逻辑模型,定义如下:

$$P(y_i=1)=\frac{exp(\beta_0+\beta_1 w_i)}{1+exp(\beta_0+\beta_1 w_i)}$$

再次使用 house_money_sim 数据。

(a) 用以下命令估计逻辑模型:

```
logit y w.
```

(b) 检验财富效应的存在。

(c) 在财富水平范围内,使用 Excel 预测受试者选择 S 的概率。

(d) 在 STATA 中编写一个程序,计算逻辑对数似然估计,使用最大似然将其最大化。看它是否会得出和(a)一样的答案。

(e) 逻辑模型和概率模型会得出一样的结论吗?

(f) 在第 6.2.2 节,在概率模型下,产生风险中性(即,选安全选择的概率为 0.5)必要的初始禀赋估计值为 9.23 美元,运用逻辑结果找到相同数量的估计值。

(g) 使用三角法,为(f)中计算出的"风险中性初始禀赋"找出标准误差和置信区间。用概率模型和逻辑模型分别做一下,看一下哪个模型估计的数值更加精确?

2. 在第 6.2.1 节,我们举了一个例子,该例子的目的就是估计同时装有红球和白球的缸中红球的所占的比例,我们考虑了两种情况,一种情况是取出 10 个球,有 7 个球是红色的,另外一种情况是取出 100 个球,其中有 70 个球是红色的,下面的表格就是对上面两种情况结果的总结:

样本容量	10	100
红球数量	7	70
$\hat{p}$	0.7	0.7
a.s.e.$(\hat{p})$	0.145	0.046
最大 $\log L$	$-6.108\,6$	-61.086

在第 6.5.3 节,我们解释了在没有解释变量的情况下,如何通过估计概率模型获取以上的结果,然后运用了三角法。在这里,为了达到我们的目的,我们得到了表格的第一行。

(a) 运用概率模型获取第二行的结果。

(b) 尝试用没有解释变量的逻辑模型获取上面表格中的所有结果。

(c) 通常情况下,逻辑模型和概率模型得出的结果相似但不相同。而在这里,你会发现它们得出的结果完全相同。这是为什么呢?

3. 思考一下本章介绍的几种选择模型。现在假设在任何任务中,个体有 ω 的概率丧失注意力,而在两个选项之间随机选择。参数 ω 就是所谓的"抖动概率",通常在 0.01—0.1 之间。

（a）思考一下在第 6.4 节阐述的 Fechner 模型。即，所有的个体都有 CRRA 效用，并且拥有相同的风险厌恶参数 r。对于任何个体，作出安全选择的条件是：

$$EU(S) - EU(R) + \epsilon > 0$$

其中 ϵ 是一个 Fechner 误差项，且 $\epsilon \sim N(0, \sigma^2)$。在第 6.4 节，我们推导出了作出安全选择的概率，然后构造了样本对数似然函数。在当前的抖动概率的情况下，受试者作出安全选择的概率是多少呢？改进一下第 6.4 节的最大似然程序，使其能够完成这一参数的估计。

（b）构建第 6.5.1 节中介绍的异构代理模型。

（c）思考一下在第 6.3.3 节介绍的公共品博弈。在这里，决策变量是贡献给公共资金 $(y, 0 \leqslant y \leqslant 10)$ 的代币数量，你如何将一个抖动参数引入这种模型里呢？

顺便一提，我们将在之后的章节中对将抖动参数引入模型的相关方法做更多的阐述。

4.（a）试证明：对于一个离散数据模型（比如，一个二元数据模型），样本对数似然估计总是一个负数。

（b）试证明：对于一个结果连续的模型（比如，一个线性回归模型），它的样本对数似然可能为正值。

7 实验计量经济学中的顺序数据

7.1 引言

在这一章中我们将介绍顺序数据的建模。通常,这种数据出现在采用李克特量表(Likert,1932)计分的态度测量中。由于没有衡量态度的自然计量单位,所以产生了这一类量表。

实验经济学家对顺序数据感兴趣,当中有几个原因。如在当下,收集受试者在实验中体验到的情感数据(恐惧、愤怒、悲伤),以及探究他们在实验中的情感体验程度越来越流行。在实验中合适的时间直接向受试者询问他们的感受并将他们的感受分级是一种很自然的方法,如李克特量表法。计量经济学的目的就是运用这些结果数据来估计受试者的实验经历对其情感的影响,或者对可能影响情绪的个体特性(如性别)进行控制。在第7.5节中,会对这一目的进行演示和说明。

另一个可以产生顺序数据的实验环境是当询问受试者对他们所作出的特定选择的"确定"程度时。比如,一个参与风险选择实验的受试者会被要求在安全彩票和风险彩票中作出选择,当作出选择后,又会问及他们对自己所作出选择的确定程度,他们可以在以几个选项中作出选择:"不太确定""相对确定""完全确定"。这就得到了一个具有6个分级的李克特量表。很明显,在对风险态度参数的估计中,这些确定程度的信息会比直接的二元选择更加精确。但是,这里也有一个理由让我们相信二元数据比确定程度数据更可靠:假设存在真实的收益,二元选择问题是激励相容的;而确定程度的回馈却不是,因为没有激励让人真实反映他们的确定程度。这让我们思考是否存在一种方法可以检验二元选择结果和确定程度有序回馈之间的一致性。如果存在一致性,我们就能得出结论:在缺乏金钱激励的情况下,受试者也会真实反映他们的确定程度,这一问题和其他相关问题我们将在第7.6节中进行具体的讨论。

因为多种原因,有序响应数据很难进行统计处理,本章主要的主题是有序概率模型适用于顺序数据的分析,并且在所有的例子中都有用到。中心思想是有序反应之下,存在一个代表着积极反馈的连续分布的潜在随机变量,这个潜变量的分布参数可以通过最大似然函数来进行估计,并且这些参数的解释对调查者是有用的。

常见的错误是没有区分开顺序数据和区间数据。区间数据(见第6.6.1节)是一种自然计量单位,它的值是不能充分肯定的,我们所知道的只是它的值所处的区间。如第6.6.1节中所阐释的那样,适合分析区间数据的方法是区间回归模型,它与有序概率模型最本质的区别是:在区间回归模型中,"分割点"参数是已知的,而有序概率模型中的参数是需要估算的。

第7.2节通过总结在统计模型中,有序结果需要特殊处理的原因来提倡对有序概率模型的使用。第7.3节提供了一个关于模型的理论分析,当中包含了该模型的对数似然函数的建立。第7.4节着重阐释了所谓的分割点,并且列举了一系列我们对多余参数的取值感兴趣的原因。第7.5节中包含了模型对实验中情感数据的一个具体运用。第7.6节涉及在风险选择中,模型对实验中确定程度数据的应用。

7.2　有序结果：特殊处理情况

通过考虑使用线性回归方法进行有序结果分析的结论,我们可以很容易发现有序概率模型的优势所在。

使用线性回归的第一个不良后果是它的假设是含糊不清的,例如,"非常愤怒"和"中度愤怒"回应之间的差别与"适中愤怒"和"轻微愤怒"回应之间的差别是相同的,这是不符合逻辑的,因为分级只是反映先后顺序。而在有序概率模型中,并不包含这种相同的假设。

这点具有高度相关性,因为对线性回归系数的解释是就解释变量增加1单位所引起的因变量的变动数而言的。很显然,如果因变量是有序的,这种解释是不正确的。

第二,在线性回归的使用中,我们模糊假设两个给出相同反应的受试者,他们的态度也是相同的,而事实却不是这样的,一个特定的反应会对应一系列态度。对于一个给定的反应背后,态度的差异是不可观察的,因此模型应该允许这种差异的存在。

一个和这相关的争议就是我们所知道的"地板"和"天花板"变形。如关于后者的一个例子,如果受试者当前已经给出了一个最高分值的回答,即使他们所处的情境向增加他们回应的方向转变,他们的回应不会增加,而是保持不变。这种结果类似于每个回归系数偏向于 0 的情况。

第三,被调查者对一个问题的回答也会部分取决于问题中的措辞,而在线性回归中是对回答直接建模的,所以结果会随问题措辞而发生改变。但是作为分析焦点的潜在态度分布相对于问题措辞来说是不变的。因为有序概率模型对这一潜在态度分布的参数进行了估计,而不是直接反映其本身,所以像问题措辞这样的"框架效应"是能够避免的。如我们将在第 7.4 节中讨论的那样,当问题的措辞发生变化时,需要调整的是分割点,而不是其分布本身。

7.3 有序概率模型:理论

这一章节只涉及模型的理论方面。i 代表被调查者,$i=1, \cdots, n$,其中 n 为样本容量,设 y_i 为被调查者 i 的有序反应,并假定 y_i 只能整数值 1, 2, 3, $\cdots$, J。y_i^*($-\infty < y_i^* < +\infty$)表示被调查者 i 真实作答倾向的潜变量,x_i 是一个与被调查者态度相关的特征向量。整个有序概率模型建立在 y_i^* 与 x_i 线性相关的基础假设之上的,即:

$$y_i^* = x_i'\beta + u_i \qquad i=1, \cdots, n \qquad (7.1)$$
$$u_i \sim N(0, 1)$$

β 是一个不包含截距的参数向量,这些参数可以同样被理解为线性回归中的斜率参数。

y^* 是不可观察的,但是,y^* 与可观察变量 y 之间的关系如下:

$$y=1 \quad 如果 -\infty < y^* < k_1 \tag{7.2}$$
$$y=2 \quad 如果 k_1 < y^* < k_2$$
$$y=3 \quad 如果 k_2 < y^* < k_3$$
$$\vdots$$
$$y=J \quad 如果 k_{J-1} < y^* < \infty$$

参数 $k_j (j=1, \cdots, J-1)$，即为"分割点"。

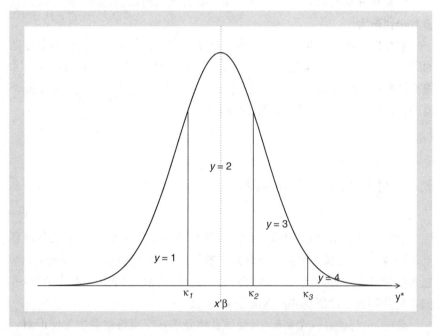

图 7.1 y^* 的密度分布函数，与 y 的相关性

图 7.1 是关于 y^* 的密度分布函数，上面有 $J=4$ 时的一系列分割点。注意 y^* 的均值($x'\beta$)依赖于向量 x 中所包含的解释变量，因此当其中的一个变量值发生变化时，整个分布都会按系数 β 指示的方向移动。从图中我们可以发现，这一移动只会导致反应分布的变化，因为分割点是固定的。

这里的模型缺少了截距，是因为 $J-1$ 个分割点都是自由参数。将截距和其中的一个分割点固定，此外，设置式(7.1)中的 $\mathrm{Var}(u_i)=1$ 是为了设置任意规模的潜变量 y^*。

现在我们可以建立对数似然函数，设 $P_i(y)$ 是第 i 个被调查者的反应为 y 的概率，这个概率可以表示为：

$$P_i(y) = P(k_{y-1} < y_i^* < k_y) = \Phi(k_y - x_i'\beta) - \Phi(k_{y-1} - x_i'\beta) \qquad (7.3)$$

其中 $\Phi(.)$ 为标准累积正态分布函数,所以,建立在样本 $(y_i, x_i, i=1, \cdots, n)$ 基础上的对数似然函数为:

$$\text{Log } L = \sum_{i=1}^{n} \ln[p_i(y_i)] = \sum_{i=1}^{n} \ln[\Phi(k_{yi} - x_i'\beta) - \Phi(k_{yi-1} - x_i'\beta)]$$

$$(7.4)$$

当参数 β 和分割点 $k_1, k_2, \cdots, k_{J-1}$ 使 MLE 最大时,式(7.4)中的对数似然函数达到最大。

本章理论部分需要注意的最后一点是:当李克特量表中只有两个可能的结果时,如满意/不满意,有序概率模型就会简化为我们更为熟悉的二元概率模型(见第 6 章),唯一的区别是尽管唯一分割点的大小等于有序概率模型的截距,但是符号是相反的(见本章练习 1)。

7.4 对分割点参数的解释

研究充分利用了有序概率模型,并把焦点放在了对向量 β 元素的解释上,因为它代表着每个变量对态度的影响程度。而分割点 $k_1, k_2, \cdots, k_{J-1}$ 通常作为多余参数,我们几乎没有对它们的值作出任何解释。在本节中,我们发现分割点估计值能够传达很多重要信息。

首先,请想象在一个实验中,受试者被要求在李克特量表中为他们对一件特定物品的喜好程度打分。如果这件物品不是让受试者喜爱就是讨厌,[1] 我们可以预期分割点会在中间密集分布。相反,如果这件物品是大部分人所不关心的物品,分割点就会稀疏分散分布,因此分割点的疏密程度可以作为一种意见统一性的测量方法。

其次,分割点是容纳反应"焦点"的一种方法。李克特量表的一个常规特性就是观测中高出现率的值会出现在量表值的中间部分。[2]当有序概率

---

[1] 英国人的标准例子是马麦酱,一种黏稠的深棕色糊状物,有强烈的味道。事实上,"马麦酱"这个词已经成为任何倾向于意见两极分化的事物的隐喻。

[2] 一个相当显著的例子是,个人被要求用李克特量表报告他们的冒险意愿;在这种情况下,中点的模式尤其明显。参阅 Dohmen 等(2011)。

模型是在这种状况下估计出来的,划分中间值的分割点就会相对较远,使得模型结构能够容纳这一相当棘手的数据特征。

最后,分割点要随着问题措辞的变化而调整。例如,如果问题的措辞是含糊不清的、难以理解的,我们预期中心分割点间距离较远,以反映没有理解到题目意思的被调查者表现出不感兴趣的事实。在第 7.5 节中,我们会发现当个体被要求反映某个具体情绪的强度时,根据问题措辞变化来调整分割点就显得尤为重要。

7.5　在情绪数据中的应用

众所周知,情绪在决策中发挥着重要作用,但是,可能是因为很难对情绪进行测量,只有很少的实验会将焦点放在情绪的作用上。但也有例外,Bosman 和 van Winden(2002)在"获取权力"博弈过程中成功对受试者的情绪进行了测量。这里,我们直接引用他们实验中的数据,这些数据在emotions 文件中可以找到。

在博弈的初始阶段,每个受试者通过执行一个真实的工作任务来获得收入(Y),受试者分为"获取者"和"反应者",一个获取者和一个反应者搭配成为一组,假设对于指定一组获取者获得的收入用 Y_{take} 表示,反应者获得收入用 Y_{resp} 表示。在博弈的第一主要阶段,获取者决定要从反应者的收入 Y_{resp} 中提取多少出来成为自己的收入,提出收入占 Y_{resp} 的比例 t 就是"提取比例",$t \in [0, 1]$。在第二阶段中,反应者可以在获取者提取收入之前,自主"损毁"自己收入 Y_{take} 的一部分,损毁的收入比例为 d,且 $d \in [0, 1]$。

获取者的实验总收入为 $Y_{take} + t(1-d) Y_{resp}$,反应者的总收入为 $(1-t) \cdot (1-d) Y_{resp}$。

这场博弈的关键是获取者可以自由决定他想要从反应者那里提取收入的比例,而反应者也可以通过减少他的收入来减少获取者从他这里分到的收入。现实生活中与这一实验场景相类似的是:政府(获取者)确定税收比例,而劳动者(反应者)可以通过减少劳动的提供来抵制过高税率;垄断者(获取者)制定价格,消费者(反应者)如果觉得价格太高,在实际购买中,他们可以偏离他们最优的购买数量;委托人(获取者)给代理人(反应者)制定激励方案,如果代理人对这个方案并不感到满意,他们可以偏离最优努力程度来反抗这一方案。注意,以上的每一个例子都是在一个已经设定好的经济制度中,允许效率成本的存在,效率成本也叫作"情绪化风险",即反应者的情绪使他们偏离最大化的付出行为。

Bosman 和 van Winden(2002)对反应者的情绪如何产生的,以及这些情绪怎样影响反应者的行为十分感兴趣,(至少在理论上)"获取权力"博弈很好地阐释了后者,因为反应者的惩治决策是一个连续变量,能够辨别交易中的惩治偏好和金钱收益偏好,而这在反应者只需决定惩罚还是不惩罚的最后通牒博弈(见第 2.5 节)中是不能实现的。

在完成两回合博弈后,参与者的情绪就能立即被反映出来。我们考虑了 11 种情绪:恼怒、生气、轻蔑、嫉妒、猜忌、忧伤、喜悦、快乐、羞耻、害怕和惊讶。每一种情绪都通过一个 7 点李克特量表来进行测量,1 代表没有"没有情绪",7 代表"强烈情绪"。

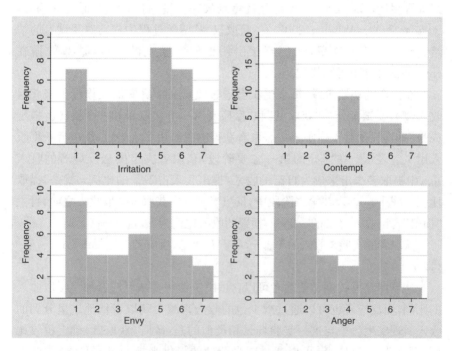

图 7.2　39 个反应者的直方图:愤怒、轻蔑、嫉妒和生气

注意,在这些情绪中,有些是正面情绪,它们的存在是为了确保受试者

不是被动参与,在这里,我们应该将重点放在负面情绪的研究上。

　　在 emtions 数据集中,有 39 行数据:每一行数据代表着一个获取者与反应者组合,情绪变量是对应于反应者的。在图 7.2 中,我们提供了 39 个反应者 4 种情绪的直方图,可以发现图中分布有双模态分布趋势。还要注意的是,对照上一节中的讨论,图中并没有出现中心点(在本例中为 4)的集中分布,似乎受试者都能较好的理解和把握自己的情绪。唯一的例外是"轻蔑",在中点的高峰反映了当中有一些受试者没有完全明白"轻蔑"的意思。

　　为了探究实验中的情绪是如何被决定的,这些顺序变量中的每一个都有可能作为有序概率模型中的因变量,关键的解释变量是提取比例。如图 7.3 所示,获取值样本的提取比例的分布范围很广,这利于辨别它对一个给定情绪的影响。考虑到受试者的性别也会影响受试者在实验中所体验到的情绪,我们在每个模型中添加了一个虚拟变量 female_resp,来代表反应者的性别(1=女,0=男),39 个人中有 11 个女性和 28 个男性。

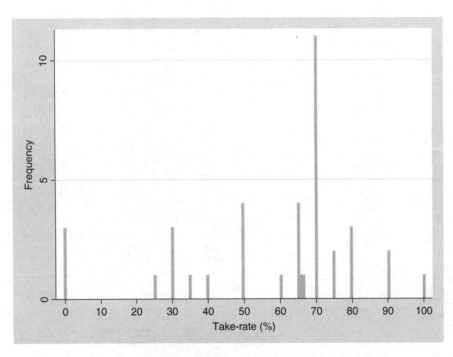

图 7.3　39 个获取者提取比例的直方图(以百分数计)

四个模型的结果如下：

```
oprobit irritation take_rate female_resp

Iteration 0:   log likelihood = -73.680431
Iteration 1:   log likelihood = -63.462026
Iteration 2:   log likelihood = -63.434641
Iteration 3:   log likelihood = -63.434636

Ordered probit regression                  Number of obs   =         39
                                           LR chi2(2)      =      20.49
                                           Prob > chi2     =     0.0000
Log likelihood = -63.434636                Pseudo R2       =     0.1391

------------------------------------------------------------------------------
  irritation |     Coef.   Std. Err.      z    P>|z|    [95% Conf. Interval]
-------------+----------------------------------------------------------------
   take_rate |  .0343512    .008703     3.95   0.000    .0172935    .0514088
 female_resp | -.475202    .4163888    -1.14   0.254   -1.291309    .3409051
-------------+----------------------------------------------------------------
       /cut1 |  .7125538   .5689905                     -.4026471   1.827755
       /cut2 |  1.199427   .5602036                      .1014481   2.297406
       /cut3 |  1.565227   .5681472                      .4516789   2.678775
       /cut4 |   1.89492   .5794498                      .7592191   3.030621
       /cut5 |  2.659484   .6192515                      1.445773   3.873194
       /cut6 |   3.54009   .7033593                      2.161531   4.918649
------------------------------------------------------------------------------

. oprobit contempt take_rate female_resp

Iteration 0:   log likelihood = -58.600542
Iteration 1:   log likelihood =  -56.64032
Iteration 2:   log likelihood = -56.633314
Iteration 3:   log likelihood = -56.633314

Ordered probit regression                  Number of obs   =         39
                                           LR chi2(2)      =       3.93
                                           Prob > chi2     =     0.1398
Log likelihood = -56.633314                Pseudo R2       =     0.0336

------------------------------------------------------------------------------
    contempt |     Coef.   Std. Err.      z    P>|z|    [95% Conf. Interval]
-------------+----------------------------------------------------------------
   take_rate |  .0162229   .0083824     1.94   0.053    -.0002063   .0326521
 female_resp |  .2449483   .4132229     0.59   0.553    -.5649536    1.05485
-------------+----------------------------------------------------------------
       /cut1 |  .9302437   .5825743                      -.211581   2.072068
       /cut2 |  1.000123   .5846536                     -.1457775   2.146023
       /cut3 |  1.069731   .5867442                     -.0802664   2.219729
       /cut4 |  1.721338   .6041431                      .5372394   2.905437
       /cut5 |  2.089303   .6157647                      .8824268    3.29618
       /cut6 |  2.737878   .6807572                      1.403618   4.072137
------------------------------------------------------------------------------

. oprobit envy take_rate female_resp

Iteration 0:   log likelihood = -72.646936
Iteration 1:   log likelihood = -69.420723
Iteration 2:   log likelihood = -69.414188
Iteration 3:   log likelihood = -69.414188

Ordered probit regression                  Number of obs   =         39
                                           LR chi2(2)      =       6.47
                                           Prob > chi2     =     0.0394
Log likelihood = -69.414188                Pseudo R2       =     0.0445
```

```
------------------------------------------------------------------------------
        envy |      Coef.   Std. Err.      z    P>|z|     [95% Conf. Interval]
-------------+----------------------------------------------------------------
   take_rate |   .0127636   .0079182     1.61   0.107    -.0027557    .028283
 female_resp |  -.5942395   .3989633    -1.49   0.136    -1.376193    .1877143
-------------+----------------------------------------------------------------
       /cut1 |  -.2143735   .5473093                     -1.28708     .858333
       /cut2 |    .124971   .5413873                     -.9361285   1.186071
       /cut3 |   .4149783   .5391188                     -.6416752   1.471632
       /cut4 |    .843965   .5452858                     -.2247755   1.912705
       /cut5 |   1.584586   .5782487                      .4512399   2.717933
       /cut6 |   2.117638   .6170117                      .9083169   3.326958
------------------------------------------------------------------------------

. oprobit anger take_rate female_resp

Iteration 0:   log likelihood =  -70.11592
Iteration 1:   log likelihood = -66.647307
Iteration 2:   log likelihood = -66.640516
Iteration 3:   log likelihood = -66.640516

Ordered probit regression                      Number of obs   =         39
                                                LR chi2(2)      =       6.95
                                                Prob > chi2     =     0.0309
Log likelihood = -66.640516                     Pseudo R2       =     0.0496

------------------------------------------------------------------------------
       anger |      Coef.   Std. Err.      z    P>|z|     [95% Conf. Interval]
-------------+----------------------------------------------------------------
   take_rate |   .0038118   .0077701     0.49   0.624    -.0114172   .0190409
 female_resp |  -.9790953   .4076395    -2.40   0.016    -1.778054  -.1801366
-------------+----------------------------------------------------------------
       /cut1 |  -.8344634   .5418195                     -1.89641    .2274833
       /cut2 |   -.26548    .5443219                     -1.332331   .8013712
       /cut3 |  -.0013279   .5510509                     -1.081368   1.078712
       /cut4 |   .2041105   .5558082                     -.8852535   1.293474
       /cut5 |   .9630893   .5622515                     -.1389033   2.065082
       /cut6 |   2.037269   .6084707                      .8446886   3.22985
------------------------------------------------------------------------------
```

　　因为这四种情绪都是负面情绪，我们相信提取比例越高，这些情绪的强度也越高。因此，我们预期提取比例的系数为正，为了评估每种效应的强度，我们可以对其进行单尾检验（＞）。这意味着我们可以将每一个 p 值除以 2。当我们进行检验时，可以发现提取比例和愤怒情绪间存在着显著强烈的正向关系（$p=0.000$），提取比例对轻蔑情绪有显著影响（$p=0.026$），对嫉妒情绪有中等强度影响（$p=0.050$），对生气情绪没有影响（$p=0.312$）。

　　在多数情况下，性别对情绪的影响是不显著的，这可能是因为样本容量太小。但生气这种情绪是个例外，结果显示，女性受试者比男性受试者生气的情绪更少（$p=0.016$）。

　　我们也对情绪对反应者关于决策牺牲自己多少收入的影响感兴趣。尽管在实验过程中他们决策牺牲多少收入是自由的，但是几乎所有的反应者都会选择牺牲自己的收入，而且几乎是自己全部的收入。更准确地说，在 39

个反应者中有 8 个会选择牺牲收入，且 8 个中有 7 个会选择牺牲所有。基于这种情况，最好采用一个应用于二元变量 destroryyesno 的二元数据模型来对反应者决策进行建模，其结果如下：

```
. probit destroyyesno irritation contempt envy anger female_resp

Iteration 0:   log likelihood = -19.789769
Iteration 1:   log likelihood = -10.215857
Iteration 2:   log likelihood = -8.3959292
Iteration 3:   log likelihood = -8.0645951
Iteration 4:   log likelihood = -8.0467872
Iteration 5:   log likelihood = -8.0467517
Iteration 6:   log likelihood = -8.0467517

Probit regression                               Number of obs   =         39
                                                LR chi2(5)      =      23.49
                                                Prob > chi2     =     0.0003
Log likelihood = -8.0467517                     Pseudo R2       =     0.5934

------------------------------------------------------------------------------
destroyyesno |     Coef.    Std. Err.      z     P>|z|    [95% Conf. Interval]
-------------+----------------------------------------------------------------
  irritation |   1.112865    .5828563    1.91    0.056   -.0295122    2.255243
    contempt |   .7724358    .3618324    2.13    0.033    .0632572    1.481614
        envy |  -.0277646    .1785066   -0.16    0.876   -.3776311    .3221019
       anger |  -.5782199    .2996307   -1.93    0.054   -1.165485    .0090455
 female_resp |  -.6617453    1.11229    -0.59    0.552   -2.841794    1.518303
       _cons |  -7.233187    4.00229    -1.81    0.071   -15.07753    .6111574
------------------------------------------------------------------------------
Note: 7 failures and 0 successes completely determined.
```

上文列出的解释变量包含了之前所考虑到的所有负面情绪，甚至是性别。如我们所预期的那样，愤怒和轻蔑对牺牲收入的概率有显著性的正面影响，嫉妒情绪没有什么影响，生气有负面影响。在一开始就让人感到惊讶的是：为什么一个生气的反应者反而不太可能选择牺牲自己的收入呢？但通过更深层次的思考，我们推导出对负系数的一个可能的解释，反应者的生气情绪是在他们作出决策之后产生的，可想而知，生气情绪已经在损害自己收入的时候得到了一定的平息。而有趣的是其他情绪，如愤怒和轻蔑，并没有得到相同程度的缓和，这些暂定的结论提出了有趣的问题，为未来更深层次的研究奠定了基础。

值得注意的是，在这些数据中没有明显的依据证明性别对牺牲收入的概率有影响。

在这里，我们有必要提及 Bosman 和 van Winden（2002）通过考虑反应者对提取比例的响应与反应者的期望（在数据集中作为变量"expectation"出现）相关性，做了进一步的分析。他们得出的结论是，当提取比例高于反应者预期时，负面情绪就会产生。这种方法在这里就不做演示了。

最后，我们思考了这样一个问题：情绪是否又被正确测量？毕竟它不是激励相容的：利己主义的受试者没有理由会诚实地透露他们的情绪。但是以上给出的经济计量学结果为判断受试者的反应是否真实提供了线索。由高提取比例引起的愤怒和轻蔑两种负面情绪也导致收入损害比例上升。在一定程度上，这一结论和情绪数据的有效性相一致。

7.6   在偏好强度数据中的应用

在第 6 章中，我们用一个与赌场盈利效应相关的例子演示了二元数据模型的使用，二元选择是在安全彩票（$y=1$）和风险彩票（$y=0$）中做选择，初始贡献值（w）为唯一的解释变量。检验的主要假设是"赌场盈利效应"——初始贡献值水平与安全彩票选择倾向负相关。通过对二元概率模型的运用，我们找到了赌场盈利效应的依据，具体数据被放置在 house_money_sim 文件中，记住这些数据集是模拟的。

现在让我们进一步假设，作出选择后，受试者被要求告知他们对选择的确定程度，他们可以在以下选项中选择一个：(1)不确定；(2)比较确定；(3)完全确定。信息被包含在我们模拟数据中的变量 s 中，结合受试者对选择自我确定程度的反馈，我们得到了一张含有 6 个有序结果的李克特量表，设顺序变量为 ys，其值定义如下表：

$ys=1$	$ys=2$	$ys=3$	$ys=4$	$ys=5$	$ys=6$
风险彩票 完全确定	风险彩票 比较确定	风险彩票 不确定	安全彩票 不确定	安全彩票 比较确定	安全彩票 完全确定

为了在 STATA 中产生 ys，需要以下代码：

```
gen ys=.
replace ys=3+s if y==1
replace ys=4-s if y==0
```

如果我们将有序概率模型应用于顺序变量 ys，将得到一个不同的赌场盈利效应估计值，这个估计值不同于采用概率模型得出的估计值。它更精确，因为它使用了更多的信息：6 个有序结果分布的数据比 2 个分布结果数据传递出更多的信息，因此我们预期使用有序概率模型得到的估计值更为

精确,它的标准误差更小,结果如下:

```
. oprobit ys w
Iteration 0:   log likelihood = -1747.2032
Iteration 1:   log likelihood = -1679.1718
Iteration 2:   log likelihood = -1679.1516
Iteration 3:   log likelihood = -1679.1516

Ordered probit regression                    Number of obs   =       1050
                                             LR chi2(1)      =     136.10
                                             Prob > chi2     =     0.0000
Log likelihood = -1679.1516                  Pseudo R2       =     0.0389

------------------------------------------------------------------------------
         ys |      Coef.   Std. Err.      z    P>|z|     [95% Conf. Interval]
------------+-----------------------------------------------------------------
          w |  -.1306568   .0112546   -11.61   0.000    -.1527153   -.1085982
------------+-----------------------------------------------------------------
      /cut1 |  -2.214993   .0901003                     -2.391586   -2.038399
      /cut2 |  -1.719572   .0794996                     -1.875389   -1.563756
      /cut3 |  -1.236927   .0731405                      -1.38028   -1.093575
      /cut4 |   -.690914   .0688578                     -.8258728   -.5559552
      /cut5 |  -.1926409   .0674608                     -.3248616   -.0604202
------------------------------------------------------------------------------
```

我们将此结果与以下使用二元概率模型得出的结果相比较:

```
. probit y w

Iteration 0:   log likelihood =  -634.4833
Iteration 1:   log likelihood = -584.91375
Iteration 2:   log likelihood =  -584.5851
Iteration 3:   log likelihood = -584.58503
Iteration 4:   log likelihood = -584.58503

Probit regression                            Number of obs   =       1050
                                             LR chi2(1)      =      99.80
                                             Prob > chi2     =     0.0000
Log likelihood = -584.58503                  Pseudo R2       =     0.0786

------------------------------------------------------------------------------
          y |      Coef.   Std. Err.      z    P>|z|     [95% Conf. Interval]
------------+-----------------------------------------------------------------
          w |  -.1409882   .0145377    -9.70   0.000    -.1694816   -.1124948
       _cons |   1.301654   .0911155    14.29   0.000     1.123071    1.480237
------------------------------------------------------------------------------
```

和想象中的一样,有序概率模型得出的赌场盈利效应的估计值(−0.131)与从二元概率模型中得出的估计值(−0.141)相差不多。但是,前者比后者精确,因为前者的标准误差为 0.011,而后者的标准误差为 0.015,因此有序概率模型得到的估计值的有效性为 25%。

但是,在使用顺序数据时,我们需要小心谨慎。据许多经济学家认为,[1] 任务相关激励是检验理论的基础,因此缺少任务相关激励的理论检验结果不具有权威性。而在偏好强度数据的收集中,提供这样一种任务相关激励

---

① 例如,参阅 Grether 和 Plott(1979)。也可参阅 Smith(1982)的著名"准则"。

来诱导参与者真实反映自身内在情感是不可能的。简而言之,偏好强度信息的收集不是激励相容的。当然,假设奖励会兑现,相较之下,两种彩票之间的简单二元选择就是激励相容的。

这些思考引出了一个问题:为了评价顺序数据的可靠性,这里是否存在一种方法能够检验顺序数据和二元数据之间的一致性? 为了达到这一目的,我们可以采用 Hausman 设定检验(Hausman,1978)。

该检验的基本原理如下。因为二元选择是激励相容的,那么可以假定二元数据是可靠的,则采用二元数据得到的估计值也是连续的。由于偏好强度的自我反馈不是激励相容的,那么得出的顺序数据就可能不是连续的,则通过该数据得出的估计值可能是连续的也可能是不连续的。因此,我们可以对产生这两种估计值差异的基本原理进行检验。简单地说,如果它们之间的差异很小,我们可以得出结论:两个估计值都是正确的,顺序数据也是可靠的。但如果它们之间的差异很大,我们可以得出:由于顺序数据的不可靠,根据顺序数据得出的估计值是有偏差的。

检验的原假设和备择假设分别为:

H_0:当问及他们的偏好强度时,受试者会真实反馈;

H_1:当问及他们的偏好强度时,受试者不会真实反馈。

Hausman 检验统计量由这个问题派生出来,它只需要少量的理论,在概率模型和有序概率模型下的潜在模型为:

$$y_i^* = x'_i\beta + u_i \qquad i = 1, \cdots, n \tag{7.5}$$
$$u_i \sim N(0, 1)$$

我们主要对参数向量 β 的估计值感兴趣(因为这里只有一个解释变量 w,所以它实际上是一个标量)。设 $\hat{\beta}$ 为由二元概率模型得到的估计值,$\tilde{\beta}$ 为有序概率模型得到的估计值。$\hat{\beta}$ 为假设 H_0 和 H_1 下的连续估计量,但在 H_0 下不成立;$\tilde{\beta}$ 在假设 H_0 下连续且有效,在 H_1 下不连续。

因此,这个检验是建立在这两个估计量的差值基础之上:

$$\hat{\beta} - \tilde{\beta} \tag{7.6}$$

如果这两个变量的差值太大,则拒绝假设 H_0。为了形成一个检验统计量,我们需要得出这个差值的方差矩阵,即:

$$V(\hat{\beta} - \tilde{\beta}) = V(\hat{\beta}) + V(\tilde{\beta}) - 2\, cov(\hat{\beta}, \tilde{\beta}) \tag{7.7}$$

在 Hausman 检验建立中的一个关键结果是:有效估计量与无效估计量的差值的协方差为 0,可表示为:

$$cov[(\hat{\beta}-\tilde{\beta}),\bar{\beta}]=cov(\hat{\beta},\tilde{\beta})-V(\tilde{\beta})=0 \tag{7.8}$$

或者是:

$$cov(\hat{\beta},\tilde{\beta})=V(\tilde{\beta}) \tag{7.9}$$

将式(7.9)代入式(7.7)得到检验方差矩阵为:

$$V(\hat{\beta}-\tilde{\beta})=V(\hat{\beta})-V(\tilde{\beta}) \tag{7.10}$$

由此,Hausman 检验统计量可以表示为:

$$H=(\hat{\beta}-\tilde{\beta})'[V(\hat{\beta})-V(\tilde{\beta})]^{-1}(\hat{\beta}-\tilde{\beta}) \tag{7.11}$$

式(7.11)中的 H 被定义为假设 H_0 下 $\chi^2(K)$ 的渐进分布,其中 K 是 β 的维度。

如果 $H>\chi^2_{K,0.05}$,我们拒绝原假设 H_0,接受备择假设 H_1,并且得出结论:受试者没有真实反馈他们对选择的确定程度。

在 STATA 中,通常存在一个 Hausman 命令。[1]但是这一命令在这里不能用于当前目的,因为这两个模型(概率和有序概率)含有的参数个数是不相同的,因此我们需要自行为这个检验编写程序,所需的代码如下:

```
probit y w

mat b_p=e(b)
mat V_p=e(V)

oprobit ys w

mat b_op=e(b)
mat V_op=e(V)

scalar hausman=(b_p[1,1]-b_op[1,1])^2/(V_p[1,1]-V_op[1,1])

scalar list hausman
```

对于这一数据集,Hausman 检验返回了一个值为 1.26 的统计量,因为在 β 中只有一个元素,所以零分布为 $\chi^2(1)$。又因为 1.26 远低于临界值 $\chi^2_{1,0.05}$,其中 $\chi^2_{1,0.05}=3.84$,所以我们接受原假设,而且可以得出结论:偏好强度数据与二元选择数据相一致,所以前者是真实反映。

---

① Hausman 命令的演示见第 5.5 节。

在第 9.4 节中,我们会介绍蒙特卡洛方法,而我们使用 Hausman 检验只是出于阐述目的。在那里,我们模拟了大量和以上描述数据相类似的数据集(在原假设和备择假设下),并且对每一个模拟数据,我们都计算出了其对应的 Hausman 检验统计量。之后我们采用简单图形法,证实了统计量在原假设条件下不能完全满足 $\chi^2(1)$ 分布。使用备择假设下获得的数据集,我们可以得到一个关于检验功效的精确估计值。该功效是极好的:样本容量为1 050,在备择假设下,当受试者被问及他们的偏好强度时,他们当中有 30% 会倾向于随机选择,拒绝原假设的概率(即检验的功效)为 0.714。

7.7　小结与拓展阅读

在本章的前面部分,我们解释了为什么使用线性回归技术对顺序数据建模不合适。有序概率模型能够较好地使用这类数据的多变特性,因此是一个重要的统计工具,并且在实验经济学中,顺序数据的使用也越来越受欢迎。

我们已经证实过,使用 STATA 能够比较容易地对有序概率模型进行估计。对结果的解释也是简单直接的,对关键参数的解释类似于线性回归分析中的系数。分割点较难理解,但是我们已经发现,分割点对解释数据的具体特性有重要作用,如中点反应的聚焦性。

在两个作为例子的实验中,都出现了与激励相容问题相关的问题:因为如果缺少任务相关的激励,有就无法保证有序反应是真实的。但是我们已经对这一问题提出了相应的解决方法。这种方法通常是检验有序结果与其他激励相容条件下计算出的值的一致性。第 7.6 节中提到的 Hausman 检验是进行这一对比的有效方法。

现在我们将目光转向拓展阅读的推荐上,有序概率模型在生物计量学和计量经济学文献中的使用已经有很多年了,最早可追溯到 Aitchision 和 Silvery(1957)。书中所述内容可参阅 Maddala(1983)和 Greene(2008)。在心理计量学文献中也有类似的模型[如 Masters(1982)],尽管有序概率模型在其中用得比较少。Daykin 和 Moffatt(2002)中有对有序概率模型的总体概括。

本章中包含了两个关于有序概率模型的应用,第一个是应用于情绪分析,需要进一步了解更多细节的读者可参阅 Bosman 和 van Winden(2002),该文献中的数据是在应用程序中使用的;第二个应用是分析偏好强度,尽管我们对先前将有序概率模型应用于偏好强度数据的研究不太了解,但是 Connolly 和 Butler(2006)对偏好强度数据进行了收集。

Hausman 检验法在这里被用来检验有序反应的真实性,在该情境中,激励相容二元反应也是可行的,对 Hausman 检验感兴趣的读者可以参阅 Hausman(1978)或者计量经济学理论教科书,如 Greene(2008)。

练习

1. 证明:当有序概率模型被应用于二元数据时(即数据只能包含两个可能的结果),它等同于二元概率模型。

2. 在第 6 章的练习 1 中介绍到二元数据的逻辑模型,逻辑模型可以表示为:

$$y_i^* = x_i'\beta + u_i \qquad i = 1, \cdots, n \qquad (7.12)$$
$$u_i \sim logistic(\text{均值为 } 0)$$

其中关于 u 的逻辑分布(均值为 0)由 pdf 定义为:

$$f(u) = \frac{\exp(u)}{[1+\exp(u)]^2} \quad -\infty < u < \infty \qquad (7.13)$$

除了 u 的分布假设,有序逻辑模型的定义方法与有序概率模型相似。用似然函数推导出有序逻辑模型,注意有序逻辑模型可以用 STATA 中的 ologit 命令来进行估量。

3. 用 STATA 中的 ologit 命令,重新生成 Boaman 和 van Winden(2002)中表 3 中的结果。

4. 推导出面板有序概率模型的对数似然函数,参考 Fréchette(2001)将对你的推导有帮助。

5. 在第 7.6 节中,有一个表示偏好强度的变量 s,通过变量 s 会产生一个顺序变量。之后采用 Hausman 检验得出参与者是在真实反映"偏好强度"。将变量 s 作为模拟实验中实际的偏好强度一点也不奇怪。对数据中的偏好强度,有两种不同的测量方法:s_poor 和 s_bad(分别表示事实的部分错误和完全错误)。请对每一种测量方法进行 Hausman 检验,得出关于检验功效的结论。

8

异质性处理：有限混合模型

8.1 引言

有限混合模型,简称混合模型,能够提供将受试者划分为不同类型的方法。不同类型不仅展现的行为不同,其引发行为的过程同样存在差异。这些模型被标记为"有限"混合模型,因为假设的类型数量是有限的。如果使用这样的标签,"无限"混合模型将对应于随机系数模型或者随机效应模型,其中假设在一些索引参数行为类型中存在连续变异。

有限混合模型在实验计量经济学中是一个非常重要的概念。因为越来越多的人认识到不同的受试者以不同的方式受到激励,并且假定让所有受试者依照一个模型来操作是对这些差异的不尊重。普通行为通常以典型受试者行为的方式被追踪和解释。但是如果不同类型的受试者根据不同决策过程来运作,那么普通行为就可能会与被研究的受试者的实际行为相去甚远。

在第2章里我们研制了一个处理检验框架,在该框架中确定了每一个受试者都有自己"特定的处理效应",而且我们对寻找"平均处理效应"(ATE)非常感兴趣。当时,我们指出以 ATE 形式上报处理效应的适当性取决于受试者特定处理效应的分布。如果分布为钟形且对称,那么 ATE 就能够给出处理效应的合理方式。但是,我们还考虑到了这样的可行情况,一半人对处理作出积极反应(根据＋1.0 的处理效应),而剩下的一半人对处理无反应,从而得到处理效应为零。在这一情况下,ATE 会变成＋0.5 但这是处理效应的一个误导方式,因为它和独立受试者的实际处理效应相差很远。正如我们在第2章中所指出的,应对处理效应分布离散性最好的方法就是运用混合模型框架，以及由于对处理的反应方式不同而划分的"受试者类型"。

有不止一种方法可以得到有限混合模型的估计。这里采用的方法如下。首先，以经济理论为基础，确定群体类型总数，并给每一个类型分配一个标记。然后给每个行为类型具体制定一个参数模型。各个模型的参数和"混合比例"（显示每种类型群体比例的参数）一起被估计出来。一旦模型估计完成，我们就可以返回数据上以确定各个类型的每个独立受试者的后验概率。注意，这里并未宣称可以肯定地鉴别任意独立受试者属于哪一个特定类型，尽管数据是具有信息的，后验类型概率可能会非常接近 1。

本章开始于一个简单的、有点不自然的例子：两个正态分布的混合。然后再进展到一个更具现实性的关于"公司收购博弈"中出价的例子。最后我们会思考一个更复杂的关于公共品实验中给予的例子。

8.2　两个正态分布的混合

首先我们举一个简单的例子。

8.2.1　数据和模型

思考一下 mixture_sim 文件中包含的变量 y。这里有 1 000 个观察结果。图 8.1 是变量 y 的直方图。其分布看起来像是两个钟形（即，可能为正态）分布的结合，其中一个均值约为 3，另一个均值约为 6。

如果 y 表示实验中受试者所做决策（在这一情况下，我们不考虑实际决策的内容），我们可以说受试者被划分为两种类型，就可以开始估算下面这个混合模型了：

$$类型 1: N(\mu_1, \sigma_1^2)$$
$$类型 2: N(\mu_2, \sigma_2^2)$$
$$混合比例: p(类型 1) = p, \ p(类型 2) = 1 - p$$

混合比例表示每种类型的群体比例。注意有五个参数需要估计：μ_1、σ_1、

μ_2、σ_2 和 p。

与 y 的特定值相关联的密度，以受试者属于类型 1 为条件，是：

$$f(y \mid 类型\ 1) = \frac{1}{\sigma_1} \phi\left(\frac{y - \mu_1}{\sigma_1}\right) \tag{8.1}$$

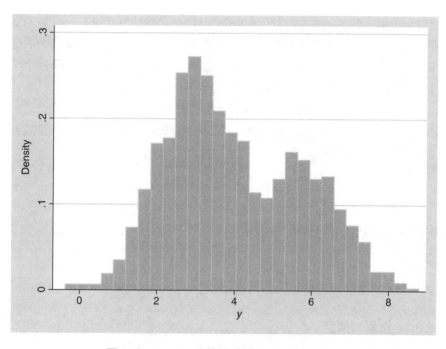

图 8.1 mixture_sim 数据集中变量 y 的直方图

以属于类型 2 为条件的密度为：

$$f(y \mid 类型\ 2) = \frac{1}{\sigma_2} \phi\left(\frac{y - \mu_2}{\sigma_2}\right) \tag{8.2}$$

在式(8.1)和式(8.2)中，使用第 6.6.2 节中对从正态分布绘制值的密度进行完全解释的公式。通过将式(8.1)、式(8.2)与混合比例组合，获得与观测值相关的边际密度，如下：

$$f(y;\ \mu_1,\ \sigma_1,\ \mu_2,\ \sigma_2,\ p) = p \times \frac{1}{\sigma_1} \phi\left(\frac{y - \mu_1}{\sigma_1}\right) + (1-p) \times \frac{1}{\sigma_2} \phi\left(\frac{y - \mu_2}{\sigma_2}\right)$$

$$\tag{8.3}$$

式(8.3)被视作各个观测值的似然贡献。

样本对数似然由式(8.4)得出：

$$\text{Log } L = \sum_i \ln f(y_i; \mu_1, \sigma_1, \mu_2, \sigma_2, p) \tag{8.4}$$

式(8.4)在 μ_1、σ_1、μ_2、σ_2 和 p 这五个参数方面得到了最大化以获取它们的 MLE。

8.2.2 后验类型概率

估计混合模型后，很明显现在要计算各个类型受试者的后验概率。这涉及贝叶斯法则。例如，已知给定观察值 y 的后验类型 1 的概率为：

$$
P(\text{类型 } 1|y) = \frac{f(y|\text{类型 } 1)P(\text{类型 } 1)}{f(y|\text{类型 } 1)P(\text{类型 } 1) + f(y|\text{类型 } 2)P(\text{类型 } 2)}
$$
$$
= \frac{p \times \dfrac{1}{\sigma_1}\varphi\left(\dfrac{y-\mu_1}{\sigma_1}\right)}{p \times \dfrac{1}{\sigma_1}\varphi\left(\dfrac{y-\mu_1}{\sigma_1}\right) + (1-p) \times \dfrac{1}{\sigma_2}\varphi\left(\dfrac{y-\mu_2}{\sigma_2}\right)} \tag{8.5}
$$

8.2.3 估计程序

估计模型，然后计算和绘制后验概率的 STATA 程序如下所示。表 8.1 展示了似然函数式(8.4)的组成部分与程序中使用的名词之间的对应关系。

表 8.1 Log L 组成元素对应的 STATA 名称

Log L 的组成元素	STATA 名称
μ_1, μ_2	mu1, mu2
σ_1, σ_2	sig1, sig2
P	p
$f(y|\text{类型 } 1) = \dfrac{1}{\sigma_1}\varphi\left(\dfrac{y-\mu_1}{\sigma_1}\right)$	f1
$f(y|\text{类型 } 2) = \dfrac{1}{\sigma_2}\varphi\left(\dfrac{y-\mu_2}{\sigma_2}\right)$	f2

Log L 的组成元素	STATA 名称
$\ln[f(y)] = \ln\left[p \times \dfrac{1}{\sigma_1}\phi\left(\dfrac{y-\mu_1}{\sigma_1}\right) + (1-p) \times \dfrac{1}{\sigma_2}\phi\left(\dfrac{y-\mu_2}{\sigma_2}\right)\right]$	logl
P(类型 $1|y$)	postp1
P(类型 $2|y$)	postp2

注释代码如下所示。非常重要的一点是变量 y 是一个"全局"变量,因为它同时存在于似然估计程序的内部和外部。这就是为什么在程序中使用到 y 时不加引号。

```
*   LIKELIHOOD EVALUATION PROGRAM STARTS HERE:

program define mixture
args logl mu1 sig1 mu2 sig2 p
tempvar f1 f2

* GENERATE TYPE-CONDITIONAL DENSITIES:

quietly gen double `f1'=(1/`sig1')*normalden((y-`mu1')/`sig1')
quietly gen double `f2'=(1/`sig2')*normalden((y-`mu2')/`sig2')

* COMBINE TYPE-CONDITIONAL DENSITIES WITH MIXING PROPORTIONS
* TO GENERATE MARGINAL DENSITY, AND TAKE LOG.  THIS IS THE FUNCTION THAT
* NEEDS TO BE MAXIMISED WHEN SUMMED OVER THE SAMPLE:

quietly replace `logl'=ln(`p'*`f1'+(1-`p')*`f2')

* GENERATE THE POSTERIOR TYPE PROBABILITIES, AND MAKE THEM
* AVAILABLE OUTSIDE THE PROGRAM:

quietly replace postp1=`p'*`f1'/(`p'*`f1'+(1-`p')*`f2')
quietly replace postp2=(1-`p')*`f2'/(`p'*`f1'+(1-`p')*`f2')

quietly putmata postp1, replace
quietly putmata postp2, replace

end

* END OF LIKELIHOOD EVALUATION PROGRAM

* READ DATA:

use mixture_sim, clear

* INITIALISE TWO POSTERIOR PROBABILITY VARIABLES:

gen postp1=.
gen postp2=.

* SPECIFY STARTING VALUES, AND APPLY ML:
```

```
mat start=(3, 1.5, 6, 1.5, .5)
ml model lf mixture /mu1 /sig1 /mu2 /sig2 /p
ml init start, copy
ml maximize

* EXTRACT POSTERIOR TYPE PROBABILITY, AND PLOT THEM AGAINST y:

drop postp1 postp2
getmata postp1
getmata postp2

sort y
line  postp1 postp2 y , lpattern(l -)
```

像往常一样，有必要指定要估计参数的起始值。这些被存储在向量"开始"中，在这种情况下，通过检查 y 的直方图获得初始值（见表 8.1）。在其他情况下，使用诸如线性回归的简单估计方法来获得起始值。

8.2.4 结果

执行第 8.2.3 节中的代码所得结果如下：

```
                                     Number of obs    =        1000
                                     Wald chi2(0)     =          .
Log likelihood = -1908.2805          Prob > chi2      =          .
------------------------------------------------------------------------------
             |      Coef.   Std. Err.      z    P>|z|     [95% Conf. Interval]
-------------+----------------------------------------------------------------
mu1          |
       _cons |   2.981757   .0743116    40.13   0.000     2.836109    3.127405
-------------+----------------------------------------------------------------
sig1         |
       _cons |   1.014725   .0499721    20.31   0.000     .9167818    1.112669
-------------+----------------------------------------------------------------
mu2          |
       _cons |   5.950353   .1158028    51.38   0.000     5.723384    6.177322
-------------+----------------------------------------------------------------
sig2         |
       _cons |   .9768525   .0721166    13.55   0.000     .8355064    1.118198
-------------+----------------------------------------------------------------
p            |
       _cons |   .6494311   .0296983    21.87   0.000     .5912235    .7076387
------------------------------------------------------------------------------
```

我们可以看到这五个参数（有标准误差）的估值为：

$$\hat{\mu}_1 = 2.982(0.074)；$$

$$\hat{\sigma}_1 = 1.015(0.050)；$$

$$\hat{\mu}_2 = 5.950(0.116)；$$

$$\hat{\sigma}_2 = 0.977(0.072)；$$

$$\hat{p} = 0.649(0.030)。$$

由此我们可以知道该群体的 64.9% 是来自分布 $N(2.982, 1.015^2)$，而剩下的 35.1% 是来自 $N(5.950, 0.977^2)$。

　　但是,当考虑到任何特定观察时,我们就无法确定它到底出自两个分布中的哪一个。这就到了后验概率发挥作用的时候了。注意含有后验概率的变量(postp1 和 postp2)是在似然估计程序内生成的,为了提取这些变量需要使用 mata 命令。putmata 命令是在程序中使用,getmata 则是在程序外。

　　在图 8.2 中我们展示了针对 y 的后验概率图形,由下列命令得出。

```
sort y
line  postp1 postp2 y , lpattern(l -)
```

　　该图表告诉我们:在 3 以下的观测基本上可以确定来自第一个分布。对于 3—6 的观测,我们不能完全确定是哪一种分布。对于 $y=4.70$ 的观测,两种分布的可能性相等。

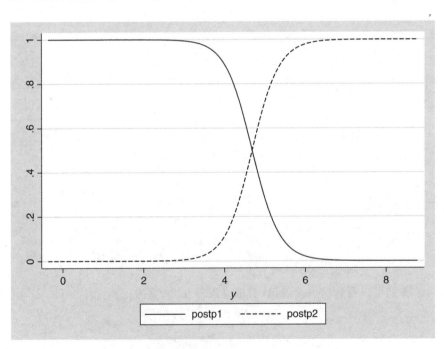

图 8.2　混合模型下类型 1 和类型 2 的后验概率

8.3 STATA 中的 fmm 命令

fmm（表示"有限混合模型"）是一个由用户编写的 STATA 命令（Deb，2012），能够直接估算出第 8.2 节所考虑类型的混合模型。

所需语句为：

```
fmm y, mix(normal) comp(2)
```

主要参数是分析（y）中的变量。第一个选项指定假设混合基线，第二个指定混合包括两个类型（或分量）。这条命令的结果如下所示。要注意除了对某些参数的命名不同之外，这些结果与在第 8.2 节中使用 ml 得出的结果是一致的。

```
. fmm y, mix(normal) comp(2)

2 component Normal regression                Number of obs   =        1000
                                             Wald chi2(0)    =          .
Log likelihood = -1908.2805                  Prob > chi2     =          .

------------------------------------------------------------------------------
           y |      Coef.   Std. Err.      z    P>|z|     [95% Conf. Interval]
-------------+----------------------------------------------------------------
component1   |
       _cons |   2.981758   .0743115    40.13   0.000     2.83611    3.127406
-------------+----------------------------------------------------------------
component2   |
       _cons |   5.950353   .1158024    51.38   0.000    5.723385    6.177322
-------------+----------------------------------------------------------------
 /imlogitpi1 |   .6165402   .130444      4.73   0.000    .3608746    .8722058
   /lnsigma1 |   .0146181   .0492469     0.30   0.767    -.081904    .1111401
   /lnsigma2 |  -.0234201   .0738254    -0.32   0.751   -.1681152    .1212749
-------------+----------------------------------------------------------------
      sigma1 |   1.014725   .049972                      .9213604    1.117551
      sigma2 |    .976852   .0721165                      .8452565    1.128935
         pi1 |   .6494313   .0296982                      .5892521    .7052045
         pi2 |   .3505687   .0296982                      .2947955    .4107479
------------------------------------------------------------------------------
```

紧接着 fmm 命令，要使用后估计命令 predict 来获取后验类型概率，如下：

```
predict post1 , pos eq(component1)
predict post2 , pos eq(component2)
```

由此得到的后验类型概率（post1 和 post2）与在第 8.2 节中所得到的一致。

8.4 "公司收购"任务的混合模型

"公司收购"任务(Bazerman and Samuelson，1983)的描述如下：收购受试者在考虑作出一个收购一家(假设的)公司的出价决策。对于该受试者来说，公司当前价值是未知的，但对公司现有所有者来说，其当前价值是已知的。从收购受试者角度来看，该价值是均匀分布于 0—100(美元/份)之间的。如果受试者的出价被接受，他或她"接手"了这个公司，公司价值自动增长 50%。这个决策模型需要决定为收购公司应出价多少。

在这种情景下，收购受试者可能会应用下面的推理。公司的"期望"价值，对保留公司的所有者来说，为 50。对收购者(即受试者)来说其"期望价值"就为 75。因此，如果受试者出价在 50—75 的话，双方都能够获益。

刚给出的推理漏洞在于它忽视了卖方接受出价的信息内容。正确的推理如下：如果有任何出价被接受，该接受行为都是现有价值低于出价的标志，因此该出价存在出价 50% 的条件预期。所以，以接受出价为条件，收购方的价值只会是该要约的 75%。因此，任何积极的出价都会导致预期损失。当然这就会导致唯一一个不会引发损失的出价——零，也就是说，不出价。

采用第一种推理方式的收购方，而不考虑接受出价时传达的负面信息，被称为是赢者的诅咒的一种形式，这一概念在第 4 章的拍卖中进行过分析。

当对这项任务中的提供数据进行分析时，似乎可以合理地假设受试者群体被分为收到赢者的诅咒的人，他们预期出价在 50—75 之间，而成功"解决"这个问题的人，其提供预计接近零。混合类型，类似于第 8.2 节中分析的类型，可以用于估计正确解决博弈的人口比例。

当实验受试者参与这一博弈时，只有很小一部分人的出价正好为零。但是我们可以假设那些具有小额积极出价的受试者已经理解最佳出价为零，但是也许出于一种责任这样做，又或者只是想让这个博弈更有意思。

让我们想象一下，进行一个实验，有 200 个给出出价的受试者。模拟数据都在文件 acquire_sim 中。图 8.3 为出价(y)的频率直方图。

我们可以看到，出价的分布如预期一样为双模态，其中一个在 60 附近，另一个在零处。但是要注意在 200 个受试者中只有 11 个是恰好出价为零。有若干受试者给出了小额积极出价，正如之前所解释的，我们要将这些他们

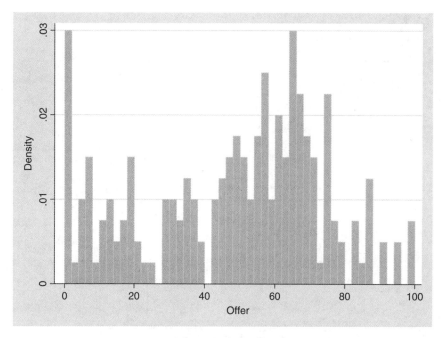

图 8.3 "公司收购"博弈中 **200** 个收购者的出价直方图

与正好出价为零的受试者归入"同一类型"。

当 fmm 命令(第 8.3 节)应用于此数据集时,假设两个基线直接混合,对数似然不能收敛。这是因为值在零处累积,两个基线不能提供对数据的适当拟合。要处理这个问题一个很明显的方法就是假设零观察值是经过截尾的零。注意,在上限 100 处存在少量观测值的积累,并且为了更好的测量,我们将这些观察当做右截尾。第 6.6.3 节中充分解释了允许建立对数似然函数中的下限和上限截尾的方法。

估计混合模型以获取后验类型概率的 STATA 代码为:

```
program define acquire1
args lnf mu1 sig1 mu2 sig2 p
tempvar y f1 f2

quietly gen double 'y'=$ML_y1
quietly gen double 'f1'=(1/'sig1')*normalden(('y'-'mu1')/'sig1')
quietly replace 'f1'=normal(-'mu1'/'sig1') if y==0
quietly replace 'f1'=1-normal((100-'mu1')/'sig1') if y==100
quietly gen double 'f2'=(1/'sig2')*normalden(('y'-'mu2')/'sig2')
quietly replace 'f2'=normal(-'mu2'/'sig2') if y==0
quietly replace 'f2'=1-normal((100-'mu2')/'sig2') if y==100
quietly replace 'lnf'=ln('p'*'f1'+(1-'p')*'f2')

end
```

```
mat start=(0, 20, 60, 20, .8)
ml model lf acquire1 (y= ) () () () ()
ml init start, copy

ml maximize
```

输出如下：

```
                                        Number of obs   =        200
                                        Wald chi2(0)    =          .
Log likelihood = -885.3141              Prob > chi2     =          .

------------------------------------------------------------------------
        y |     Coef.    Std. Err.     z    P>|z|    [95% Conf. Interval]
----------+-------------------------------------------------------------
eq1       |
    _cons |  10.02066   3.645138     2.75   0.006    2.87632      17.165
----------+-------------------------------------------------------------
eq2       |
    _cons |  12.57707   3.266815     3.85   0.000    6.174229   18.97991
----------+-------------------------------------------------------------
eq3       |
    _cons |  60.07094   2.209104    27.19   0.000    55.74118   64.40071
----------+-------------------------------------------------------------
eq4       |
    _cons |  17.00645   1.659162    10.25   0.000    13.75455   20.25835
----------+-------------------------------------------------------------
eq5       |
    _cons |   .24227   .0521544     4.65   0.000    .1400492   .3444908
------------------------------------------------------------------------
```

结果归纳如下：

$$类型1: y^* \sim N(10.0, 12.6^2)。$$
$$类型2: y^* \sim N(60.1, 17.0^2)。$$
$$y=0，当 y^*<0；y=100，当 y^*>100。$$
$$P(类型1)=0.24。$$

由此我们可以看到估计出的正确解决这一博弈的人口比例为 24%，剩下的 76% 则受到赢者的诅咒。第一种类型的平均出价为 10，第二种类型的平均出价为 60。

8.5 公用品实验中给予的混合模型

8.5.1 背景

公用品实验在第 2.5.4 节中介绍过。每个受试者都将一项基金划分为公共账户和私人账户。在第 2.5.4 节中是这样解释的,该博弈具有唯一的纳什均衡,由每个受试者的零贡献组成。在实验中,有可观比例的受试者确实贡献为零。但是,有相当大比例的受试者作出了积极贡献,无论在受试者间还是受试者内都有很大的差异,而且公共品实验的目的往往是调查出这种积极贡献行为背后的动机。

在本书的这一章节中,我们开发了一个允许各种动机的模型。使用的是真实实验中的数据(Bardsley, 2000),该设计专门针对这些各种动机的单独识别。[①]该实验设计的主要特征是受试者依次作出贡献,并且都要对该序列中之前受试者的贡献进行观察。另外,该任务会进行重复,因此结果数据为面板数据。

很多计量经济学问题有待解决。最重要的是,从以前文献中可以清楚地看出,在群体里面存在不同类型的受试者,每种都有不同的贡献动机。因此,把在本章前些部分所使用的混合模型适用于区别各种受试者类型。

我们所提出的混合模型假设了三种类型。第一种类型是"互惠者","互惠者"在看到序列中较早的其他人作出的贡献较高时,会贡献更多。我们允许(互惠的)受试者在其他人在序列中较早提交的贡献更高时,通过贡献更多来获取互惠。第二种类型是"策略家","策略家"是自私的,但愿意在预期顺序中的其他人互惠上作出积极贡献。随着该序列进行,参与博弈的受试者越来越少,序列稍后位置的策略家有较少的贡献动机。例如,对于处于最后位置的策略家没有贡献动机。因此,"策略家"在序列中的位置对他们的贡献有负面影响,当他们处于最后位置时贡献为零。第三种类型是"搭便车者","搭便车者"是显示倾向于贡献为零的受试者,而不管其他受试者的行为或者其在序列中的位置。

由于数据的面板结构,混合框架在这一情景中的应用会比本章的其他例子更为复杂。这是一个有待解答的更深层次的计量经济学问题。

另一个对受试者贡献的潜在影响是任务数。一个几乎普遍的调查发现是:在公共品博弈中,随着博弈的重复,贡献率呈现一个下降趋势。标准的解释是根据学习过程。受试者在学习,或者关于博弈的激励结构(即学习是理性的)就是关于他人的行为(社会学习)。这个实验设计的一个新特征是,

---

① 已经在第 6.6.3 节中使用 Bardsley(2000)数据集演示了 Tobit 模型的使用。

出于在下一小节中会解释的原因,它消除了社会学习的影响;在实验过程中,贡献的任何减少将会完全归因于学习激励结构。

最后的计量经济学问题是截尾。贡献构成双重检验的因变量,由于最低可能贡献为零,最高可能贡献为基金总额。正如第 6.6.3 节中所讲的,所以需要双限 Tobit 模型(Nelson,1976),来获取实验变量效应的一致估计。

8.5.2 实验

在 Bardsley(2000)的数据集中,有 98 个受试者,分成 14 组,每组 7 个。每个受试者执行 20 个任务。

该实验设计有大量鲜明的特征。首先,在单个博弈中,受试者轮流作出贡献,并且观察序列中之前的贡献。有两个原因说明其重要性。第一,受试者可能观察到之前其他人所作出的贡献,我们就可能评估他们的贡献在多大程度上由他人以前的贡献驱动。也就是说,检验互惠也是有可能的。第二,由于受试者已知自己在序列中的位置,他就会清楚地知道在自己之后还有多少人要作出贡献,所以他会处于一个以"策略性"贡献来评估利益的位置。通过查明在序列中的位置对贡献的影响。检验策略行为也变得可能了。

该实验的另一个显著特征使用"条件信息彩票"(CIL)①作为激励机制。在 CIL 中,受试者所参与的博弈被隐藏在一个由 19 个(在本例中)受控的虚构任务中。以一个任务是真实的为条件,任务信息描述了真实的博弈(所以"他人的行为"如所示)。受试者被提前告知只有一个任务是真实的博弈,并且该真实博弈会有实际的收益。受试者不知道哪一个才是真实的博弈,因此有理由认为他们用对待真实任务的态度去对待每一个任务。

CIL 与第 2.6 节中描述的 RLI 机制有相似之处,比如任务集合中只有一个为真,并且受试者直到实验结束才知道哪个为真。但是,与 RLI 不同,CIL 实验者从一开始就知道哪一个才是真实的任务。

使用 CIL 最主要的好处在于它去除了社会学习的影响。这是因为受试者知道他们和组内其他受试者实际上只参与了一个博弈。由于受试者只是

---

① 参见 Bardsley(2000)对 CIL 的完全解释。

暂时性地假设他们现在所进行的就是那个真实的博弈,受试者就很合理地推测之前所有的任务都是虚构的,所以从之前任务中学到的任何东西都不可能是关于组内其他受试者行为的。出于这个原因,实验过程中贡献的任何衰退现象都可单独归因于对激励结构的学习。

8.5.3　数据

Bardsley(2000)的数据组包含在文件 bardsley 中。在第 6.6.3 节中使用的同样的数据组来阐释双限 Tobit 模型。

正如之前所提到过的,98 个受试者在 20 个任务中被观察。检测贡献的集中分布非常具有启示作用。图 8.4 为该变量的直方图。该直方图清楚地解释了在零处的截尾,以及较轻程度上在顶点 10 处的截尾。总体平均贡献为 2.711,和中位数 1.0 相比,其差异证实了直方图中很明显的正倾斜。

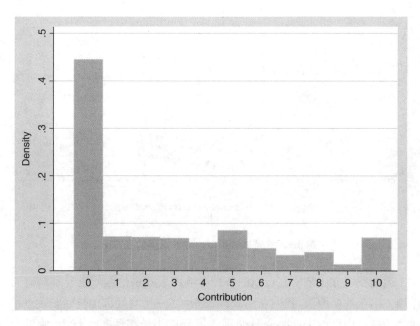

图 8.4　Bardsley(2000)实验中贡献的分布

为了让人能够感受到受试者间差异的大小,图 8.5 展示了各受试者作出

的零贡献数量的分布。除了建立行为的巨大差异,图 8.5 有利于提供样本中
搭便车者数量的粗略估计。要记住搭便车者的(严格)定义——在任何情况
下都作出零贡献的受试者,我们可以看到 98 个受试者中有 14 个(14.3%)满
足这一定义。但是,我们纳入估计的搭便车者定义没有这么死板。我们将
允许在任务中存在小部分作出随机贡献主体的抖动参数包含在内。这意味
着我们可以观察到真正的搭便车者在极少数情况下作出积极的贡献。图 8.5
很有用,因为它清楚地描述了在 20 个场景中的至少 16 个中作出零贡献的
24 个受试者(24.5%)的集群,也就能够合理地初步确定作为抖动受试者的
搭便车者。

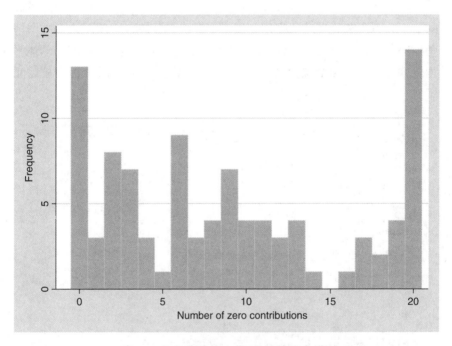

图 8.5 各受试者贡献为零的数量的直方图

运用图表方法来研究贡献的各种影响因素效果的性质也非常具有启示
作用。出于这个原因,我们在图 8.6 中展示了三个有局部加权回归散点平滑
曲线的散点图。由于这些变量的影响不能应用于搭便车者行为,所以在图
8.6 中排除了在图 8.5 中被简单地识别为搭便车者的 24 个受试者贡献。这
些散点本身并不能传达清晰的信息,因为先前贡献中位数和贡献的可能组

合的绝大多数都在图中表示。

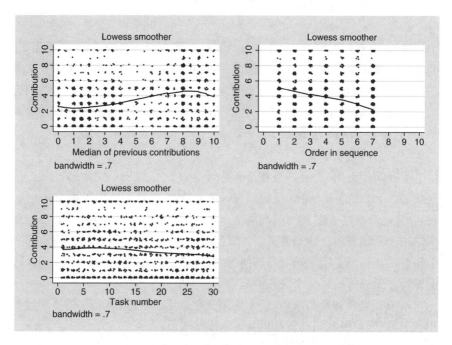

**图 8.6 抖动散点图和局部加权回归散点平滑法贡献
与先前贡献中位数、序列顺序和任务号**

注：带宽＝0.7。搭便车者被排除了。

出于该原因，我们将"抖动"[①]包含在散点图内以使我们至少看到哪一个位置包含最多的点。我们还包括了局部加权回归散点平滑法绘制出的估计的条件贡献平均值。

图 8.6 中的局部加权回归散点平滑法显示了所有三个变量都对贡献有影响。另外，每种效应的方向都与理论预测一致：根据互惠理论的预测，之前贡献的中位数会具有积极效果；而在序列中的顺序则具有消极影响，意味着策略行为；任务数具有消极影响，意味着学习博弈的过程。我们还可以看到这三种效应是单调并大致为线性的。这些观察结果对于下一节的参数模型建立的规范是有用的。

---

① 散点背景下的"抖动"概念已在第 6 章的脚注中解释。

8.5.4　有抖动的有限混合双限 Tobit 模型

这里用到的计量经济学分析与 Bardsley 和 Moffatt(2007)的分析相似。我们假设有 n 个受试者，每一个都在 T 个任务中被观察。用 y_{it} 表示受试者 i 在任务 t 中作出的贡献。变量 y_{it} 下限为 0，上限为 10。这就形成了下限为 0、上限为 10 的双限 Tobit 模型。要在受限独立变量模型建立中使用常规术语，我们将零贡献称为"区域 1"，处于 0—10 之间的贡献称为"区域 2"，贡献为 10 称为"区域 3"。

潜在期望贡献为 y_{it}^* 并且将会被假设为线性依赖于一组解释变量。但是如第 8.5.1 节中所解释的，我们假设受试者各自属于这三种类型中的一种：互惠者(rec)、策略家(str)和搭便车者(fr)，给定受试者的 y_{it}^* 的确定主要取决于受试者属于哪一种类型。该模型(以及一般的有限混合模型)的一个重要特征就是类型之间没有切换：如果给定受试者属于某一类型，那么该受试者在所进行的每一个任务中都属于该类型。

对于互惠者和策略家，我们为期望贡献指定以下潜在模型(搭便车者要单独研究，因为没有与其贡献相关的解释性变量)：

$$\text{互惠者}: y_{it}^* = \beta_{10} + \beta_{11} MED_{it} + \beta_{13}(TSK_{it} - 1) + \epsilon_{it, rec} \qquad (8.6)$$
$$\text{策略家}: y_{it}^* = \beta_{20} + \beta_{22}(ORD_{it} - 1) + \beta_{23}(TSK_{it} - 1) + \epsilon_{it, str}$$
$$i = 1, \cdots, n; \ t = 1, \cdots, T$$
$$\epsilon_{it, rec} \sim N(0, \sigma_1^2) \quad \epsilon_{it, str} \sim N(0, \sigma_2^2)$$

ORD_{it} 为解决第 t 个任务时受试者 i 在组内的位置，MED_{it} 是组内其他受试者先前贡献的中位数，TSK_{it} 是任务数。[①]互惠性意味着 $\beta_{11} > 0$，而策略行为意味着 $\beta_{22} < 0$。参数 β_{22} 和 β_{23} 分别表示互惠者和战略家的学习，并且预期为负。TSK 和 ORD 要减 1 的原因是为了更方便地诠释每个方程中的截距：对于第一个任务中第一位置的受试者的期望贡献。

当 $ORD = 1$ 时，MED 很明显还不能确定，但是为了估计而将其设为 8.00；该值通过试验和误差过程获得，这是使对数似然最大化的过程。[②]它可

[①]　TSK 和 t 不一样，因为有些任务是单独实验的一部分，t 取值范围是 0—20，TSK 取值范围是 1—30。

[②]　Bardsley 和 Moffatt(2007)也采用了同样的程序，见他们在表 4 中的注 2。

以被理解为受试者在实验之前形成的先验预期贡献，在实验开始之前就已形成。这个相对较高的值体现了互惠者在博弈一开始就抱着对其他参与者慷慨的乐观心态。

期望贡献 y_{it}^* 与实际贡献 y_{it} 之间的关系由以下截尾规则具体说明：

对于互惠者和策略家：

$$y_{it} = \begin{cases} 0 & \text{当 } y_{it}^* \leqslant 0 \\ y_{it}^* & \text{当 } 0 < y_{it}^* < 10 \\ 10 & \text{当 } y_{it}^* \geqslant 10 \end{cases} \tag{8.7a}$$

对于搭便车者：

$$y_{it} = 0 \,\forall\, t \tag{8.7b}$$

正如第 8.5.3 节中所讲的，我们还要介绍一个"抖动参数" ω［参见 Moffatt 和 Peters(2001)］。在任何单个的反应中，受试者失去专注，随机地从 11 个可能贡献中进行选择的概率为 ω。该参数的一个目的在于设置三个受试者类型之间的刚性隔离规则。例如，如果一个受试者在除了一个以外的每个场合贡献为 0，我们希望为这个受试者赋予积极概率，该受试者是在一个场合失去专注的搭便车者。抖动参数的存在允许这一点。

Loomes 等(2002)在他们关于风险选择的计量经济学模型中包括了在实验过程中衰减大小的抖动参数，以允许学习过程：拥有更多经验的受试者不太可能会作出"随机"选择。这里采用了一个相似策略。我们指定：

$$\omega_{it} = \omega_0 \exp[\omega_1(TSK_{it} - 1)] \tag{8.8}$$

这里现在有两个与抖动相关的参数：ω_0 表示实验刚开始时的抖动概率，ω_1 表示衰减率。我们希望 ω_1 取负值，其数量越大表示衰减得越快。

对于每一个区域及每一种受试者类型，我们有下列单个反应的似然分布，用 $\Phi(.)$ 和 $\phi(.)$ 分别表示标准正态累积分布函数和概率密度函数：

区域 1($y = 0$)：

$$P(y_{it} = 0 | i = rec) = (1 - \omega_{it})\Phi\left(-\frac{\beta_{10} + \beta_{11}MED_{it} + \beta_{13}(TSK_{it} - 1)}{\sigma_1}\right) + \frac{\omega_{it}}{11}$$

$$P(y_{it}=0|i=str)=(1-\omega_{it})\Phi\left(-\frac{\beta_{20}+\beta_{22}(ORD_{it}-1)+\beta_{23}(TSK_{it}-1)}{\sigma_2}\right)+\frac{\omega_{it}}{11}$$

$$P(y_{it}-0|i-fr)-1-\frac{10\omega_{it}}{11} \tag{8.9a}$$

区域 2$(0<y<10)$：

$$f(y_{it}|i=rec)=(1-\omega_{it})\frac{1}{\sigma_1}\phi\left(\frac{y_{it}-\beta_{10}-\beta_{11}MED_{it}-\beta_{13}(TSK_{it}-1)}{\sigma_1}\right)+\frac{\omega_{it}}{11}$$

$$f(y_{it}|i=str)=(1-\omega_{it})\frac{1}{\sigma_2}\phi\left(\frac{y_{it}-\beta_{20}-\beta_{22}(ORD_{it}-1)-\beta_{23}(TSK_{it}-1)}{\sigma_2}\right)+\frac{\omega_{it}}{11}$$

$$f(y_{it}|i=fr)=\frac{\omega_{it}}{11} \tag{8.9b}$$

区域 3$(y=10)$：

$$P(y_{it}=10|i=rec)=(1-\omega_{it})$$
$$\left[1-\Phi\left(\frac{10-\beta_{10}-\beta_{11}MED_{it}-\beta_{13}(TSK_{it}-1)}{\sigma_1}\right)\right]+\frac{\omega_{it}}{11}$$

$$P(y_{it}=10|i=str)=(1-\omega_{it})$$
$$\left[1-\Phi\left(\frac{10-\beta_{20}-\beta_{22}(ORD_{it}-1)-\beta_{23}(TSK_{it}-1)}{\sigma_2}\right)\right]+\frac{\omega_{it}}{11}$$

$$P(y_{it}=10|i=fr)=\frac{\omega_{it}}{11} \tag{8.9c}$$

式(8.9)中抖动参数出现的方式可能需要解释。当出现抖动时，所有 11 个结果(0—10)，都同样可能，所以 $\omega_{it}/11$ 项几乎在每个方程中都有出现。在区域 2 中，需要求密度，而不是概率，所以我们假设当出现抖动时，贡献是在(-0.5，10.5)上的连续均匀分布的实现，在此处与任何特定实现相关的密度为 $\omega_{it}/11$。

正是由于受试者三个不同类型的存在产生了有限混合模型。我们在此介绍三个"混合比"——p_{rec}、p_{str} 和 p_{fr}，它们分别代表了互惠者、策略家和搭便车者的人数所占比例。由于这三个参数的总和为整体，所以只需要假设其中两个。

受试者 i 的似然贡献如下：

$$L_i = p_{rec}\prod_{t=1}^{T} P(y_{it}=0\mid rec)^{I_{y_{it}=0}}f(y_{it}\mid rec)^{I_{0<y_{it}<10}}P(y_{it}=10\mid rec)^{I_{y_{it}=10}}$$

$$+ p_{str} \prod_{t=1}^{T} P(y_{it} = 0 \mid str)^{I_{y_{it}} = 0} f(y_{it} \mid str)^{I_{0 < y_{it} < 10}} P(y_{it} = 10 \mid str)^{I_{y_{it}} = 10}$$

$$+ p_{fr} \prod_{t=1}^{T} P(y_{it} = 0 \mid fr)^{I_{y_{it}} = 0} f(y_{it} \mid fr)^{I_{0 < y_{it} < 10}} P(y_{it} = 10 \mid fr)^{I_{y_{it}} = 10}$$

$$(8.10)$$

$I(.)$ 为指示函数(下标表达式为真时取值为 1，否则取 0)，式(8.9)中的 9 个条件概率/密度就都指定了。

样本对数似然：

$$\text{Log } L = \sum_{i=1}^{n} \log(L_i) \tag{8.11}$$

将 Log L 最大化以取得式(8.9)中 8 个参数的 MLE，以及另外两个抖动参数和三个混合比例中的两个的 MLE。在完整模型中估计的参数的总数为 12个。该模型被描述为"有抖动的有限混合双限 Tobit 模型"。

8.5.5 程序

正如之前所提到过的，该数据集的面板结构是一个复杂的特征。每一个受试者都会经过 20 次的观察。当计算给定受试者的似然贡献时，我们得到受试者所做的 20 个决策的联合概率。实际上来看，这意味着我们在 ml 程序中需要不同于先前实例中使用的似然评估。

STATA 中有大量不同的似然求值程序。在第 6 章的各个例子和本章前些部分提到的例子中使用的一个程序，叫做 lf(线性形式)。在式(8.10)和式(8.11)中定义的对数似然函数的一个特征就是它不满足线性形式约束，因此不能使用 lf。这是因为为了获得样本对数似然，需要求和的似然贡献不是均从数据的单个行中的信息导出的，而是从对应于给定受试者的整行区块导出的。对于每个这样的行区块只有对应的一个似然贡献。正因为如此，才要求 d 族估计程序取代 lf 估计程序。其中最简单的是 d0 估计程序，它只需要估计对数似然贡献。在这里就是使用这一个。估计程序 d1 和 d2需要编程的对数似然的解析导数作为函数评估。

STATA 代码如下所示。表 8.2 给出了 Log L 结构中每个组件的代码对应的名称。代码中可能需要解释代码的一部分是：

```
by i: replace `pp1'=exp(sum(ln(max(`p1',1e-12))))
by i: replace `pp2'=exp(sum(ln(max(`p2',1e-12))))
by i: replace `pp3'=exp(sum(ln(max(`p3',1e-12))))
```

表 8.2　Log L 组成元素对应的 STATA 名称

Log L 的组成	STATA名称
β_{10}，β_{11}，β_{13}	xb1
β_{20}，β_{22}，β_{23}	xb2
σ_1，σ_2	sig1, sig2
ω_0，ω_1，ω	w0, w1, w
p_{rec}，p_{str}，p_{fr}	p_rec, p_str, p_fr
$P(y=0\mid rec)$，$P(y=0\mid str)$，$P(y=0\mid fr)$	p1_1, p2_1, p3_1
$f(y\mid rec)$，$f(y\mid str)$，$f(y\mid fr)$；$0<y<10$	p1_2, p2_2, p3_3
$P(y=10\mid rec)$，$P(y=10\mid str)$，$P(y=10\mid fr)$	p1_3, p2_3, p3_3
$P(y_{it}=0\mid rec)^{I_{y_{it}}=0}\, f(y_{it}\mid rec)^{I0<y_{it}<10}\,(y_{it}=10\mid rec)^{I_{y_{it}}=10}$	p1
$P(y_{it}=0\mid str)^{I_{y_{it}}=0}\, f(y_{it}\mid str)^{I0<y_{it}<10}\,P(y_{it}=10\mid str)^{I_{y_{it}}=10}$	p2
$P(y_{it}=0\mid fr)^{I_{y_{it}}=0}\, f(y_{it}\mid fr)^{I0<y_{it}<10}\,P(y_{it}=10\mid fr)^{I_{y_{it}}=10}$	p3
$\prod_{t=1}^{T} P(y_{it}=0\mid rec)^{I_{y_{it}}=0}\, f(y_{it}\mid rec)^{I0<y_{it}<10}\,P(y_{it}=10\mid rec)^{I_{y_{it}}=10}$	pp1
$\prod_{t=1}^{T} P(y_{it}=0\mid str)^{I_{y_{it}}=0}\, f(y_{it}\mid str)^{I0<y_{it}<10}\,P(y_{it}=10\mid str)^{I_{y_{it}}=10}$	pp2
$\prod_{t=1}^{T} P(y_{it}=0\mid fr)^{I_{y_{it}}=0}\, f(y_{it}\mid fr)^{I0<y_{it}<10}\,P(y_{it}=10\mid fr)^{I_{y_{it}}=10}$	pp3
L_i	pp
$\log(L_i)$	logl
$P(i=rec\mid y_{i1},…,y_{iT})$；$P(i=str\mid y_{i1},…,y_{iT})$；$P(i=fr\mid y_{i1},…,y_{iT})$	postp1；postp2；postp3

　　这在根本上是使用(在第一种情况下)p1 中所包含概率的乘积,对于受试者 i 的 T 个观察。我们使用三个函数 exp(sum(ln(.))) 的原因很简单,虽然 STATA 中有 sum 函数(它取一个变量在观测值上的累积),但是它没有 product 函数。所以我们利用这一特征来计算要求的乘积:

$$\prod_t p_t \equiv \exp\left(\sum_t \ln p_t\right) \tag{8.12}$$

我们采用 max(p1, 1e-12) 的对数而不是简单地用 p1，是为了避免概率无限接近于零时可能产生的数值计算问题。

注意使用三角法从 p1 和 p2 推导出第三种类型(p3)的混合比例。还要注意代码的最后一部分生成了后验类型概率。这会在第 8.5.7 节中进行讨论。

带注释的代码如下：

```
* ESTIMATION OF MIXTURE MODEL FOR BARDSLEY DATA

prog drop _all

* LIKELIHOOD EVALUATION PROGRAM STARTS HERE:

program define pg_mixture
args todo b logl
tempvar p1_1 p2_1 p3_1 p1_2 p2_2 p3_2 p1_3 p2_3 p3_3 p1 p2 p3 pp1 pp2 pp3 pp w

tempname xb1 xb2 sig1 sig2 w0 w1 p_rec p_str

* ASSIGN PARAMETER NAMES TO THE ELEMENTS OF THE PARAMETER VECTOR b:

mleval 'xb1' = 'b', eq(1)
mleval 'xb2' = 'b', eq(2)
mleval 'sig1' = 'b', eq(3) scalar
mleval 'sig2'='b', eq(4) scalar
mleval 'w0'='b', eq(5) scalar
mleval 'w1'='b', eq(6) scalar
mleval 'p_rec'='b', eq(7) scalar
mleval 'p_str'='b', eq(8) scalar

quietly{

* INITIALISE THE p* VARIABLES WITH MISSING VALUES:

gen double 'p1_1'=.
gen double 'p2_1'=.
gen double 'p3_1'=.
gen double 'p1_2'=.
gen double 'p2_2'=.
gen double 'p3_2'=.
gen double 'p1_3'=.
gen double 'p2_3'=.
gen double 'p3_3'=.

gen double 'p1'=.
gen double 'p2'=.
gen double 'p3'=.

gen double 'pp1'=.
gen double 'pp2'=.
gen double 'pp3'=.
gen double 'pp'=.

* GENERATE THE TREMBLE PROBABILITY:

gen double 'w'='w0'*exp('w1'*tsk_1)

* COMPUTE TYPE-CONDITIONAL DENSITIES UNDER REGIME 1:

replace 'p1_1'=(1-'w')*normal(-'xb1'/'sig1')+'w'/11
replace 'p2_1'=(1-'w')*normal(-'xb2'/'sig2')+'w'/11
replace 'p3_1'=1-(10/11)*'w'
```

```
* COMPUTE TYPE-CONDITIONAL DENSITIES UNDER REGIME 2:

replace 'p1_2'=(1-'w')*(1/'sig1')*normalden((y-'xb1')/'sig1')+'w'/11
replace 'p2_2'=(1-'w')*(1/'sig2')*normalden((y-'xb2')/'sig2')+'w'/11
replace 'p3_2'='w'/11

* COMPUTE TYPE-CONDITIONAL DENSITIES UNDER REGIME 3:

replace 'p1_3'=(1-'w')*(1-normal((10-'xb1')/'sig1'))+'w'/11
replace 'p2_3'=(1-'w')*(1-normal((10-'xb2')/'sig2'))+'w'/11
replace 'p3_3'='w'/11

* MATCH TYPE-CONDITIONAL DENSITIES TO ACTUAL REGIMES (d IS REGIME):

replace 'p1' = (d==1)*'p1_1'+(d==2)*'p1_2'+(d==3)*'p1_3'
replace 'p2' = (d==1)*'p2_1'+(d==2)*'p2_2'+(d==3)*'p2_3'
replace 'p3' = (d==1)*'p3_1'+(d==2)*'p3_2'+(d==3)*'p3_3'

* FIND PRODUCT OF TYPE-CONDITIONAL DENSITIES FOR EACH SUBJECT:

by i: replace 'pp1'=exp(sum(ln(max('p1',1e-12))))
by i: replace 'pp2'=exp(sum(ln(max('p2',1e-12))))
by i: replace 'pp3'=exp(sum(ln(max('p3',1e-12))))

* COMBINE TYPE-CONDITIONAL DENSITIES TO OBTAIN MARGINAL DENSITY FOR EACH SUBJECT
* (ONLY REQUIRED IN FINAL ROW FOR EACH SUBJECT):

replace 'pp'='p_rec'*'pp1'+'p_str'*'pp2'+(1-'p_rec'-'p_str')*'pp3'
replace 'pp'=. if last~=1

* SPECIFY (LOG-LIKELIHOOD) FUNCTION WHOSE SUM OVER SUBJECTS IS TO BE MAXIMISED

mlsum 'logl'=ln('pp') if last==1

* GENERATE POSTERIOR TYPE PROBABILITIES, AND MAKE THESE AVAILABLE OUTSIDE THE
  PROGRAM

replace postp1='p_rec'*'pp1'/'pp'
replace postp2='p_str'*'pp2'/'pp'
replace postp3=(1-'p_rec'-'p_str')*'pp3'/'pp'

putmata postp1, replace
putmata postp2, replace
putmata postp3, replace

}

end

* END OF LOG-LIKELIHOOD EVALUATION PROGRAM

clear
set more off

* READ DATA

use "bardsley"

by i: gen last=_n==_N

gen int d=1
replace d=2 if y>0
replace d=3 if y==10

gen double ord_1=ord-1
gen double tsk_1=tsk-1
```

```
* SET MEDIAN OF PREVIOUS CONTRIBUTIONS TO 8 FOR SUBJECTS IN FIRST POSITION:

replace med=8 if ord==1

*  SPECIFY EXPLANATORY-VARIABLE LISTS FOR RECIPROCATOR (LIST1)
*  AND STRATEGIST (LIST2) EQUATIONS:

local list1 "med tsk_1"
local list2 "ord_1 tsk_1"

* INITIALISE VARIABLES TO BE USED FOR POSTERIOR TYPE PROBABILITIES:

gen postp1=.
gen postp2=.
gen postp3=.

* SPECIFY STARTING VALUES:

mat start=(0.57,-0.10,6.1,-0.93,-0.05,5.2,3.3,3.7,0.11,-0.05,0.26,0.49)

* SPECIFY LIKELIHOOD EVALUATOR, PROGRAM, AND PARAMETER NAMES:

ml model d0 pg_mixture (=`list1') (=`list2') /sig1 /sig2 /w0  /w1  /p_rec /p_str
ml init start, copy

* USE ML COMMAND TO MAXIMISE LOG-LIKELIHOOD, AND STORE RESULTS AS "WITH_TREMBLE":

ml max, trace search(norescale)
est store with_tremble

* COMPUTE THIRD MIXING PROPORTION USING DELTA METHOD:

nlcom p_fr: 1-[p_rec]_b[_cons]-[p_str]_b[_cons]

* EXTRACT POSTERIOR TYPE PROBABILITIES AND PLOT THEM AGAINST
*  NUMBER OF ZERO CONTRIBUTIONS:

drop postp1 postp2 postp3

getmata postp1
getmata postp2
getmata postp3

label variable postp1 "rec"
label variable postp2 "str"
label variable postp3 "fr"

by i: gen n_zero=sum(y==0)

scatter postp1 postp2 postp3 n_zero if last==1, title("with tremble") ///
ytitle("posterior probability") msymbol(x Dh Sh) jitter(3) saving(with, replace)

* ESTIMATE MODEL WITHOUT TREMBLE, AND STORE RESULTS AS "WITHOUT_TREMBLE":

constraint 1 [w0]_b[_cons]=0.00
constraint 2 [w1]_b[_cons]=0.00

ml model d0 pg_mixture (=`list1') (=`list2') ///
/sig1 /sig2 /w0  /w1  /p_rec /p_str, constraints(1 2)

ml init start, copy
ml max, trace search(norescale)
est store without_tremble

nlcom p_fr: 1-[p_rec]_b[_cons]-[p_str]_b[_cons]

* EXTRACT AND PLOT POSTERIOR TYPE PROBABILITIES FOR MODEL WITHOUT TREMBLE:

drop postp1 postp2 postp3
```

```
getmata postp1
getmata postp2
getmata postp3

label variable postp1 "rec"
label variable postp2 "str"
label variable postp3 "fr"

scatter postp1 postp2 postp3 n_zero if last==1, title("without tremble") ///
ytitle("posterior probability") msymbol(x Dh Sh) jitter(3) saving(without, replace)

* CARRY OUT LIKELIHOOD RATIO TEST FOR PRESENCE OF TREMBLE:

lrtest with_tremble without_tremble

* COMBINE THE TWO POSTERIOR PROBABILITY PLOTS

gr combine with.gph without.gph
```

该模型经过两次估计,第一次是所有参数都不受约束,第二次是两个抖动参数约束为零。注意它只需要用 constraint 命令来定义这两个约束条件,然后将 constraint(.)选项和 ml 命令包含进去。

第一个估计(有抖动的模型)的 STATA 输出如下:

```
                                   Number of obs   =      1960
                                   Wald chi2(2)    =    108.07
Log likelihood = -3267.6884        Prob > chi2     =    0.0000
```

	Coef.	Std. Err.	z	P>|z|	[95% Conf. Interval]
eq1					
med	.5986768	.0611812	9.79	0.000	.478764 .7185897
tsk_1	-.0961738	.0202228	-4.76	0.000	-.1358099 -.0565378
_cons	4.004373	.4541826	8.82	0.000	3.114191 4.894555
eq2					
ord_1	-.9644647	.0823747	-11.71	0.000	-1.125916 -.8030133
tsk_1	-.0516767	.0171891	-3.01	0.003	-.0853668 -.0179866
_cons	5.299356	.3828538	13.84	0.000	4.548976 6.049736
sig1					
_cons	3.442242	.1674648	20.56	0.000	3.114017 3.770467
sig2					
_cons	3.705603	.1611296	23.00	0.000	3.389795 4.021411
w0					
_cons	.1041737	.0321191	3.24	0.001	.0412213 .1671261
w1					
_cons	-.0492261	.0218192	-2.26	0.024	-.0919909 -.0064612
p_rec					
_cons	.2710854	.0484671	5.59	0.000	.1760916 .3660791
p_str					
_cons	.4832813	.0538023	8.98	0.000	.3778307 .5887319

	Coef.	Std. Err.	z	P>|z|	[95% Conf. Interval]
p_fr	.2456333	.0436144	5.63	0.000	.1601508 .3311159

如 Moffatt 和 Peters(2001)的介绍，似然比检验可用于检验抖动的存在。将上述模型和无抖动模型进行比较的似然比检验结果如下所示。P 值 0.000 0 展示了出现抖动的强有力证据。

```
. lrtest with_tremble without_tremble

Likelihood-ratio test                          LR chi2(2)  =    149.89
(Assumption: without_trem~e nested in with_tremble)  Prob > chi2 =    0.0000
```

下一节会展示和讨论这两个模型的结果。

8.5.6　结论

从有限混合双限 Tobit 模型(有无抖动参数)中得出的参数估计如表 8.3 所示。第一列包含了完整模型的所有结果。第二列是无抖动模型的结果。在上一节末尾部分提到过，似然比例检验提供了数据集中存在抖动的强有力证据，表示完整模型更有优势。通过观察估计值是如何不同的，尤其是混合比例，当抖动参数不存在时，也清楚地看到包含抖动参数的重要性。比如，在没有抖动时，搭便车者的比例经过估计为 0.143，和在每个情况下都作出零贡献的主体比例恰好相等(参见第 8.5.3 节)；正如之前提到的，抖动的出现允许了将几乎在所有情况下作出零贡献的受试者一并纳入搭便车者组内，这就使得搭便车者的比例上升至 0.246，极度接近于第 8.5.3 节中无参数地定义为搭便车者的受试者比例，因为他们在 20 个任务中至少 16 个中作出的贡献都为零。估计值 24.6% 同样与文献中某个地方的估计值接近[例如，参见 Gächter 和 Fehr(2000)]。

表 8.3　应用于 Bardsley(2000)的数据的混合模型的 MLE(有抖动和无抖动)

	全模型	无抖动
互惠者		
常数	4.004(0.454)	3.166(0.358)
MED	0.599(0.061)	0.490(0.045)
TSK-1	$-0.096(0.020)$	0.061(0.015)
σ_1	3.442(0.167)	3.577(0.126)
策略家		
常数	5.299(0.382)	4.493(0.518)
ORD-1	$-0.964(0.082)$	1.128(0.102)

	全模型	无抖动
		续表
TSK-1	$-0.052(0.017)$	$0.080(0.023)$
σ_2	$3.706(0.161)$	$5.104(0.253)$
抖动		
ω_0	$0.104(0.032)$	—
ω_1	$-0.049(0.022)$	—
混合比例		
p_{rec}	$0.271(0.048)$	$0.382(0.051)$
p_{str}	$0.483(0.054)$	$0.472(0.053)$
p_{fr}	$0.246(0.044)$	$0.143(0.035)$
N	98	98
T	20	20
K	12	20
$\text{Log } L$	$-3\,267.69$	$-3\,342.63$
AIC	3.35	3.42

注:Asymptotic standard errors in parentheses. The estimate and standard error of p_{fr} is deduced from the estimates of p_{rec} and p_{str} using the delta method. When ORD= 1, MED is set to 8 for the purpose of estimation. AIC is Akaike's Information Criterion, defined as $2(-\text{Log } L + k)/(nT)$, where k is the number of parameters in the model. The preferred model is the one with the lower AIC.

式(8.6)中陈述的两个方程的估计如下:

互惠者:$\text{E}(y^* | MED, TSK) = 4.004 + 0.599MED - 0.096(TSK-1)$

$$(8.13a)$$

策略家:$\text{E}(y^* | ORD, TSK) = 5.299 + 0.964(ORD-1) - 0.052(TSK-1)$

$$(8.13b)$$

从表 8.3 中可见,所有系数都非常重要。对于互惠者,和预期一样,先前贡献的中位数对当前贡献具有十分积极的影响:如果先前所有贡献都增加一个单位,我们可以推测当前贡献会增加大约五分之三,但是远远不到一整个单位。这个结果与在 Fischbacher 等(2001)中观察到的偏离互惠一致(受试者虽然受到他人贡献的积极影响,但是仍然倾向于作出低于他人水平的贡献)。

对于策略家,和预期一样,受试者在序列中的位置具有消极影响。尤其,策略先驱者(在任务 1 中)的"预期"贡献为 5.3,最后位置($ORD=7$)的同一策略家将被期望贡献为零——一个高度令人放心的结果,因为我们之前指出在最后位置的受试者没有自私贡献动机。

TSK 的作用对这两种类型都是极其消极的,仅仅意味着经验贡献的减少。如果将其理解学习博弈的激励结构的效果,那么互惠者对此类问题的学习在某种程度上会快于策略家。

实验(任务 1)开始时的抖动概率为 0.104,但是由于 ω_1 极其消极的估计,结束时(任务 20)概率降低到 0.041。这一抖动戏剧化的衰减为学习提供了进一步的证据(Moffatt and Peters,2001;Loomes et al.,2002)。

现在来看混合比例的估计,我们可以看到群体中有将近 25% 为搭便车者,大约 25% 为互惠者,剩下的 50% 为策略家。

8.5.7　后验类型概率

三个后验类型概率由下式给出:

$$P(i = rec \mid y_{i1}, \cdots, y_{iT})$$

$$= \frac{p_{rec} \prod_{t=1}^{T} P(y_{it} = 0 \mid rec)^{I_{y_{it}=0}} f(y_{it} \mid rec)^{I_{0<y_{it}<10}} P(y_{it} = 10 \mid rec)^{I_{y_{it}=10}}}{L_i}$$

$$P(i = str \mid y_{i1}, \cdots, y_{iT})$$

$$= \frac{p_{str} \prod_{t=1}^{T} P(y_{it} = 0 \mid str)^{I_{y_{it}=0}} f(y_{it} \mid str)^{I_{0<y_{it}<10}} P(y_{it} = 10 \mid str)^{I_{y_{it}=10}}}{L_i}$$

$$P(i = fr \mid y_{i1}, \cdots, y_{iT})$$

$$= \frac{p_{fr} \prod_{t=1}^{T} P(y_{it} = 0 \mid fr)^{I_{y_{it}=0}} f(y_{it} \mid fr)^{I_{0<y_{it}<10}} P(y_{it} = 10 \mid fr)^{I_{y_{it}=10}}}{L_i}$$

根据式(8.10)的定义,L_i 是受试者 i 的似然贡献。这些后验类型概率会在程序的结尾计算出来(postp1—postp3)。

在图 8.7 中,我们绘制了从两个模型的估计获得的三个后验概率与受试者作出的零贡献数量的散点图。比较两个图,我们再一次看到两个模型间的主要差异在于搭便车者类型的主体分布。对于无抖动模型(右图),只有在 20 个任务中全部作出零贡献的受试者才被看做搭便车者。然而对于抖动模型(左图),只要在至少 16 个任务中作出零贡献就可被看做搭便车者。对左图的进一步检验揭示了在适中数量的任务(6—14)中作出零贡献的受试者很可能为策略家和互惠者。最后要注意,有少量的点是远离 0 或纵轴的,表示只有很小一部分的受试者不能由模型对其进行确定的类型划分。

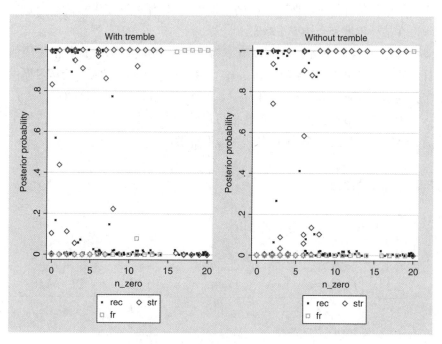

图 8.7　有抖动模型(左图)和无抖动模型(右图)的后验概率与零贡献数量的抖动散点图

8.6　小结与拓展阅读

本章的主题为有限混合模型。关于这个主题的通俗的教科书可以参阅McLachlan 和 Peel(2000)。有限混合模型在实验经济学中的早期应用是EI-Gamal 和 Grether(1995)。稍微近期的是 Bardsley 和 Moffatt(2007)、Cappelen(2007)、Conte 等(2011)、Conte 和 Moffatt(2014)使用过的类似模型。

已经强调的是,推荐的混合模型方法是设置类型的数量并且指定一个参数模型来定义每个类型。读者可能应该知道还有一种方法进行估计，本书中没有提及，那就是允许数据来规定类型数量，以及定义它们的公式。用该方法得到的模型属于"潜在类别模型"，最近由 Collins 和 Lanza(2010)研究过。

模型在本章的第一次(真正地)应用是"公司收购"博弈，感兴趣的读者可以参考 Bazerman 和 Samuelson(1983)及 Ball 等(1991)。

第二次应用是公共品博弈。此类实验中的数据概览由 Davis 和 Holt (1993，ch.5)及 Ledyard(1995)提供。有一些作者将不同类型的受试者进行区分，包括搭便车者和互惠者(Gächter and Fehr，2000)。这里估计的混合模型所用的数据来自 Bardsley(2000)，并且该模型本身也与 Bardsley 和 Moffatt(2007)的模型相似。

9 模拟实验数据和蒙特卡洛法

9.1 引言

模拟数据是本书的主要内容,本章将主要介绍应用模拟数据的方法,本章的案例将从简单数据的模拟逐渐过渡到复杂数据集的模拟。

有很多原因可以说明模拟数据的重要性。第一,在真实数据集无法收集时,如果只是为了要向其他人演示分析数据的方法,模拟一个数据集是十分有用的。当然,不要忘记数据是模拟出来的,不要由此推断与实际行为相关的结论。使模拟数据与真实数据尽可能地接近是十分重要的,如可以通过容纳已知的异常现象来使模拟数据贴近真实数据。本书中所使用的许多数据集就是根据这一思想模拟出来的。

第二个原因是模拟数据尝试在一个新的估计程序中发挥着重要作用。在编写一个估计程序时出现很多错误是正常现象。有时当中有些错误是明显易查的,因为它们的存在,整个程序无法运行。有时候程序可以运行并且得出估计值,但是由于代码输入导致估计值是错误的,并且这种错误很难发现。模拟是在整个程序运用于真实数据之前,检验程序是否按照预先设计运行的一种方法。因为在模拟数据时,"真实"参数值是已知的,可以依据估计值与真实值的贴近程度来评价代码的正确性。

模拟的第三个主要用处是用于蒙特卡洛模拟研究中。两种不同的模拟就会产生两种不同的数据集,因此也会有两组不同的参数估计值。通过做大量的模拟,产生大量不同的估计值,之后观察这些估计值的分布,在模拟中,主要关注这些估计值是否会在真实值附近集中分布(意味着估计值是无偏的),以及估计值相对于真实值的方差(表示估计值的精确性)。这样的一个程序就被称为蒙特卡洛研究。这个程序被广泛应用于研究检验统计量的效果,它的主要目的是探究检验统计量与原假设条件下理论分布的贴近程度。

执行蒙特卡洛研究的核心是数据生成程序(DGP),其必须在一开始就确定好,通常包括确定性部分和随机性部分,其中随机性部分的分布是随样本容量完全指定的。每一次模拟的重复被视为一个复制,在每一次复制中,会对数据生成程序进行模拟,并估计出一个模型。

估计出来的模型没有必要和数据生成程序相同,事实上,蒙特卡洛研究的一个普遍用途是研究错误指定模型的估计量性质的影响(使用一个不同于数据生成程序的模型),在理论信息不充分的情况下,这一方法是十分有效的(如样本容量小)。

9.2 STATA 中随机数的产生

对于任何模拟而言,一个选定分布的随机数的生成都是十分重要的一部分。在 STATA 中,可用的分布包括:[①]

```
gen double u=runiform()  // [Uniform(0,1)]
gen double z=rnormal()   // [Normal(0,1)]
gen int n=rpoisson(3)    // [Poisson(3)]
```

如果要求用非标准正态分布,那这个分布的平均值和标准差就会插入成为 rnormal 函数的参数[如,gen double x = rnomal(3, 2)]。另外一种做法是通过乘以标准差加上均值的做法转化标准正态变量。

如第一个例子,以下的命令代码会从一个标准正态分布中产生 1 000 个随机数,将它们转化为 $N(3, 2^2)$ 分布,之后就会产生如图 9.1 的直方图,便于我们观测结果分布。

```
set obs 1000
gen double z=rnormal()
gen double x=3+2*z
hist x, normal
```

---

① 这些命令中使用的"//"是在 do-files 命令行中引入注释的一种方式,"//"后面的所有内容都被视为注释。

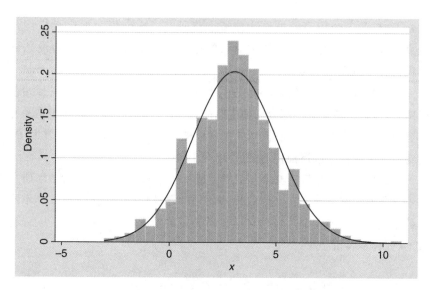

图 9.1　满足 $N(3, 2^2)$ 分布的 1 000 个随机数的直方图

histogram 命令上的 normal 选项会在原有的分布图上叠加一个正态密度函数。我们可以发现，随机数靠近正态分布，显然，一个更大容量的样本将会产生一个更贴近理论预测的频率分布。

如果重复上面的命令序列，将会产生一串不同的随机数，推导出一个不同于下面展示的频率分布。有时候，一次又一次产生相同的随机数是符合期望的（比如两个不同的研究员想要产生相同的结果），为了保证每一串随机数是相同的，在程序开始我们需要设定一个随机数种子，命令代码如下：

```
set seed 7654321
```

命令行中出现的这个数字（即"种子"）可以是 0 到 $2^{31}-1(=2\,147\,483\,647)$ 中的任意一个，一旦数字选定，也就决定了命令产生的随机数序列。确切地说，随机数也不是完全随机的，它们事实上是伪随机数，因为它们取值于一个只有输入是随机数种子的算法。这个算法的目的是让产生的随机数和真实的随机数尽可能地靠近。我们尽可能采用内置的 STATA 算法成功做到这一点，我们或许还可以将已经生成的自由序列变成随机序列。

前面所示的代码中包含了转换的运用，即将一个标准正态变量转化为一个满足 $N(3, 2^2)$ 分布的变量。其他类型的转换也是有用的，重要的是，如果将进一步的变换应用到变量 x 上：

```
gen double y=exp(x)
```
新的变量 y 将会来自对数正态分布$(3, 2^2)$。

有时候用到的另外一个转换是把均匀分布转化为正态分布。下面的代码产生一个满足均匀分布$(0, 1)$的变量 u，之后用 $z = \Phi^{-1}(u)$ 转换逆正态累积分布函数为一个标准正态变量：

```
gen double u=runiform()
gen double z=invnorm(u)
```

当进行 Halton 抽样（见第 10 章）时，这种转化就显得格外重要。Halton 抽样是从$(0, 1)$均匀分布中得出的，要进行这种抽样，需要做的第一件事就是使用命令 invnorm()将它们转化为标准抽样。

9.3 模拟数据集

9.3.1 线性模型中的模拟数据

在本节中，我们将举一个线性回归模型的例子，这个模型中的数据是模拟的，之后用这些模拟数据来估计模型，这是模拟数据的一种较为简单的方法，其原理对书本后面部分更为复杂的模型也同样适用。

我们假设的模型如下，它就是我们在第 9.1 节中提及的数据生成程序模拟：

$$y_i = 2.0 + 0.5x_i + u_i \quad i = 1, \cdots, 100 \tag{9.1}$$

$$x_i \sim U(0, 1)$$

$$u_i \sim N(0, 1)$$

用于模拟式(9.1)(然后估计)的命令序列如下：

```
set obs 100
set seed 7654321
gen double x=runiform()
gen double u=rnormal()
gen y=2.0+1.0*x+0.5*u
scatter y x, ylabel(0(1)4)
regress y x
```

关于 x 和 y 的模拟散点图如图 9.2 所示。和我们预期的一样，尽管两个变量之间存在明显的正相关关系,但是数据集的散点分布存在较大的噪声。

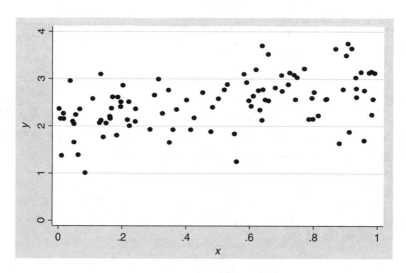

图 9.2 线性模型得出的模拟数据散点图

回归运行结果如下:

```
. regress y x

      Source |       SS       df       MS              Number of obs =     100
-------------+------------------------------           F(  1,    98) =   28.65
       Model |  6.71489828     1  6.71489828           Prob > F      =  0.0000
    Residual |  22.9728286    98  .234416618           R-squared     =  0.2262
-------------+------------------------------           Adj R-squared =  0.2183
       Total |  29.6877269    99  .299876029           Root MSE      =  .48417

-------------+----------------------------------------------------------------
           y |      Coef.   Std. Err.      t    P>|t|     [95% Conf. Interval]
-------------+----------------------------------------------------------------
           x |   .8213198   .153457      5.35   0.000     .5167893    1.12585
       _cons |   2.088775   .0905173    23.08   0.000     1.909147    2.268404
------------------------------------------------------------------------------
```

可以发现,截距和斜率的估计较为准确,因为它们的估计值都接近各自位于置信区间内的真实值(分别为 2 和 1),同时,我们还发现误差项的标准差估计值(即结果中的"Root MSE")也非常接近真实值 0.50。

如果要从单一的模拟扩展到蒙特卡洛模拟,以上的这些命令序列(不包含 scatter 命令)就需要放在一个程序中,之后用 simulate 命令来启动这个程序。值得注意的是,变量 x 是在程序外生成的,因为这一变量在复制间是需要被固定的(为了确保变量 x 在程序中是可用的,需要使用 keep x 命令）。我们将这个程序命名为 ols_monte，程序中产生的斜率估计值、截距估计值和每一个复制的 rmse 都将储存下来。程序命令序列如下：

```
capt prog drop ols_monte

   program define ols_monte, rclass
        syntax [, obs(integer 1)  ]
        set obs `obs'
keep x
tempvar u y

gen double u=rnormal()

gen y=2.0+1.0*x+0.5*u

regress y x

return scalar slope = _b[x]
return scalar intercept = _b[_cons]
return scalar rmse=e(rmse)

end

clear
set obs 100
set seed 7654321
gen double x=runiform()
simulate slope=r(slope) intercept=r(intercept) rmse=r(rmse) ///
, reps(1000): ols_monte, obs(100)
```

在 simulate 命令应用中，通过 syntax 命令，我们能够改变样本容量的大小。simulate 命令首先会指定我们希望从模拟中提取出的三个数，之后指定需要执行的复制数量，然后决定程序的名称，最后指定每一个复制需要模拟的样本容量。

simulate 命令导出的结果将储存在三个变量中（即斜率、截距和 rmse），每一个变量都有 1 000 个观测值，这三个变量的统计摘要如下：

```
. summ

    Variable |      Obs       Mean    Std. Dev.       Min        Max
-------------+--------------------------------------------------------
       slope |     1000   1.000787    .1619344    .5037797   1.545957
   intercept |     1000   1.999025    .0962207     1.69315   2.257928
        rmse |     1000    .4992077    .0362079    .3740984   .6196097
```

我们发现，这三个变量估计值的平均值非常接近它们各自的真实值（分别为 1、2 和 0.5），说明这三个估计量是无偏估计量。斜率和截距估计值的标准误差也接近之前执行回归模拟中的标准误差（分别为 0.15 和 0.09），这证实了它们的标准误差估计值也集中贴近它们的真实值（但严格地说，直接说 ols 标准差是"无偏的"是不准确的）。

9.3.2 模拟面板数据

正如我们所知,经济实验中产生的数据结果通常是面板数据,因此能将面板结构纳入模拟是至关重要的。

让我们首先研究如何从以下的随机效应模型中模拟数据:

$$y_{it}=2.0+0.5x_{it}+u_i+\epsilon_{it} \quad i=1,\cdots,50 \quad t=1,\cdots,20 \qquad (9.2)$$

$$x_{it}\sim U(0,1)$$

$$u_i\sim N(0,0.5^2)$$

$$\epsilon_{it}\sim N(0,1)$$

我们需要做的第一件事是生成主体标识符 i 和任务标识符 t,做法如下:

```
set obs 1000
egen int i=seq(), f(1) t(50) b(20)
egen int t=seq(), f(1) t(20)
xtset i t
```

其中 xtset 命令的作用就是设定变量 i 和 t 以定义面板结构。

之后我们要生成变量 x 和两个随机项:

```
set seed 7654321
gen x=runiform()
gen e=rnormal()

by i: generate double u=0.5*rnormal() if _n==1
by i: replace u=u[1] if u==.
```

其中"中间误差"u 是稍复杂的误差项,因为它需要对一个特定受试者的所有行都取相同的值,这就需要增加两个命令行(即上述系列的最后两行)。第一个命令将正态分布 $N(0,0.5^2)$ 取出的随机数放进每一个受试者的第一行,第二个命令将这些数值复制到受试者剩余的其他行。

最后我们生成因变量:

```
gen double y=2+0.5*x+u+e
```

现在面板数据集是完整的,我们便可以开始估计模型。在这一环节中使用的正确估计是随机效应估计,这样得到的结果如下:

```
. xtreg y x, re

Random-effects GLS regression          Number of obs   =    1000
Group variable: i                       Number of groups =      50
```

```
R-sq:  within  = 0.0394                    Obs per group: min =        20
       between = 0.0305                                   avg =      20.0
       overall = 0.0357                                   max =        20

                                           Wald chi2(1)      =     40.06
corr(u_i, X)   = 0 (assumed)               Prob > chi2       =    0.0000

------------------------------------------------------------------------
         y |      Coef.   Std. Err.      z    P>|z|    [95% Conf. Interval]
-----------+------------------------------------------------------------
         x |   .6939987   .1096485     6.33   0.000    .4790916   .9089058
     _cons |   1.951544   .0934667    20.88   0.000    1.768353   2.134735
-----------+------------------------------------------------------------
   sigma_u |   .49402351
   sigma_e |  1.0085816
       rho |   .19349876   (fraction of variance due to u_i)
------------------------------------------------------------------------
```

从实验数据结果来看,我们发现四个参数(斜率、截距和两个方差分量)的估计值都如预想的一样,接近它们的真实值。

9.3.3 模拟动态面板数据

在某些应用中,一个特定受试者的反应会受到该受试者在前一个任务的反应的影响,而从这一情形下得出的模型就是所谓的动态面板数据模型。考虑使用以下的数据生成程序:

$$y_{it} = 0.0 + 0.3y_{i,t-1} + 0.5x_{it} + u_i + \epsilon_{it} \quad i = 1, \cdots, 50 \quad t = 2, \cdots, 20$$
$$(9.3)$$

$$x_{it} \sim U(0, 1)$$
$$u_i \sim N(0, 0.5^2)$$
$$\epsilon_{it} \sim N(0, 1)$$

式(9.3)中第一行中的 $y_{i,t-1}$ 指将模型定义为动态面板数据模型。此外要注意的是,由于滞后性的存在,任务标识符 t 只能从 2—20 取值。

式(9.3)中的数据模拟如下:

```
set obs 1000

egen int i=seq(), f(1) t(50) b(20)
egen int t=seq(), f(1) t(20)
xtset i t

set seed 654321

gen x=runiform()
gen e=rnormal()

by i: generate double u=0.5*rnormal() if _n==1
by i: replace u=u[1] if u==.
```

```
by i: gen double y=0 if _n==1
by i: replace y=0.0+0.3*y[_n-1]+0.5*x+u+e  if y==.
```

以上代码的关键部分是用于生成变量 y 的两个命令,第一个命令为每一个受试者的第一行产生一个值为 0 的变量 y,并且每隔一行缺失数据,第二个命令的作用是按顺序添加缺失数据,命令中的 $y[\_n-1]$ 代表了前一阶段中的 y 值。

估计动态面板数据模型的标准做法和 Arellano 和 Bond(1991)中的广义矩估计(GMM)方法是一致的,STATA 命令为 xtabond y x,需要注意的是,滞后的因变量不能包含在这个命令内。把这一估计应用到上面模拟的数据中,得到如下结果:

```
. xtabond y x

Arellano-Bond dynamic panel-data estimation   Number of obs      =       900
Group variable: i                              Number of groups   =        50
Time variable: t
                                               Obs per group:    min =        18
                                                                 avg =        18
                                                                 max =        18

Number of instruments =    155                 Wald chi2(2)       =     73.17
                                               Prob > chi2        =    0.0000
One-step results
------------------------------------------------------------------------------
          y |      Coef.   Std. Err.      z    P>|z|     [95% Conf. Interval]
------------+-----------------------------------------------------------------
          y |
        L1. |   .3225384   .0393107     8.20   0.000     .2454908    .399586
            |
          x |   .3074247   .1298663     2.37   0.018     .0528914   .5619579
      _cons |    -.00245   .0735888    -0.03   0.973    -.1466814   .1417815
------------------------------------------------------------------------------
Instruments for differenced equation
        GMM-type: L(2/.).y
        Standard: D.x
Instruments for level equation
        Standard: _cons
```

从结果中我们可以看到,滞后因变量 y 的系数、x 的系数和常数这三个估计值都接近它们位于置信区间内的真实值(分别为 0.3、0.5 和 0)。

9.3.4 模拟二元面板数据

如在前两个小节中所论证的那样,二元面板数据比连续面板数据与实验计量经济学更相关。由于这一原因,我们将目光更多地投向了二元面板数据,并且采用蒙特卡洛模拟来尝试性地探讨忽略受试者间异质性的结果。

采用下面的数据生成程序:

$$y_{it}^* = -1.0 + 2.0x_{it} + u_i + \epsilon_{it} \quad i=1, \cdots, 50 \quad t=1, \cdots, 20 \quad (9.4)$$

$$y_{it} = I(y_{it}^* > 0)$$
$$x_{it} \sim U(0, 1)$$
$$u_i \sim N(0, 1)$$
$$\epsilon_{it} \sim N(0, 1)$$

式(9.4)第二行中的 $I(.)$ 是指标函数,如果括号中的语句是真的,就取值为 1,否则为 0。

下面的代码是有 1 000 个复制的式(9.4)的蒙特卡洛模拟。同样为了确保 x 变量在复制间是固定的,应该在程序模拟产生 x 变量。但这段代码和上一部分所用代码的不同之处在于多了变量 ys,它相当于数据生成程序中的潜变量 y^*。gen y=ys>0 这条命令会产生一个二元变量 y,当 $ys>0$ 时,取值为 1,否则就为 0。在每一次复制中,会对随机效应概率模型(正确模型)和混合概率模型(忽略了包含在 u 中的受试者间异质性)这两个模型进行估计,每个模型所生成的斜率系数(即变量 x 的系数)将会被储存起来(分别储存为"slope_pooled"和"slope_re")。

```
program define panel_monte, rclass
      syntax [, obs(integer 1)  ]
      set obs `obs'
keep x
tempvar i t z1 z2 ee e u v ys y

egen i=seq(), f(1) t(50) b(20)
egen t=seq(), f(1) t(20)
tsset i t

gen double e=rnormal()

by i: generate u=rnormal() if _n==1
by i: replace u=u[1] if u==.

gen ys=-1.0+2.0*x+u+e
gen y=ys>0

probit y x
return scalar slope_pooled = _b[x]

xtprobit y x, re i(i)
return scalar slope_re = _b[x]
end


clear
set obs 1000
gen double x=runiform()
simulate slope_pooled=r(slope_pooled) slope_re=r(slope_re), ///
reps(1000): panel_monte, obs(1000)
```

图 9.3 中的直方图显示了这两个估计量的分布。请记住,斜率参数的真实值为 2.0,图 9.3 中的左图显示的是一个集中于 2.0 的分布,说明随机效应概率模型会导致无偏估计。而右图显示是来自混合概率模型的斜率估计值分布,该图显示,当使用混合概率模型时,有 30% 左右的斜率估计值会有严重的向下偏差。

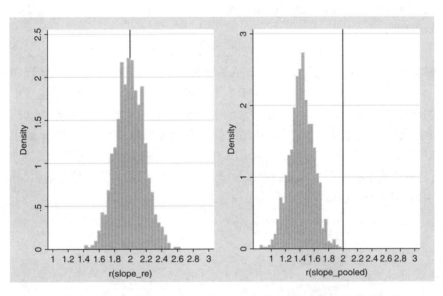

图 9.3 随机效应概率的斜率估计值分布(左图)与混合概率的斜率估计值分布(右图)

这个例子是非常有用的,因为它清楚地证实了当受试者间存在差异,却假设他们是相同的这一做法会导致严重的后果。同时,它也证实了估计一个允许受试者间异质性存在的模型优势(在这里指随机效应概率模型)。

9.4 对 Hausman 检验的蒙特卡洛研究

在第 7.6 节中的顺序数据部分,我们举了一个采用有序概率模型来分析风险选择实验中风险偏好强度的例子。除了让受试者在一个安全彩票和风险彩票中做选择,我们还假定受试者被要求表明他们对自己所做选择的确定程度:不确定、比较确定或完全确定。结果显示这些顺序数据可以使用有序概率函数来进行建模,并且采用有序概率模型导出的结果优于二元概率模型的结果,之后还对比较两组估计值的 Hausman 检验如何用于检验偏好反映真实度进行了解释。

在这里,我们用蒙特卡洛方法来探究所描述的 Hausman 检验的特性,证实它能够达到检验目的。我们模拟了大量的数据集(所有的数据集都是建立在原假设和备择假设基础上),并且对每一个模拟数据都计算出它对应的 Hausman 检验统计量。之后我们研究了检验水平和检验功效。

这个检验中的原假设是当受试者(假定为 p)被问及他们的偏好强度时,他们会真实回答;备择假设则是当受试者(假定为 p)被问及他们的偏好强度时,他们中的有一部分会完全随机地回答,尽管之后他们会真实回答他们要选择的彩票类型。之后我们可以得出检验中的原假设为 $p=0$,备择假设为 $p>0$,然后进行对比检验。

在模拟中,假设 $p=0.30$,则需要两种不同结果的偏好强度。首先我们生成"y_good"作为真实变量,"y_bad"作为完全随机变量,在"y_bad"中所有受试者都是随机选择。之后我们生成"y_poor"作为部分随机变量,在"y_poor"中有 30% 的受试者会进行随机选择,同时,生成二元变量"y_bin"。通过"y_good"和"y_poor"这两个变量生成的检验统计量分别命名为"huasman1"和"hausman2",样本容量和解释变量 w 直接用第 7.6 节中的数据。

代码如下所示,有一条命令可能需要解释。变量 three 是在 {1, 2, 3} 上产生的一个离散均匀变量,命令行 gen y_bad=3 * y+three 会按需要产生一个在 1—6 之间取值的有序变量(y_bad),但是当 y_bin=0 时(即受试者选择的是风险彩票),y_bad 是在 1—3 之间随机分布的,而当 y_bin=1 时(即受试者选择的是安全彩票),y_bad 是在 4—6 之间随机分布的。

```
program define hausman, rclass
    syntax [, obs(integer 1)  ]
    drop _all
    set obs 'obs'

* GENERATE SUBJECT ID AND WEALTH (w)

egen subj=fill(1/2)
egen w=seq(), f(0) t(20) b(50)
replace w=w/2

* GENERATE LATENT VARIABLE y*

gen ystar=1.5-0.2*w+rnormal()
```

```
* GENERATE BINARY VARIABLE y_bin

gen y_bin=ystar>0

* SET CUT-POINTS
scalar k1=-1
scalar k2=-0.5
scalar k3=0
scalar k4=.5
scalar k5=1

* GENERATE TRUTHFUL OUTCOME "y_good"

gen y_good=1+(ystar>k1)+(ystar>k2)+(ystar>k3)+(ystar>k4)+(ystar>k5)

* GENERATE "COMPLETELY RANDOM" OUTCOME "y_bad"

gen u=uniform()
gen three=1+(u>0.33)+(u>0.67)
gen y_bad=3*y_bin+three

* GENERATE PARTIALLY RANDOM OUTCOME "y_poor"

gen y_poor=y_good
replace y_poor=y_bad if uniform()<0.3

* ESTIMATE BINARY PROBIT

probit y_bin w
mat b_p=e(b)
mat V_p=e(V)

* ESTIMATE ORDERED PROBIT USING TRUTHFUL OUTCOME (I.E. UNDER NULL)

oprobit y_good w
mat b_op=e(b)
mat V_op=e(V)

* COMPUTE HAUSMAN TEST STATISTIC UNDER NULL

return scalar  hausman1=(b_p[1,1]-b_op[1,1])^2/(V_p[1,1]-V_op[1,1])

* ESTIMATE ORDERED PROBIT USING PARTIALLY RANDOM OUTCOME (I.E. UNDER ALTERNATIVE)

oprobit y_poor w
mat b_op=e(b)
mat V_op=e(V)

* COMPUTE HAUSMAN TEST STATISTIC UNDER ALTERNATIVE

return scalar hausman2=(b_p[1,1]-b_op[1,1])^2/(V_p[1,1]-V_op[1,1])

end

* RUN SIMULATION, WITH 1000 REPLICATIONS; SET SAMPLE SIZE TO 1050

simulate hausman1=r(hausman1) hausman2=r(hausman2) , reps(1000): hausman, obs(1050)
```

通过考虑 hausman1 的分布,我们可以得到检验的效用水平:

```
. summ hausman1, detail

                        r(hausman1)
-------------------------------------------------------------
      Percentiles       Smallest
  1%     .0001179       1.94e-06
  5%     .0054242       4.30e-06
 10%     .0199324       .0000106     Obs              1000
 25%     .1131179       .0000199     Sum of Wgt.      1000
```

50%	.4849418		Mean	1.031761
		Largest	Std. Dev.	1.413984
75%	1.434592	8.040253		
90%	2.811562	9.071658	Variance	1.999351
95%	3.698014	9.883641	Skewness	3.045492
99%	6.178411	16.1178	Kurtosis	20.28341

可以发现,模拟 hausman1 的百分位接近 $\chi^2(1)$ 分布的理论百分位,特别是,我们发现 hausman1 的第 95 个百分位为 3.70,相当接近理论百分位 3.84,hausman1 的第 99 个百分位(6.18)也与理论百分位(6.63)相差不远。这些比较证实了检验接近最优水平,表明当原假设为真,名义检验水平为 0.05 时,拒绝原假设的概率为 0.05,而当名义检验水平为 0.01 时,这一概率接近于 0.01。

比较一个检验统计量的经验分布和原分布的另一个非常有用的方法是采用分位数-分位数(qq)图法,是将经验分布的分位数图和相应的理论分布的分位数图相对比。为了得到这个图,我们需要做下面的操作:

```
qchi hausman1, df(1) msize(1)
```

结果如图 9.4 所示。分位数-分位数图贴近 45 度线,证实了检验统计量的经验分布接近 $\chi^2(1)$ 的原分布。

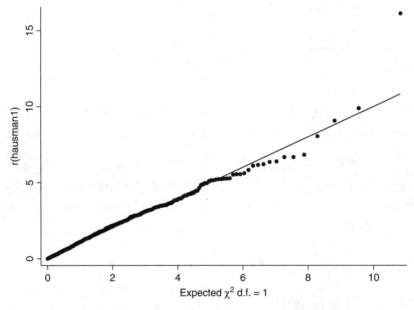

图 9.4 零假设下 Hausman 检验统计量的分位数-分位数图

为了探究检验的功效,我们考虑了 hausman2 的分布,这个检验统计量是在假设有 30% 的受试者没有真实反映自身偏好强度的条件下模拟出来的。图 9.5 中的直方图显示,大部分的检验量是分布在检验临界值右侧的,因此拒绝原假设的概率(即检验的有效性)很高,更确切地说,74.14% 的检验统计量比临界值 3.84 大,表明检验的功效为 0.714。

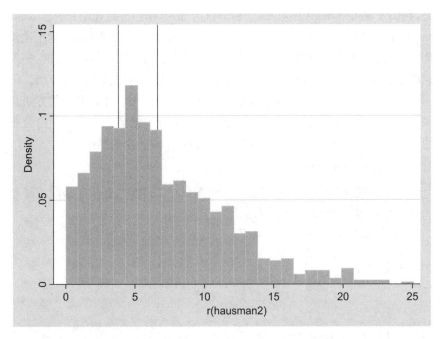

图 9.5　备择假设下 Hausman 检验统计量的直方图

注:垂直线落在 $\chi^2(1, 0.05)$ 和 $\chi^2(1, 0.01)$。

当然,如果我们将随机选择受试者的比率(p)设置的比 0.30 高,将会发现更高的检验功效。通过考虑 p 的一个网格值,我们可以思考拒绝原假设的概率与 p 之间的依赖关系,做这一点,我们就能发现检验的"功效函数"(见章后练习 2)。

9.5　小结与拓展阅读

有两个主题贯穿本章:模拟(指从假定的模型中产生一系列数据集,并对其进行分析)和蒙特卡洛方法(指反复模拟一个假定的模型,并对每一次模拟进行分析,最后探究估计值和检验的分布属性)。

模拟部分,在此我们就不必多说。模拟模型相对比较简单,处理第9.3节中模拟数据采用的是动态面板数据模型。对动态面板数据模型感兴趣的读者可以参考 Roodman(2009)。

对于蒙特卡洛方法,我们已经证实了它是探究(或只是验证)计量经济学估计和检验的分布属性的一种非常有用的方法。另外,它也可能是一种有用的学习方法。Kennedy(1998)认为,在计量经济学教学过程中,可以将蒙特卡洛分析方法作为计量经济学理论教学的一个补充,这对理解抽样分布的概念十分有用。

练习

1. 在第9.3.4节中,我们进行了一个蒙特卡洛研究,在研究中,我们对不可观测的异质性对有序概率模型估计的影响进行了评估。对双限 Tobit 模型进行第6.6节和第8.5节中对公共品贡献实验相同的建模操作,在这一条件下,忽视异质性会导致什么样的后果?

2. 在第9.4节中,执行了一个蒙特卡洛研究来探讨原假设为受试者会真实反映偏好强度的 Hausman 检验的效力。当中原假设被表示为 $p=0$,其中 p 是受试者不如实报告的比例。备择假设假定为 $p=0.3$,结果显示检验的功效为 0.714。

(a) 通过更改命令行 replace y_poor=y_bad if uniform()<0.3 末尾的数字,对在 0 到 1 之间变化的网格值 p 分别执行蒙特卡洛研究,每完成一次执行后,对 hausman2 的值大于 3.84 的部分进行储存(即假设对每个 p 值储存检验功效),绘制检验功效和 p 的散点图。注意会出现检验功效函数的散点图。

(b) 蒙特卡洛研究中假定的样本容量为 1 050。通过改变 simulate 命令中的 obs 的数量,获得关于更小样本(如 100)和一个更大样本(如 5 000)的功效函数,将这三个功效函数画在同一个图中,探究当样本容量增大时,功效函数会发生怎样的变化?

10 最大模拟似然方法的介绍

10.1 引言

在实验数据分析上,受试者间异质性的重要性在之前章节已经介绍过。尤其是在第 4 章和第 5 章我们运用混合效应、随机效应和多层次模型的方式,在线性模型内容里介绍了受试者间的异质性。在这一章,这些面板数据技巧将延伸应用到离散数据模型。主要目的是介绍在这本书中,可以有效展示受试者间异质性,并进行多次应用的一个模拟程序。这个程序就是最大模拟似然(MSL)方法。这是一种,使用模拟方式来评估似然函数中异质项积分的方式。这种方式将会在两个标准模型的应用中介绍:应用于二元面板数据的随机效应概率;应用于截取面板数据的随机效应 Tobit。举这些例子的一个理由就是,这些模型可以运用固有的 STATA 命令(xtprobit 和 xttobit)进行估计,而且对来自 MSL 程序的结果和运用这些命令得到的结果进行比较,简单点,可以用来核实我们的 MSL 程序编程正确性,并按照我们的预期运行。

通过集合这些相对简单的例子,本章的另一个重要目标就是为 MSL 过程的每一步提供一个详细解释。这种类型的解释主要是为在之后章节中,对将会遇到的更为复杂的应用程序进行理解做好准备。

MSL 技术的运用,还会在第 11 章探讨,在那一章,我们将给出面板门槛模型。之后,在第 13 章,我们将会运用 MSL 去评估风险选择模型,这一模型包含了在风险偏好上连续受试者间的变量。最终,在第 15.3 节,我们运用 MSL 估计利他主义模型,这种利他主义表现了效用函数参数方面的受试者间异质性。

10.2 MSL 的原则

当建模数据是由每个受试者的多个观测值组成的时候,我们往往会遇到以下结构的对数似然函数:

$$\text{Log } L = \sum_{i=1}^{n} \ln \int_{u} \left[\prod_{t=1}^{T} g(y_{it} \mid x_{it}; u) \right] f(u) \mathrm{d}u \tag{10.1}$$

式(10.1)形态的对数似然出现在以下场景中:有 n 个受试者,每一个都参与 T 个任务。其中 y_{it} 是受试者 i 在任务 t 中的决策变量。这个决定被假设取决于包含在 x_{it} 中的一组解释变量,而且还取决于单变量随机变量 u。这种依赖的确切性质体现在条件密度函数 $g(.\mid.;.)$ 上。需要注意的是 u 在受试者间是不断变化的,但是每个受试者只有一个 u 值。根据密度函数 $f(u)$ 为受试者生成 u,认为是受试者特定随机分布结果。通过 u 的变化获取受试者间的异质性。

关于式(10.1)估计的主要实际问题就是随机效应 u 的完整性。完整性估计的两个可能的方式分别是:求面积和模拟。在这里贯穿整章,我们将会运用模拟方法。运用模拟的估计方式被称为 MSL[参见 Train(2003)]方法。

MSL 的基本原则解释如下。考虑到随机变量 ϵ 的积分:

$$I = \int_{-\infty}^{\infty} t(\epsilon) f(\epsilon) \mathrm{d}\epsilon \tag{10.2}$$

在这个公式里 $f(\epsilon)$ 是 ϵ 的密度函数,而且 $t(\epsilon)$ 是 ϵ 的其他函数。在式(10.2)定义的量是 $\mathrm{E}[t(\epsilon)]$,因此我们可以通过 ϵ 的多个值 $t(\epsilon)$ 的"均值"对它进行估计。即:

$$\hat{I} = \frac{1}{R} \sum_{r=1}^{R} t(\epsilon_r) \tag{10.3}$$

如果 $\epsilon_1, \cdots, \epsilon_R$ 是从密度函数 $f(\epsilon)$ 抽取出来的随机数字,而且抽取数 R 足

够高,式(10.3)将会是对积分式(10.2)的精准近似。

这个问题除了被面板结构弄得更加复杂之外,实施这个程序的目的是估计出式(10.1)中的积分。将面板数据安排在 n 个区域,每个受试者一个区域。假设一个平衡面板,每个受试者的区域包含了相同行数 T。因此,数据集里的行数一共有 $n \times T$。数据的每个区域只需要一组随机抽取的。因此一组 R 抽样被(水平地)附加给数据集的每一行,但是在一个给定的区域内部,这 T 行抽样是完全一样的。考虑一个特定区域,对于每一个 R 抽样(即抽样数组的每一列),找到出现在式(10.1)里的方括号乘积(超过 t),并且 R 乘积的结果是平均的,式(10.3)的意思就是为了获得出现在式(10.1)右手边的积分近似值。对于数据集的 n 个区域中的每一个积分都是这样得到的。因此,这 n 个积分最终取对数而且求和得到样本的对数似然函数式(10.1)。

当令在 STATA 中的面板数据的对数似然函数最大化的时候,会有很大程度上不同于在第 6 章遇到的独立观测值。在第 6 章讨论的例子里对数似然估计的贡献,是生成数据集里每一行数据,并应用"方法 lf"(lf 代表线性形式约束)。面板数据和线性形式约束没有同时运用,因为对数似然函数是针对组观测值形成的。出于这个原因,比起"方法 lf","方法 d0"经常被应用。"方法 d0"在第 8.5 节已经应用于公共品面板数据分析,在那个例子中,并没有运用到模拟,因为在似然估计函数里没有积分。

10.3 Halton 抽样

10.3.1 运用 Halton 抽样的情况

出于当前原因,比起仅仅运用随机数字生成器,更好的方式是从密度函数 $f(.)$ 中抽取数字。正如 Train(2003,ch.9)介绍的一样,这里有两个问题:覆盖范围和协方差。

覆盖范围问题如下:伴随着独立随机抽样,以及在其他领域抽样的不足,有可能这些抽样在一些领域会聚集在一起。可以保证均匀覆盖范围的程序预计能够提供对积分更好的近似。

协方差问题介绍如下：利用独立抽样，抽样之间的协方差为 0。正如式 (10.3)所示的模拟器方差将会是单次抽样除以 R 的方差。如果连续抽样是负相关而不是独立的，模拟器的方差将会变低，即更准确地逼近真实积分。例如，考虑 $R=2$，$\hat{I}=(t(\epsilon_1)+t(\epsilon_2))/2$，而且它的方差是 $V(\hat{I})=(V[t(\epsilon_1)]+V[t(\epsilon_2)]+2Cov[t(\epsilon_1),\ t(\epsilon_2)])/4$；如果是独立抽样，方差将会是：$V(\hat{I})=V[t(\epsilon_r)]/2$，如果这两个图形之间是负相关，协方差将会是一个负数，方差将会小于 $V[t(\epsilon_r)]/2$。更加直观地，当抽样为负相关时，高于真实平均值 I 的 $t(\epsilon_r)$ 的值将会趋向于跟随低于 I 的值 $t(\epsilon_{r+1})$，使得它们的均值将会接近 I。

Halton 序列(Halton，1960)提供了覆盖范围和负相关。这个序列由一个给定的质数 p 定义，p 可以被看作是这个序列的"种子"。例如，令 $p=2$，这个序列为：

$$\frac{1}{2},\frac{1}{4},\frac{3}{4},\frac{1}{8},\frac{5}{8},\frac{3}{8},\frac{7}{8},\frac{1}{16},\frac{9}{16},\frac{5}{16},\frac{13}{16},\frac{3}{16},\frac{11}{16},\frac{7}{16},\frac{15}{16},\frac{1}{32},\cdots$$

当 $p=3$ 的时候，序列为：

$$\frac{1}{3},\frac{2}{3},\frac{1}{9},\frac{4}{9},\frac{7}{9},\frac{2}{9},\frac{5}{9},\frac{8}{9},\frac{1}{27},\frac{10}{27},\frac{19}{27},\frac{4}{27},\frac{13}{27},\frac{22}{27},\frac{7}{27},\frac{16}{27},\frac{25}{27},\frac{2}{27},$$

$$\frac{11}{27},\frac{20}{27},\frac{5}{27},\frac{14}{27},\frac{23}{27},\frac{8}{27},\frac{17}{27},\frac{26}{27},\frac{1}{81},\cdots$$

在第 10.3.2 节，将会介绍这些序列如何在 STATA 中生成。

10.3.2 在 STATA 中生成 Halton 抽样

在 STATA 中生成 Halton 序列至少有两种方式。第一个是 mdraws 命令(Cappellari and Jenkins，2006)，这是用户编写的程序，需要安装。安装 mdraws 之后，接下来代码将会在变量 h1_1 和 h2_1 中生成以上两个序列的前 1 000 个值。每个序列的前 31 个值展示在图 10.1 中的前两列。

```
clear
set obs 1000
matrix p=(2,3)
mdraws, neq(2) dr(1) prefix(h) primes(p)
```

	h1_1	h2_1	z1	z2
1	.5	.33333333	0	-.4307273
2	.25	.66666667	-.6744897	.4307273
3	.75	.11111111	.6744897	-1.22064
4	.125	.44444444	-1.150349	-.1397103
5	.625	.77777778	.3186394	.7647097
6	.375	.22222222	-.3186394	-.7647097
7	.875	.55555556	1.150349	.1397103
8	.0625	.88888889	-1.534121	1.22064
9	.5625	.03703704	.1573107	-1.786156
10	.3125	.37037037	-.4887764	-.3308726
11	.8125	.7037037	.8871465	.5350828
12	.1875	.14814815	-.8871465	-1.044409
13	.6875	.48148148	.4887764	-.0464357
14	.4375	.81481481	-.1573107	.8957798
15	.9375	.25925926	1.534121	-.6456308
16	.03125	.59259259	-1.862732	.2342192
17	.53125	.92592593	.0784124	1.446104
18	.28125	.07407407	-.5791321	-1.446104
19	.78125	.40740741	.7764218	-.2342192
20	.15625	.74074074	-1.00999	.6456308
21	.65625	.18518519	.4022501	-.8957798
22	.40625	.51851852	-.2372021	.0464357
23	.90625	.85185185	1.318011	1.044409
24	.09375	.2962963	-1.318011	-.5350828
25	.59375	.62962963	.2372021	.3308726
26	.34375	.96296296	-.4022501	1.786156
27	.84375	.01234568	1.00999	-2.246197
28	.21875	.34567901	-.7764218	-.3970128
29	.71875	.67901235	.5791321	.4649388
30	.46875	.12345679	-.0784124	-1.157879
31	.96875	.45679012	1.862732	-.1085237

图 10.1　第一行和第二行包含了当 $p=1$ 和 $p=2$ 的 Halton 序列；在第三列和第四列展示了转换到正态的相同序列

mdraws 命令中有四个选项：neq(2) 指定了用于生成序列的不同质数的数量。dr(1) 指明了在其上展开每个序列的列数（当我们需要生成大量的抽样列的时候会变得有用）。prefix(h) 指定了每个变量名称的前缀。primes(p) 指定了先前在向量 p 中指定的质数（"种子"）。

生成 Halton 抽样的第二个方法是使用在 mata 中可用的 halton 函数。准确地生成相同的两个序列的命令展示如下：

```
mata h=halton(100,2,1)
getmata (h*)=h
```

作为这个代码的结果,这两个序列将会被命名为 h1 和 h2。

每当在本书中使用 Halton 抽样时,都要用 mdraws 生成。这是因为比起内置的 Halton 函数,用户编写的 mdraws 命令会有更多的灵活性。

在图 10.2(右图)中,以上生成的两个 Halton 序列相对于彼此绘图。为了比较,我们在左图展现了从均匀分布中随机抽取的两个序列的散点图。注意 Halton 抽样的优越性超过了随机抽样。

来自均匀分布(0, 1)的抽样已经生成了。我们经常遇到的分布是和正态分布相关的。因此,我们需要完成一个从均匀分布到正态分布的转换。需要的转换就是逆正态累积分布函数:

$$z = \Phi^{-1}(u) \tag{10.4}$$

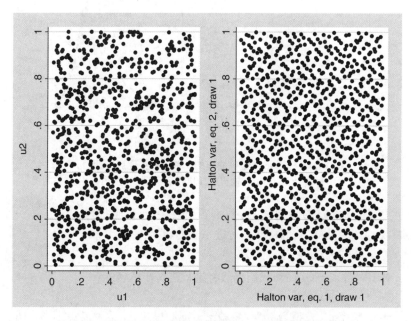

图 10.2 从两个均匀分布抽取 1 000 个随机数据(左图);
从两个 Halton 序列抽取 1 000 个数据(右图)

在 STATA 中函数 $\Phi^{-1}(.)$ 被命名为 invnorm。图 10.1 的第三和第四列包含了两个模拟标准正态分布值,在进行这种转换的两个 Halton 序列中得到的。

图 10.3(右图)展现了运用式(10.4)获得的变换抽样集之一的直方图。

再一次比较,在左图里我们可以看到服从标准正态分布的随机数字的一个直方图。注意,变换的 Halton 抽样比随机抽样更加接近标准正态的真实概率密度函数。

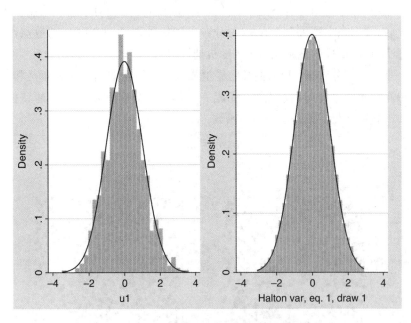

图 10.3   标准正态随机抽样的 1 000 个实现点(左图);
标准正态 Halton 抽样的 1 000 个实现点(右图)

实施式(10.4)的转换之后,我们得到了标准正态抽样。为了从一个 $N(\mu, \sigma^2)$ 产生抽样,我们将会进行进一步的转换:

```
gen x = mu + sig * z
```

对于对数正态(μ, σ^2)我们仍然将进行进一步的转换:

```
gen y = exp(x)
```

尽管模型的参数(比如在之前例子里的 μ 和 σ)在整个似然最大化过程中会不断改变,但是 Halton 抽样将会是固定的。在程序的最初进行抽样,在这个过程中会重复使用相同的抽样。

10.3.3   面板数据估计的 Halton 抽样

正如在第 10.2 节描述的,由于面板结构的原因,在面板模型中使用

Halton 抽样是复杂的。面板数据(平衡的)以 T 型区域为单位排列,而且每个区域仅仅需要一组随机抽样。一组 R 抽样被附加(水平地)到数据集的每一行,但是在给定区域内,T 型抽样都是相同的。

为了生成这种结构的 Halton 抽样,我们运用了接下来的 STATA 程序。我们将会假设受试者由 i 表示,并且任务由 t 表示,这些变量早就已经在存储器里了。首先生成虚拟变量"第一"和"最后",对于一个给定的受试者,表示他的观测值(分别地)是第一个还是最后一个。然后,运用 mdraws 命令为每个受试者生成所需要的抽样数,但是这些仅仅放在每个区域的第一行;缺少的值将会出现在其他行。然后我们对包含 Halton 抽样的列执行循环。在这个循环里,执行三个任务:第一,recast 命令用于确保变量以双精度储存;[①]第二,通过复制出现在第一行中的值来填充缺失值;第三,利用 invnorm(.) 函数将每个 Halton 抽样从均匀分布转换到标准正态分布。

```
by i: generate int first=1 if _n==1
by i: generate int last=1 if _n==_N

mat p=[3]
mdraws if first==1, neq(1) dr(3) prefix(h) primes(p)

scalar draws=r(n_draws)

local hlist h1*

quietly{

foreach v of varlist `hlist' {
recast double `v'
by i: replace `v'=`v'[1] if `v'==.
replace `v'=invnorm(`v')
}
}
```

在一个 $n=10$ 和 $T=3$ 的数据集里实施以上程序(含有 $draws=3$)之后,数据集的表现形式为图 10.4。注意到(转换的)抽样是以 0 为中心的正数和负数的混合,这就是我们对标准正态变量的期望。抽样结构的最重要的特征就是,对于任何给定的受试者(i),三个抽样的集合在该受试者的三行($t=1$, 2, 3)的每一行都是相同的。

---

① 对双精度的解释参见第 10.4.4 节。

	i	t	first	last	h1_1	h1_2	h1_3
1	1	1	1	.	-.4307273	.4307273	-1.2206403
2	1	2	.	.	-.4307273	.4307273	-1.2206403
3	1	3	.	1	-.4307273	.4307273	-1.2206403
4	2	1	1	.	-.1397103	.76470967	-.76470967
5	2	2	.	.	-.1397103	.76470967	-.76470967
6	2	3	.	1	-.1397103	.76470967	-.76470967
7	3	1	1	.	.1397103	1.2206403	-1.7861556
8	3	2	.	.	.1397103	1.2206403	-1.7861556
9	3	3	.	1	.1397103	1.2206403	-1.7861556
10	4	1	1	.	-.33087257	.53508282	-1.0444088
11	4	2	.	.	-.33087257	.53508282	-1.0444088
12	4	3	.	1	-.33087257	.53508282	-1.0444088
13	5	1	1	.	-.04643572	.89577982	-.64563075
14	5	2	.	.	-.04643572	.89577982	-.64563075
15	5	3	.	1	-.04643572	.89577982	-.64563075
16	6	1	1	.	.23421919	1.4461036	-1.4461036
17	6	2	.	.	.23421919	1.4461036	-1.4461036
18	6	3	.	1	.23421919	1.4461036	-1.4461036
19	7	1	1	.	-.23421919	.64563075	-.89577982
20	7	2	.	.	-.23421919	.64563075	-.89577982
21	7	3	.	1	-.23421919	.64563075	-.89577982
22	8	1	1	.	.04643572	1.0444088	-.53508282
23	8	2	.	.	.04643572	1.0444088	-.53508282
24	8	3	.	1	.04643572	1.0444088	-.53508282
25	9	1	1	.	.33087257	1.7861556	-2.2461975
26	9	2	.	.	.33087257	1.7861556	-2.2461975
27	9	3	.	1	.33087257	1.7861556	-2.2461975
28	10	1	1	.	-.3970128	.46493877	-1.1578786
29	10	2	.	.	-.3970128	.46493877	-1.1578786
30	10	3	.	1	-.3970128	.46493877	-1.1578786

图 10.4　适用于 n=10、T=3、R=3 的面板数据的 Halton 抽样数组(转换成正态分布)

10.4　随机效应 Probit 模型

10.4.1　模型

思考一下随机效应 Probit 模型:

$$y_{it}^* = \beta_1 + \beta_2 x_{it} + u_i + \epsilon_{it} \quad i = 1, \cdots, n \quad t = 1, \cdots, T$$
$$= x_{it}' \beta + u_i + \epsilon_{it}$$

$$u_i \sim N(0, \sigma_u^2)$$

$$\epsilon_{it} \sim N(0, 1) \tag{10.5}$$

在这个公式里 y_{it}^* 是潜变量。这个模型不同于在第 6 章通过引入 u_i（即受试者特定随机效应）而被详细讨论的简单 Probit 模型。这是一个关键项，因为它展现了受试者间的差异，它的方差 σ_u^2 可以被解释为受试者间异质性的一种衡量方式。在式(10.5)的第二行我们采用 x_{it} 作为解释变量的向量这个惯例，第一个是一个常量，β 是参数的相应向量，其中第一个是个截距。

潜变量 y_{it}^* 和(二元的)观测值 y_{it} 之间的关系为：

$$y_{it} = \begin{cases} 1 & \text{当} \quad y_{it}^* > 0 \\ 0 & \text{当} \quad y_{it}^* \leqslant 0 \end{cases} \tag{10.6}$$

从式(10.5)和式(10.6)我们可以得到两个二元结果的概率，取决于 u_i 的值：

$$P(y_{it} = 1 \mid u_i) = P(y_{it}^* > 0 \mid u_i) = P(\epsilon_{it} > -(x_{it}'\beta + u_i) \mid u_i)$$
$$= \Phi(x_{it}'\beta + u_i) \tag{10.7}$$

$$P(y_{it} = 0 \mid u_i) = 1 - P(y_{it} = 1 \mid u_i) = 1 - \Phi(x_{it}'\beta + u_i)$$
$$= \Phi(-(x_{it}'\beta + u_i)) \tag{10.8}$$

结合式(10.7)和式(10.8)，我们或许可以得到在 u_i 值的条件下受试者 i 的似然分布：

$$L_i \mid u_i = \prod_{t=1}^{T} \Phi[yy_{it} \times (x_{it}'\beta + u_i)] \tag{10.9}$$

注意到在式(10.9)中我们延续了第 6 章约定，当 y 为 1 和 -1 及当 y 为 0 时定义二元变量 yy 为 $+1$。我们通过让正态分布变量 u 对式(10.9)进行积分，从条件似然得到边际似然：

$$L_i = \int_{-\infty}^{\infty} \prod_{t=1}^{T} \Phi[yy_{it} \times (x_{it}'\beta + u)] \frac{1}{\sigma_u} \varphi\left(\frac{u}{\sigma_u}\right) du \tag{10.10}$$

最后，我们取式(10.10)的对数而且对受试者进行求和以获得式(10.5)的样本对数似然函数：

$$\text{Log } L = \sum_{i=1}^{n} \ln \left[\int_{-\infty}^{\infty} \prod_{t=1}^{T} \Phi[yy_{it} \times (x'_{it}\beta + u)] \frac{1}{\sigma_u} \varphi\left(\frac{u}{\sigma_u}\right) du \right] \quad (10.11)$$

估计式(10.5)的参数之后,我们将会得到每个受试者的后随机反应。这个通过以下公式得到:

$$\hat{u}_i = \text{E}(u_i \mid y_{i1} \cdots y_{iT}) = \frac{\int_{-\infty}^{\infty} u \prod_{t=1}^{T} \Phi[yy_{it} \times (x'_{it}\hat{\beta} + u)] \frac{1}{\hat{\sigma}_u} \varphi\left(\frac{u}{\hat{\sigma}_u}\right) du}{\int_{-\infty}^{\infty} \prod_{t=1}^{T} \Phi[yy_{it} \times (x'_{it}\hat{\beta} + u)] \frac{1}{\hat{\sigma}_u} \varphi\left(\frac{u}{\hat{\sigma}_u}\right) du}$$

$$(10.12)$$

这里的"^"代表了参数估计。

估计式(10.5)最简单的方式就是运用以下 STATA 命令:

```
xtset i t
xtprobit y x, re
```

然而,我们同样希望运用 MSL 估计式(10.5)。在第 10.4.2 节,我们将会概述从式(10.5)模拟数据的方法。之后在第 10.4.3 节,我们将会解释如何运用 MSL 估计模拟数据的模型。STATA 命令 xtprobit 似乎没有用于计算后随机效应的后估计程序。我们开发的 MSL 估计例程将会包括这种情况。

10.4.2 模拟

我们将会演示 MSL 对随机效应 Probit 模型的估计数据将会是模拟数据。在这个部分我们会概述这个模拟。

接下来的代码模拟来自具有 $n = 60$ 个受试者和 $T = 20$ 个任务的模型[式(10.5)]数据。在模拟中运用到的参数值为:

$$\beta_1 = -1.0; \qquad \beta_2 = 2.0; \qquad \sigma_u = 0.5$$

```
clear

* SET SAMPLE SIZE AND RANDOM NUMBER SEED

set obs 1200
set seed 7654321

*  GENERATE SUBJECT IDENTIFIER (i) AND TASK IDENTIFIER (t);
* ENSURE THAT THESE ARE STORED AS INTEGERS
egen i=seq(), f(1) b(20)
egen t=seq(), f(1) t(20)

recast int i t
```

```
*  DECLARE DATA TO BE PANEL DATA

xtset i t

* GENERATE x (FROM UNIFORM) AND e (FROM NORMAL)

gen double x=runiform()
gen double e=rnormal()

* GENERATE u (SUBJECT-SPECIFIC EFFECT)

by i: generate double u=0.5*(invnorm(uniform())) if _n==1
by i: replace u=u[1] if u==.

* GENERATE LATENT VARIABLE y*, AND BINARY VARIABLE y

gen double ystar=-1.0+2.0*x+u+e
gen int y=ystar>0

* ESTIMATE RANDOM EFFECTS PROBIT MODEL USING xtprobit COMMAND

xtprobit y x
```

	i	t	x	y
1	1	1	.6588475	1
2	1	2	.98049626	1
3	1	3	.0373436	0
4	1	4	.10857736	0
5	1	5	.90152806	1
6	1	6	.35898743	1
7	1	7	.91839248	0
8	1	8	.1706897	0
9	1	9	.18685892	1
10	1	10	.90669361	1
11	1	11	.58999881	0
12	1	12	.93117496	1
13	1	13	.41433274	1
14	1	14	.74338348	1
15	1	15	.13376886	1
16	1	16	.648391	1
17	1	17	.47783562	1
18	1	18	.01708559	1
19	1	19	.55203962	1
20	1	20	.24069986	1
21	2	1	.58143611	1
22	2	2	.81475681	0
23	2	3	.91146142	1
24	2	4	.94796911	1
25	2	5	.97362812	1
26	2	6	.72510801	1
27	2	7	.95791281	1
28	2	8	.24174224	0
29	2	9	.18369073	0
30	2	10	.72085298	1
31	2	11	.13015481	0

图 10.5 模拟二元面板数据集的前 31 行

图 10.5 展示了模拟数据的前 31 行(删除了不可见变量)。这个数据被认为是"长形式",每一行仅仅代表只有一个特定受试者作出的决定。[1]因为每个受试者作出了 $T=20$ 的决定,只有前两个受试者的决定出现在这个屏幕截图上。以上代码的最后一行把 xtprobit 命令运用到这个数据集里。结果展示如下:

```
. xtprobit y x, re

Random-effects probit regression          Number of obs     =      1200
Group variable: i                         Number of groups  =        60

Random effects u_i ~ Gaussian             Obs per group: min =        20
                                                         avg =      20.0
                                                         max =        20

Integration method: mvaghermite           Integration points =        12

                                          Wald chi2(1)      =    157.25
Log likelihood  = -710.41547              Prob > chi2       =    0.0000

------------------------------------------------------------------------
        y |     Coef.   Std. Err.      z    P>|z|    [95% Conf. Interval]
----------+-------------------------------------------------------------
        x |  1.847581   .147337    12.54   0.000    1.558806    2.136356
    _cons | -.9181971   .1090388   -8.42   0.000   -1.131909   -.704485
----------+-------------------------------------------------------------
  /lnsig2u| -1.178868   .253014                    -1.674766   -.6829695
----------+-------------------------------------------------------------
  sigma_u |  .5546412   .070166                     .4328418    .7107143
      rho |  .2352558   .0455199                    .1577898    .3355989
------------------------------------------------------------------------
Likelihood-ratio test of rho=0: chibar2(01) =    95.05 Prob >= chibar2 = 0.000
```

我们观察到所有的估计值都非常接近于真实值,真实的三个值全部包含在它们各自的置信区间内。接下来的几个小节的目的就是运用自己编写的 MSL 程序得到相同的结果集。

10.4.3 通过 MSL 进行估计

随机效应 Probit 模型的对数似然函数在上面的式(10.11)中给出,现在重复如下:

$$\text{Log } L = \sum_{i=1}^{n} \ln\left[\int_{-\infty}^{\infty} \prod_{t=1}^{T} \Phi[yy_{it} \times (x'_{it}\beta + u)] \frac{1}{\sigma_u}\varphi\left(\frac{u}{\sigma_u}\right) du\right] \quad (10.13)$$

这个函数包含了对变量 u 的积分,而且具有 $N(0, \sigma_u^2)$ 分布。正如在第 10.2

---

① 呈现面板数据集的另一种方法是"宽形式",即每个受试者只有一行,并且由一个给定的受试者所做的所有决策都被编码在该行中。

节的一个更为详细的描述,MSL 的基本原理就是这个积分可以用下面的平均值近似估计:

$$\frac{1}{R}\sum_{r=1}^{R}(\prod_{t=1}^{T}\Phi[yy_{it}\times(x'_{it}\beta+u_{r,i})]) \tag{10.14}$$

对于受试者 i 来说,在这个公式里的 $u_{1,i}\cdots u_{R,i}$ 是转换之后的 Halton 抽样(记住这些都固定在 t,参考第 10.3.3 节)。抽样被变换以便代表服从 $N(0,\sigma_u^2)$ 分布的抽样。

我们需要使相对于三个参数 β_1、β_2 及 σ_u 的对数似然函数式(10.13)最大化。MSL 方法相当于用式(10.14)中定义的平均数取代出现在式(10.13)中的积分,并且最后使结果函数最大化。

模拟数据集在第 10.4.2 节被描述。每行都代表特定受试者的一个特定决定。每行都包含了受试者标识符(i)、任务标识符(t)与决定变量(x_{it})相关的解释变量值,以及二元决策本身(y_{it},任务值为 0 或者 1)。

正如在之前章节中介绍的,STATA 中的 ml 例程将会被用于对数似然函数式(10.13)的最大化。在 STATA 中有大量不同的似然估计器。第 6 章各种例子里使用的是 lf(线性形式)。正如在第 10.1 节所述,对数似然函数式(10.13)的特征就是它不满足线性形式约束,因此不能应用 lf。这是因为,为了获得样本对数似然而需要求和的似然贡献,不是均从数据的单个行中信息导出的,而是从对应于给定受试者的整个行区块导出的。对于每个这样的行区块只有一个似然贡献。因为这个需要 d 族估计器取代 lf 估计器。这些里面最简单的就是 d0 估计器,这个仅仅要求对数似然贡献进行估计。我们将会使用这个。当 d0 需要数值微分的时候,d1 和 d2 估计器需要对对数似然的解析微分进行编程以及函数估计。如果使用 d1 和 d2 而不是 d0,收敛预期将会更快,但是这将以对解析求导的抑制为代价。

10.4.4 准备数据进行估计

读入数据到 STATA 之后,需要执行很多任务以准备估计。

首先,如果没有特别要求,所有的变量被储存在正确的储存类型里是非常令人满意的。整数变量,比如 i、t 和 y,应该被储存为整数,因为它们存

储为任何其他类型都是浪费内存。为了确保它们作为整数储存,我们用以下命令:

```
recast int i t y
```

任何不是一个整数的(数字)变量都必须被储存为双精度型。被储存为"双精度型"的变量精确到 16 位数字,准确度水平被认为是"双精度"。如果没有被储存为双精度数,它们有可能被储存为浮点数,浮点数仅仅有大概 7 位数的精度值。这个非常重要的理由在于当变量作为浮点数出现时,对数似然函数可能没有足够的准确度计算,而且或许没有平滑的性质,而这一性质对于找到最大值是非常有必要的。这个确保除了整体变量(即在这个例子中的变量 x)之外的所有变量以双精度储存的命令是:

```
recast double x
```

接下来,我们需要两个二元变量来表明当前观察是每个受试者的第一观察还是最后一个观察。命令如下:

```
by i: gen int  first=1 if _n==1
by i: gen int last=1 if _n==_N
```

变量"第一"将对于每个受试者在第一行数据中取值 1(即当 $t=1$ 时)并且在每隔一行中缺失。同样变量"最后"对于每个受试者在最后一行取值为 1(即当 $t=T$ 时)。

使用第 10.3.3 节中详细描述的过程生成变换和布置 Halton 抽样到面板结构中,区别在于面板的范围为 $n=10$, $T=20$。此外,$R=125$ 抽样将会用于估计。

最后,尽管在每个任务中受试者作出的选择是用变量 y 来表示 0/1,出于在第 6 章介绍的实践原因,这个信息依然需要用取+1 和−1 的变量 yy 的形式表示出来。这个变量用以下命令表示:

```
gen int yy=2*y-1
```

10.4.5　似然估计器

现在要描述的是似然估计器。在 STATA 代码中,对于参数和对数似然函数[式(10.13)]的其他组成成分,我们将会采用接下来的名称。

表 10.1

Log L 组成部分	STATA 名称
$\beta_1 + \beta_2 x$	xb
$\ln(\sigma_u)$	ln_s_u
σ_u	s_u
$\Phi[yy_{it} \times (\beta_1 + \beta_2 x_{it} + u_{r,i})]$	p
$L_i \mid u = \prod\limits_{t=1}^{T} \Phi[yy_{it} \times (\beta_1 + \beta_2 x_{it} + u_{r,i})]$	pp
$u_{r,i} \times \prod\limits_{t=1}^{T} \Phi[yy_{it} \times (\beta_1 + \beta_2 x_{it} + u_{r,i})]$	upp
$L_i = \dfrac{1}{R} \sum\limits_{r=1}^{R} (\prod\limits_{t=1}^{T} \Phi[yy_{it} \times (\beta_1 + \beta_2 x_{it} + u_{r,i})])$	ppp
$\dfrac{1}{R} \sum\limits_{r=1}^{R} (u_{r,i} \times \prod\limits_{t=1}^{T} \Phi[yy_{it} \times (\beta_1 + \beta_2 x_{it} + u_{r,i})])$	uppp
R	draws
$\ln L_i$	lnppp

现在我们要依次考虑程序的每个部分(下一小节提供了完整的不间断的代码列表)。程序的第一行将其命名为"my_rep"。接下来的一行(args)引入了函数的参数:todo 仅仅是一个标量,它的值是由被调用的估计器(d0,d1,d2)决定的;b 是以行向量的形式表示参数向量的当前猜测;lnppp 是一个变量名称,包含在参数向量 b 处估计的样本对数似然的贡献(每个受试者)。下一行(tempvar)引入了在到达 lnppp 过程中需要的各种临时变量。下一行(tempname)引入了在计算时需要的临时标量,还有模型的(标量)参数,其中第一个参数从向量 b 里面得出。接下来的一栏(local)定义了一个变量列表,包含了在程序外定义的 Halton 变量 h1_1,h1_2,h1_3……。

```
program define my_rep
args todo b lnppp
tempvar xb p pp ppp upp uppp
tempname ln_s_u s_u
local hlist h1*
```

接下来的两个命令是 mleval 命令,命令的目的就是从行向量 b 中提取模型参数。向量 b 可以被看做是由两个"方程"组成；在第一个实例中，参数 xb 与常数项呈线性关系。因此，xb 具体体现了模型的两个参数 β_1 和 β_2。因为 β_1 和 β_2 只有通过 xb 得到似然，因此在似然的建构中只需要 xb。

在向量 b 里，第二个方程只包含一个参数，其由方程的常数项表示。这就是我们为什么要在第二个 mleval 命令的末尾包含选项标量 scalar；效率增益来自识别 $\ln \sigma_u$ 是标量而不是变量。估计 $\ln \sigma_u$ 而不是 σ_u 主要是确保 σ_u 不会是负数。命令通过应用指数函数完成从 $\ln \sigma_u$ 到 σ_u 的转化。

```
mleval 'xb' = 'b', eq(1)
mleval 'ln_s_u' = 'b', eq(2) scalar
scalar 's_u'=exp('ln_s_u')
```

接下来我们需要初始化各种局部的（即临时的）变量。通常这些被设置为缺失值，而且当它们之后在程序中被应用的时候，使用 replace 命令。这里的例外是初始化为 0 的变量 ppp 和 uppp。这是因为这两个变量分别作为数量 $\prod_{t=1}^{T} \Phi[yy_{it} \times (\beta_1 + \beta_2 x_{it} + u_{r,i})]$ 及 $u_{r,i} \times \prod_{t=1}^{T} \Phi[yy_{it} \times (\beta_1 + \beta_2 x_{it} + u_{r,i})]$ 的累积和，在 R Halton 抽样，$u_{1,i} \cdots u_{R,i}$ 上建立。累积和必须从零开始。

```
quietly{
quietly gen double 'p'=.
quietly gen double 'pp'=.
quietly gen double 'ppp'=0
quietly gen double 'upp'=.
quietly gen double 'uppp'=0
}
```

在程序的下一个阶段中估计出现在对数似然函数中的积分。回想一下这个积分是：

$$\int_{-\infty}^{\infty} \prod_{t=1}^{T} \Phi[yy_{it} \times (\beta_1 + \beta_2 x_{it} + u)] \frac{1}{\sigma_u} \varphi\left(\frac{u}{\sigma_u}\right) du \tag{10.15}$$

估计方法就是在 R Halton 抽样上找到以下平均值：

$$\frac{1}{R} \sum_{r=1}^{R} \left(\prod_{t=1}^{T} \Phi[yy_{it} \times (\beta_1 + \beta_2 x_{it} + u_{r,i})] \right) \tag{10.16}$$

平均值的估计需要一个循环遍历 R 抽样（即在变量列表"hlist"里的 R 变量上面），在循环的每一个阶段估计 t（在程序中为 pp）的乘积，而且把它添加到累积和（在程序中的 ppp）里。循环的编程如下：

```
foreach v of varlist 'hlist' {
replace  'p'= normal(yy*('xb' + 's_u'*'v'))
by i: replace 'pp' = exp(sum(ln('p')))
replace 'pp'=. if last~=1
replace 'upp'='s_u'*'v'*'pp'
replace 'ppp'='ppp'+'pp'
replace 'uppp'='uppp'+'upp'
}
```

关于以上代码,foreach 命令要求循环遍历 hlist 中所包含的变量。大括号里包含要重复的命令。循环里面的第一行计算了在式(10.16)中方括号里项的标准正态累积分布函数。这个项包含了受试者特定效果 $u_{r,i}$。假定分布为 N $(0, \sigma_u^2)$。运用在第 10.3.3 节描述的方法生成的 Halton 抽样(h1_1−h1_R)和标准正态分布相一致。为了得到 $u_{r,i}$ 的值,我们需要将 Halton 抽样乘以 σ_u (在代码中的 s_u)。

以上循环里的第二行是获取每个受试者在 t 上概率乘积的循环。运用 STATA 函数(exp(sum(ln(.))))这种组合的原因在第 8.5.5 节进行了详细解释。这个程序将会导致所需乘积出现在每个受试者的最后一行(变量 pp)。为了方便测量,第三行用缺省值替换每个受试者的除了最后一行之外的所有 pp 值。第四行创建了与式(10.12)(后随机效应公式)的分子中的被积函数对应的变量。这个循环的最后两行将新的乘积加到这些乘积的累积和(ppp 和 uppp)。当退出这个循环的时候,这两个和将会是 R 的和。

一旦在这个循环之外,我们将抽样的两个和除以抽样数,从而给出相应积分的估计(这些在程序里也称为 ppp 和 uppp)。

```
replace 'ppp'='ppp'/draws
replace 'uppp'='uppp'/draws
replace u_post='uppp'/'ppp'
putmata u_post, replace
```

现在,名为 ppp 的变量在每个区域中的最后一行包含了一个值,代表和给定受试者相关联的似然贡献。之后我们对这个似然取对数,而且运用 ml-sum 命令表明这是包含对数似然贡献的变量。以这种方式出现在每个受试者的最后一行中的受试者特定对数似然贡献正是在使用 d0 估计器时所需要的。

```
mlsum 'lnppp'=ln('ppp') if last==1
end
```

注意到以上代码包括了(全局)变量 u_post 的生成,在每个受试者的最后一行,包含了在式(10.12)定义的受试者后随机效应。即使这个变量是全局的,为了在这个程序之外是可读的,它需要被带入 mata,然后从程序外部的 mata(运用 getmata)中提取出。

　　end 命令表明结束了名为"my_rep"的估计程序。一旦在程序之外,我们需要在运行程序之前执行一些任务。在接下来的一些代码中,第一个命令定义了一个包含了解释变量(在本例中只有一个变量)的变量列表。接下来我们需要找一下起始值。一个较为明智的方法就是从一个更为简单的模型得到起始值。接下来第二行运行简单的概率模型。第三行存储估计。之后第四行为随机效应概率模型定义了起始值的向量,作为添加了额外参数 $\ln \sigma_u$ 值的猜测值(0)的简单概率模型中的结果。我们还初始化在程序内部生成的全局变量 u_post。

```
local list_explan "x"
probit y `list_explan'
mat b_probit=e(b)
mat start = b_probit,0
gen double u_post=.
```

　　最重要的是,我们需要调用这些程序。这就需要以下的命令序列:

```
ml model d0 my_rep ( = `list_explan')  /ln_s_u
ml init start, copy
ml max
nlcom s_u: exp(_b[ln_s_u:_cons])
```

　　上面程序的第一行指定了估计器、估计程序及参数列表。第二行引入了起始值的向量。第三行执行了 ml 例程。最后一行调用了三角方法从 $\ln \sigma_u$ 的估计值中推论出 σ_u 的估计。[1]

　　最后我们需要从 mata 中提取出后验随机变量(u_post)。从内存中删除现有变量后,我们运用 getmata 命令:

```
drop u_post
getmata u_post
```

10.4.6　完整的带注释的编码

　　这里我们将会展示完整的不间断编码,包括模拟和估计。代码注释:注释行(以 * 开头)对接下来的代码提供了一个简短描述。

---

　　[1]　在 nlcom 命令中,参数估计被引用为 b[ln_s_u:_cons]。这被称为与估计相关的"图例"。为了找到每个参数估计的图例,可以在 ml 命令之后立即使用 ml coefleg 命令。

```
clear
set more off

* SET SAMPLE SIZE AND RANDOM NUMBER SEED

set obs 1200
set seed 7654321

*  GENERATE SUBJECT IDENTIFIER (i) AND TASK IDENTIFIER (t);
* ENSURE THAT THESE ARE STORED AS INTEGERS
egen i=seq(), f(1) b(20)
egen t=seq(), f(1) t(20)
recast int i t

*  DECLARE DATA TO BE PANEL DATA

xtset i t

* GENERATE x (FROM UNIFORM) AND e (FROM NORMAL)

gen double x=runiform()
gen double e=rnormal()

* GENERATE u (SUBJECT-SPECIFIC EFFECT)

by i: generate double u=0.5*(rnormal()) if _n==1
by i: replace u=u[1] if u==.
* GENERATE LATENT VARIABLE y*, AND BINARY VARIABLES y and yy

gen double ystar=-1.0+2.0*x+u+e
gen int y=ystar>0
gen int yy=2*y-1

* ESTIMATE RANDOM EFFECTS PROBIT MODEL USING xtprobit COMMAND

xtprobit y x

* GENERATE INDICATOR VARIABLES FOR FIRST AND LAST OBSERVATION FOR EACH SUBJECT

by i: gen int first=1 if _n==1
by i: gen int last=1 if _n==_N

* APPEND (HORIZONTALLY) EACH SUBJECT'S FIRST ROW WITH 125 HALTON DRAWS
* (DIFFERENT BETWEEN SUBJECTS). STORE NUMBER OF DRAWS AS "draws".

mat p=[3]
mdraws if first==1, neq(1) dr(125) prefix(h) primes(p)
scalar draws=r(n_draws)

*CREATE A VARIABLE LIST CONTAINING THE HALTON DRAWS
* ENSURE THEY ARE IN DOUBLE PRECISION
* COPY THE ROW OF HALTONS IN EACH BLOCK INTO ROWS 2-T OF SAME BLOCK

local hlist h1*

quietly{
foreach v of varlist `hlist' {
recast double `v'
by i: replace `v'=`v'[1] if `v'==.
replace `v'=invnorm(`v')
}
}

* LIKELIHOOD EVALUATION PROGRAM "my_rep" STARTS HERE:
```

```
capt prog drop my_rep
program define my_rep

* SPECIFY ARGUMENTS

args todo b lnppp
tempvar xb p pp ppp upp uppp
tempname ln_s_u s_u
local hlist h1*

* EXTRACT ELEMENTS OF PARAMETER VECTOR b

mleval 'xb' = 'b', eq(1)
mleval 'ln_s_u' = 'b', eq(2) scalar
scalar 's_u'=exp('ln_s_u')

* INITIALISE TEMPORARY VARIABLES

quietly gen double 'p'=.
quietly gen double 'pp'=.
quietly gen double 'ppp'=0
quietly gen double 'upp'=.
quietly gen double 'uppp'=0

* LOOP FOR EVALUATION OF SUM (OVER r) OF PRODUCT (OVER t)
* pp AND ppp ARE FOR LIKELIHOOD FUNCTION;
* upp AND uppp ARE FOR NUMERATOR OF POSTERIOR RANDOM EFFECT FORMULA

quietly{
foreach v of varlist 'hlist' {
replace  'p'= normal(yy*('xb' + 's_u'*'v'))
by i: replace 'pp' = exp(sum(ln('p')))
replace 'pp'=. if last~=1
replace 'upp'='s_u'*'v'*'pp'
replace 'ppp'='ppp'+'pp'

replace 'uppp'='uppp'+'upp'
}

* DIVISION BY R TO GENERATE REQUIRED AVERAGES (OVER r)
* COMPUTE POSTERIOR RANDOM EFFECT VARIABLE (u_post) AND SEND THIS TO MATA

quietly {
replace 'ppp'='ppp'/draws
replace 'uppp'='uppp'/draws
replace u_post='uppp'/'ppp'
}
putmata u_post, replace

* MLSUM COMMAND TO SPECIFY PER-SUBJECT LOG-LIKELIHOOD CONTRIBUTION

mlsum 'lnppp'=ln('ppp') if last==1
}
end

* "end" SIGNIFIES END OF LIKELIHOOD EVALUATION PROGRAM "my_rep"

* CREATE VARIABLE LIST (list_explan) FOR EXPLANATORY VARIABLES;
* ESTIMATE SIMPLE PROBIT MODEL
* STORE ESTIMATES FROM SIMPLE PROBIT MODEL
* CREATE VECTOR OF STARTING VALUES (start) FOR PANEL PROBIT MODEL
* INITIALISE VARIABLE CONTAINING POSTERIOR RANDOM EFFECT (u_post)

local list_explan "x"
probit y 'list_explan'
mat b_probit=e(b)
mat start = b_probit,0
gen double u_post=.
```

```
* SPECIFY EVALUATOR (d0), EVALUATION PROGRAM (my_rep), AND PARAMETER LIST
* SPECIFY STARTING VALUE VECTOR
* RUN MAXIMUM LIKELIHOOD PROCEDURE; DEDUCE ESTIMATE OF s_u USING DELTA METHOD

ml model d0 my_rep (  = 'list_explan')  /ln_s_u
ml init start, copy
ml max
nlcom s_u: exp(_b[ln_s_u:_cons])

* EXTRACT POSTERIOR RANDOM EFFECT (u_post) GENERATED INSIDE EVALUATION PROGRAM
* PLOT IT AGAINST TRUE RANDOM EFFECT (u).

drop u_post
getmata u_post
lowess u_post u, xline(0) yline(0)
```

10.4.7 结果

在之前章节详细描述的 MSL 程序结果如下：

```
. ml max

initial:      log likelihood = -724.34505
rescale:      log likelihood = -724.34505
rescale eq:   log likelihood = -724.34505
Iteration 0:  log likelihood = -724.34505
Iteration 1:  log likelihood = -711.86049
Iteration 2:  log likelihood = -710.30549
Iteration 3:  log likelihood = -710.28495
Iteration 4:  log likelihood = -710.28494
```

	Number of obs	=	1200
	Wald chi2(1)	=	157.36
Log likelihood = -710.28494	Prob > chi2	=	0.0000

	Coef.	Std. Err.	z	P>|z|	[95% Conf. Interval]
eq1					
x	1.84808	.1473262	12.54	0.000	1.559326 2.136834
_cons	-.9092081	.1087404	-8.36	0.000	-1.122335 -.6960808
ln_s_u					
_cons	-.6117916	.1250433	-4.89	0.000	-.8568721 -.3667112

```
. nlcom s_u: exp(_b[ln_s_u:_cons])

    s_u:  exp(_b[ln_s_u:_cons])
```

	Coef.	Std. Err.	z	P>|z|	[95% Conf. Interval]
s_u	.5423782	.0678208	8.00	0.000	.409452 .6753045

为了方便比较，我们再次提出使用 xtprobit 命令的结果（之前在第 10.4.2 节展示过的）：

```
. xtprobit y x, re
```

Random-effects probit regression	Number of obs	=	1200
Group variable: i	Number of groups	=	60

```
Random effects u_i ~ Gaussian                 Obs per group: min =         20
                                                              avg =       20.0
                                                              max =         20

Integration method: mvaghermite                Integration points =         12

                                               Wald chi2(1)      =     157.25
Log likelihood  = -710.41547                   Prob > chi2       =     0.0000

-----------------------------------------------------------------------------
          y |       Coef.   Std. Err.      z    P>|z|     [95% Conf. Interval]
------------+----------------------------------------------------------------
          x |    1.847581    .147337    12.54   0.000     1.558806    2.136356
      _cons |   -.9181971   .1090388    -8.42   0.000    -1.131909    -.704485
------------+----------------------------------------------------------------
    /lnsig2u |   -1.178868    .253014                    -1.674766   -.6829695
------------+----------------------------------------------------------------
    sigma_u |    .5546412    .070166                      .4328418    .7107143
        rho |    .2352558   .0455199                      .1577898    .3355989
-----------------------------------------------------------------------------
Likelihood-ratio test of rho=0: chibar2(01) =      95.05 Prob >= chibar2 = 0.000
```

我们观察到使用 MSL 例程获得的三个参数估计及附随的标准误差很大程度上接近运用 xtprobit 命令得到的相应估计,差异只出现在百分位或千分位。最大对数似然值同样非常接近。这是非常可靠的,因为它表明 MSL 程序被正确编程而且正在按照我们预期的那样做。

后随机效应($\hat{u}_i$)在式(10.12)中定义。思考这些的最好方式就是对每个受试者的随机效应项 u_i 进行估计。我们已经生成了一个包含了这些后随机效应的变量 u_post,检查它们的一个有用方法就是将它们与真随机效应(u)作图。这个在图 10.6 中展示出来。这两个变量之间的密切对应进一步证实计算已经正确执行。

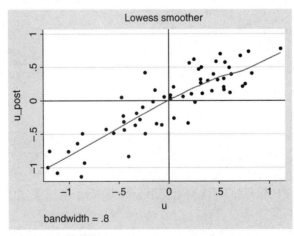

图 10.6　散点图(带平滑曲线):在模拟中 60 个受试者的真随机效应与后随机效应
注:带宽=0.8。

10.5   随机效应双限 Tobit 模型

在这一部分,我们将会把 MSL 方法应用到一个不同的模型——随机效应双限 Tobit 模型里。有所不同的是在这个部分我们将会应用真实数据而不是模拟数据。

在第 6.6.3 节,我们为了检验互惠理论,把双限 Tobit 模型运用到 Barsley(2000)数据集里。这个数据来自每个完成 20 个任务的 98 个受试者。因变量是特定受试者在特定任务中的贡献,关键解释变量是在序列中较早放置的受试者贡献的中位数。先前贡献对该受试者贡献的强烈积极影响是该数据中互惠的强有力证据。因变量从 0 向下截尾,从 10(最大贡献量)向上截尾,这就是检验双限 Tobit 模型的原因。

在第 6.6.3 节提出了观点,因为这个数据集包含了每个受试者的重复观察,而且在贡献行为方面受试者之间的差别较为明显,真正需要的就是面板数据模型,也就是说随机效应双限 Tobit 模型。就像在这个章节之前考虑的随机效应概率模型,随机效应双限 Tobit 模型可以运用 STATA(xttobit)命令估计。在这里,我们将会再一次运用 MSL 中的 Bardsley(2000)的数据着手估计这个模型,然后和那些运用 xttobit 命令得到的结果相比较。我们同样也会通过拓展我们的程序,比 xttobit 命令更进一步地计算每个受试者的后随机效应。

回想一下 bardsley 文件,它包含了来自每个完成 20 个任务的 98 个受试者数据。以下是将会被应用的变量:

i: 受试者编号;

t: 任务编号;

y: 受试者对公共财富的贡献量;

med: 团队中已经贡献受试者的贡献中位数;

tsk: 任务数。

10.5.1   对数似然函数的结构

当数据是由单个横截面数据组成的时候,双限 Tobit 模型在第 6.6.3 节

被开发和估计。在这里,我们把模型延伸到面板数据设置。得到的模型是随机效应双限 Tobit 模型,定义如下:

$$y_{it}^* = \beta_0 + \beta_1 med_{it} + \beta_2 tsk_{it} + u_i + \epsilon_{it} \quad (10.17)$$

$$= x_{it}'\beta + u_i + \epsilon_{it}$$

$$u_i \sim N(0, \sigma_u^2)$$

$$\epsilon_{it} \sim N(0, \sigma_\epsilon^2)$$

其中 y_{it}^* 是受试者 i 在任务 t 中的期望贡献。y_{it} 是观察到的贡献。截尾规则如下:

$$y_{it} = 0 \quad 当 \quad y_{it}^* \leqslant 0 \text{ 时}$$

$$y_{it} = y_{it}^* \quad 当 \quad 0 < y_{it}^* < 10 \text{ 时}$$

$$y_{it} = 10 \quad 当 \quad y_{it}^* \geqslant 10 \text{ 时} \quad (10.18)$$

正如在第 6.6.3 节描述的,这里有三个区域。为了得到似然贡献(在 u_i 的条件下),我们轮流考虑每个区域:

$$y_{it} = 0: P(y_{it} = 0 \mid u_i) = P(y_{it}^* \leqslant 0 \mid u_i) = \Phi\left(-\frac{x_{it}'\beta + u_i}{\sigma_\epsilon}\right) \quad (10.19)$$

$$0 < y_{it} < 10: f(y_{it} \mid u_i) = \frac{1}{\sigma_\epsilon}\varphi\left(\frac{y_{it} - x_{it}'\beta - u_i}{\sigma_\epsilon}\right) \quad (10.20)$$

$$y_{it} = 10: P(y_{it} = 10 \mid u_i) = P(y_{it}^* \geqslant 10 \mid u_i) = \Phi\left(\frac{x_{it}'\beta + u_i - 10}{\sigma_\epsilon}\right) \quad (10.21)$$

通过应用指示函数 $I_{(\cdot)}$ 到式(10.19)—式(10.21),我们可以得到受试者 i 的 T 决定的联合密度(在 u_i 的条件下)。

$$L_i \mid u_i = \prod_{t=1}^{T} \left[\Phi\left(-\frac{x_{it}'\beta + u_i}{\sigma_\epsilon}\right)\right]^{I_{y_{it}=0}} \left[\frac{1}{\sigma_\epsilon}\varphi\left(\frac{y_{it} - x_{it}'\beta - u_i}{\sigma_\epsilon}\right)\right]^{I_{0<y_{it}<10}} \cdot$$

$$\left[\Phi\left(\frac{x_{it}'\beta + u_i - 10}{\sigma_\epsilon}\right)\right]^{I_{y_{it}=10}} \quad (10.22)$$

为了从条件联合密度[式(10.22)]得到边际联合密度函数,我们对正态

变量 u 进行积分：

$$L_i = \int_{-\infty}^{\infty} \prod_{t=1}^{T} \left[\Phi\left(-\frac{x'_{it}\beta + u}{\sigma_{\epsilon}}\right) \right]^{I_{y_{it}=0}} \left[\frac{1}{\sigma_{\epsilon}} \varphi\left(\frac{y_{it} - x'_{it}\beta - u}{\sigma_{\epsilon}}\right) \right]^{I_{0 < y_{it} < 10}} \cdot$$

$$\left[\Phi\left(\frac{x'_{it}\beta + u - 10}{\sigma_{\epsilon}}\right) \right]^{I_{y_{it}=10}} \frac{1}{\sigma_u} \varphi\left(\frac{u}{\sigma_u}\right) \mathrm{d}u \tag{10.23}$$

在式(10.23)定义的 L_i 是受试者似然贡献。通过取对数和连加方式给出样本对数似然函数：

$$\mathrm{Log}\, L = \sum_{i=1}^{n} \ln L_i \tag{10.24}$$

后随机效应或许应为：

$$\hat{u}_i = E(u_i \mid y_{i1} \cdots y_{iT}) = \frac{1}{\hat{L}_i} \int_{-\infty}^{\infty} \left(u \prod_{t=1}^{T} \left[\Phi\left(-\frac{x'_{it}\hat{\beta} + u}{\hat{\sigma}_{\epsilon}}\right) \right]^{I_{y_{it}=0}} \right.$$

$$\times \left. \left[\frac{1}{\hat{\sigma}_{\epsilon}} \varphi\left(\frac{y_{it} - x'_{it}\hat{\beta} - u}{\hat{\sigma}_{\epsilon}}\right) \right]^{I_{0 < y_{it} < 10}} \left[\Phi\left(\frac{x'_{it}\hat{\beta} + u - 10}{\hat{\sigma}_{\epsilon}}\right) \right]^{I_{y_{it}=10}} \frac{1}{\hat{\sigma}_u} \varphi\left(\frac{u}{\hat{\sigma}_u}\right) \right) \mathrm{d}u$$

$$\tag{10.25}$$

在参数上的"∧"表明了估计，在式(10.23)中用估计值取代参数，则得到 $\hat{L}_i$。

10.5.2 MSL 估计

应用 MSL 原则，我们可以得到下面的对数似然函数式(10.24)：

$$\mathrm{Log}\, L = \sum_{i=1}^{n} \ln\left(\frac{1}{R} \sum_{r=1}^{R} \left(\prod_{t=1}^{T} \left[\Phi\left(-\frac{x'_{it}\beta + u_{r,i}}{\sigma_{\epsilon}}\right) \right]^{I_{y_{it}=0}} \times \right.\right.$$

$$\left.\left. \left[\frac{1}{\sigma_{\epsilon}} \varphi\left(\frac{y_{it} - x'_{it}\beta - u_{r,i}}{\sigma_{\epsilon}}\right) \right]^{I_{0 < y_{it} < 10}} \left[\Phi\left(\frac{x'_{it}\beta + u_{r,i} - 10}{\sigma_{\epsilon}}\right) \right]^{I_{y_{it}=10}} \right) \right)$$

$$\tag{10.26}$$

在这个公式里的 $u_{1,i} \cdots u_{R,i}$ 对应于受试者 i 的 Halton 抽样，从 $N(0, \sigma_u^2)$ 分布以这种方式转换为抽样。

在 STATA 代码中，我们采用了在表 10.2 展示的参数名称及对数似然函数式(10.26)的其他组成部分。

表 10.2 Log L 的组件及相对应的 STATA 名称

Log L 组成部分	STATA 名称
$x'_{it}\beta = \beta_0 + \beta_1 med_{it} + \beta_2 tsk_{it}$	xb
$\ln(\sigma_u)$	ln_s_u
σ_u	s_u
$\ln(\sigma_e)$	ln_s_e
σ_e	s_e
$p_{r,i} = \left[\Phi\left(-\dfrac{x'_{it}\beta + u_{r,i}}{\sigma_\epsilon}\right)\right]^{I_{y_{it}=0}} \left[\dfrac{1}{\sigma_\epsilon}\varphi\left(\dfrac{y_{it} - x'_{it}\beta - u_{r,i}}{\sigma_\epsilon}\right)\right]^{I_{0<y_{it}<10}}$	
$\left[\Phi\left(\dfrac{x'_{it}\beta + u_{r,i} - 10}{\sigma_\epsilon}\right)\right]^{I_{y_{it}=10}}$	p
$\displaystyle\prod_{t=1}^{T} p_{r,i}$	pp
$u_{r,i} \times \displaystyle\prod_{t=1}^{T} p_{r,i}$	upp
$\dfrac{1}{R}\displaystyle\sum_{r=1}^{R}\left(\prod_{t=1}^{T} p_{r,i}\right)$	ppp
$\dfrac{1}{R}\displaystyle\sum_{t=1}^{R}\left(u_{r,i} \times \prod_{t=1}^{T} p_{r,i}\right)$	uppp
R	draws
$\ln L_i$	logl

10.5.3 STATA 代码

在式(10.17)和式(10.18)里定义的随机效应双限 Tobit 模型可以通过 MSL 运用以下代码估计。代码注释:注释行(以 * 开头)提供了代码中内容的简要说明。

```
* LIKELIHOOD EVALUATION PROGRAM "my_ret" STARTS HERE:

capt prog drop my_ret
program define my_ret

* SPECIFY ARGUMENTS
```

```
args todo b logl
tempvar xb p pp ppp upp uppp
tempname ln_s_u s_u ln_s_e s_e
local hlist h1*

* EXTRACT ELEMENTS OF PARAMETER VECTOR b

mleval 'xb' = 'b', eq(1)
mleval 'ln_s_u' = 'b', eq(2) scalar
mleval 'ln_s_e' = 'b', eq(3) scalar
scalar 's_u'=exp('ln_s_u')
scalar 's_e'=exp('ln_s_e')

* INITIALISE TEMPORARY VARIABLES

quietly gen double 'p'=.
quietly gen double 'pp'=.

quietly gen double 'ppp'=0
quietly gen double 'upp'=.
quietly gen double 'uppp'=0

* LOOP FOR EVALUATION OF SUM (OVER r) OF PRODUCT (OVER t)
* pp AND ppp ARE FOR LIKELIHOOD FUNCTION;
* upp AND uppp ARE FOR NUMERATOR OF POSTERIOR RANDOM EFFECT FORMULA

quietly{
foreach v of varlist 'hlist' {
replace 'p'= normal(-('xb' + 's_u'*'v')/'s_e') if y==0
replace 'p'=(1/'s_e')*normalden((y-'xb'-'s_u'*'v')/'s_e') if (y>0)&(y<10)
replace 'p'= normal((-10+('xb' + 's_u'*'v'))/'s_e') if y==10
by i: replace 'pp' = exp(sum(ln('p')))
replace 'pp'=. if last~=1
replace 'upp'='s_u'*'v'*'pp'
replace 'ppp'='ppp'+'pp'
replace 'uppp'='uppp'+'upp'
}

* DIVISION BY R TO GENERATE REQUIRED AVERAGES (OVER r)
* COMPUTE POSTERIOR RANDOM EFFECT VARIABLE (u_post) AND SEND THIS TO MATA

quietly {
replace 'ppp'='ppp'/draws
replace 'uppp'='uppp'/draws
replace u_post='uppp'/'ppp'
}
putmata u_post, replace

* MLSUM COMMAND TO SPECIFY PER-SUBJECT LOG-LIKELIHOOD CONTRIBUTION

mlsum 'logl'=ln('ppp') if last==1
}
end

* "END" SIGNIFIES END OF LIKELIHOOD EVALUATION PROGRAM "my_rep"

* READ DATA AND DECLARE TO BE PANEL DATA

use bardsley, clear
xtset i t

* GENERATE INDICATOR VARIABLES FOR FIRST AND LAST OBSERVATION FOR EACH SUBJECT

by i: gen int first=1 if _n==1
by i: gen int last=1 if _n==_N

* APPEND (HORIZONTALLY) EACH SUBJECT'S FIRST ROW WITH 125 HALTON DRAWS
* (DIFFERENT BETWEEN SUBJECTS).  STORE NUMBER OF DRAWS AS "draws".
```

```
mat p=[3]
mdraws if first==1, neq(1) dr(125) prefix(h) primes(p)
scalar draws=r(n_draws)

*CREATE A VARIABLE LIST CONTAINING THE HALTON DRAWS
* ENSURE THEY ARE IN DOUBLE PRECISION
* COPY THE ROW OF HALTONS IN EACH BLOCK INTO ROWS 2-T OF SAME BLOCK

local hlist h1*

quietly{
foreach v of varlist 'hlist' {
recast double 'v'
by i: replace 'v'='v'[1] if 'v'==.
replace 'v'=invnorm('v')
}
}

* CREATE VARIABLE LIST (list_explan) FOR EXPLANATORY VARIABLES;
* ESTIMATE 2-LIMIT TOBIT MODEL
* STORE ESTIMATES FROM 2-LIMIT TOBIT MODEL
* CREATE VECTOR OF STARTING VALUES (start) FOR RANDOM EFFECTS 2-LIMIT TOBIT MODEL
* INITIALISE VARIABLE CONTAINING POSTERIOR RANDOM EFFECT (u_post)

local list_explan "med tsk"
tobit y 'list_explan', ll(0) ul(10)
mat b_tobit=e(b)
mat ln_s_e=ln(b_tobit[1,4])
mat start=b_tobit[1,1..3],0,ln_s_e
gen double u_post=.

* SPECIFY EVALUATOR (d0), EVALUATION PROGRAM (my_rep), AND PARAMETER LIST
* SPECIFY STARTING VALUE VECTOR
* RUN MAXIMUM LIKELIHOOD PROCEDURE; DEDUCE ESTIMATES OF s_u and s_e USING DELTA
  METHOD

ml model d0 my_ret ( = 'list_explan') /ln_s_u /ln_s_e
ml init start, copy
ml max
nlcom (s_u: exp(_b[ln_s_u:_cons])) (s_e: exp(_b[ln_s_e:_cons]))

* EXTRACT POSTERIOR RANDOM EFFECT (u_post) GENERATED INSIDE EVALUATION PROGRAM
* PLOT POSTERIOR RANDOM EFFECT AGAINST SUBEJECT'S MEAN CONTRIBUTION

drop u_post
getmata u_post
by i: egen mean_y=mean(y)
scatter u_post mean_y, yline(0)
}
}

* CREATE VARIABLE LIST (list_explan) FOR EXPLANATORY VARIABLES;
* ESTIMATE 2-LIMIT TOBIT MODEL
* STORE ESTIMATES FROM 2-LIMIT TOBIT MODEL
* CREATE VECTOR OF STARTING VALUES (start) FOR RANDOM EFFECTS 2-LIMIT TOBIT MODEL
* INITIALISE VARIABLE CONTAINING POSTERIOR RANDOM EFFECT (u_post)

local list_explan "med tsk"
tobit y 'list_explan', ll(0) ul(10)
mat b_tobit=e(b)
mat ln_s_e=ln(b_tobit[1,4])
mat start=b_tobit[1,1..3],0,ln_s_e
gen double u_post=.

* SPECIFY EVALUATOR (d0), EVALUATION PROGRAM (my_rep), AND PARAMETER LIST
* SPECIFY STARTING VALUE VECTOR
* RUN MAXIMUM LIKELIHOOD PROCEDURE; DEDUCE ESTIMATES OF s_u and s_e USING DELTA
  METHOD
```

```
ml model d0 my_ret ( = 'list_explan') /ln_s_u /ln_s_e
ml init start, copy
ml max
nlcom (s_u: exp(_b[ln_s_u:_cons])) (s_e: exp(_b[ln_s_e:_cons]))

* EXTRACT POSTERIOR RANDOM EFFECT (u_post) GENERATED INSIDE EVALUATION PROGRAM
* PLOT POSTERIOR RANDOM EFFECT AGAINST SUBEJECT'S MEAN CONTRIBUTION

drop u_post
getmata u_post
by i: egen mean_y=mean(y)
scatter u_post mean_y, yline(0)
```

10.5.4 随机效应双限 Tobit 模型的结果

运行在第 10.5.3 节的代码结果如下：

```
. ml max

initial:       log likelihood = -3688.5167
rescale:       log likelihood = -3688.5167

rescale eq:    log likelihood = -3688.5167
Iteration 0:   log likelihood = -3688.5167  (not concave)
Iteration 1:   log likelihood = -3405.0938
Iteration 2:   log likelihood = -3347.8512
Iteration 3:   log likelihood = -3341.1692
Iteration 4:   log likelihood =  -3341.16
Iteration 5:   log likelihood =  -3341.16

                                              Number of obs   =      1960
                                              Wald chi2(2)    =    188.36
Log likelihood =  -3341.16                    Prob > chi2     =    0.0000

------------------------------------------------------------------------------
             |      Coef.   Std. Err.      z    P>|z|     [95% Conf. Interval]
-------------+----------------------------------------------------------------
eq1          |
         med |   .4176157   .0330514    12.64   0.000     .3528363    .4823952
         tsk |  -.0701045   .0117759    -5.95   0.000    -.0931848   -.0470242
       _cons |  -.5672377   .5899609    -0.96   0.336     -1.72354    .5890645
-------------+----------------------------------------------------------------
ln_s_u       |
       _cons |   1.629583   .0771286    21.13   0.000     1.478414    1.780753
-------------+----------------------------------------------------------------
ln_s_e       |
       _cons |   1.356453   .0257532    52.67   0.000     1.305978    1.406929
------------------------------------------------------------------------------

. nlcom (s_u: exp(_b[ln_s_u:_cons])) (s_e: exp(_b[ln_s_e:_cons]))

        s_u:  exp(_b[ln_s_u:_cons])
        s_e:  exp(_b[ln_s_e:_cons])

------------------------------------------------------------------------------
             |      Coef.   Std. Err.      z    P>|z|     [95% Conf. Interval]
-------------+----------------------------------------------------------------
         s_u |   5.101748   .3934908    12.97   0.000     4.330521    5.872976
         s_e |   3.882399   .0999842    38.83   0.000     3.686433    4.078364
------------------------------------------------------------------------------
```

我们再一次和通过内置的 STATA 命令得到的结果相比较：

```
Random-effects tobit regression          Number of obs      =        1960
Group variable: i                        Number of groups   =          98

Random effects u_i ~ Gaussian            Obs per group: min =          20
                                                         avg =        20.0
                                                         max =          20

Integration method: mvaghermite          Integration points =          12

                                         Wald chi2(2)       =      188.38
Log likelihood  = -3341.4572             Prob > chi2        =      0.0000

------------------------------------------------------------------------------
          y |      Coef.   Std. Err.      z    P>|z|     [95% Conf. Interval]
------------+-----------------------------------------------------------------
        med |   .4177111   .0330561    12.64   0.000     .3529224    .4824999
        tsk |  -.0701086   .0117791    -5.95   0.000    -.0931951   -.0470221
      _cons |   -.543441   .5858525    -0.93   0.354    -1.691691    .6048088
------------+-----------------------------------------------------------------
    /sigma_u |   5.032513   .4475302    11.25   0.000      4.15537    5.909656
    /sigma_e |   3.883217   .1000142    38.83   0.000     3.687193    4.079242
------------+-----------------------------------------------------------------
        rho |   .6267995   .0416354                       .5429457    .7050288
------------------------------------------------------------------------------

Observation summary:        872  left-censored observations
                            952      uncensored observations
                            136 right-censored observations
```

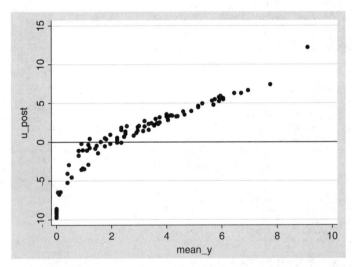

图 10.7　在 Bardsley(2000)实验中的 98 个受试者的后随机效应和平均贡献之间的关系

　　再次注意到两组观测值之间接近一致。较为明显的一致性主要表现在两个斜率估计值(即互惠和学习的影响)及标准误差上面,其差异仅仅出现在万分位。

　　互惠参数估计值是+0.418,与通过在第 6.6.3 节出现的"混合的"双限 Tobit 模型得到的估计值+0.429 没有较大差别。同样,学习参数的估计值是-0.070,与混合的-0.066估计值没有较大差别。在第 9.3.4 节展现的蒙特卡洛模拟的证据基础上,这些差别没有变大是令人惊奇的。在这里我们发现在二元概率模型内容里忽视受试者间的异质性会导致在斜率参数估计时 30% 的偏差。然而,我们同样注意到这两个参数的估计标准误差在随机效应模型中比在混合模型中低 25%。这个不同反映了随机效应估计量的优势。

在图 10.7 中,我们绘制出在式(10.25)里被定义而且在以上代码中用"u_post"表示的后随机效应 $\hat{u}_i$ 和受试者的平均贡献之间的关系。不出意料的是,平均贡献较大的受试者拥有一个较高的随机效应,这种正向关系特别明显。

10.6　小结与拓展阅读

本章主要致力于解释和演示 MSL 方法,这是一种处理异质性的技术,在本书中使用了多次。想要探讨关于 MSL 更多信息及相关估计技术的读者可以参考 Train(2003)。

这里采用 MSL 方法的重要组成部分就是 Halton 抽样。对 Halton 序列感兴趣的读者可以参考 Halton(2006)。对于获得 Halton 序列,我们选择的方法就是用用户编写的 STATA 命令,这个命令在 Cappellari 和 Jenkins(2006)中有记载。

对于将 MSL 应用到最后通牒博弈中提议者决定的内容,读者可以参考 Bellemare 等(2008)。风险选择模型的应用包括了 Von Gaudecker 等(2011)、Conte 等(2011)及 Moffatt 等(2015)。

练习

写出当 $p=5$ 时 Halton 序列的前几个数字。运用 STATA 命令检查你的答案:

```
mat p=5
mdraws, neq(1) dr(1) prefix(h) primes(p)
```

11

门槛模型：零的处理

11.1 引言

本章的主题是实验数据中的零观测值，以及怎样将它们考虑到模型的估计中去。近来在主流计量经济学中越来越受到关注的一种模型是门槛模型框架，这一模型适用于包含零观测值的数据集，并且在实验经济学中发挥着重要作用，其中作用比较显著的实验就是独裁者博弈和公共品博弈。在这两个博弈中，受试者的贡献通常为零，并且这也是两种情况下的纳什均衡预测。加入零截尾是处理这一现象的一种方式。但是，实验经济学家也已表达了对截尾原则的担忧——如果不是外部设定下限为零，则贡献将是负的。许多实验经济学家都倾向于考虑一个"零贡献类型"。在独裁者博弈中，我们可能会指定小部分受试者是"自私"类型，他们会选择对其他受试者作出零贡献；在公共品博弈中，我们会指定一些受试者为"搭便车"类型，他们对公共资金的贡献为零。门槛模型是将"零贡献类型"纳入分析的较为自然的一种方法，同时它还考虑了零截尾，并且门槛模型还能够估计零贡献受试者比例，以及零贡献受试者受其自身特性或者实验处理影响的概率。

首先，我们有必要解决一个术语问题。一些使用含零数据的作者分别估计了两个模型——可能是一个捕获 0/＋二分法的二元概率模型，以及一个截取量的截断回归模型，并将组合结果作为"双门槛"估计。我们将这种估计方法称为"两部分模型"。在某些情况下，两部分模型是有用的，如我们在本章所举的例子中，两部分模型为整个模型的估计提供了大量的起始值。然而，我们为结合这两个方程的模型保留"门槛"标签，以"全信息"的意义估计两组参数。本章的中心目标是演示如何使用全信息方法同时估计所有参数。

门槛模型可以看作是第 8 章中混合模型的一个例子，在混合中，只有两种类型：自私和非自私，或者说搭便车者和非搭便车者。如第 8 章所举的例子，门槛模型估计的最终产物之一将会是为每个受试者分配每种类型的后验概率。

除了将门槛模型引入实验经济学文献中，我们还将这种方法拓展到面板数据的处理中，这对实验经济学的发展是十分重要的。如我们在本书中多次看到的那样，受试者在一个实验中连续参与一系列实验任务是正常的，因此产生了对面板数据模型的需要。将门槛模型扩展到面板数据变得棘手，因为"第一门槛"的结果，即受试者是否是零贡献类型的确定必须适用于该受试者在整个实验中的表现。要排除零贡献类型的切入和切出。相比之下，第二个门槛的结果，即在任何特定任务中实际贡献的量，是在个体观察水平上确定的。

11.2 Tobit 模型和随机效应 Tobit 模型的回顾

在开始本章的主要内容之前，我们有必要先来回顾一下 Tobit 模型，因为门槛模型是 Tobit 模型的延伸和拓展。但在这里我们只做简短回顾，因为前面第 6 章中，我们已经对 Tobit 模型进行了详细介绍，第 10.5 节中也有对随机效应 Tobit 模型介绍。

当因变量受到截尾，即在变量范围的极限处存在观察的累积，我们就需要用到 Tobit 模型。在第 6 章和第 10.5 节中，我们提到了拥有三个区域的模型版本：低截尾、不截尾、高截尾。这个模型版本就是双限 Tobit 模型。因为重心是放在零观测值上的，所以在这里我们主要考虑只有两种截尾区域的模型版本：低截尾（零处）和不截尾。

首先假设每个受试者只有一个观测值，该模型基于以下等式：

$$y_i^* = x_i'\beta + \epsilon_i$$
$$\epsilon \sim N(0, \sigma^2) \tag{11.1}$$

其中 y_i^* 是一个潜在（不可观测的）变量，表示受试者 i 的期望贡献。期望贡献被假定为观测到的受试者特征和/或包含在向量 x_i 中的处理变量的线性函数，加上正态分布的随机误差。y_i^* 的重要特征是它可以为负：受试者可以贡献负数额。当然,如果一个受试者想要贡献为负,他们的贡献数值实际就是零,因为下限就是零;但如果受试者想要作出正的贡献,他们的实际贡献就是这一正数值,这就产生了所谓的截尾规则——反应受试者想要给出的贡献(y_i^*)与他们实际作出的贡献(y_i)之间的关系:

$$y_i = \begin{cases} y_i^* & \text{当 } y_i^* > 0 \text{ 时} \\ 0 & \text{当 } y_i^* < 0 \text{ 时} \end{cases} \tag{11.2}$$

在零为下限的情况下,只有两种行为模式:零贡献和正贡献。为了得到似然贡献,我们分别对这两种情况进行考虑:

$$y_i = 0: \ p(y_i = 0) = p(y_i^* \leqslant 0) = p(x_i'\beta + \epsilon_i \leqslant 0)$$

$$= p\left(\frac{\epsilon_i}{\sigma} \leqslant -\frac{x_i'\beta}{\sigma}\right) = \Phi\left(-\frac{x_i'\beta}{\sigma}\right)$$

$$y_i = 0: \ f(y_i) = \frac{1}{\sigma\sqrt{2\pi}}\exp\left(-\frac{(y_i - x_i'\beta)^2}{2\sigma^2}\right) = \frac{1}{\sigma}\phi\left(\frac{y_i - x_i'\beta}{\sigma}\right)$$

$$\tag{11.3}$$

$\phi(.)$ 是标准正态密度函数,$\phi(z) = \frac{1}{\sqrt{2\pi}}\exp\left(-\frac{z^2}{2}\right)$,$\Phi(.)$ 是标准正态分布函数,$\Phi(a) = P(Z > a)$,它们之间的关系可表示为 $\Phi(a) = \int_{-\infty}^{a}\phi(z)\mathrm{d}z$。

将这两个似然贡献函数带入式(11.3)中,得到样本对数似然函数如下:

$$\mathrm{Log}\,L = \sum_{i=1}^{n}\left[I_{y_i=0}\ln\left(\Phi\left(-\frac{x_i'\beta}{\sigma}\right)\right) + I_{y_i>0}\left(\frac{1}{\sigma}\phi\left(\frac{y_i - x_i'\beta}{\sigma}\right)\right)\right]$$

$$\tag{11.4}$$

其中 $I(.)$ 是指标函数,当下标表达式为真时,取值为 1,否则就取值为 0。关于包含在向量 β 中的参数和标准偏差参数 σ,$\mathrm{Log}\,L$ 被最大化。

在第 10.5 节中,我们考虑到适用于面板数据的随机效应双限 Tobit 模型,假定 i 表示受试者,t 表示任务,在这两种情况下,随机效应 Tobit 模型可以用潜在方程定义为:

$$y_{it}^* = x_{it}'\beta + u_i + \epsilon_{it} \tag{11.5}$$

$$u_i \sim N(0, \sigma_u^2)$$

$$\epsilon_{it} \sim N(0, \sigma_\epsilon^2)$$

截尾规则如下：

$$y_{it} = 0 \qquad 当\ y_{it}^* \leqslant 0\ 时$$
$$y_{it} = y_{it}^* \qquad 当\ y_{it}^* > 0\ 时$$
$$(11.6)$$

则式(11.5)和式(11.6)中定义的关于随机效应 Tobit 模型的样本对数似然函数为：

$$Log\ L = \sum_{i=1}^{n} \ln \int_{-\infty}^{\infty} \prod_{t=1}^{T} \left[\Phi\left(-\frac{x_{it}'\beta + u}{\sigma_\epsilon}\right) \right]^{I_{y_{it}=0}} \left[\frac{1}{\sigma_\epsilon} \phi\left(\frac{y_{it} - x_{it}'\beta - u}{\sigma_\epsilon}\right) \right]^{I_{y_{it}>0}} \cdot$$
$$\frac{1}{\sigma_u} \phi\left(\frac{u}{\sigma_u}\right) du \qquad (11.7)$$

在 STATA 中估计标准 Tobit 模型[由式(11.1)和式(11.2)所定义的]，需要以下命令：

```
tobit y x1 x2 x3, ll(0)
```

而估计随机效应 Tobit 模型[由式(11.5)和式(11.6)定义的]，需要以下命令：

```
xtset i t
xttobit y x1 x2 x3, ll(0)
```

11.3　门槛模型的必要性

第 11.2 节回顾的 Tobit 模型有一个重要特征，导致正贡献的过程被假定为与确定贡献程度的过程相同，比如，一个受试者的特性或者处理对受试者的贡献程度有正面影响，那他的这一特性或者处理也会不可避免地导致对所讨论的受试者正贡献的预测。尽管这些假设可能成立，但是没有理由认为这是先验。[①]说明这一假定会失效的一个原因是在任何情况下都不会

_____

① 有一个特别的例子可以很好地说明这一点。考虑一个犯罪行为模型，其中因变量是个人犯罪活动的收益。人们希望，对这个因变量的大部分观察结果将为零；因此，门槛框架有相关性。犯罪活动的一个有用指标可能是个人是被归类为"白领"还是"蓝领"。我们有理由认为，同样如此，白领阶层比蓝领阶层更不可能从事犯罪行为。然而，我们也有理由认为，白领罪犯从其犯罪活动中获得的利润要高于蓝领罪犯。如果将门槛模型应用于这种情况，因此我们将期望白领虚拟变量在这两种情况下产生相反的效果。

做贡献的受试者在群体中可能存在一定比例。

这样的考虑引出了我们的一类模型,其中作为潜在贡献者的受试者的事件和该受试者贡献的程度被分别对待。这个模型就是所谓的"门槛模型",它最先由 Craggy(1971)提出。顾名思义,模型假定每一个受试者需要跨越两道门槛才能成为贡献者,我们将独裁者博弈中没有跨过第一道门槛的受试者称为"自私者",将公共品博弈中没有跨过第一道门槛的受试者称为"搭便车者",只有跨越第一道门槛的受试者才会认定为"潜在的贡献者"。一个潜在的贡献者最终是否会真的做出贡献取决于他当前所处的情势:如果他们作出贡献,我们就称他们越过了第二道门槛。这两道门槛都有相应的方程,包含了受试者特性和处理的影响。这样的解释变量可以出现在两个方程中或仅出现在一个方程中。最重要的是,出现在两个方程中的相同变量,可能具有相反的效果。

在本章的后面章节中,证明了使用 STATA 中可用的 ml 例程可以估计双门槛模型及其变体。

11.4 双门槛模型和变体

11.4.1 *p*-Tobit

第 11.3 节中强调的 Tobit 模型的过度限制特征是它仅允许一种类型的零观察,隐含假设是由于受试者特征和/或处理而产生零贡献。明显的解决方法是假设存在一个在任何情况下都不会做贡献的附加类别的受试者。

首先,让我们假设潜在贡献者的比例为 p,则无论在何种情况下都不会作出贡献的受试者比例为 $1-p$。对于前者,就直接运行 Tobit 模型,而对于后者,他们的贡献将自动为 0。

这个假设导致了最初由 Deaton 和 Irish(1984)在家庭消费决定的背景下提出的 p-Tobit 模型,其中它们基本上允许每个好模型的一个"绝对"消费者。p-Tobit 模型的对数似然函数如下:

$$\text{Log } L = \sum_{i=1}^{n} \left[I_{y_i=0} \ln\left(1 - p\,\Phi\left(\frac{x_i'\beta}{\sigma}\right)\right) + I_{y_i>0} \ln\left(p\,\frac{1}{\sigma}\phi\left(\frac{y_i - x_i'\beta}{\sigma}\right)\right) \right]$$

(11.8)

最大化式(11.8)返回参数 p 的估计，以及在 Tobit 模型下获得的 β 和 σ 的估计。

11.4.2　双门槛模型

从不贡献受试者的类别可能是分析的焦点，所以希望调查的受试者类型出现在该类中。为了达到这一目的，我们假定受试者在所述类中的概率取决于这一组受试者的特性。换句话说，将通过允许参数 p 根据受试者特性变化来拓展第 11.4.1 节的 p-Tobit 模型，这种拓展产生了我们的"双门槛"模型。

为了作出正贡献，参与者必须跨越双重门槛，跨越第一道门槛成为一个潜在贡献者，假如一个受试者已经是潜在贡献者，他们当前在实验中所处的情况或者处理将会影响他们最终是否会作出实际贡献，这就是"第二道门槛"。

双门槛模型是由两个方程组成的，其表达如下：

$$d_i^* = z_i'\alpha + \epsilon_i$$
$$y_i^{**} = x_i'\beta + u_i$$
$$\begin{bmatrix} \epsilon_i \\ u_i \end{bmatrix} = N\left[\begin{pmatrix} 0 \\ 0 \end{pmatrix}, \begin{pmatrix} 1 & 0 \\ 0 & \sigma^2 \end{pmatrix}\right]$$

(11.9)

式(11.9)中协方差矩阵的对角线意味着假定 ϵ_i 和 u_i 两个误差项是独立分布的。

第一道门槛表示如下：

$$d_i = \begin{cases} 1 & \text{当 } d_i^* > 0 \text{ 时} \\ 0 & \text{当 } d_i^* \leqslant 0 \text{ 时} \end{cases}$$

(11.10)

第二道门槛和 Tobit 模型[式(11.2)]中的截尾规则相似：

$$y_i^* = \max(y_i^{**}, 0)$$

(11.11)

最后，观察变量 y_i 被确定为：

$$y_i = d_i y_i^*$$ (11.12)

式(11.9)—式(11.12)中定义的双门槛模型的对数似然函数为:

$$\text{Log } L = \sum_{i=1}^{n} \left[I_{y_i=0} \ln\left(1 - \Phi(z_i'\alpha)\Phi\left(\frac{x_i'\beta}{\sigma}\right)\right) \right.$$
$$\left. + I_{y_i>0} \ln\left(\Phi(z_i'\alpha)\frac{1}{\sigma}\phi\left(\frac{y_i - x_i'\beta}{\sigma}\right)\right) \right]$$ (11.13)

图11.1可以帮助我们理解式(11.9)—式(11.12)中定义的模型。图中的同心椭圆是潜变量 d^* 和 y^{**} 联合密度的轮廓,这些椭圆以点 $(z_i'\alpha, x_i'\beta)$ 为圆心,整个分布随解释变量取值的变化而移动。与非贡献相关的可能性贡献[即式(11.13)中的方括号中的第一项]由在包括西北、西南和东南象限的L形区域下的概率质量的图形表示;与贡献相关联的贡献[在式(11.13)中的第二个括号项]由观察到的贡献的值(在图中描绘了两个这样的值)的东北象限内的概率质量的薄带表示。

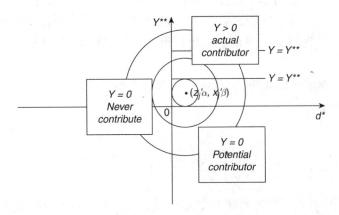

图11.1 双门槛模型中潜变量(d^* 和 y^{**})与观察到的变量(y)之间的关系

最后,考虑一个双门槛模型,其中第一个门槛方程中没有解释变量。只有一个截距,α_0,其似然函数变为:

$$\text{Log } L = \sum_{i=1}^{n} \left[I_{y_i=0} \ln\left(1 - \Phi(\alpha_0)\Phi\left(\frac{x_i'\beta}{\sigma}\right)\right) + I_{y_i>0} \ln\left(\Phi(\alpha_0)\frac{1}{\sigma}\phi\left(\frac{y_i - x_i'\beta}{\sigma}\right)\right) \right]$$
(11.14)

注意 $\Phi(\alpha_0)$ 在这里是一个标量,如果我们将这个标量重命名为 p,我们将会得到式(11.8)中定义的 p-Tobit 模型。

这给了我们一种估计 p-Tobit 模型的方法。我们估计在第一个门槛中没有解释变量的双门槛模型。然后，我们使用以下公式来转换第一个门槛 α_0 中的截距参数估计：

$$p = \Phi(\alpha_0)$$

这给出了 p-Tobit 模型参数 p 的估计值，为了得到这一估计值的标准误差，需要采用三角法。

11.4.3 单门槛模型

单门槛模型是具有"第一道门槛优势"特性的模型(Jones，1989)。这基本上要求通过第一道门槛的任何一个人必然具有积极的结果。因此，只有一个零资源：零贡献类型；排除了截尾零贡献。

单门槛模型的形式定义类似于第 11.4.2 节中给出的双门槛模型，唯一的区别是第二道门槛[式(11.11)]从包含零截尾的规则变为包含零截断的规则：

$$y_i^* = \begin{cases} y_i^{**} & \text{当 } y_i^{**} > 0 \text{ 时} \\ \text{非观测值} & \text{当 } y_i^* \leqslant 0 \text{ 时} \end{cases} \tag{11.15}$$

如将在下一节中解释的那样，当我们试图将单门槛模型拓展到面板数据情境中时，会产生逻辑问题，由于这一原因，我们对这一模型就不做过多关注了。

11.5 面板门槛模型

11.5.1 基础模型

第 11.4 节中提及的模型都是通过单个横截面数据来进行估计。现在我们过渡到面板数据。在这里，我们假设有 n 个受试者，每一个受试者都需要

完成 T 个任务,用 y_{it} 来表示受试者 i 在任务 t 中所做的决策,两道门槛分别定义如下:

第一道门槛:

$$d_i^* = z_i'\alpha + \epsilon_{1,i}$$

$$d_i = \begin{cases} 1 & \text{当 } d_i^* > 0 \text{ 时} \\ 0 & \text{当 } d_i^* \leqslant 0 \text{ 时} \end{cases}$$

$$\epsilon_{1,i} \sim N(0, 1) \qquad\qquad (11.16)$$

第二道门槛:

$$y_{it}^{**} = x_{it}'\beta + u_i + \epsilon_{2,it}$$

$$y_{it}^* = \begin{cases} y_{it}^{**} & \text{当 } y_{it}^{**} > 0 \text{ 时} \\ 0 & \text{当 } y_{it}^{**} \leqslant 0 \text{ 时} \end{cases}$$

$$\epsilon_{2,it} \sim N(0, \sigma^2); \ u_i \sim N(0, \sigma_u^2) \qquad (11.17)$$

观测到的:

$$y_{it} = d_i y_{it}^* \qquad\qquad (11.18)$$

根据式(11.16),这个模型的中心特点是第一道门槛中的每一受试者都只有一个结果,而根据式(11.18),该结果适用于该受试者的所有观测情况。比如说,如果受试者 i 没有通过第一道门槛($d_i = 0$),则对受试者 i 的所有观测值 y 一定为 0($y_{it} = 0$, $t = 1, \cdots, T$)。模型的这一特征对获取零贡献类型概念是有用的,如果一个受试者是纯粹的零贡献类型,那他们将在观察他们的每一个场合贡献为 0。

同时请注意第二道门槛[式(11.17)]中包含了一个受试者特定的随机效应项(u_i),来允许受试者间存在异质性。

11.5.2 面板单门槛模型

在第 11.4.3 节中有介绍到单门槛模型,它是一个满足第一道门槛优势的模型:即通过第一道门槛的受试者必将意味着作出正的贡献。但在面板情境中,第一道门槛优势将产生一个逻辑问题,如果一个受试者通过了第一道门槛,他们在每一个阶段的结果都应该为正。我们已经知道,如果一个受试者没有通过第一道门槛,他们在所有阶段中的贡献结果都将为 0。因此,第一道门槛优势排除了给定受试者的零贡献和正贡献相混合的结果，这显然是一个严重的问题，因为许多面板数据集都包含了这一混合情况。基于这一原因，我们需要把注意力集中到第 11.5.1 节介绍的面板双门槛模型框架上，在这个框架中，第二道门槛中假设的零截尾允许给定个体的"零"和"正"观测值的混合。

11.5.3　似然函数的建立

在 $d_i = 1$ 的情况下（同时也建立在异质性项 u_i 的基础上），我们得到与随机效应 Tobit 似然函数相类似的表达式：

$$(L_i \mid d_i = 1, \, u_i) = \prod_{t=1}^{T} \left[1 - \Phi\left(\frac{x'_{it}\beta + u_i}{\sigma} \right) \right]^{I_{y_{it}=0}} \left[\frac{1}{\sigma}\phi\left(\frac{y_{it} - x'_{it}\beta - u_i}{\sigma} \right) \right]^{I_{y_{it}>0}}$$

$$\text{(11.19)}$$

在 $d_i = 0$ 的情况下，似然函数将会更简单，只是取决于受试者 i 的所有观测值是不是全为 0：

$$(L_i \mid d_i = 0) = \begin{cases} 0 & \text{当} \sum_{t=1}^{T} y_{it} > 0 \text{ 时} \\ 1 & \text{当} \sum_{t=1}^{T} y_{it} = 0 \text{ 时} \end{cases} \tag{11.20}$$

然后获得受试者 i 的似然（以 u_i 为条件）作为式（11.19）和式（11.20）的加权平均，其中权重由从第一道门槛方程［式（11.16）］获得的概率 $P(d_i = 1)$ 和 $P(d_i = 0)$，即：

$$(L_i \mid u_i) = \Phi(z'_i\alpha)(L_i \mid d_i = 1, \, u_i) + [1 - \Phi(z'_i\alpha)](L_i \mid d_i = 0) \tag{11.21}$$

最后，对式（11.21）的 u 积分，得到受试者 i 的边际似然：

$$L_i = \int_{-\infty}^{\infty} (L_i \mid u) f(u) \mathrm{d}u \tag{11.22}$$

其中 $f(u)$ 是服从 $N(0, \sigma_u^2)$ 分布的 u 的密度函数。

样本对数似然函数为：

$$\text{Log } L = \sum_{i=1}^{n} \ln L_i \tag{11.23}$$

11.5.4 有上限截尾的面板门槛

在有些应用中,会出现观测值在上限和"零"处存在累积,如在公共品实验中,受试者将自己的全部资金都贡献给公共资金的现象是十分普遍的,处理这种现象的自然方法就是假定捐赠是根据禀赋数额进行上限截尾的。

这种假定下,式(11.19)就变为:

$$(L_i \mid d_i = 1,\ u_i) = \prod_{t=1}^{T} \left[1 - \Phi\left(\frac{x'_{it}\beta + u_i}{\sigma}\right) \right]^{I_{y_{it}=0}}$$

$$\left[\frac{1}{\sigma}\phi\left(\frac{y_{it} - x'_{it}\beta - u_i}{\sigma}\right) \right]^{I_{0 < y_{it} < y_{\max}}} \times \left[\Phi\left(\frac{y_{\max} - x'_{it}\beta - u_i}{\sigma}\right) \right]^{I_{y_{it}=y_{\max}}}$$

$$\tag{11.24}$$

其中 $y_{\max}$ 是贡献的上限。

11.5.5 面板门槛模型的抖动

式(11.16)—式(11.18)定义模型的一个潜在问题是太僵化了。特别地,如果一个人对 y 的观察在每个任务中为零,则只能被分类为落在第一道门槛(即搭便车者或自私类型)。我们可能希望一个在几乎每个任务中都报告为零的受试者可以被分类为搭便车者/自私类型,因为个人在观测值为正的少数任务上出现了专注的缺失。

为了解释这个,我们引入了一个抖动参数 ω,表示任何个人任务中专注缺失的概率。当这种现象发生时,假定 y 是在 $[0,\ y_{\max}]$ 上均匀分布的,其中 $y_{\max}$ 是 y 的可能最大值(即禀赋)。

引入 ω 后,式(11.19)和式(11.20)变为:

$$(L_i \mid d_i = 1,\ u_i) = \prod_{t=1}^{T} \left[(1-\omega)\left(1 - \Phi\left(\frac{x'_{it}\beta + u_i}{\sigma}\right)\right) \right]^{I_{y_{it}=0}} \times$$

$$\left[(1-\omega)\frac{1}{\sigma}\phi\left(\frac{y_{it} - x'_{it}\beta - u_i}{\sigma}\right) + \frac{\omega}{y_{\max}} \right]^{I_{y_{it}>0}} \tag{11.25}$$

$$(L_i \mid d_i = 0) = (1-\omega)^{N_i(y_{it}=0)} \left(\frac{\omega}{y_{\max}}\right)^{N_i(y_{it}>0)} \tag{11.26}$$

其中 $N_i(.)$ 表示包含在括号中的事件对于受试者 i 的出现次数。

边际似然如式(11.21)那样建立，但是要用式(11.25)和式(11.26)代替式(11.19)和式(11.20)。

11.5.6　面板门槛模型的依赖性

在至今所存的门槛模型中，都假设两个门槛之间的误差项是没有相关性的，但在这一部分中，这一假设不存在。

受试者 i 对通过第一道门槛的特殊偏好用误差项 $\epsilon_{1,i}$ 表示，而受试者在通过第一道门槛基础上作出贡献的特殊倾向用 u_i 表示，在这两项间，我们引入相关性：

$$\operatorname{corr}(\epsilon_1, u) = \rho \tag{11.27}$$

但相关参数 ρ 怎样纳入估计呢？让我们回到第一道门槛：

$$d_i^* = z_i'\alpha + \epsilon_{1,i}$$
$$d_i = \begin{cases} 1 & \text{当 } d_i^* > 0 \text{ 时} \\ 0 & \text{除此之外} \end{cases}$$
$$\epsilon_{1,i} \sim N(0, 1) \tag{11.28}$$

因为 $\operatorname{corr}(\epsilon_1, u) = \rho$，我们可以以将 ϵ_1 表示为：

$$\epsilon_1 = \rho\frac{u}{\sigma_u} + \sqrt{1-\rho^2}\,\xi \tag{11.29}$$

其中 $\xi \sim N(0, 1)$，并且 $\xi \perp u$，则通过第一道门槛的要求变为：

$$d_i = 1 \quad \text{当 } \xi > -\frac{z_i'\alpha + \rho\dfrac{u}{\sigma_u}}{\sqrt{1-p^2}} \text{ 时} \tag{11.30}$$

因此，通过第一道门槛的概率变为：

$$P(d_i = 1 \mid u) = \Phi\left(\frac{z_i'\alpha + \rho\dfrac{u}{\sigma_u}}{\sqrt{1-p^2}}\right) \tag{11.31}$$

在估计中,根据式(11.31),用于表示第二道门槛中的 u 的实现的 Halton 抽样也出现在通过第一道门槛的概率中。

在具有依赖性(每个受试者一个观测值)的标准双门槛模型中,已知存在识别相关系数 ρ 的问题[参见 Smith(2003)]。然而,使用面板数据,并使用本节中概述的估计方法,可以非常精确地估计参数。

11.5.7 获取后验概率

在第 8 章关于有限混合模型的讨论中,我们将注意力集中到了计算每个受试者后验概率的问题,在门槛模型部分,我们考虑了同样的问题。当然,在门槛模型中只存在两种类型,即零贡献类型和潜在贡献者类型,所以问题就简化为找到每个受试者为零贡献的后验概率。

在第 8 章中,为了获得关于后验概率的方程,我们采用了贝叶斯法则,假定具有依赖性的模型(第 11.5.6 节)为:

$$P(d_1=0 \mid y_{i1}\cdots y_{iT})$$
$$=\frac{P(y_{i1}\cdots y_{iT} \mid d_i=0)P(d_i=0)}{P(y_{i1}\cdots y_{iT} \mid d_i=0)P(d_i=0)+P(y_{i1}\cdots y_{iT} \mid d_i=1)P(d_i=1)}$$

(11.32)

公式的各个分量作为 u 上的积分获得:

$$P(y_{i1}\cdots y_{iT} \mid d_i=0)=\int_{-\infty}^{\infty} P(y_{i1}\cdots y_{iT} \mid d_i=0, u)f(u)\mathrm{d}u$$

(11.33)

$$P(y_{i1}\cdots y_{iT} \mid d_i=1)=\int_{-\infty}^{\infty} P(y_{i1}\cdots y_{iT} \mid d_i=1, u)f(u)\mathrm{d}u$$

(11.34)

$$P(d_i=0)=\int_{-\infty}^{\infty} P(d_i=0 \mid u)f(u)\mathrm{d}u$$ (11.35)

后验概率的形式很大程度上取决于是否有假定抖动参数。如果抖动参数为 0(即不假定),则当观察值 $y_{i1}\cdots y_{iT}$ 中至少一个为正时,$P(y_{i1}\cdots y_{iT}\mid d_i=0)=0$。因此,在这种情况下,$P(d_i=0\mid y_{i1}\cdots y_{iT})=0$,即如果一个受试者至少一次作出了贡献,他们显然就不是零贡献类型。如果观测数值 $y_{i1}\cdots y_{iT}$ 均为 0,$P(y_{i1}\cdots y_{iT}\mid d_i=0)$ 和 $P(d_i=0\mid y_{i1}\cdots y_{iT})$ 都为正数,因此受试

者 i 为零贡献类型的后验概率是在 0 到 1 之间的。

当存在抖动参数时，$P(y_{i1} \cdots y_{iT} \mid d_i = 0) > 0$，即使观测数值 $y_{i1} \cdots y_{iT}$ 中有一部分为正，这是由式（11.26）得出的：

$$P(y_{i1} \cdots y_{iT} \mid d_i = 0) = (1 - \omega)^{N_i(y_{it} = 0)} \left(\frac{\omega}{y_{\max}} \right)^{N_i(y_{it} > 0)}$$

其中 ω 为抖动概率。

11.5.8 估计

采用 MSL 方法（Train，2003）对面板门槛模型进行估计，如在第 10 章中详细阐述的，需要用到 Halton 抽样，当转换为正态时，代表随机效应项 u 的模拟实现。在具有依赖性的模型中，根据式（11.31），模拟数值也会出现在通过第一道门槛的概率中。使用 STATA 中的 ml 例程来执行模拟似然函数的最大化。

11.5.9 STATA 代码和模拟

以下代码首先使用依赖关系从面板门槛模型中模拟面板数据（$n = 100$ 和 $T = 20$），然后使用 MSL 例程估计模型。

数据产生程序如下：

第一道门槛：

$$d_i^* = -1.5 + 2.0 z_i + \epsilon_{1, i}$$

$$z_i \sim U(0, 1); \ \epsilon_{1, i} \sim N(0, 1)$$

第二道门槛：

$$y_{it}^{**} = -5.0 + 10.0 x_{it} + u_i + \epsilon_{2, it}$$

$$x_{it} \sim U(0, 1); \ \epsilon_{2, it} \sim N(0, 5^2); \ u_i \sim N(0, 2.5^2)$$

截尾：

$$y_{it}^* = \begin{cases} 0 & \text{当 } y_{it}^{**} < 0 \text{ 时} \\ y_{it}^{**} & \text{当 } 0 \leqslant y_{it}^{**} \leqslant 10 \text{ 时} \\ 10 & \text{当 } y_{it}^{**} > 10 \text{ 时} \end{cases}$$

观测到的:

$$y_{it} = d_i \times y_{it}^* \quad i = 1, \cdots, 100; \ t = 1, \cdots, 20$$

抖动:

概率为 0.04, y_{it}~均匀分布(0, 10)

在下面的代码中,我们分别采用参数的名称和对数似然函数的其他组成部分的名称,如表 11.1 所示。

表 11.1　Log L 的组成部分和对应的 STATA 名称

Log L 组成部分	STATA 名称
$z_i'\alpha$	za
$x_i'\beta$	xb
σ	s_e
σ_u	s_u
ρ	rr
ω	w
$\left[(1-\omega)\left(1-\Phi\left(\dfrac{x_{it}'\beta+u}{\sigma}\right)\right)\right]^{I_{y_{it}=0}} \times$ $\left[(1-\omega)\dfrac{1}{\sigma}\phi\left(\dfrac{y_{it}-x_{it}'\beta-u}{\sigma}\right)\right]^{I_{0<y_{it}<10}}\left[\Phi\left(\dfrac{10-x_{it}'\beta+u}{\sigma}\right)\right]^{I_{y_{it}=10}}$	p1
$(L_i \mid d_i = 1, u) = \displaystyle\prod_{t=1}^{T}\left[(1-\omega)\left(1-\Phi\left(\dfrac{x_{it}'\beta+u}{\sigma}\right)\right)\right]^{I_{y_{it}=0}} \times$ $\left[(1-\omega)\dfrac{1}{\sigma}\phi\left(\dfrac{y_{it}-x_{it}'\beta-u}{\sigma}\right)\right]^{I_{0<y_{it}<10}}\left[\Phi\left(\dfrac{10-x_{it}'\beta-u}{\sigma}\right)\right]^{I_{y_{it}=10}}$	pp1
$(L_i \mid d_i = 0) = \left(\dfrac{\omega}{10}\right)^{N_i(y_{it}>0)}(1-\omega)^{N_i(y_{it}=0)}$	pp0
$P(d_i = 1 \mid u) = \Phi\left(\dfrac{z_i'\alpha+\rho\dfrac{u}{\sigma_u}}{\sqrt{1-\rho^2}}\right)$	pd
$(L_i \mid u) = P(d_i = 1 \mid u)(L_i \mid d_i = 1, u) +$ $[1-P(d_i = 1 \mid u)](L_i \mid d_i = 0)$	pp
$L_i = \displaystyle\int_{-\infty}^{\infty}(L_i \mid u)f(u)\mathrm{d}u$	ppp

Log L 组成部分	STATA 名称
$\displaystyle \text{Log } L = \sum_{i=1}^{n} L_i$	log 1
$\displaystyle \int_{-\infty}^{\infty} P(y_{i1} \cdots y_{iT} \mid d_i = 1,\, u) f(u)\mathrm{d}u$	ppp1
$\displaystyle P(d_i = 1) = \int_{-\infty}^{\infty} \Phi\left(\frac{z_i'\alpha + \rho \dfrac{u}{\sigma_u}}{\sqrt{1-\rho^2}} \right) f(u)\mathrm{d}u$	ppd
$P(d_i = 0 \mid y_{i1} \cdots y_{iT})$	pd0

为了获得门槛模型的起始值，需要估计两个模型。第一道门槛的起始值来自对受试者横截面估计的概率模型，其中如果受试者具有至少一个肯定结果，则因变量取值 1，否则为 0。第二道门槛的起始值来自随机效应 Tobit 模型，样本限于具有至少一个正数结果的受试者。

代码已注释。有关 MSL 例程的编程方式和此类程序的其他方面更完整的解释，读者可参考第 10 章。

```
* SET RANDOM NUMBER SEED

set seed 971156

* SET SAMPLE SIZE; GENERATE SUBJECT NUMBER (i) AND TASK NUMBER (t)

set obs 2000

egen int i=seq(), f(1)  b(20)
egen int t=seq(), f(1) t(20)

summ i
scalar N=r(max)
summ t
scalar T=r(max)

xtset i t

* SET PARAMETER VALUES

scalar a1=2.0
scalar a0=-1.5
scalar b1=10.0
scalar b0=-5.0
scalar sig_u=2.5
scalar sig_e=5.0
scalar rho=0.40
scalar w=0.04
scalar y_max=10

* GENERATE VARIABLES
```

```
gen double x=uniform()
gen double e2=invnorm(uniform())

by i: generate double u=(invnorm(uniform())) if _n==1
by i: replace u=u[1] if u==.

by i: generate double z=uniform() if _n==1
by i: generate double e1=rho*u+sqrt(1-rho^2)*invnorm(uniform()) if _n==1

generate double ds=a0+a1*z+e1
generate int d=ds>0

by i: replace z=z[1]
by i: replace d=d[1]

gen double yss=b0+b1*x+sig_u*u+sig_e*e2
gen double ys=yss*(yss>0)
gen double y=ys*d

replace y=y_max if y>y_max

gen int tremble=uniform()<w
replace y=y_max*uniform() if tremble==1

* DROP ALL LATENT VARIABLES

drop e1 e2 u ds d yss ys tremble

* GENERATE INDICATORS FOR FIRST AND LAST OBSERVATION FOR EACH SUBJECT

by i: generate int first=1 if _n==1
by i: generate int last=1 if _n==_N

* GENERATE HALTON DRAWS IN FIRST ROW OF EACH SUBJECT
* STORE NUMBER OF DRAWS AS "DRAWS"

mat p=[3]
mdraws if first==1 , neq(1) dr(31) prefix(h) primes(p) burn(3)
scalar draws=r(n_draws)

* COLLECT HALTON DRAWS IN VARIABLE LIST "hlist"

local hlist h1*
recast double h1*

* FOR EACH SUBJECT, COPY ROW OF HALTON DRAWS INTO EVERY ROW;
*   CONVERT TO STANDARD NORMAL

quietly{

foreach v of varlist `hlist' {
by i: replace `v'=`v'[1] if `v'==.
replace `v'=invnorm(`v')
}
}

* LIKELIHOOD EVALUATION PROGRAM ("PANEL_HURDLE") STARTS HERE:

program drop _all
program define panel_hurdle

* SPECIFY ARGUMENTS
```

```
args todo b logl
tempvar za xb pp0 p1 pp1 ppp1 pp ppp pd ppd
tempname s_u s_e rr w
local hlist h1*

* EXTRACT ELEMENTS OF PARAMETER VECTOR b

mleval 'za' = 'b', eq(1)
mleval 'xb' = 'b', eq(2)
mleval 's_u' = 'b', eq(3) scalar
mleval 's_e' = 'b', eq(4) scalar
mleval 'rr' = 'b', eq(5) scalar
mleval 'w'='b', eq(6) scalar

* INITIALISE TEMPORARY VARIABLES

quietly gen double 'p1'=.
quietly gen double 'pp1'=.
quietly gen double 'ppp1'=0
quietly gen double 'pp0'=.
quietly gen double 'pp'=.
quietly gen double 'ppp'=0
quietly gen double 'pd'=.
quietly gen double 'ppd'=0

* LOOP FOR EVALUATION OF SUM (OVER r) OF PRODUCT (OVER t)
* ppp IS FOR LIKELIHOOD FUNCTION; ppd IS FOR p(d=1) (USED TO COMPUTE
* POSTERIOR PROBABILITY OF d=0)

quietly{

foreach v of varlist 'hlist' {
replace  'p1'= (1-'w')*(1/'s_e')*normalden((y-('xb' + 's_u'*'v')) ///
/'s_e')+'w'/y_max if (y>0)&(y<y_max)
replace  'p1'=(1-'w')*(1-normal(('xb' + 's_u'*'v')/'s_e')) if y==0
replace 'p1'=(1-'w')*(1-normal((y_max-('xb' + 's_u'*'v'))/'s_e')) ///
if y==y_max
by i: replace 'pp1' = exp(sum(ln('p1')))
replace 'pp1'=. if last~=1
replace 'ppp1'='ppp1'+'pp1'

replace 'pd'=normal(('za'+'rr'*'v')/sqrt(1-'rr'^2))
replace 'pd'=. if last~=1

replace 'pp0'= (('w'/y_max)^n_pos)*((1-'w')^n_zero)
replace 'pp0'=. if last~=1

replace 'pp'='pd'*'pp1'+(1-'pd')*'pp0'
replace 'ppp'='ppp'+'pp'

replace 'ppd'='ppd'+'pd'
}
* END OF LOOP

* DIVISION BY R TO GENERATE REQUIRED AVERAGES (OVER r)
* COMPUTE POSTERIOR PROBABILITY OF d=0 (pd0) AND SEND THIS TO MATA

replace 'ppp'='ppp'/draws

replace 'ppp1'='ppp1'/draws
replace 'ppd'='ppd'/draws

replace pd0='pp0'*(1-'ppd')/('pp0'*(1-'ppd')+'ppp1'*'ppd')
putmata pd0, replace
```

```
* MLSUM COMMAND TO SPECIFY PER-SUBJECT LOG-LIKELIHOOD CONTRIBUTION

mlsum 'logl'=ln('ppp') if last==1

}
end

* "end" SIGNIFIES END OF LIKELIHOOD EVALUATION PROGRAM "panel_hurdle"

* GENERATE BINARY d INDICATING AT LEAST ONE POSITIVE CONTRIBUTION BY SUBJECT;
* GENERATE NUMBER OF POSITIVE CONTRIBUTIONS BY SUBJECT (n_pos) AND NUMBER OF
* ZERO CONTRIBUTIONS (n_zero)

quietly{

by i: gen int sum_y=sum(y)
by i: replace sum_y=sum_y[_N]

gen int d=sum_y>0

gen int y_pos=y>0

by i: gen int n_pos = sum(y_pos)
by i: replace n_pos = n_pos[_N]

gen int y_zero=y==0
by i: gen int n_zero = sum(y_zero)
by i: replace n_zero = n_zero[_N]

}


* INITIALISE VARIABLE TO REPRESENT POSTERIOR PROBABILITY OF
* FALLING AT FIRST HURDLE (pd0)

quietly gen double pd0=.

* USE PROBIT (1 OBS PER SUBJECT) TO OBTAIN FIRST HURDLE STARTING VALUES

probit d x   if last==1
mat bprobit=e(b)

* USE RANDOM EFFECTS TOBIT TO OBTAIN SECOND HURDLE STARTING VALUES

xttobit y  x if d==1 , ll(0) ul(10)
mat bxttobit=e(b)

* DEFINE VECTOR OF STARTING VALUES (INCLUDING GUESSES FOR rho AND w)

mat start=bprobit, bxttobit, 0.00, 0.02

* SPECIFY EVALUATOR (d0), EVALUATION PROGRAM (panel_hurdle), AND PARAMETER LIST
* SPECIFY STARTING VALUE VECTOR
* RUN MAXIMUM LIKELIHOOD PROCEDURE

ml model d0 panel_hurdle ( = z ) ( = x ) /s_u /s_e /rr /w
ml init start, copy
ml max, trace search(norescale)

* EXTRACT POSTERIOR PROBABILITY OF d=0 (pd0) GENERATED INSIDE EVALUATION PROGRAM
* PLOT IT AGAINST NUMBER OF POSITIVE CONTRIBUTIONS.

drop pd0
getmata pd0

label variable pd0 "posterior prob zero type"
label variable n_pos "number of positive contributions"

scatter pd0 n_pos, jitter(1)  ylabel(0(0.1)1)
```

运行上述模拟的最终输出如下所示。这些是面板门槛模型的结果。

```
                                    Number of obs    =        2000
                                    Wald chi2(1)     =       17.79
Log likelihood = -1518.8587         Prob > chi2      =      0.0000

------------------------------------------------------------------------
          |    Coef.    Std. Err.      z     P>|z|    [95% Conf. Interval]
----------+-------------------------------------------------------------
eq1       |
        z |  2.369987   .5619582     4.22    0.000    1.268569    3.471405
    _cons | -1.747444   .3340628    -5.23    0.000   -2.402195   -1.092693
----------+-------------------------------------------------------------
eq2       |
        x |  11.06413   .8861659    12.49    0.000    9.327278    12.80098
    _cons | -4.672788   1.331671    -3.51    0.000   -7.282815   -2.062762
----------+-------------------------------------------------------------
s_u       |
    _cons |  2.467505   .5636856     4.38    0.000    1.362701    3.572308
----------+-------------------------------------------------------------
s_e       |
    _cons |  4.770671   .2305484    20.69    0.000    4.318805    5.222538
----------+-------------------------------------------------------------
rr        |
    _cons |  .1441294   .5070172     0.28    0.776   -.8496061    1.137865
----------+-------------------------------------------------------------
w         |
    _cons |  .0353052   .0048938     7.21    0.000    .0257135    .0448968
------------------------------------------------------------------------
```

估计值见表 11.2。我们包括每个参数的 95% 置信区间。表的第二列包含在模拟中使用的真实参数值。所有真实参数值包含在它们各自的置信区间内是对上面给出的估计程序的正确性确认。

表 11.2　来自面板门槛模型的模拟点和区间估计值，以及真实参数值

参数	真实值	95% 置信区间下	MLE	95% 置信区间上
α_1	2.0	1.27	2.37	3.47
α_0	-1.5	-2.40	-1.75	-1.09
β_1	10.0	9.33	11.06	12.80
β_0	-5.0	-7.28	-4.67	-2.06
σ_u	2.5	1.36	2.47	3.57
σ_ϵ	5	4.32	4.77	5.22
ρ	0.4	-0.85	0.14	1.14
ω	0.04	0.026	0.035	0.045

在图 11.2 中，我们绘制了在模拟中 100 个受试者中的每个受试者在第一道门槛（即，"零贡献类型"）下降的后验概率与正贡献的数量。我们看到，具有少于 5 个积极贡献（20 个）中的受试者都被归类为非常可能是"零贡献类型"。回想一下，由于存在抖动参数 ω（其真值为 0.04），偶尔将贡献受

试者归类为零贡献类型是可能的。这些偶尔的积极贡献归因于专注缺失。对于贡献 5 次或更多次的受试者,作为零贡献类型的后验概率非常接近于零。

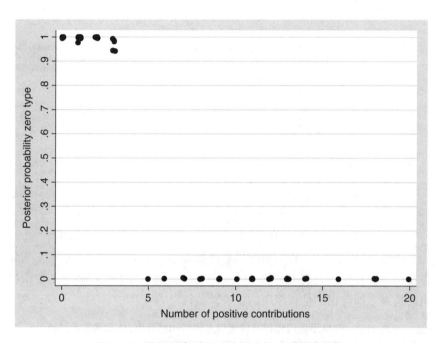

图 11.2　零贡献类型的后验概率与正贡献的数量

11.6　独裁者博弈中的面板门槛模型

11.6.1　实验

在这一小节中,第 11.5 节中开发的面板门槛模型将应用到真实的数据集中,这些数据来源于 Erkal 等(2011)做的一个独裁者博弈实验,该实验的主要目的是探究收入与支出之间的关系。这些数据放在了文件 Erkal 中。

实验受试者分为 4 组,整个实验包含了两个阶段。在第一个阶段中,受试者完成一个真实的工作任务,并且根据他们的表现对他们进行排序。

在处理 1 和处理 2 中，排名第一的受试者将获得 60 美元，第二名获得 45
美元，第三名获得 30 美元，第四名获得 15 美元。然后阶段 2，其中，知道
自己和他人在阶段 1 的收入，受试者决定转移多少给其他三个。使参与
的受试者意识到只有他们所选择的转移中的一个将被进行，并且这将随
机确定。

有 27 组，每组 4 个受试者，其实验以上述方式进行。首先注意到，将结
果数据集视为一个小组是很自然的，因为有 108 个独裁者样本，每个人被观
察作出 3 个不同的转移决策（其中只有一个将最终实现）。

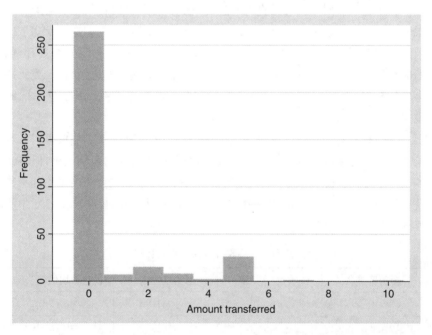

图 11.3　Erkal 等(2011)中处理 1 和处理 2(324 位观察对象)中转移金额的频率直方图

其次，请注意，在 324 项转移决定中，264 项(81%)为 0。转移的分布如
图 11.3 所示。数据中 0 的优势显然需要采用门槛模型分析方法。

在估计中，值得强调的问题是：什么决定了转移。显然，关键决定因素
是受试者自己的收入和接受者的收入水平。自己的收入是受试者自身的特
点，所以它可能进第一道门槛，相比之下，接受者的收入是关于任务的特征，
因此只能放进第二道门槛。

表 11.3 通过自己的收入给予正数（至少一次）的独裁者给予比例

独裁者排名	收益（美元）	独裁者数量	给予百分比（%）
1	60	27	26
2	45	27	67
3	30	27	37
4	15	27	22
全部		108	38

为了让读者对数据有更直观的感受，在表 11.3 中我们汇总了至少有一次转让大于 0 的独裁者的给予比例，表 11.3 中呈现的一个重要特点就是排名第一并获得 60 美元的独裁者较排名第二且只获得 45 美元的独裁者，他们的转让倾向更小。事实上，60 美元持有者中愿意转让的比例与 15 美元持有者的相当，为什么高收入受试者愿意转让的倾向更小呢？其实这一问题也是 Erkal 等（2011）关注的焦点。

探究独裁者给谁转让的金额最多也是有趣的。在表 11.4 中，我们显示给予每个排名接收者的平均转移。我们发现，尽管转让的金额很少，但转让的金额随接收者收入的减少而大幅增长。获得最低收入的受试者平均几乎是获得最高收入者数额的 10 倍，并且这一关系似乎是单调的，这与表 11.3 中所反映的关系是不一样的。

表 11.4 接收者收益的平均转移

接受者排名	收益（美元）	接收者数量	收益平均值（美元）
1	60	81	0.16
2	45	81	0.20
3	30	81	0.70
4	15	81	1.60
全部		324	0.67

11.6.2 模型估计

第 11.5 节中开发的面板门槛模型（具有依赖性）已经应用到 Erkal 等

(2011)的数据集，所采用代码和第 11.5 节中用于模拟的代码相似。

一些建议是为了方便任何人将这种估计例程应用于诸如此类的真实数据集。初始值的质量很重要。如果初始值离 MLE 太远，则不可能实现最大化。通过估计两部分模型获得初始值的初始集合，即概率模型，随后是受限样本上的随机效应概率模型。然而，这些初始值并不总是足够精确，以允许在单次运行中估计门槛模型。通常有必要分阶段最大化对数似然，从一个严重约束的模型开始，逐渐消除约束。以下是已成功应用于当前数据集的代码。似然最大化程序"panel_hurdle"与第 11.5 节中使用的相同。

一个抖动项被发现与零相差不大，因此被排除在最终模型之外。最终的模型是将抖动参数限制为零，但是所有其他参数都是自由的。

```
* CREATE VARIABLE LISTS

local listd "male  myrank22 myrank23 myrank24   "
local listy "male   yourrank22 yourrank23 yourrank24    "

* USE ONLY TREATMENTS 1 AND 2

keep if treat<3

* OBTAIN STARTING VALUES USING PROBIT AND XTTOBIT.
* STORE VARIANCE ESTIMATES FROM XTTOBIT

probit d  'listd'       if last==1
mat bprobit=e(b)

xttobit y  'listy' if  d==1, ll(0)
mat bxttobit=e(b)

scalar sig_u=_b[sigma_u:_cons]
scalar sig_e=_b[sigma_e:_cons]

* CREATE STARTING VALUE VECTOR

mat start=bprobit, bxttobit,0,0

* SPECIFY CONSTRAINTS ON PARAMETERS

constraint 3 [sig_u]_b[_cons]=sig_u
constraint 4 [sig_e]_b[_cons]=sig_e
constraint 5 [r]_b[_cons]=0.0
constraint 6 [w]_b[_cons]=0

* ESTIMATE PANEL HURDLE MODEL WITH sig_u, sig_e, r, w ALL CONSTRAINED

ml model d0 panel_hurdle (= 'listd') ( = 'listy' ) /sig_u /sig_e  /r /w, ///
 constraints( 3 4 5 6)
ml init start, copy
ml max, trace  search(norescale)

* STORE ESTIMATES AS STARTING VECTOR FOR NEXT ESTIMATION

mat start=e(b)

* ESTIMATE PANEL HURDLE MODEL WITH r AND w CONSTRAINED

ml model d0 panel_hurdle (= 'listd' ) ( = 'listy') /sig_u /sig_e  /r /w, ///
 constraints( 5 6)
```

```
ml init start, copy
ml max, trace  search(norescale)

* STORE ESTIMATES AS STARTING VECTOR FOR NEXT ESTIMATION

mat start=e(b)

* ESTIMATE PANEL HURDLE MODEL WITH ONLY w CONSTRAINED (SET STARTING VALUE FOR r)

mat start[1,'=colnumb(start, "r:_cons")']=-0.3

ml model d0 panel_hurdle (= 'listd' ) ( = 'listy') /sig_u /sig_e  /r /w, ///
  constraints(  6)
ml init start, copy
ml max, trace  search(norescale)
```

11.6.3 结果

我们将结果列在了表 11.5 中,表格的第一列和第二列分别是用于获得面板门槛模型的第一道和第二道门槛参数的初始值的概率模型和面板 Tobit 模型的结果。前两列的内容可以看做是从"两部分模型"估计,最后两列包含了来自两个面板门槛模型的估计,其中一个具有独立性,一个具有依赖性。

从两个面板门槛模型中产生的结果非常相似。这是因为估计的相关系数(ρ)与 0 相差不大,所以它的自由估计没有显著提高模型的解释能力。两个模型都证实了 Erkal 等(2011)中的主要结论:排名第二的独裁者比排名第一的独裁者更愿意转让,这个可以从第一道门槛方程中"myrank2"的显著,以及"myrank1"为排除虚拟变量中得知。第二道门槛估计值也不令人意外:包含"yourrank"虚拟变量的估计值都为正(以"yourrank"为基础情况),并且随着排名的下降而逐渐上升,这意味着条件是独裁者为"给予类型",他们准备转让更多收入给收入少的参与者。

表 11.5　适用于 **Erkal** 等**(2011)**的门槛和相关模型的最大似然估计数据(处理 1 和处理 2)

	Probit 模型	Tobit 面板 (除全零贡献受试者)	面板门槛 ($\rho=0$)	有依赖性的 面板门槛模型
第一道门槛				
male	−0.36(0.30)		−0.58*(0.35)	−0.58*(0.35)
myrank2	1.03**(0.36)		1.03**(0.42)	0.99**(0.41)
myrank3	0.20(0.37)		0.24(0.42)	0.27(0.40)
myrank4	−0.25(0.39)		−0.07(0.49)	0.23(0.51)
常数	−0.38(0.33)		−0.09(0.41)	−0.09(0.41)

续表

	Probit 模型	Tobit 面板 （除全零贡献受试者）	面板门槛 （$\rho=0$）	有依赖性的 面板门槛模型
第二道门槛				
male		1.22*(0.71)	1.56(0.89)	1.89*(1.15)
myrank2		0.59(0.93)	0.59(0.99)	0.61(0.99)
myrank3		3.90**(0.80)	3.97**(0.86)	3.97**(0.86)
myrank4		6.68**(0.82)	6.88**(0.89)	6.94**(0.90)
常数		$-3.33(0.84)$	$-4.35(1.12)$	$-4.14(1.15)$
σ_u		1.71	2.39	2.42(0.53)
σ_t		2.11	2.26	2.25(0.29)
ρ				$-0.30(0.40)$
N	108	41	108	108
T		3	3	3
Log L	-63.83	-170.40	-228.82	-228.61

注：* $p<0.05$；** $p<0.01$。

这两个门槛模型中都包含了一个性别虚拟变量。在这里我们可以发现，男性极少是给予类型，但是一个给予类型的男性将会比一个给予类型的女性转让得更多。关于性别因素这一相互矛盾的影响在 Andreoni 和 Vesterlund(2001)中的独裁者博弈部分已经有提及，这是一个非常重要的发现，因为我们很容易发现这些效应在简单的检验中会被隐藏起来。比如说，关于性别对转让数额影响的 Mann-Whitney 检验。

```
. ranksum y, by(male)

Two-sample Wilcoxon rank-sum (Mann-Whitney) test

        male |      obs    rank sum    expected
-------------+---------------------------------
           0 |      150     24656.5       24375
           1 |      174     27993.5       28275
-------------+---------------------------------
    combined |      324       52650       52650

unadjusted variance    706875.00
adjustment for ties   -382851.63
                      ----------
adjusted variance      324023.37

Ho: y(male==0) = y(male==1)
          z =    0.495
   Prob > |z| =   0.6209
```

在这一简单的检验中，p 值为 0.62，说明性别对转让数量没有影响。但是，这只是因为男性给予的可能性较低，而男性给予量却较高，这种效应就是一个证明门槛方法有用的明显例子，它成功地分离了矛盾效应，产生我们可以在表 11.5 最后一列看到的显著估计。

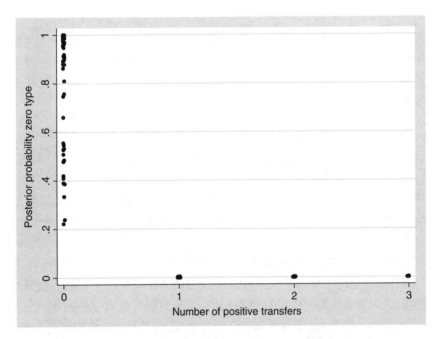

图 11.4　零贡献类型的后验概率与正转移的数量

估计完具有依赖性的面板门槛模型，采用第 11.5.7 节中描述的方法，我们可能会得到每个受试者为零贡献类型的后验概率。在图 11.4 中，我们给出了这些后验概率与受试者的正转移数的抖动图。在 108 个受试者中，41 个至少正转移一次，并且由于该模型不包括抖动参数，所以这 41 个受试者都具有零贡献类型的零后验概率。对于剩余的 71 个转移数额为 0 的受试者来说，他们为零贡献类型的后验概率为正，但却不都是接近于 1，对于某一些受试者，他们的后验概率是小于 0.5 的。

如上所述，表 11.5 中所反映的估计证实了 Erkal 等（2011）中的主要结论：最高收入的独裁者不太可能给予中等收入的独裁者。但这一结论产生的一个问题就是：这是否是一种收入效应（即给予是一个"低档商品"），或者说这只是因为自利个体只是倾向于更努力地工作，所以自我选择排名1。为了更好地阐述这一问题，Erkal等（2011）做了处理3（运气处理），在该实验中，每个小组成员的收入是随机决定的，而不是由任何任务的表现决定的。

表 11.6　适用于 Erkal 等（2011）的门槛和相关模型的最大似然估计数据（处理 3）

	Probit 模型	Tobit 面板 （除全零贡献受试者）	面板门槛（$\rho=0$）
第一道门槛			
male	−0.31(0.35)		−0.47(0.44)
myrank2	−0.07(0.50)		−0.04(0.56)
myrank3	−0.60(0.49)		−0.54(0.54)
myrank4	−0.93*(0.50)		−0.65(0.60)
常数	0.55(0.41)		0.73(0.48)
第二道门槛			
male		1.45(1.17)	1.69(1.50)
yourrank2		1.84(2.10)	1.74(2.17)
yourrank3		6.83**(1.98)	6.74**(2.04)
yourrank4		11.29**(1.95)	11.35**(2.03)
常数		−5.88(1.86)	−6.71(2.06)
σ_u		1.25(1.21)	1.91(1.25)
σ_c		4.11(0.58)	4.26(0.61)
ρ			
n	56	28	56
T		3	3
Log L	−35.80	−145.44	−178.82

注：* $p<0.05$；** $p<0.01$。

在处理3中，有14个4人小组，即有56个独裁者参与实验，和之前的实验一样，每个独裁者都要作出3个转移决策。我们再估计面板门槛模型，对于该数据集，不能成功估计出依赖性模型，可能是因为样本容量太小。但是，我们得到了独立性模型产生的结果，该结果列在了表11.6中。

在表11.6的最后一列中，我们看到了与表11.5中相应的一组估计值的一个非常重要的差异。不再是这样的情况：排名第一的那些人的给予可能性低于排名第二的那些人——第一门槛中的盈利受试者不具有统计上的显著性。这导致我们的结论是,当独裁者的收入是随机确定的,这种收入的水平对给予的倾向没有影响。还确认,较高(赚得)收入的个人不太可能给予(如表 11.5 所示)是自利的个体自我选择进入高收入群体的结果。

11.7　公共品博弈中的贡献面板门槛模型

在这一节中,我们将门槛模型应用到公共品实验的一个数据集中,这一数据集最先在 Clark(2002)中分析到,之后 Harrison(2007)中也有对它的分析。这一研究的核心是去检验赌场盈利效应,数据被保存在了文件受试者 clark 中。

在第 2.5.4 节中有对公共品实验概念的充分阐述。

在 Clark(2002)实验中,有 10 轮,受试者是 5 人组,组间的组合在局间变化。在每一局中,禀赋为 80 代币,受试者要将这些禀赋在个人账户和小组账户之间分配。一共有 150 个受试者,其中有 75 个在"庄家的钱"的处理机制中(在每局开始的时候都给 80 个代币),其余 75 个是"自有钱"的处理(不会给他们任何东西)。[①]

Clark(2002)中提到了大量关于赌场盈利效应的假设。第一,受试者使用庄家的钱是为了赢得比现实中更多的"公共精神",即他们采取利他行为的可能性更大;第二,受试者使用庄家的钱是为了购买互惠的公平,即他们更有可能表现得像互惠者;第三,持有庄家的钱让受试者更愿意去冒险,进行"策略性给予",即他们会更多地表现得像策略家。

值得注意的是,上一节提到的一些类型和第 8.5 节中公共品混合模型假定的类型是相同的。并且这里 Clark(2002)提到的三个假设都包含了一种思想,即赌场盈利效应会让受试者从一个搭便车者(即零贡献类型)向其中一种贡献者类型转变。因此,在门槛模型情境中,为了去捕捉这些假设,庄家钱应该是出现在第一道门槛中的解释变量。

---

①　Clark(2002)找到了一种微妙的方法来管理"自有钱"处理,这样可以避免受试者遭受净损失的可能性。更多细节见 Clark(2002)。

前面 Clark(2002)数据集分析的发现如下，Clark(2002)主要涉及场次内受试者对其余受试者行为的影响，并且采用场次平均水平进行了极端保守检验[1]。但不幸的是，这个数据集中每个处理只有 5 个场次，所以整个检验只建立在 10 组观测值的基础上。不出所料，对于这样小的样本容量，这些检验检测到的两种处理之间没有差异，因此没有赌场盈利效应的依据。Harrison(2007)从个体层面上对相同的数据集进行了检测，发现了赌场盈利效应。特别的是，他发现庄家的钱会影响搭便车者的比例。

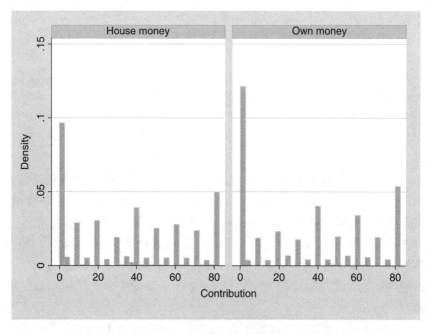

图 11.5　处理的贡献直方图

图 11.5 显示，在有庄家的钱和没有庄家的钱的情况下，数据是分别左截尾和右截尾的，但这两个直方图的本质差异在于，如果受试者是使用自己的钱，他们的贡献会倾向于 0。

我们可以用实验处理对搭便车者的影响做一个简单的检验，在 150 个受试者中，有 20 个是从来不会作出贡献的。简单地说，我们可以将这 20 个

---

[1]　对极端保守检验的讨论参见第 4.4.3 节。

(在 75 个中)受试者划为搭便车者。在这 20 个人中,有 13 个(在 75 个中)在自有钱的处理中,7 个在庄家的钱的处理中。为了从这些信息中直接得到所要求的检验统计量,我们可以使用 tabi 命令。

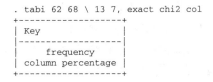

```
. tabi 62 68 \ 13 7, exact chi2 col
+-------------------+
| Key               |
|-------------------|
|     frequency     |
| column percentage |
+-------------------+

           |          col
       row |        1          2 |     Total
-----------+----------------------+----------
         1 |       62         68 |       130
           |    82.67      90.67 |     86.67
-----------+----------------------+----------
         2 |       13          7 |        20
           |    17.33       9.33 |     13.33
-----------+----------------------+----------
     Total |       75         75 |       150
           |   100.00     100.00 |    100.00

          Pearson chi2(1) =      2.0769   Pr = 0.150
            Fisher's exact =                    0.229
      1-sided Fisher's exact =                  0.115
```

尽管庄家的钱处理中搭便车者的比例(9.33%)明显低于自有钱处理中的比例(17.33%),卡方检验和 Fisher 检验都不会返回重要的检验统计量,但是可能就如 Clark(2002)所说的那样,在相同时期内,受试者间的行为是存在依赖性的,所以这些检验是无效的。当然,这也是我们采用面板门槛模型的一个重要原因,因为该模型会考虑到受试者间的异质性,同时会对同一时期内其他人的行为进行一定的控制,接下来我们将目光转向面板门槛模型。

将两个散点图进行对比是十分有用的,这些散点图反映的是受试者贡献与出现在第二道门槛中的两个解释变量之间的关系。图 11.6 分别是贡献与场次数的相关散点图、贡献与先前场次其他受试者平均贡献的相关散点图,每个散点图中都有一个局部加权回归散点平滑曲线。第一条平滑曲线反映了随着实验的不断推进,贡献会轻微下降。因此,将场次数放在第二道门槛中是合理的。关于第二条平滑曲线,实验的一个重要特征是在每一个场次中,都会让受试者知道前一场次的小组平均贡献。从第二条平滑曲线中,我们可以清晰地发现受试者对最近的经验十分敏感,因此将它纳为第二道门槛中的一个解释变量也是合理的。这种效应随着先前贡献的增加而趋于平衡。这个促使我们除了变量本身,还将先前贡献的平方作为第二道门槛的解释变量。

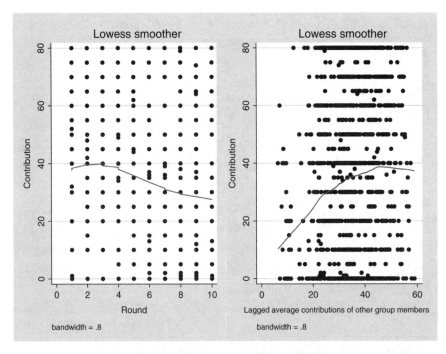

图 11.6　贡献与场次数的相关散点图；
贡献与先前场次其他受试者平均贡献的相关散点图

注：带宽＝0.8。

当用其他小组成员的滞后平均贡献作为一个解释变量时，会产生一个小问题，即这一变量在第一轮中包含缺失值。第一场次中的贡献应该被排除在估计范围外。然而，我们不是这样做的，而是假设在第一轮中，受试者根据其他人的典型贡献作出判断（可能基于实验前的一生经验）。[①]然后将该值用作第一轮中的滞后均值的值。我们用于此目的的值实际上是 66 个单位，并且这通过网格搜索获得，作为使样本对数似然最大化的值。相对较高的数值表明受试者在实验初期是比较乐观的。当然这一假定也会显得有些武断，实际上（与赌场盈利效应相关的）研究的主要结果与这里所做的数值决定是十分相关的。

---

① 这个方法与 Bardsley 和 Moffatt（2007，见他们的表Ⅱ，注 4）类似。

表 11.7 应用于 Clark(2002)公共品数据的门槛和相关模型的结果

	Probit 模型	Tobit 面板	门槛($\rho=0$；$\omega=0$)	无抖动门槛模型	有抖动门槛模型
第一道门槛					
常数项	0.94(0.17)		0.97(0.18)	0.98(0.18)	0.69(0.15)
庄家的钱	0.38(0.26)		0.39(0.28)	0.34(0.28)	0.50*(0.25)
第二道门槛					
常数项		42.46(10.04)	42.61(10.39)	44.75(10.63)	30.05(9.67)
场次		-3.12**(0.40)	-3.09**(0.40)	-3.08**(0.40)	-2.46**(0.39)
先前贡献		0.95*(0.39)	0.95*(0.40)	0.95*(0.40)	0.95*(0.37)
先前贡献^2		-0.10**(0.00)	-0.01**(0.00)	-0.01**(0.00)	-0.01**(0.00)
σ		26.07(0.69)	26.09(0.69)	26.08(0.69)	21.06(0.85)
σ_μ		28.65(2.10)	29.99(2.38)	30.04(2.30)	35.60(3.40)
ρ			0	-0.29(0.35)	0.93(0.08)
ω			0	0	0.09(0.02)
n	150	130	150	150	150
T	—	10	10	10	10
Log L	-57.85	-4 649.02	-4 707.01	-4 706.83	-4 679.63
AIC			9 430.02	9 431.66	9 379.26

注:① *显著($p<0.05$);**强显著($p<0.01$)。② AIC 定义为($2k-2$Log L)。

表 11.7 中给出的是来自不同模型的结果,第一个是用 150 个受试者的截面数据估计的二元 Probit 模型,只要受试者中有一个贡献为正,则因变量取值为 1,否则就取值为 0。该模型给出第一道门槛的估计,其在门槛模型的相应部分的估计中做起始值。第二个模型是用至少有一次贡献为正的受试者数据来估计的面板 Tobit 模型,和之前的一样,前两列的内容是从一个"两部分模型"中得到的估计值,剩下三列的内容是从三个面板门槛模型中得到的估计值:三个模型分别为基础模型、具有依赖性的面板门槛模型和具有依赖性和抖动参数的模型,最后一个模型是建立在阿凯克信息论准则(AIC)基础上最好的模型。

从第二道门槛中得出的效应和预期的一样。第一,和其他公共品研究相似,根据图 11.6(左图),场次数的负系数提供了在实验过程中贡献下降的证据。其他人的平均先前贡献的正系数和其平方的负系数证实了从图 11.6(右图)得出的结论,贡献增加但与其他人的贡献相平衡。这相当于互惠的证据。

最后一列是赌场盈利效应的依据：赌场盈利效应增加了通过第一道门槛的概率，即它减少了成为搭便车者的概率，注意这一结论只是单看最后一列得出的。

抖动参数对得出这一结论十分关键，为了说明原因，在图 11.7 中，我们给出了每个受试者为搭便车者的后验概率（采用第 11.5.7 节的贝叶斯法则得出）与正贡献受试者数量的散点图，左边的散点图是根据没有抖动参数的模型得出的（表 11.7 倒数第二列是它的结果），而右边的散点图是根据有抖动参数的模型得出的（表 11.7 最后一列内容为其结果）。

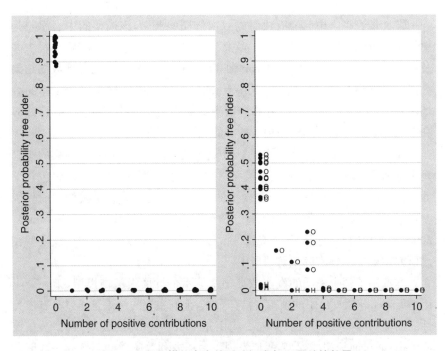

图 11.7 作为搭便车者的后验概率与正贡献的数量

注：① 左图：无抖动模型；右图：抖动模型。
② 在右图中，"H"和"O"分别表示庄家的钱和自有钱处理中的受试者。

位于图 11.7 左边的散点图显示，在没有抖动参数的情况下，从不贡献的受试者有着极高的后验概率成为搭便车者，而有正贡献的受试者成为搭便车者的后验概率为 0。位于图 11.7 右边的散点图显示，在有抖动参数的情况下，一些只有少量正贡献的受试者也会有成为搭便车者的后验概率，上升到了水平轴的上方。值得注意的是，受试者想要有"自有钱"处理的倾向是产生表 11.2 最后一列和倒数第二列结果差异的重要原因。"自有钱"处理中的那部分被认为是搭便车者的少部分受试者，尽管他们也会偶尔作出贡献，但他们仍旧使得有赌场盈利效应和没有赌场盈利效应之间的平衡倾斜。

11.8　小结与拓展阅读

在计量经济学中已经有成型的双门槛模型概念，该模型的中心思想是决策过程有两个阶段："是否"和"多少"。尽管目前为止，这一实践还很少涉及连续结果的应用［参阅 Cameron 和 Trivedi(2010)］，但它在统计数据结果方面已经得到了极好的发展。Jones(1989)中将这一模型应用到个体的香烟消费上，Burton 等(1994)将其应用到家庭肉类消费中，Dionne 等(1996)和 Moffatt(2005a)将其应用到借款者的贷款违约数据中。

实验经济学中有许多门槛模型的应用，在这些具体应用中，门槛的概念是十分清晰和易理解的"零贡献类型"和"贡献者类型"。这些应用中包含了面板数据，因此开发出面板门槛模型的估计程序是十分有必要的。面板版本考虑了"依赖性"参数的估计，这在横截面情况下是没有辨识到的(Smith，2003)。面板门槛模型最初是在 Dong 和 Kaiser(2008)中提出的，该模型在该研究中被应用到家庭牛奶消费中。

本章用了两个不同的真实数据集来演示估计面板门槛模型，第一个应用是 Erkal 等(2011)中的独裁者博弈数据，他们主要的结果是通过具有依赖性的面板门槛模型产生的；第二个应用是 Clark(2002)的公共品实验，在该实验中，通过面板门槛模型，我们发现了赌场盈利效应。抖动参数在这里发挥着十分重要的作用，在对这一参数的引入中，我们可以发现零贡献类型后验概率的变化。

面板门槛模型使用者要理解的最重要一点是：第一道门槛等式包含了所有受试者特性，这一特性在不同的时间段内是固定不变的；第二道门槛包含了个体特性和任务特征，并且如果有需要的话，还可以包含这两者之间的相互作用关系。

门槛模型估计中最有趣的现象是第一道门槛中的效应在第二道门槛中起相反的效应，Andreoni 和 Vesterlund（2001）关于性别对给予的影响研究就是说明这一现象的一个极好例子。

McDowell（2003）给出了门槛模型估计所需程序的建议——"来自STATA 的帮助台"。更近的是，Garcia（2013）、Engel 和 Moffatt（2014）已经改进了门槛模型估计的 STATA 软件，在之后，还包含了面板门槛模型。

面板门槛模型在实验经济学中的应用包括 Engel 和 Moffatt（2012）、Cheung（2014）。

练习

1. 用第 11.4.3 节中介绍的单门槛模型的似然函数来解释在面板数据情境下归纳单门槛模型产生逻辑问题的原因。

2. 参考 Erkal 和 Grossman（1998）关于独裁者博弈和博弈中性别对决策的影响研究，文章中有相关数据，用这些数据来估计两道门槛都考虑性别影响的门槛模型，Andreoni 和 Vesterlund（2001）中的性别效应在这个数据中仍旧有效吗？

3. 请将面板门槛模型应用到文件 berdsley 中关于 Bardsley（2000）公共品博弈的数据中，在第 6 章、第 8 章和第 10 章中有用不同的方法分析这些数据。

12 风险选择：理论问题

12.1 引言

本章的目的在于介绍大量理论性概念，对风险选择的计量经济建模的理解是必不可少的。

首先定义两个常用的风险厌恶度量，然后介绍最普遍的一些效用函数，重点介绍它们在风险选择建模中的优点和缺点。接着我们再介绍风险选择问题中彩票的标记，我们给出了期望值和期望效用的正式定义，演示了用于评估哪个彩票是风险彩票的方法，并且定义随机优势。然后考虑非期望效用模型，对累积前景理论的重要组成部分——概率加权函数要格外注意。本章描述了构建风险选择随机模型结构的各种方法。最后一节很自然地过渡到下一章，其目的是展示这些随机模型的计量经济学估计。

12.2 效用函数与风险厌恶

任何风险选择模型的中心特征之一都是假设的效用函数。我们首先假设该任务的结果为收益，或说财富总额，我们将其标记为 x。根据该变量定义效用函数为 $U(x)$。$U(x)$ 可能存在许多不同形式。

很重要的一点是效用函数的类型在这里要求以特定的方式，而且不同于对消耗的量定义的更为常见的效用函数。后一种类型的函数可以通过任何保序变换进行转换，并且隐含的行为不受影响。但是对于效用函数

$U(x)$，只能允许在保持形状不变的情况下进行变换。$U(x)$有时被称为"独特的积极仿射变换"。这基本上意味着$U(x)$的形状，尤其是它的弧度，在行为确定中非常重要。

这两个概念归因于 Pratt(1964)，对风险下的行为模型建立十分重要：绝对风险厌恶和相对风险厌恶。这两个风险厌恶的度量都与效用函数的曲率紧密相关。绝对风险厌恶的系数由式(12.1)定义：

$$A(x) = -\frac{U''(x)}{U'(x)} \tag{12.1}$$

相对风险厌恶的系数由式(12.2)定义：

$$R(x) = -\frac{xU''(x)}{U'(x)} \tag{12.2}$$

我们首先要注意如果效用函数是线性的，如$U(x)=x$，则以上两个风险厌恶的度量都为零，因此我们可以说具备该效用函数的独立个体属于"风险中立"。我们从日常的经验中可以得知大多数独立个体是风险厌恶的，因此我们希望采用正向的度量。追求风险的个体则在两种度量中都为负值。

在某些应用中，考虑高阶导数同样很有用。三阶导数表现"审慎"而四阶导数表现"节制"[参阅 Eeckhoudt 和 Schlesinger(2006)]。但是在这里我们将注意力集中在风险厌恶上，这由二阶导数呈现。

一个直接的效用函数就是"幂"效用函数，由下式定义：

$$
\begin{aligned}
U(x) &= x^\alpha \qquad x \geqslant 0;\ \alpha > 0 \\
&= \ln(x) \quad \alpha = 0 \\
&= -x^\alpha \quad \alpha < 0
\end{aligned} \tag{12.3}
$$

式(12.3)是 CRRA 效用函数的简单形式，相对风险厌恶的系数为$1-\alpha$。注意对于高度风险厌恶的个体是$\alpha < 0$，对于风险厌恶个体是$0 < \alpha < 1$，对于风险中立个体$\alpha = 1$，对于风险偏好的个体$\alpha > 1$。

将 CRRA 效用函数参数化的不同方法如下：

$$
\begin{aligned}
U(x) &= \frac{x^{1-r}}{1-r} \quad x \geqslant 0;\ -\infty < r < \infty;\ r \neq 1 \\
&= \ln(x) \quad r = 1
\end{aligned} \tag{12.4}
$$

在式(12.4)中，对应的风险厌恶参数为r。对于风险中立个体来说，$r=0$。

要注意 r 可以是一个非常大的正数,表示极度的风险厌恶,它也可以是一个非常大的负数,表示极度的风险偏好。最后要注意式(12.4)里第一行出现的函数在 $r=1$ 时不成立。当 r 接近于 1 时该函数的极限为 $\ln(x)$(见本章练习 1),因此它可以在 $r=1$ 时使用。

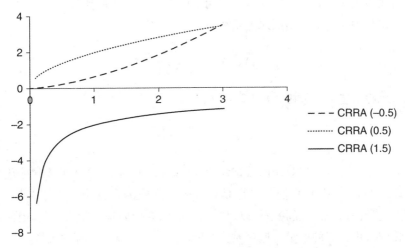

图 12.1 $r=-0.5$、0.5、1.5 时的 CRRA 效用函数

图 12.1 展示了如式(12.4)中所定义的对于三个不同的 r 值的 CRRA 效用函数。虚线曲线是 $r=-0.5$ 时的函数,该函数凸起,表示风险偏好。点曲线为 $r=0.5$ 的函数,该函数是凹陷的,表示风险厌恶。实线曲线是 $r=1.5$ 的函数,该函数凹陷得更明显,表示更大程度的风险厌恶。还要注意的是当 $r>1$ 时,曲线总是位于横轴下方的。

CRRA 函数式(12.3)和式(12.4)有一个问题是,它们没有完全适应零收益。彩票最低收益为零是非常常见的,所以我们需要对 $U(0)$ 进行评估。但是当"幂"不为正时,如在式(12.3)中 $\alpha<0$ 或在式(12.4)中 $r\geqslant 1$,$U(0)$ 就不成立。这并不意味着当最低收益为零时不能使用 CRRA 效用函数。它仅仅表示,当最低收益为零时,该函数不能够解释高程度的风险厌恶。

一种更困难的效用函数是常数绝对风险厌恶(CARA)函数,由下式定义:

$$U(x)=1-\exp(-rx) \quad x\geqslant 0; r>0 \tag{12.5}$$

在这里,r 为绝对风险厌恶系数。注意在式(12.5)中,r 必须为正数,这是因

为一个负的 r 值会导致效用函数 x 递减。解决这个问题的一个方法就是使用正态的 CARA 函数[见 Conte 等(2011)]：

$$U(x) = \frac{1 - \exp(-rx)}{1 - \exp(-rx_{max})} \quad 0 \leqslant x \leqslant x_{max}; \ -\infty < r < \infty \quad (12.6)$$

在这里，x_{max} 是收入变量 x 的上限。式(12.6)即使在 r 为负值时在 x 上增长，r 值表示风险偏好。

注意，对包含 0 的所有值定义式(12.5)和式(12.6)。所以 CARA 函数避免了上述与 CRRA 相关的一些问题：CARA 可以解释高程度的风险厌恶，即使在最低收益为零的时候。

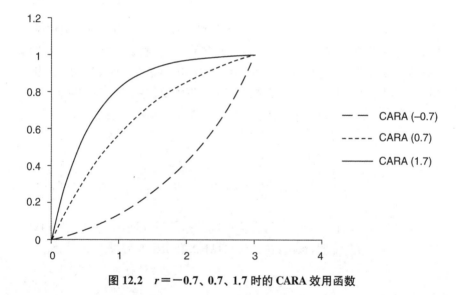

图 12.2 $r = -0.7$、0.7、1.7 时的 CARA 效用函数

图 12.2 展示了归一化 CARA 效用函数式(12.6)，在 $x_{max} = 3$ 的时候，计算三个不同的 r 值。虚线曲线是 $r = -0.7$ 时的函数，这个函数是凸起的，表示风险偏好。点曲线是 $r = 0.7$ 时的函数，这个函数是凹陷的，表示风险厌恶。实线曲线是 $r = 1.7$ 时的函数，这个函数凹陷得更明显，表示更高程度的风险厌恶。

如果我们想要假设常数相对风险厌恶，我们必须先假设递减绝对风险厌恶(DARA)，也就是说，$A(x)$ 随 x 递减。如果我们想要假设常数绝对风险厌恶，就要先假设递增相对风险厌恶(IRRA)。

当我们考虑以特定方式改变选择问题的货币结果时，CRRA 和 CARA 的差异就很明显了。尤其，如果一个个体具有 CRRA，将所有的结果乘以相同的正数，会使个体的选择不变。如果一个个体具有 CARA，给所有结果加上固定金额，选择不变。因此如果我们想要排除初始财富的影响，CARA 就是一个非常有效的假设，由于 CARA 的存在，初始财富对选择没有任何影响。相反，如果假设 CRRA 存在，拥有更多的初始财富在选择上会表现出较低的风险厌恶。

一个近几年更加普遍应用的常见效用函数叫作指数幂效用函数（Saha，1993），定义如下：

$$U(x) = 1 - \exp(-\beta x^{\alpha}) \quad x \geqslant 0; \alpha \neq 0; \beta \neq 0; \alpha\beta > 0 \quad (12.7)$$

笼统地说，式(12.7)是一个结合了 CARA 和 CRRA 的效用函数。绝对风险厌恶的程度取决于参数 α：$\alpha < 1$ 表示 DARA；$\alpha = 1$ 表示 CARA；$\alpha > 1$ 表示 IARA。相对风险厌恶的程度取决于参数 β：$\beta < 0$ 表示 DRRA；$\beta > 0$ 表示 IRRA。但是要注意 $\beta \neq 0$，所以精确 CRRA 不能算作式(12.7)的特例。

Abdellaui 等(2007)介绍过单参数指数幂效用函数，定义如下：

$$U(x) = -\exp\left(\frac{-x^r}{r}\right) \quad x \geqslant 0; r \neq 0$$
$$= -\frac{1}{x} \quad r = 0 \quad (12.8)$$

在式(12.8)中，单个参数 r 被解释为凹度的指数：r 越小，函数凹陷得越明显。并且，很容易证明，该函数结合了 DARA 和 IRRA 假设。

12.3 彩票选择

我们在这里所提到的彩票是一些被称为"前景"的理论处理[例如，见 Wakker(2010)]。我们通过一个概率向量和一个相关结果向量对彩票进行定义。在有 n 单位收益的情境中，彩票可以用收益向量 x 来表示，$\mathbf{x} = (x_1, \cdots, x_n)$，$x_1 < x_2 < \cdots < x_n$，相关概率向量 $\mathbf{p} = (p_1, \cdots, p_n)$。我们将该彩票记作 $(\mathbf{p}, \mathbf{x})$。在风险选择研究中，结果数量(n)很少

有大于 3 的。[1]

彩票的期望值是一个很重要的概念,定义如下:

$$EV(\mathbf{p},\ \mathbf{x}) = \sum_{j=1}^{n} p_j x_j \qquad (12.9)$$

彩票的期望效用这一概念更加重要,定义如下:

$$EU(\mathbf{p},\ \mathbf{x}) = \sum_{j=1}^{n} p_j U(x_j) \qquad (12.10)$$

$U(.)$ 是第 12.2 节里描述的效用函数中的一个。

一个彩票选择问题通常包括两种彩票,受试者在它们之间作出选择。如果第一种彩票为 $(\mathbf{p},\ \mathbf{x})$,第二种彩票为 $(\mathbf{q},\ \mathbf{x})$, $\mathbf{q} = (q_1,\ \cdots,\ q_n)$。通常情况下两种彩票有相等的结果向量 $\mathbf{x}$,因此可以简单地将两种彩票记为 $\mathbf{p}$ 和 $\mathbf{q}$。

举个例子,让我们思考一下这两个具有三种收益的彩票:

$$(\mathbf{p},\ \mathbf{x}) = ((0.333,\ 0.167,\ 0.5)',\ (0,\ 10,\ 20)')$$
$$(\mathbf{q},\ \mathbf{x}) = ((0.167,\ 0.667,\ 0.167)',\ (0,\ 10,\ 20)') \qquad (12.11)$$

在本书的其他部分用来表现这两种彩票的方便、直观的方法,就是通过划分成扇形的圆,每个结果由与结果概率成比例区域的扇形表示。表示样本对 [式(12.11)] 的圆如图 12.3 所示。

图 12.3　这两个示例中定义的彩票的图形表示

将两种彩票分级为"安全"和"风险"是很常见的。对于任一种彩票,我们都需要考虑标量变量 X 的函数,其是接收至少 X 结果的概率。这很明显是 X 的非递增函数。我们可以在相同的图上绘制在两种彩票中出现的针对 X 的函数。通常,这两个函数会交叉,并且从下面穿过的那一个与更具

---

[1]　应该说的是,最近的一篇文献涉及风险选择模型的扩展,以允许复杂性厌恶,例如 Sonsino 等(2002)和 Moffatt 等(2015)。为了确保复杂性等级的期望变化,这些研究中的一些选择问题包含了具有更多结果的彩票。

风险的彩票相关。如果两个函数没有交叉,我们就认为一种彩票随机地优于另一种(见下一小节)。

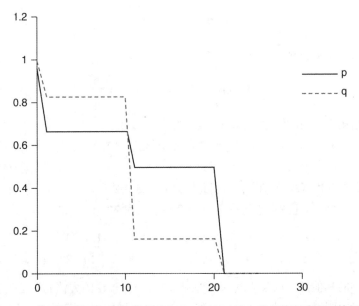

图 12.4 接受结果至少为 X 的概率与 X,式(12.11)中定义的两种彩票的例子

这样的图是为了展示图 12.4 中的样本对[式(12.11)]。我们可以看到与 **p** 相关的函数从下面穿过另一个函数,所以我们将它定为两种彩票中更具风险的一种。

个体可以按照不同的规则使用一个数字来在彩票 **p** 和 **q** 之间进行选择。如果他是期望值最大化论者,会选择期望值[式(12.9)]更高的那一种。如果他是期望效用最大化论者,就会选择期望效用[式(12.10)]更高的那一种。个体同样有可能按照非期望效用原则,我们会在本章后面几节对其中一些进行解释。

这两种示例彩票的期望值:

$$EV(\mathbf{p}) = 0 + \left(\frac{1}{6} \times 10\right) + \left(\frac{1}{2} \times 20\right) = \underline{11.67}$$

$$EV(\mathbf{q}) = 0 + \left(\frac{2}{3} \times 10\right) + \left(\frac{1}{6} \times 20\right) = \underline{10.00} \tag{12.12}$$

因此,将期望值最大化的个体(即风险中立个体)会选择更高风险的彩

票 **p**。而风险厌恶程度非常高的受试者会选择 **q**。让我们假设一下，举个例子，个体具有 CRRA 效用函数[式(12.4)]并且 $r=0.75$，个体为期望效用最大化论者。该个体对这两种彩票的期望效用分别为：

$$EU(\mathbf{p})=0+\left(\frac{1}{6}\times\frac{10^{0.25}}{0.25}\right)+\left(\frac{1}{2}+\frac{20^{0.25}}{0.25}\right)=\underline{5.415}$$

$$EU(\mathbf{q})=0+\left(\frac{2}{3}\times\frac{10^{0.25}}{0.25}\right)+\left(\frac{1}{6}+\frac{20^{0.25}}{0.25}\right)=\underline{6.152} \qquad (12.13)$$

可见个体会选择较安全的彩票 **q**，因为它具有更高的期望效用。事实上，对于任何 0.42 以上的 r 值，期望效用最大化论者都会选择 **q**，这是可以证明的。任何受试者选择了 **q** 都表示他们相对风险厌恶的现有系数至少是 0.42；而选择 **p** 的受试者的系数小于 0.42。事实上，这就是下一章要进行详细讲解的随机偏好模型的基础：重复选择数据可用于推测个体内部和个体之间的风险厌恶参数分布。

12.4 随机占优

如果你选择 **p** 而不是 **q** 时，获取固定金额 X 或更大收益额的概率总是同样大(甚至有时候更大)，那么彩票 **p** 就随机占优于彩票 **q**。举个例子：

$$(\mathbf{p}, \mathbf{x})=((0.25, 0, 0.75)', (0, 10, 20)')$$
$$(\mathbf{q}, \mathbf{x})=((0.25, 0.25, 0.5)', (0, 10, 20)') \qquad (12.14)$$

这一对彩票由图 12.5 表示。在图 12.6 中可以很明显地看出 **p** 随机占优于 **q**，图中对应于 **p** 的概率函数总是高于(或至少符合)对应于 **q** 的概率函数。我们可以将这样的选择问题记作"占优问题"。

图 12.5 一对彩票(p 随机占优于 q)的示例

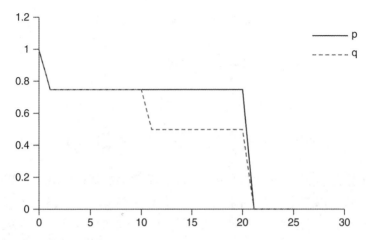

图 12.6 接受结果至少为 X 的概率与 X,式(12.14)中定义的两种示例彩票

占优问题的重要性在于,任何理性受试者(理性当然包括期望效用最大化、期望值最大化及大多数理智的理论)会选择随机占优的彩票。但是在选择实验中,有一小部分受试者违背随机占优也是相当正常的情况。比如,Loomes 和 Sugden(1998)提出在占优问题中有 1.5% 的选择是违背占优的。

接下来提出的问题是如何解释这些在标准理论下不允许发生的异常观察结果。答案就在随机规范中——它具备相当的灵活性来允许小概率的占优违背发生。我们在第 12.6 节中会回到我们关于随机规范讨论中的这一点。

12.5 非期望效用模型

众所周知,期望效用的假设在面对实验数据时并不能站得住脚。我们已经见过多种违背期望效用的类型,包括第 3 章里讨论过的阿莱悖论(1953)。为此,我们需要扩展 EU 模型,解释 EU 的违规行为。有许多"非期望效用模型"[见 Starmer(2000)]。也许最著名的是 Tversky 和 Kahneman(1992)的累积前景理论(CPT)。

累积前景理论的两个主要特征是概率和损失厌恶的加权。概率的权重对应着在评估彩票时不使用真实概率的个体现象,而是使用所谓的加权函数得到的"转换概率"。在这种转换过程中看到的典型特征就是对优势结果及不期望结果的低概率过度加权。

损失厌恶是"损失大于收益"(Kahneman and Tversky, 1979)这一原则的封装。这通过损失厌恶参数 λ 获得，表示损失（在效用方面）比收益更糟糕的倍数（根据效用）。实验包含一些结果为负的选择问题时，我们需要扩展该选择模型以包括损失厌恶参数 λ。但是，在本章所有例子中，我们都不考虑负的结果。

因此，我们自己对累积前景理论的实现会涉及概率加权而不是损失厌恶。当我们将累积前景理论应用于所有结果都是非负的情况时，该模型实际上就相当于 RD 效用理论(Quiggin, 1982)。

12.5.1 加权函数

在本节中我们会将重点放在加权函数的参数规范上，加权函数是累积前景理论的关键组成部分之一。Stott(2006)提供了一个关于加权函数的有用研究。

我们再一次将一种彩票标记为 $(\mathbf{p}, \mathbf{x})$，其可能的收益为向量 $\mathbf{x}=(x_1, \cdots, x_n)$，$x_1 < x_2 < \cdots < x_n$，及对应的概率为向量 $\mathbf{p}=(p_1, \cdots, p_n)$。根据累积前景理论，个体在对彩票进行评估时不会使用包含有 $\mathbf{p}$ 的真实概率，而是使用转换概率 $\tilde{\mathbf{p}}=(\tilde{p}_1, \cdots, \tilde{p}_n)$。转换概率是由以下的真实概率得出的：

$$\tilde{p}_j = w(\sum_{k=j}^{n} p_k) - w(\sum_{k=j+1}^{n} p_k) \quad j=1, \cdots, n-1$$
$$\tilde{p}_n = w(p_n) \tag{12.15}$$

$w(.)$ 为加权函数，财产 $w(0)=0$，$w(1)=1$。注意式(12.15)确保了所有转换比例加起来等于 1，即：

$$\sum_{j=1}^{n} \tilde{p}_j = 1$$

又一次，我们有必要思考这个仅有三种收益结果的案例，在该案例中式(12.15)变成：

$$\tilde{p}_3 = w(p_3)$$
$$\tilde{p}_2 = w(p_2 + p_3) - w(p_3)$$
$$\tilde{p}_1 = 1 - w(p_2 + p_3) \tag{12.16}$$

该案例如图 12.7 所示,图中曲线为加权函数。该曲线的倒 S 形使得最佳和最差结果的概率被过度加权(即 $\tilde{p}_3 > p_3$, $\tilde{p}_1 > p_1$),这意味着中间结果的概率被低估了(即 $\tilde{p}_2 < p_2$)。注意如果加权函数与 45 度线一致[即如果 $w(p) = p$],那么概率将被正确加权,我们也会回到期望效用。

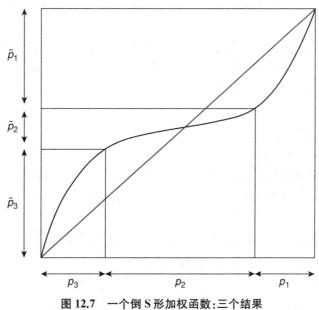

图 12.7　一个倒 S 形加权函数:三个结果

我们在图 12.7 中所看到的倒 S 形曲线实际上是加权函数的标准假设。标准假设最佳和最差结果的小概率被过度加权,以中间结果为代价。

本书中三个参数函数如下:

$$\text{幂}: w(p) = p^{\gamma},\ \gamma > 0$$

$$\text{Tversky 和 Kahneman(1992)}: w(p) = \frac{p^{\lambda}}{(p^{\gamma} + (1-p)^{\gamma})^{1/\gamma}},\ \gamma > 0.279$$

$$\text{Prelec(1998)}: w(p) = \exp(-\alpha(-\ln p)^{\gamma}),\ \alpha > 0,\ \gamma > 0 \quad (12.17)$$

所有三个函数都用图 12.8 中任意选择的参数值显示。第一个,幂加权函数,可以被视为不期望的限制,因为它并非倒 S 形。它既不完全在 45 度线之上(如果 $\gamma < 1$),又不完全在 45 度线之下(如果 $\gamma > 1$)。第二个函数是根据 Tversky 和 Kahneman(1992)。尽管只具有一个参数,该函数具备所要求的倒 S 形(如果 $0.279 < \gamma < 1$),由 γ 的值决定从哪一点穿过 45 度线。

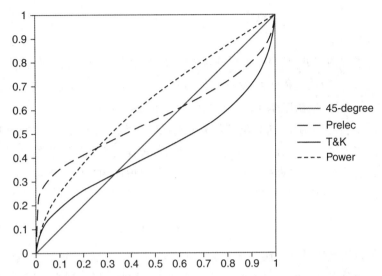

图 12.8　幂函数, $\gamma = 0.6$; T&K 函数, $\gamma = 0.6$; Prelec 函数, $\gamma = 0.5$ 和 $\alpha = 0.7$

单调性要求 γ 的下限。如果 $\gamma = 1$，我们就有期望效用。

第三个函数是根据 Prelec(1998)，具有两个参数。当这两个参数都等于 1 时，我们就有期望效用。函数在 $p = \exp(-\alpha^{\frac{1}{1-\gamma}})$ 得出的点处穿过 45 度线（见本章练习 3）。参数 α 是悲观的反映（小于 1 的值表示乐观），参数 γ 决定了倒 S 形的显著性（γ 的值越小，倒 S 越明显；$\gamma > 1$ 则显示出正 S 形）。通常我们所看到的这两个参数都是小于 1 的。

求出了转换概率，我们就能够通过下式计算出个体对彩票的估值：

$$V(\mathbf{p}) = \sum_{j=1}^{n} \tilde{p}_j U(x_j) \tag{12.18}$$

12.6　风险下选择的随机模型

在本章的前几节中，我们已经讨论过多种对理解风险选择非常重要的理论性概念。通过假设期望效用，我们能够确定选择彩票 $\mathbf{p}$ 而不是彩票 $\mathbf{q}$ 的条件是 $EU(\mathbf{p}) > EU(\mathbf{q})$，$EU(.)$ 是通过将概率与结果的效用相结合来评估期望效用函数。假设累积前景理论（或者 RD 理论），选择 $\mathbf{p}$ 的条件是

$V(\mathbf{p}) > V(\mathbf{q})$，函数 $V(.)$ 的计算方法与函数 $EU(.)$ 相似,只是用转换概率来取代真实概率。

为了方便起见,我们用一个符号 ∇(或 $\tilde{\nabla}$)来表示 $\mathbf{p}$ 和 $\mathbf{q}$ 估值的差额。也就是说,在期望效用条件下,$\nabla = EU(\mathbf{p}) - EU(\mathbf{q})$,在累积前景理论下,$\tilde{\nabla} = V(\mathbf{p}) - V(\mathbf{q})$。现在选择 $\mathbf{p}$ 的条件就只是简单的 $\nabla > 0$ 或 $\tilde{\nabla} > 0$。

很自然地,为了使这些模型具有可操作性,我们需要介绍一个随机分量。要解决这个问题有多种方法,本节的目的就是对它们进行介绍。

最明显的方法也许就是简单地将附加误差项应用到估值差额,可得选择 $\mathbf{p}$ 的条件为(假设期望效用):

$$\text{当} \nabla + \varepsilon > 0 [\varepsilon \sim N(0, \sigma^2)] \text{时选择} \mathbf{p} \tag{12.19}$$

可以很自然地假设一个误差项 ε 的均值符合零正态分布,即使另一个可能性是逻辑分布。只要该误差项一出现,行为就不再为必然,现在用概率对其进行描述。给定式(12.19)中的分布假设,选择 $\mathbf{p}$ 的概率为:

$$P(\text{选择} \mathbf{p}) = P(\nabla + \varepsilon > 0) = P(\varepsilon > -\nabla) = P\left(\frac{\varepsilon}{\sigma} > -\frac{\nabla}{\sigma}\right) = \Phi\left(\frac{\nabla}{\sigma}\right)$$
$$\tag{12.20}$$

$\Phi(.)$ 为标准正态累积分布函数。参数 σ 被理解为选择中的噪声:如果 $\sigma = 0$,则噪声为零,选择为必然;如果 $\sigma = \infty$,那么选项就完全受噪声的控制,两个选择的概率都为 0.5。

如在式(12.19)中,对估值差应用附加误差的做法在 Fechner(1860)之后被称为 Fechner 方法,该方法也被 Hey 和 Orme(1994)使用。

一个也许不那么明显的方法是随机偏好(RP)方法,由 Loomes 和 Sugden(1998)提出。在这里,选择的变化用风险态度参数变化(个体内或个体间)来解释。出于举例子的目的,我们将重点放在这个具有幂效用[式(12.3)]的期望效用模型,并且让我们假设有三种收益:0,1,2。有了这些假设,估值差额为:

$$\nabla(\alpha) = EU(\mathbf{p}) - EU(\mathbf{q}) = (p_2 + p_3 2^\alpha) - (q_2 + q_3 2^\alpha) = d_2 + d_3 2^\alpha \tag{12.21}$$

其中 $d_2 = p_2 - q_2$,$d_3 = p_3 - q_3$。选择 $\mathbf{p}$ 的条件为:

$$d_2 + d_3 2^\alpha > 0 \Leftrightarrow \alpha > \frac{\ln\left(-\dfrac{d_2}{d_3}\right)}{\ln 2} \tag{12.22}$$

为了允许选择中随机性的存在，我们需要假设幂参数 α 是一个随机变量。对于特定的个体，我们可以假设：

$$\ln \alpha \sim N(\mu, \sigma^2) \tag{12.23}$$

在式(12.23)中选择对数正态分布的原因是我们需要式(12.3)中的幂参数为正。将式(12.22)和式(12.23)结合我们得到选择概率：

$$P(\text{选择 } \mathbf{p}) = P\left(\alpha > \frac{\ln\left(-\dfrac{d_2}{d_3}\right)}{\ln 2}\right) = P\left(\ln \alpha > \ln\left[\frac{\ln\left(-\dfrac{d_2}{d_3}\right)}{\ln 2}\right]\right)$$

$$= \Phi\left(\frac{\mu - \ln\left[\dfrac{\ln\left(-\dfrac{d_2}{d_3}\right)}{\ln 2}\right]}{\sigma}\right) \tag{12.24}$$

关于随机偏好模型有一个问题就是它无法解释违背随机占优的情况。这在我们认为 $\mathbf{p}$ 占优于 $\mathbf{q}$ 相当于 $|d_2| < d_3$ 的选择问题中可以看出，由此 $\ln\left(-\dfrac{d_2}{d_3}\right) < 0$，并且由于 $\alpha > 0$，式(12.24)中的第一个等式告诉我们，总是会选择 $\mathbf{p}$。也就是说，在随机偏好模型下，作出具有随机占优选择是有可能的。问题在于将占优问题纳入考虑的实验者常常会发现至少一些受试者偶尔会违背占优。不管出于什么样的原因，都需要对这些选择作出解释。

对于该问题的一个被普遍接受的解决方法[见 Loomes 等(2002)、Moffatt 和 Peters(2001)]就是加入一个抖动项。该抖动项为一个参数，就把它记作 ω，该参数表示个体失去专注并且在两个选项之间随机选择的概率。如果我们将抖动项纳入式(12.24)，我们就可以得到"有振动的风险偏好模型"：

$$P(\text{选择 } \mathbf{p}) = (1-\omega)\Phi\left(\frac{\mu - \ln\left[\dfrac{\ln\left(-\dfrac{d_2}{d_3}\right)}{\ln 2}\right]}{\sigma}\right) + \frac{\omega}{2} \tag{12.25}$$

Harless 和 Camerer(1994)纯粹用抖动来解释了选择中的变化。我们更倾向于认为抖动项是为了完善其他模型，比如风险偏好模型。也可以把振动放在 Fechner 模型中进行理解，即使它在那里面不那么重要，因为 Fechner 模型本身就足以解释占优违背。

12.7 小结与拓展阅读

由经济学理论形成了许多阐释风险下决策的模型，从 Neumann 和 Mogenstern(1947)开始。Pratt(1964)提供了用效用函数的曲率来测量个体风险态度的基础。参考 Saha(1993)有利于理解 CRRA 和 CARA 之间的差异，也有利于形成结合两者的效用函数。对审慎和节制感兴趣的读者可以参考 Eeckhoudt 和 Schlesinger(2006)。

不同于前景理论，累积前景理论或 RD 范畴下的期望效用理论，一些非期望效用理论的参考文献包括 Kahneman 和 Tversky(1979)、Tversky 和 Kahneman(1992)及 Wakker(2010)。Stott(2006)提供了一个非常有用的关于加权函数形式的研究，包括 Prelec(1998)提出的函数形式，会在下一章建立的计量经济学模型中对其进行假设。Starmer(2000)则对期望效用违背的实验性证据进行了综述。

我们思考了多种方法将随机因素加入风险决策模型中。读者可以参考 Wilcox(2008)以获得更多有关这些方法的细节处理。

练习

1. 思考下列效用函数：

$$U_1(x) = \frac{x^{1-r}}{1-r} \quad r \neq 1$$

$$U_2(x) = 1 - \exp(-rx)$$

（a）导出 U_1 相对风险厌恶系数和 U_2 绝对风险厌恶系数。并据此解释为什么这两个函数分别被标记为"CRRA"和"CARA"。

（b）证明：CRRA 意味着 DARA；CARA 意味着 IRRA。

（c）分别针对 U_1 和 U_2，思考下列选择（即个体作出保守选择的倾向）的影响：

在选择问题中的所有收益翻倍；

在选择问题中给所有收益加上一个固定额 c。

（d）对于每一个效用函数，初始财富的增加对作出保守选择的倾向有什么影响？

（e）证明，因为 $r \to 1$，所以 $U_1(x) \to \ln(x)$。

2. 思考下列指数幂效用函数：

$$U(x) = 1 - \exp(-\beta x^\alpha) \quad x \geqslant 0; \ \alpha \neq 0; \ \beta \neq 0; \ \alpha\beta > 0$$

（a）证明 $\alpha < 1$ 意味着 DARA，$\alpha = 1$ 意味着 CARA，$\alpha > 1$ 意味着 IARA。

（b）证明 $\beta < 0$ 意味着 DRRA，$\beta > 0$ 意味着 IRRA。

3. 思考第 12.5.1 节中介绍的 Prelec(1998) 加权函数：

$$w(p) = \exp(-\alpha(-\ln p)^\gamma) \quad \alpha > 0; \ \gamma > 0$$

找出当函数穿过 45 度线时 p 值的表达式。为了找出该表达式，你需要设 $w(p) = p$，然后用 α 和 β 计算出 p。

13 风险选择：计量经济学建模

13.1 引言

从许多方面来说，这一章是本书的重点。其部分原因在于它将其他章节里介绍的大量概念和方法汇集到一起，并且将它们全部应用到实验经济学中的一个关键领域：风险选择的计量经济学建模。

这和其他章节的主要联系如下。本章涉及第 12 章里介绍的理论模型类型（包括效用函数和加权函数）的参数估计问题。某些计量经济学问题，如随机规范间的选择，已经在更简单的设置中被引入第 6 章。用于获取本章中分析数据的实验设计是一个最佳设计，将会在第 14 章中进行对比解释。数据实际上是通过模拟得到的，模拟的方法也在第 9 章中进行了介绍和阐释。该模拟方法是第 10 章介绍的 MSL 方法。最后第 5 章在一个风险选择中设置了一个决策时间模型，其中关键解释变量为给定受试者在特定选择问题中的"无差异接近程度"。在本章中解释了在选择模型的估计中获得该变量的方法。

在一开始就明确为什么我们选择的重点是由长序列独立选择任务组成的实验，这一点很重要。另一种设置是 Holt 和 Laury(2002)的多价目表，这在第 6.5.1 节中讨论过。多价目表是通常在单个屏幕上向受试者呈现彩票对的有序列表。彩票对被设计为使所有受试者都被期望选择第一对的左手边彩票、最后一对的右手边彩票，他们从左转换到右的那个位置则被用来推测他们的风险态度。尽管用这个方法来引出风险态度非常有效并且很受欢迎，但是当风险行为是调查重点时，这是不合适的。因为在多价目表条件下，从每个受试者身上只能提取出一条有效信息：转换点。一些研究者将隐含"选择"序列看作一组独立观测，并在此基础上进行估计，但这是不正确的。正确的做法应该是，各观测点之间高度限制的相关结构需要结合，如果操作正确，则将基本上仅传达一条信息：转换点。我们认为，如果研究的焦点是风险行为，那么每个受试者的单个观测结果是不够充分的。这是因为受试者内的变化尚未确认，而且其他参数的估计也不够精确。从文献中可以清楚地看出 MPL 是一种常用的风险态评估方法。对于非风险行为研究时 MPL 可用作外因估计。例如，可参见 Andersen 等（2008）关于风险和时间偏好的联合诱导的研究。但是我们坚定地认为，当研究焦点为风险行为时，会需要更多的信息设计，比如本章中使用的例子。

本章所使用的风险选择数据都是模拟的。所选设计只包含三个结果，0 美元、10 美元和 20 美元。有 50 个不同的选择问题，每个选择都包括两个彩票与这些结果。概率就是以这种方式被选出来使样本的信息最大化，这在第 14 章会详细解释。附录 C 包含了定义这 50 个选择问题的概率。

为了说明目的，图 13.1 展示了 3 个选择问题。在任务 10 和任务 40 中，彩票 **p** 更具风险，而在任务 49 中彩票 **p** 占优。

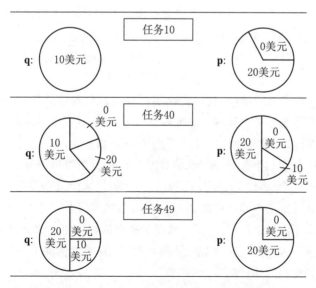

图 13.1　风险选择实验中的典型选择任务

在该估计中有 60 个受试者。每个受试者都面对 50 个随机排序的选择问题,然后在第二天面对这 50 个同样但是顺序与之前不同的选择问题。因此,每个受试者要面对选择任务的总数为 100 个。对于每一个任务,受试者都必须在两个选项中选出一个,不允许出现对其漠不关心的情况。使用 RLI 机制,表示在这一系列选择问题的最后,将从这 100 个问题当中随机选出一个将其变成现实。这是确保[霍尔特批判,Holt(1986)]受试者像对待唯一一个任务一样来对待每一个选择任务的方法。

假设直接的"幂"效用函数。正如在第 12 章中所解释的,这是 CRRA 效用函数的一个版本。所假设的概率加权函数源自 Prelec(1998)的概率加权函数。假设两个备选随机规范为:Fechner 模型和风险偏好模型——这在第 12 章里讨论过。另外,假设一个抖动参数。一些风险选择模型假设所有变动都可以由抖动来解释。但是,我们认为这个方式并不合理,所以没有继续下去。

第 6 章中所考虑的风险选择模型是"横截面"模型,假设对于每个受试者只有一个观察结果。在本章中,我们进一步采用更通常的情况,即每个受试者都要参与到一系列的选择问题当中去。因此,可用数据为面板数据,并且,在假设当中,我们需要将受试者内变量和受试者间变量分离开来。随机效应方法正是基于这个目的。选择随机效应而不是固定效应的原因之一就是它能够让我们获取即使是最极端的风险厌恶和风险偏好的受试者的风险态度;当受试者单独估计时,出于鉴别原因,这有时是不可能的。这种估计方法叫作 MSL 方法,在第 10 章中有过详细解释。

正如在前几章提到的,我们将会更加详细地解释估计代码及其周围的代码。我们认为读者必须尽可能理解每一个步骤,这是十分重要的,因为这将更好地为编写代码到自己的应用程序的任务做准备。

该代码包含三个部分:模拟、估计及后估计。在模拟部分中,我们模拟两个数据集:一个假设 Fechner 模型;另一个假设风险偏好模型。估计部分包含用于估计这两个模型中的每一个对数似然程序及对这些程序的调用。因此有四个不同的估计:每个模型都用于所有的数据集。这个方法很有用,因为它能够让人体会到应用"错误"模型的后果,同时保证了应用"正确"模型能够得到正确的估计结果。

后估计阶段包含了在估计阶段期间保存的各种变量的处理。在此阶段中进行的一个任务是开展 Vuong 检验和 Clarke 检验。它们是适用于在 Fechner 模型和风险偏好模型之间进行检验的非嵌套式检验。所进行的另一个任务是构建样本中每个受试者风险态度的后验估计，以及对表示每个选择问题中的每个受试者估计的无差异接近程度的推导。我们从第 5 章中可以知道，无差异接近程度是决策时间的一个主要决定因素。实际上，在 STATA 程序中进行的最后一个任务就是通过使用无差异接近程度及其他作为解释变量的任务特征，根据选择数据对决策时间进行模拟。最终得到的数据包含在第 5 章使用过的文件 decision_times_sim 中。

13.2 选择模型

13.2.1 框架

在这个（模拟的）实验中的所有选择问题都包含着这三种结果：0 美元、10 美元、20 美元。自此以后所有的货币金额都将以 10 美元为单位进行衡量，因此可简单地将这三个结果表示为 0、1、2。我们根据 $t(t=1, \cdots, T)$ 来为这些实验中的问题编索引。对于大多数选择问题，两种彩票中有一种会被分类为"更有风险的"彩票，另一种为"更安全的"彩票。当不可行时，这就成了一个"占优"问题，由于其中一种彩票一阶随机占优于另一种（见第 12章）。如果任务 t 是一个非占优问题，我们就可将更有风险的彩票标记为 $\mathbf{p}_t$，更安全的彩票标记为 $\mathbf{q}_t$。对于一个占优问题，$\mathbf{p}_t$ 是占优彩票，$\mathbf{q}_t$ 是被占优彩票。$\mathbf{p}_t=(p_{1t}, p_{2t}, p_{3t})'$ 和 $\mathbf{q}_t=(q_{1t}, q_{2t}, q_{3t})'$ 是包含与这三个可能结果相关的三个概率向量。

我们用 $i(i=1, \cdots, n)$ 表示第 i 个受试者，并且假设其幂效用函数：[1]

$$U_i(x)=x^{r_i} \quad r_i>0 \tag{13.1}$$

在第 12 章里解释过，式（13.1）是 CRRA 效用函数的简单形式，（受试者 i 的）相对风险厌恶的系数为 $1-r_i$。注意，对于风险厌恶受试者来说，$0<r_i<1$；对于风险中立受试者，$r_i=1$；对于风险偏好受试者，$r_i>1$。还要注

---

[1] 在第 12 章讨论幂效用函数时，使用 α 作为幂参数。这是因为 r 被用于一个不同的规范。这里只使用幂效用函数，幂参数为 r。

意, $U_i(0)=0$。我们不允许 $r_i<0$ 的原因在于,选择问题往往包含零的结果,而 $r_i<0$ 使 $U_i(0)$ 不成立。

假设式(13.1)存在,在期望效用最大化假设下,受试者 i 对于选择问题 t 中两种彩票的估值分别为:

$$EU(\mathbf{p}_t)=p_{2t}+p_{3t}2^{r_i}$$
$$EU(\mathbf{q}_t)=q_{2t}+q_{3t}2^{r_i} \tag{13.2}$$

令:

$$d_{1t}=p_{1t}-q_{1t}$$
$$d_{2t}=p_{2t}-q_{2t}$$
$$d_{3t}=p_{3t}-q_{3t} \tag{13.3}$$

式(13.3)中的三个数量是概率差异。注意,对于一个非占优问题, $d_{1t}\geqslant0$, $d_{2t}\leqslant0$, $d_{3t}\geqslant0$,并且进一步得到 $|d_{2t}|\geqslant d_{3t}$ 。对于一个占优问题,无法得出最终的相等,因此 $|d_{2t}|>d_{3t}$ 。图 13.1 中的任务 49 就是一个占优问题的例子。第 12 章给出了随机占优的常用定义。

继续假设期望效用,如果受试者 i 的估值差额为正,那么他们就会选择 $\mathbf{p}_t$ 而不是 $\mathbf{q}_t$,也就是说,如果:

$$\nabla_{it}(r_i)\equiv EU_i(\mathbf{p}_t)-EU_i(\mathbf{q}_t)=d_{2t}+d_{3t}2^{r_i}>0 \tag{13.4}$$

为了进行模拟,我们需要给式(13.4)添加一个随机因素。大体上来说,有两种方法可达到此目的:Fechner 方法,以及随机偏好方法。

13.2.2 纳入违反期望效用的行为

如第 12 章里所述,违反期望效用的情况通常在累积前景理论(Tversky and Kahneman,1992)的框架内考虑。在现有情境中,所有结果均为非负,累积前景理论就相当于 RD 理论(Quiggin,1982)。该模型的主要特征是具备能够将真实概率转换为感知概率的加权函数,并且能够允许(比如)对有利结果的小概率的过度加权。

我们使用 Prelec(1998)的加权函数,定义为:

$$w(p)=\exp[-\alpha(-\ln p)^\gamma] \tag{13.5}$$

根据第 12 章的解释，当三个结果的概率分别为 p_1、p_2、p_3 时，式(13.5)应用如下：

$$\tilde{p}_3 = w(p_3)$$
$$\tilde{p}_2 = w(p_2 + p_3) - w(p_3)$$
$$\tilde{p}_1 = 1 - w(p_2 + p_3) \tag{13.6}$$

由于已经得到了转换后的概率[式(13.6)]，和式(13.2)类似，我们就可以明确这两种彩票的估值：

$$V_i(\mathbf{p}_t) = \tilde{p}_{2t} + \tilde{p}_{3t} 2^{r_i}$$
$$V_i(\mathbf{q}_t) = \tilde{q}_{2t} + \tilde{q}_{3t} 2^{r_i} \tag{13.7}$$

与式(13.3)类似，我们能够进一步得到转换后概率的差异：

$$\tilde{d}_{1t} = \tilde{p}_{1t} - \tilde{q}_{1t}$$
$$\tilde{d}_{2t} = \tilde{p}_{2t} - \tilde{q}_{2t}$$
$$\tilde{d}_{3t} = \tilde{p}_{3t} - \tilde{q}_{3t} \tag{13.8}$$

最后，和式(13.4)类似，我们得到转换后的估值差额：

$$\tilde{\boldsymbol{\nabla}}_{it}(r_i) \equiv V_i(\mathbf{p}_t) - V_i(\mathbf{q}_t) = \tilde{d}_{2t} + \tilde{d}_{3t} 2^{r_i} > 0 \tag{13.9}$$

13.2.3 Fechner 模型

Fechner 模型(Fechner，1986；Hey and Orme，1994)的基础是每个受试者(i)具有在任务之间恒定的风险态度参数(r_i)。该模型通过向式(13.9)添加同方差的误差项获得，此时选择 $\mathbf{p}_t$ 的条件就变成了：

$$\tilde{\boldsymbol{\nabla}}_{it}(r_i) + \epsilon_{it} > 0$$
$$\epsilon_{it} \sim N(0, \sigma^2) \tag{13.10}$$

如果受试者 i 选择 $\mathbf{p}_t(\mathbf{q}_t)$，那么就定义二元指标 $yy_{it} = 1(-1)$，这两个选择(风险态度参数 r_i 的条件句)的概率由下式得出：

$$P(yy_{it} \mid r_i) = \Phi\left(yy_{it} \times \frac{\tilde{\boldsymbol{\nabla}}_{it}(r_i)}{\sigma}\right) \tag{13.11}$$

其中 $\Phi(.)$ 为标准正态累积分布函数。

13.2.4　随机偏好模型

随机偏好模型是通过假设受试者的风险态度参数在任务之间随机变化获取的。所以,我们假设受试者 i 在任务 t 中的风险态度符合以下分布:

$$\ln(r_{it}) \sim N(m_i, \sigma^2) \tag{13.12}$$

假设式(13.12)中的对数正态分布是出于幂参数 r 严格为正的逻辑要求。

从式(13.9)可以看出,选择 $\mathbf{p}_t$ 而不是 $\mathbf{q}_t$ 的条件为:

$$\tilde{d}_{2t} + \tilde{d}_{3t} 2^{r_i} > 0 \tag{13.13}$$

经过重新整理为:

$$r_{it} > \frac{\ln\left(-\dfrac{\tilde{d}_{2t}}{\tilde{d}_{3t}}\right)}{\ln(2)} \equiv \tilde{r}_t^* \tag{13.14}$$

注意在式(13.14)中我们将 $\tilde{r}_t^*$ 定义为能够(在 RD 理论条件下)使受试者在任务 t 中对两个彩票完全无关的风险态度参数;我们可以将其看作与任务 t 相关的"阈值风险态度"。如果受试者现有的风险态度大于该阈值,他们就会选择更有风险的彩票 $\mathbf{p}_t$。在这里要注意,根据式(13.14),如果任务 t 是占优问题,就不定义 $\tilde{r}_t^*$。但是,在随机偏好模型中占优问题的决策规则是非常简单的:能够确定占优选项 $\mathbf{p}_t$ 一定会被选择。因此,我们根据占优问题设 $\tilde{r}_t^* = 0$。

对于非占优问题,以受试者的平均风险态度为条件,选择风险较高彩票的概率为:

$$P(y_{it}=1 \mid m_i) = P(r_{it} > \tilde{r}_t^* \mid m_i) = P(\ln(r_{it}) > \ln(\tilde{r}_t^*) \mid m_i)$$

$$= P\left(Z > \frac{\ln(\tilde{r}_t^*) - m_i}{\sigma}\right) = \Phi\left(\frac{m_i - \ln(\tilde{r}_t^*)}{\sigma}\right) \tag{13.15}$$

其中 $\Phi(.)$ 为标准正态累积分布函数。注意 Z 在这里是用来表示标准正态随机变量。$\tilde{r}_t^*$ 为式(13.14)中所定义的阈值风险态度。

和我们用 Fechner 模型所做的一样,如果受试者 i 选择 $\mathbf{p}_t(\mathbf{q}_t)$,我们可以定义二元指标 $yy_{it}=1(-1)$。两个选择(在 m_i 条件下)的概率由下式得出:

$$P(yy_{it} \mid m_i) = \Phi\left(yy_{it} \times \frac{m_i - \ln(\tilde{r}_r^*)}{\sigma}\right) \tag{13.16}$$

13.2.5 随机偏好模型中的占优问题

如果彩票 $\mathbf{p}_t$ 一阶随机占优于彩票 $\mathbf{q}_t$，那么，根据上面指定的随机偏好模型，无论受试者风险态度得出的价值是多少，受试者都会选择 $\mathbf{p}_t$。这是因为，对于占优问题，$|d_{2t}| < d_{3t}$，因此 r_{it} 所有可能值的估值差额都为正。即：

$$EU_i(\mathbf{p}_t) - EU_i(\mathbf{q}_t) = d_{2t} + d_{3t} 2^{r_{it}} > 0 \quad \forall r_{it} > 0 \tag{13.17}$$

这清楚地呈现了关于随机偏好模型的一个问题。任何观察到的被占优彩票选择（即占优违背）都不能够单独用随机偏好模型来解释。因此，如果数据集仅包含一个占优违背，之前所呈现的随机偏好模型就不成立。

这是由于这种考虑，导致我们引入了抖动参数的概念。

13.2.6 抖动参数

我们将遵循 Loomes 等(2002)，向 Fechner 模型和随机偏好模型引入参数 ω。Moffatt 和 Peters(2001)已经详细讨论过抖动参数效应的估计和检验问题。

ω 是在任何任务中受试者失去专注并在两个选项之间进行等概率随机选择的概率。注意，失去专注并不一定表示该选择是"不正确"的。在失去专注的情况下，作出"正确"和"不正确"选择是等概率的。

将抖动概率与上面得出的选择概率组合时需要特别注意。通常来说，选择更有风险彩票的概率通过下式得出：

$$P(\text{选择 } \mathbf{p}) = P(\text{选择 } \mathbf{p} \mid \text{无抖动}) P(\text{无抖动}) + P(\text{选择 } \mathbf{p} \mid \text{抖动}) P(\text{抖动}) \tag{13.18}$$

如果是无抖动情况，选择更有风险彩票的概率恰好为式(13.11)或式(13.16)中所显示的。如果是有抖动情况，其概率就为二分之一。所以式(13.18)就变为：

$$P(\text{选择 } \mathbf{p}) = P(\text{选择 } \mathbf{p} \mid \text{无抖动})(1 - \omega) + \omega/2 \tag{13.19}$$

将该扩展添加到 Fechner 模型[式(13.11)]中，我们得到：

$$P(yy_{it} \mid r_i) = (1-\omega)\Phi\left(yy_{it} \times \frac{\widetilde{\boldsymbol{\nabla}}_{it}(r_i)}{\sigma}\right) + \frac{\omega}{2} \tag{13.20}$$

其中 $\Phi(.)$ 为标准正态累积分布函数。

将该抖动添加到随机偏好模型[式(13.16)]中我们得到：

$$P(yy_{it} \mid r_i) = (1-\omega)\Phi\left(yy_{it} \times \frac{m_i - \ln(\widetilde{r}_t^*)}{\sigma}\right) + \frac{\omega}{2} \tag{13.21}$$

13.2.7 经验的作用

受试者行为很有可能在实验过程中发生系统性的改变，显示了经验的影响。为了允许其存在，可以允许某些参数取决于累积的经验量，其可以用当前任务在任务序列中的位置来测量。出于该目的，我们定义一个变量 τ_{it} 来表示受试者 i 所进行的任务 t 在任务序列中的位置。注意，该设计的明显特征是每个受试者以不同的顺序遇到任务序列，也就是说，$\tau_{it} \neq \tau_{jt}$，$i \neq j$。

可以认为允许根据经验改变的一个参数是抖动参数。这个参数已经被定义为在执行特定任务时受试者失去专注的概率。该理解可被拓展为：受试者在两个选项之间随机作出选择的另一个原因是对任务缺乏必要的理解。我们可以假设这样的理解缺乏更有可能在这一序列的更早时候发生，因此我们可以期望抖动概率以相对较高的值开始，但是会在实验过程中向零衰减。

由此可以得到一个合适的说明：

$$\omega_{it} = \omega_0 \exp(\omega_1 \tau_{it}) \tag{13.22}$$

因此 ω_0 表示实验开始时的抖动概率，ω_1（假设它为负）表示其衰减的速度。对于该抖动的说明实际上早已在第 8.5 节的公共品实验背景中使用过。

13.2.8 受试者间变化与样本对数似然

Fechner 模型和随机偏好模型是在单个受试者的行为方面构建的。选择概率是从以受试者风险态度 r_i 为条件的 Fechner 模型和以受试者平均风险态度 m_i 为条件的随机偏好模型中得出的。

在每个案例中，我们都需要通过假设这些参数在群体中变化来允许受试者之间的差异。在 Fechner 模型中，我们假设：

$$\log(r) \sim N(\mu, \eta^2) \tag{13.23}$$

样本对数似然为：

$$\log L = \sum_{i=1}^{n} \ln\left(\int_{-\infty}^{\infty} \prod_{t=1}^{T} \left[(1-\omega_{it}) \Phi\left(yy_{it} \times \frac{\widetilde{\boldsymbol{\nabla}}_{it}(r)}{\sigma} \right) + \frac{\omega_{it}}{2} \right] f(r; \mu, \eta) \mathrm{d}r \right) \tag{13.24}$$

其中 $f(r|\mu, \eta)$ 为风险厌恶参数的对数正态密度：

$$f(r \mid \mu, \eta) = \frac{1}{r\eta\sqrt{2\pi}} \exp\left[-\frac{(\ln r - \mu)^2}{2\eta^2} \right] \quad r > 0 \tag{13.25}$$

在随机偏好模型中，我们假设：

$$m \sim N(\mu, \eta^2) \tag{13.26}$$

以及样本对数似然为：

$$\log L = \sum_{i=1}^{n} \ln\left(\int_{-\infty}^{\infty} \prod_{t=1}^{T} \left[(1-\omega_{it}) \Phi\left(yy_{it} \times \frac{m - \ln(\widetilde{r}_t^*)}{\sigma} \right) + \frac{\omega_{it}}{2} \right] f(m; \mu, \eta) \mathrm{d}m \right) \tag{13.27}$$

其中 $f(m|\mu, \eta)$ 在这里为 m 处估计的正态密度函数：

$$f(m \mid \mu, \eta) = \frac{1}{\eta\sqrt{2\pi}} \exp\left[-\frac{(m-\mu)^2}{2\eta^2} \right] \quad -\infty < m < \infty \tag{13.28}$$

式(13.24)和式(13.27)表示随机效应概率模型的不同形式，与 Loomes 等 (2002)和 Conte 等(2011)估计的类型有着同样的背景。

13.2.9　风险态度的后验估计

出于特定目的，对每一个单独受试者进行测量是非常有用的。对于该目的使用 Fechner 模型更为合适。这是因为 Fechner 模型假设了每一个个体都有他们自己独特的风险态度参数并且总是保持不变。随机偏好模型假设的是风险态度随着时间随机发生变化，导致在想要得到一个代表受试者风险态度的数字时产生了逻辑问题。

已经假设了 Fechner 模型，我们接下来可以在他们 T 选择条件下应用贝叶斯法则来获取每个受试者风险态度的后验预期，如下：

$$\hat{r}_i = E(r_i \mid y_{it}, \cdots, y_{iT})$$

$$-\frac{\int_{-\infty}^{\infty} r \prod_{t=1}^{T} \left[(1-\hat{\omega}_{it})\Phi\left(yy_{it} \times \frac{\hat{\nabla}_{it}(r)}{\hat{\sigma}}\right) + \frac{\hat{\omega}_{it}}{2} \right] f(r; \hat{\mu}, \hat{\eta}) dr}{\int_{-\infty}^{\infty} \prod_{t=1}^{T} \left[(1-\hat{\omega}_{it})\Phi\left(yy_{it} \times \frac{\hat{\nabla}_{it}(r)}{\hat{\sigma}}\right) + \frac{\hat{\omega}_{it}}{2} \right] f(r; \hat{\mu}, \hat{\eta}) dr} \tag{13.29}$$

13.3 模拟和估计

在这一节中,我们可以提供一个完整的、不间断的 STATA 代码集,其功能能为模拟风险选择数据、估计模型,以及执行后估计任务。代码已经进行了注释,在程序的每个重要阶段都给出了注释语句。

模拟了两组数据集:一组假设 Fechner 模型为真实模型;另一组假设随机偏好模型。然后对两个数据集估计两个模型,得到四组不同的估计集。

一些读者可能会觉得注释不够详尽。如果真是这样,可以倒回去参考第 9 章以获取与该模拟相关的信息,以及参考第 10 章以获取与 MSL 估计相关的信息,包括关于使用 Halton 抽样和使用 d0 似然估计器的信息。

13.3.1 数据生成过程

我们将会对两个模型假设其具有下列"真实"参数值:

表 13.1

参数	Fechner	随机偏好
μ	−0.88	−0.88
η	0.20	0.20
σ	0.05	0.15
w_0	0.06	0.06
w_1	−0.01	−0.01
β	0.90	0.90
γ	0.80	0.80

μ 和 η 的选择值产生了在文献中其他地方的实验数据中看到的风险厌恶典型水平，以及风险厌恶之间的合理受试者间传播。σ 的选择值在两个模型之间不同，这是因为模型在应用受试者特定误差变量的规模方面不同。假设抖动概率从 0.06 开始并在实验过程中衰减，在 100 个选择任务后达到 0.02 左右。等级依赖参数 β 和 γ 都有与 1 的合理距离，意味着与期望效用的明显偏离。

当然，在对模型进行初始化时，我们将假设不知道上表中给出的"真实"参数值。因此，我们将"猜测"一组与真实值有些不同的初始值。在代码中，起始值将被放置在行向量"start"中。

模拟的另一个输入是"设计"数据集。该数据集包含八列：i，t，p1—p3，q1—q3。有 6 000 行：60 个受试者中的每一个将在两个时间执行 50 个任务。设计数据的前几行显示在图 13.2 中。模拟算法将导致许多列附加到该数据集中。

i	t	p1	p2	p3	q1	q2	q3
1	1	0.05	0	0.95	0	1	0
2	1	2	0.09	0	0.91	0	1	0
3	1	3	0.11	0	0.89	0	1	0
4	1	4	0.13	0	0.87	0	1	0
5	1	5	0.15	0	0.85	0	1	0
6	1	6	0.17	0	0.83	0	1	0
7	1	7	0.19	0	0.81	0	1	0
8	1	8	0.22	0	0.78	0	1	0
9	1	9	0.26	0	0.74	0	1	0
10	1	10	0.3	0	0.7	0	1	0
11	1	11	0.35	0	0.65	0	1	0
12	1	12	0.4	0	0.6	0	1	0
13	1	13	0.45	0	0.55	0	1	0
14	1	14	0.5	0	0.5	0	1	0
15	1	15	0.6	0	0.4	0	1	0
16	1	16	0.75	0	0.25	0	1	0
17	1	17	0.9	0	0.1	0	1	0
18	1	18	0.5	0	0.5	0.48	0.52	0
19	1	19	0.5	0	0.5	0.44	0.56	0
20	1	20	0.5	0	0.5	0.42	0.58	0
21	1	21	0.5	0	0.5	0.4	0.6	0
22	1	22	0.5	0	0.5	0.38	0.62	0
23	1	23	0.5	0	0.5	0.36	0.64	0
24	1	24	0.5	0	0.5	0.34	0.66	0
25	1	25	0.5	0	0.5	0.32	0.68	0
26	1	26	0.5	0	0.5	0.3	0.7	0
27	1	27	0.5	0	0.5	0.28	0.72	0
28	1	28	0.5	0	0.5	0.26	0.74	0
29	1	29	0.5	0	0.5	0.24	0.76	0
30	1	30	0.5	0	0.5	0.22	0.78	0
31	1	31	0.5	0	0.5	0.2	0.8	0
32	1	32	0.5	0	0.5	0.16	0.84	0
33	1	33	0.5	0	0.5	0.1	0.9	0

图 13.2 设计数据集的前 33 行

13.3.2 STATA 代码

```
* LIKELIHOOD EVALUATION PROGRAM FOR FECHNER MODEL STARTS HERE:

program define fechner
* DECLARE VARIABLES, PARAMETERS, AND VARIABLE LIST FOR HALTON DRAWS

args todo b logl
tempvar pp1 pp2 pp3 qq1 qq2 qq3 dd1 dd2 dd3 r w z p pp ppp rpp rppp
tempname mu ln_eta eta sig w0 w1 aa gg
local hlist h1*

* EXTRACT SCALAR PARAMETERS FROM VECTOR b.

mleval `mu' = `b', eq(1) scalar
mleval `eta' = `b', eq(2) scalar
mleval `sig' = `b', eq(3) scalar
mleval `w0'=`b', eq(4) scalar
mleval `w1'=`b', eq(5) scalar
mleval `aa'=`b', eq(6) scalar
mleval `gg'=`b', eq(7) scalar

* INITIALISE VARIABLES

quietly{
gen double `pp1'=.
gen double `pp2'=.
gen double `pp3'=.
gen double `qq1'=.
gen double `qq2'=.
gen double `qq3'=.
gen double `dd1'=.
gen double `dd2'=.
gen double `dd3'=.
gen double `r'=.
gen double `w'=`w0'*exp(`w1'*tau)
gen double `z'=.
gen double `p'=.
gen double `pp'=.
gen double `rpp'=.
gen double `ppp'=0
gen double `rppp'=0
}

quietly{

* TRANSFORM TRUE PROBABILITIES (p1,p2,p3,q1,q2,q3) USING PRELEC WEIGHTING FUNCTION.
* TRANSFORMED PROBABILITIES ARE pp1,pp2,pp3,qq1,qq2,qq3:

replace `pp3'=exp(-`aa'*(-ln(p3))^`gg')
replace `pp3'=0 if p3==0
replace `pp2'=exp(-`aa'*(-ln(p3+p2))^`gg')-`pp3'
replace `pp2'=0 if p2==0
replace `pp1'=1-`pp2'-`pp3'

replace `qq3'=exp(-`aa'*(-ln(q3))^`gg')
replace `qq3'=0 if q3==0
replace `qq2'=exp(-`aa'*(-ln(q3+q2))^`gg')-`qq3'
replace `qq2'=0 if q2==0
replace `qq1'=1-`qq2'-`qq3'

* GENERATE DIFFERENCE VARIABLES FROM TRANSFORMED PROBABILITIES:
```

```
replace `dd3'=`pp3'-`qq3'
replace `dd2'=`pp2'-`qq2'
replace `dd1'=`pp1'-`qq1'

* START LOOP OVER HALTON VARIABLES:

foreach v of varlist `hlist' {

* GENERATE LIKELIHOOD FOR EACH ROW:

replace `r'= exp(`mu'+ `eta'*`v')
replace `z'=(`dd1'*(x1^(`r'))+`dd2'*(x2^(`r'))+`dd3'*(x3^(`r')))/`sig'
replace  `p'= (1-`w')*normal(yy*`z')+`w'/2

* TAKE PRODUCT WITHIN EACH SUBJECT, AND PLACE THIS IN LAST ROW FOR EACH SUBJECT:
by i: replace `pp' = exp(sum(ln(max(`p',1e-12))))
replace `pp'=. if last~=1

* ADD COLUMN OF PRODUCTS TO THE CUMULATIVE SUM BUILDING UP BETWEEN LOOPS:

replace `ppp'=`ppp'+`pp'

* USE SIMILAR PROCEDURE TO CREATE VARIABLE FOR USE IN COMPUTATION OF
* POSTERIOR MEAN OF RISK ATTITUDE
replace `rpp'=`r'*`pp'
replace `rpp'=. if last~=1
replace `rppp'=`rppp'+`rpp'
}

* END OF LOOP

* FIND MEANS OF VARIABLES GENERATED BY LOOP:

replace `ppp'=`ppp'/draws
replace `rppp'=`rppp'/draws

replace lppp=ln(`ppp') if last==1
replace rhat=`rppp'/`ppp'
by i: replace rhat=rhat[_N] if rhat==.

* GENERATE SUBJECT-CONTRIBUTIONS TO LOG-LIKELIHOOD, AND DECLARE AS MAXIMAND

mlsum `logl'=ln(`ppp') if last==1

* USE PUTMATA TO MAKE SOME GLOBAL VARIABLES AVAILABLE OUTSIDE THE PROGRAM
* THE ddd_hat'S ARE NEEDED TO OBTAIN CLOSENESS TO INDIFFERENCE
* lppp IS NEEDED TO PERFORM NON-NESTED TESTS
* rhat IS POSTERIOR RISK ATTITUDE

replace dd1_hat=`dd1'
replace dd2_hat=`dd2'
replace dd3_hat=`dd3'

putmata lppp, replace
putmata rhat, replace

putmata dd1_hat, replace
putmata dd2_hat, replace
putmata dd3_hat, replace

}

end

* END OF FECHNER LIKELIHOOD EVALUATION PROGRAM

* LIKELIHOOD EVALUATION PROGRAM FOR RP STARTS HERE:
```

```
program define rp

* DECLARE VARIABLES, PARAMETERS, AND VARIABLE LIST FOR HALTON DRAWS

args todo b logl
tempvar pp1 pp2 pp3 qq1 qq2 qq3 dd1 dd2 dd3 r w astar z p pp ppp rpp rppp
tempname mu eta sig w0 w1 aa gg
local hlist h1*

* EXTRACT SCALAR PARAMETERS FROM VECTOR b

mleval 'mu' = 'b', eq(1) scalar
mleval 'eta' = 'b', eq(2) scalar
mleval 'sig' = 'b', eq(3) scalar
mleval 'w0'='b', eq(4) scalar
mleval 'w1'='b', eq(5) scalar
mleval 'aa'='b', eq(6) scalar
mleval 'gg'='b', eq(7) scalar

* INITIALISE VARIABLES

quietly{
gen double 'pp1'=.
gen double 'pp2'=.
gen double 'pp3'=.
gen double 'qq1'=.
gen double 'qq2'=.
gen double 'qq3'=.
gen double 'dd1'=.
gen double 'dd2'=.
gen double 'dd3'=.
gen double 'w'='w0'*exp('w1'*tau)
gen double 'r'=.
gen double 'z'=.
gen double 'p'=.
gen double 'pp'=.
gen double 'rpp'=.
gen double 'ppp'=0
gen double 'rppp'=0
gen double 'astar'=0

* TRANSFORM TRUE PROBABILITIES (p1,p2,p3,q1,q2,q3) USING PRELEC WEIGHTING FUNCTION.
* TRANSFORMED PROBABILITIES ARE pp1,pp2,pp3,qq1,qq2,qq3:

replace 'pp3'=exp(-'aa'*(-ln(p3))^'gg')
replace 'pp3'=0 if p3==0
replace 'pp2'=exp(-'aa'*(-ln(p3+p2))^'gg')-'pp3'
replace 'pp2'=0 if p2==0
replace 'pp1'=1-'pp2'-'pp3'

replace 'qq3'=exp(-'aa'*(-ln(q3))^'gg')
replace 'qq3'=0 if q3==0
replace 'qq2'=exp(-'aa'*(-ln(q3+q2))^'gg')-'qq3'
replace 'qq2'=0 if q2==0
replace 'qq1'=1-'qq2'-'qq3'

* GENERATE DIFFERENCE VARIABLES FROM TRANSFORMED PROBABILITIES:

replace 'dd3'='pp3'-'qq3'
replace 'dd2'='pp2'-'qq2'
replace 'dd3'=1 if dom==1
replace 'dd2'=-2 if dom==1
replace 'dd1'='pp1'-'qq1'

* START LOOP OVER HALTON VARIABLES:

foreach v of varlist 'hlist' {
```

342

```
* GENERATE LIKELIHOOD FOR EACH ROW:

replace `r'= `mu'+ `eta'*`v'
replace `astar'=ln(-`dd2'/`dd3')/ln(2)
replace `z'=(`r'-ln(`astar'))/`sig'
replace  `p'= (1-`w')*((1-dom)*normal(yy*`z')+dom*y)+`w'/2

* TAKE PRODUCT WITHIN EACH SUBJECT, AND PLACE THIS IN LAST ROW FOR EACH SUBJECT:

by i: replace `pp' = exp(sum(ln(max(`p',1e-12))))
replace `pp'=. if last~=1

* ADD COLUMN OF PRODUCTS TO THE CUMULATIVE SUM BUILDING UP BETWEEN LOOPS:

replace `ppp'=`ppp'+`pp'

* USE SIMILAR PROCEDURE TO CREATE VARIABLE FOR USE IN COMPUTATION OF
* POSTERIOR MEAN OF RISK ATTITUDE
replace `rpp'=`r'*`pp'
replace `rpp'=. if last~=1
replace `rppp'=`rppp'+`rpp'
}
* END OF LOOP

* FIND MEANS OF VARIABLES GENERATED BY LOOP:

replace `ppp'=`ppp'/draws
replace `rppp'=`rppp'/draws
replace lppp=ln(`ppp') if last==1

* GENERATE SUBJECT-CONTRIBUTIONS TO LOG-LIKELIHOOD, AND DECLARE AS MAXIMAND

mlsum `logl'=ln(`ppp') if last==1

* USE PUTMATA TO MAKE GLOBAL VARIABLE lppp AVAILABLE OUTSIDE THE PROGRAM
* lppp IS NEEDED TO PERFORM NON-NESTED TESTS

putmata lppp, replace
}

end

* END OF RP LIKELIHOOD EVALUATION PROGRAM

* SIMULATION STARTS HERE

clear
set more off

* READ DATA SET CONTAINING SUBJECT NUMBER (i) TASK NUMBER (t), AND
* PROBABALITIES DEFINING LOTTERIES (p1-p3;q1-q3)

use "design.dta", clear

* SET RANDOM NUMBER SEED; RECAST VARIABLES TO CORRECT TYPE

set seed 91611143
recast int i t
recast double p* q*

* GENERATE SCALARS N AND T

summ i
scalar N=r(max)
summ t
scalar T=r(max)
```

343

```
* SET TRUE VALUES OF PARAMETERS FOR SIMULATION

scalar mu=-0.88
scalar eta=0.2
scalar sig_fechner=0.05
scalar sig_rp=0.15
scalar w0=0.06
scalar w1=-0.01
scalar aa=0.9
scalar gg=0.8

* SIMULATE POSITION OF PROBLEM IN SEQUENCE (tau)
* REMEMBER THAT 50 PROBLEMS ARE SET IN TWO SITTINGS

by i: gen  int d50=_n>50
bysort i d50: egen tau_d=rank(uniform())
gen int tau=50*d50+tau_d

* SIMULATE RISK ATTITUDE FOR FECHNER MODEL;
* REMEMBER THAT THIS NEEDS TO BE FIXED WITHIN A SUBJECT

by i: generate double r_fechner=exp(mu+eta*(invnorm(uniform()))) if _n==1
by i: replace r_fechner=r_fechner[1] if r_fechner==.

* SIMULATE RISK ATTITUDE FOR RP MODEL;
* FIRST SIMULATE SUBJECT MEAN m FROM LOGNORMAL;
* THEN SIMULATE RISK ATTITUDE AS LOGNORMAL WITH MEAN PARAMETER m
by i: generate double  m=mu+eta*(invnorm(uniform())) if _n==1
by i: replace m=m[1] if m==.
gen double r_rp=exp(m+sig_rp*invnorm(uniform()))

* GENERATE TRANSFORMED PROBABILITIES FROM TRUE PROBABILITIES USING
* PRELEC WEIGHTING FUNCTION; TRANSFORMED PROBABILITIES ARE (pp1-pp3; qq1-qq3)

gen double pp3=exp(-aa*(-ln(p3))^gg)
replace pp3=0 if p3==0
gen double pp2=exp(-aa*(-ln(p3+p2))^gg)-pp3
replace pp2=0 if p2==0
gen double pp1=1-pp2-pp3

gen double qq3=exp(-aa*(-ln(q3))^gg)
replace qq3=0 if q3==0
gen double qq2=exp(-aa*(-ln(q3+q2))^gg)-qq3
replace qq2=0 if q2==0
gen double qq1=1-qq2-qq3

* GENERATE 3 (CONSTANT) VARIABLES REPRESENTING THE THREE MONEY AMOUNTS

gen double x1=0
gen double x2=1
gen double x3=2

* COMPUTE VALUATION OF THE TWO LOTTERIES UNDER FECHNER:

gen double vp_fechner=pp1*(x1^r_fechner)+pp2*(x2^r_fechner)+pp3*(x3^r_fechner)
gen double vq_fechner=qq1*(x1^r_fechner)+qq2*(x2^r_fechner)+qq3*(x3^r_fechner)

* COMPUTE VALUATION OF THE TWO LOTTERIES UNDER RP:

gen double  vp_rp=pp1*(x1^r_rp)+pp2*(x2^r_rp)+pp3*(x3^r_rp)
gen double vq_rp=qq1*(x1^r_rp)+qq2*(x2^r_rp)+qq3*(x3^r_rp)

* GENERATE TREMBLE PROBABILITY (AS DECAYING FUNCTION OF tau)
* THEN SIMULATE TREMBLE INDICATOR (trem)
```

```
gen double w=w0*exp(w1*tau)
gen int trem=(uniform()<w)

* SIMULATE CHOICE FROM FECHNER MODEL; EXPRESS AS BOTH y AND yy:

gen int y_fechner=(1-trem)*((vp_fechner-vq_fechner ///
+sig_fechner*invnorm(uniform()))>0)+trem*(uniform()>0.5)
gen int yy_fechner=2*y_fechner-1

* SIMULATE CHOICE FROM RP MODEL; EXPRESS AS BOTH y AND yy:

gen int y_rp=(1-trem)*((vp_rp-vq_rp)>0)+trem*(uniform()>0.5)
gen int yy_rp=2*y_rp-1

* END OF SIMULATION

* ESTIMATION STARTS HERE:

* GENERATE INDICATOR FOR DOMINANCE PROBLEMS (dom):

gen double d1=p1-q1
gen double d2=p2-q2
gen double d3=p3-q3
gen int dom = (d3>=0)*((d3+d2)>=0)

* GENERATE INDICTATORS FOR FIRST AND LAST OBSERVATIONS FOR EACH SUBJECT:

by i: generate int  first=1 if _n==1
by i: generate int last=1 if _n==_N

* GENERATE HALTON DRAWS (31 COLUMNS) USING mdraws; CREATE VARIABLE LIST

mat p=[3]
mdraws if first==1 , neq(1) dr(31) prefix(h) primes(p) burn(3)
scalar draws=r(n_draws)
local hlist h1*

* ENSURE THAT HALTON DRAWS ARE IN DOUBLE PRECISION

recast double h1*

* IMPOSE PANEL STRUCTURE ON HALTON DRAWS: T ROWS ALL SAME WITHIN SUBJECT:

quietly{
foreach v of varlist `hlist' {
by i: replace `v'=`v'[1] if `v'==.
replace `v'=invnorm(`v')
}
}

* INITALISE VARIABLES REPRESENTING ESTIMATED DIFFERENCES OF
* TRANSFORMED PROBABILITIES

gen double dd1_hat=.
gen double dd2_hat=.
gen double dd3_hat=.

* INITIALISE VARIABLES REPRESENTING: PER-SUBJECT LOG-LIKELIHOOD;
* POSTERIOR RISK ATTITUDE

gen double lppp=.
gen double rhat=.
* INITIALISE CHOICE VARIABLES (y AND yy)

gen int y=.
gen int yy=.
```

```
* ASSIGN FECHNER CHOICE DATA TO y AND yy

replace yy=yy_fechner
replace y=y_fechner

* SET STARTING VALUES OF FECHNER MODEL:

mat start=(-0.68, 0.12, 0.10, 0.04, -0.005, 1.0, 1.0)

* ESTIMATE FECHNER MODEL ON FECHNER DATA USING ML

ml model d0 fechner /mu /eta  /sig /w0  /w1  /aa /gg
ml init start, copy
ml max

* EXTRACT GLOBAL VARIABLES FROM INSIDE FECHNER PROGRAM

drop lppp rhat dd1_hat dd2_hat dd3_hat
getmata lppp
getmata rhat
getmata dd1_hat dd2_hat dd3_hat

* RENAME VARIABLE CONTAINING PER-SUBJECT LOG-LIKELIHOOD

rename lppp lp_fechner

* GENERATE VALUATION DIFFERENTIAL

gen double diff=dd1_hat*(x1^rhat)+dd2_hat*(x2^rhat)+dd3_hat*(x3^rhat)

* RE-INITIALISE VARIABLE CONTAINING PER-SUBJECT LOG-LIKELIHOOD

gen lppp=.

* ESTIMATE RP MODEL ON FECHNER DATA USING ML

ml model d0 rp /mu /eta  /sig /w0  /w1  /aa /gg
ml init start, copy
ml max
* EXTRACT VARIABLE CONTAINING PER-SUBJECT LOG-LIKELIHOOD FROM INSIDE RP PROGRAM

drop lppp
getmata lppp
rename lppp lp_rp

* CARRY OUT VUONG'S NON-NESTED TEST (FOR MODELS ESTIMATED WITH FECHNER DATA):

gen vuong1= lp_fechner - lp_rp
summ vuong1
scalar vuong=(sqrt(r(N))*r(mean))/(r(sd))
scalar list vuong

* CARRY OUT CLARKE'S NONPARAMETRIC NON-NESTED TESTS
* (FOR MODELS ESTIMATED WITH FECHNER DATA):

signrank lp_fechner = lp_rp
signtest lp_fechner = lp_rp

* NOW SWITCH TO RP DATA

* RE-INITIALISE VARIABLE CONTAINING PER-SUBJECT LOG-LIKELIHOOD

gen double lppp=.

* ASSIGN RP CHOICE DATA TO y AND yy

replace yy=yy_rp
replace y=y_rp
```

```
* ESTIMATE FECHNER MODEL ON RP DATA USING ML

ml model d0 fechner /mu /eta  /sig /w0  /w1  /aa /gg
ml init start, copy
ml max

* EXTRACT VARIABLE CONTAINING PER-SUBJECT LOG-LIKELIHOOD
* FROM INSIDE FECHNER PROGRAM

drop lppp lp_fechner
getmata lppp
rename lppp lp_fechner

* RE-INITIALISE VARIABLE CONTAINING PER-SUBJECT LOG-LIKELIHOOD

gen double lppp=.

* ESTIMATE RP MODEL ON RP DATA USING ML

ml model d0 rp /mu /eta  /sig /w0  /w1  /aa /gg
ml init start, copy
ml max

* EXTRACT VARIABLE CONTAINING PER-SUBJECT LOG-LIKELIHOOD FROM INSIDE RP PROGRAM

drop lppp lp_rp
getmata lppp
rename lppp lp_rp

* CARRY OUT VUONG'S NON-NESTED TEST (FOR MODELS ESTIMATED WITH RP DATA):

replace vuong1= lp_fechner - lp_rp
summ vuong1
scalar vuong=(sqrt(r(N))*r(mean))/(r(sd))
scalar list vuong

* CARRY OUT CLARKE'S NONPARAMETRIC NON-NESTED TESTS
* (FOR MODELS ESTIMATED WITH RP DATA):

signrank lp_rp = lp_fechner
signtest lp_rp = lp_fechner
* FINALLY, SIMULATE DECISION TIMES
* EXPLANATORY VARIABLES FOR DECISION TIME NEED TO BE GENERATED

* GENERATE COMPLEXITY LEVELS OF CHOICE PROBLEMS;
* VARIABLE "complex" IS NUMBER OF OUTCOMES IN SIMPLER LOTTERY

gen complex_p=(p1>0)+(p2>0)+(p3>0)
gen complex_q=(q1>0)+(q2>0)+(q3>0)
gen complex=min(complex_p, complex_q)
gen complex2=complex==2
gen complex3=complex==3

* GENERATE LOG OF EXPECTED VALUE OF SAFE LOTTERY

gen logev=ln(q1*0+q2*1+q3*2)

* GENERATE ABSOLUTE VALUATION DIFFERENTIAL, AND ITS SQUARE AND CUBE

gen abs_diff=abs(diff)
gen abs_diff2=abs_diff^2
gen abs_diff3=abs_diff^3

* GENERATE MEASURE OF OBJECTIVE DIFFERENCE BETWEEN LOTTERIES

gen obj_diff=d1^2+d2^2+d3^2

* SIMULATE SUBJECT-SPECIFIC RANDOM EFFECT (dt1) FOR DECISION TIME:
```

```
by i: generate double  dt1=1.624+0.386*(invnorm(uniform())) if _n==1
by i: replace dt1=dt1[1] if dt1==.

* SIMULATE LOG OF DECISION TIME:

gen dt2=dt1+0.267*complex2+0.388*complex3-0.0019*(tau_d-1) ///
-0.0032*(tau-1)+0.020*logev-5.251*abs_diff+10.944*abs_diff2 ///
-7.339*abs_diff3+0.157*obj_diff+0.616*invnorm(uniform())

* GENERATE DECISION TIME:

gen dt=exp(dt2)
```

13.3.3 模拟数据

模拟数据集保存于文件 risky_choice_sim 中。在下面，我们将显示两个模拟选择变量的表格。我们可以看到，在这两种情况下，"安全选择"和"风险选择"是大致相等的。这显然是选择数据集的期望特征，与良好的实验设计一致。但是，必须要提出的是，出于第 14 章里会详细解释的原因，这并不是一个良好设计的充分条件。我们还需要查看该数据的其他特征，比如受试者在作出风险选择数量上的变化。我们在图 13.3 中查看这一点。我们可以看到在这两个案例中都存在着一个健康的受试者间传播，提供了良好设计的进一步证据。

```
. tab y_fechner

  y_fechner |      Freq.     Percent        Cum.
------------+-----------------------------------
          0 |      2,909       48.48       48.48
          1 |      3,091       51.52      100.00
------------+-----------------------------------
      Total |      6,000      100.00
```

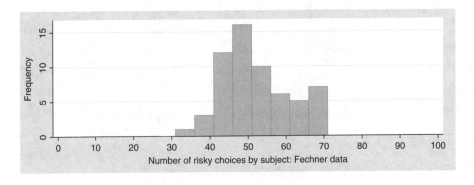

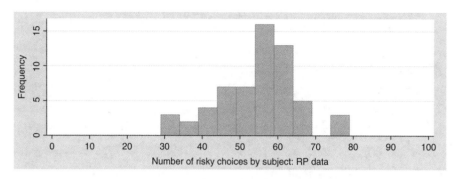

**图 13.3　超过 60 个受试者作出的风险或占优选择的分布
[Fechner 数据(上图)和随机偏好数据(下图)]**

```
. tab y_rp

        y_rp │      Freq.       Percent         Cum.
─────────────┼───────────────────────────────────────
           0 │      2,728         45.47         45.47
           1 │      3,272         54.53        100.00
─────────────┼───────────────────────────────────────
       Total │      6,000        100.00
```

13.3.4　估计例程的输出

两个模拟的数据集都已经通过 Fechner 模型和随机偏好模型两个模型进行估计。得到了四组估计：基于 Fechner 数据的 Fechner 估计；基于 Fechner 数据的随机偏好估计；基于随机偏好模型的 Fechner 估计；基于随机偏好数据的随机偏好估计。

为了感受到估计过程，我们在下面展示 Fechner 模型对 Fechner 数据的估计输出。在接下来的小节中我们将收集所有的估计结果。

```
. * SET STARTING VALUES OF FECHNER MODEL:

. mat start=(-0.68, 0.12, 0.10, 0.04, -0.005, 1.0, 1.0)

. ml model d0 fechner /mu /eta /sig /w0 /w1 /aa /gg

. ml init start, copy

. ml max

initial:      log likelihood = -2225.4922
rescale:      log likelihood = -2225.4922
rescale eq:   log likelihood = -2179.1364
Iteration 0:  log likelihood = -2179.1364  (not concave)
Iteration 1:  log likelihood = -1966.5268
Iteration 2:  log likelihood =  -1954.092
Iteration 3:  log likelihood = -1947.7712
Iteration 4:  log likelihood = -1947.2029
```

```
Iteration 5:   log likelihood = -1947.1964
Iteration 6:   log likelihood = -1947.1964

                                      Number of obs    =        6000
                                      Wald chi2(0)     =           .
Log likelihood = -1947.1964           Prob > chi2      =           .
```

	Coef.	Std. Err.	z	P>|z|	[95% Conf. Interval]
mu					
_cons	-.8666559	.0505792	-17.13	0.000	-.9657893 -.7675224
eta					
_cons	.1846398	.0164323	11.24	0.000	.1524332 .2168464
sig					
_cons	.0514486	.0027959	18.40	0.000	.0459686 .0569285
w0					
_cons	.0615979	.0165882	3.71	0.000	.0290857 .0941101
w1					
_cons	-.0091638	.0050211	-1.83	0.068	-.019005 .0006774
aa					
_cons	.9149991	.0436093	20.98	0.000	.8295264 1.000472
gg					
_cons	.8044301	.0085684	93.88	0.000	.7876363 .821224

我们可以看到在六次迭代中达到了收敛。在 3.2 GHz 的电脑上,该收敛过程会用一到两分钟。

13.4 结果和后估计

13.4.1 模型估计

两个模型都用两个数据集进行了估计。所有四组估计值与在模拟中使用的真实参数值一起显示于表 13.1 中。第一个重要发现是当对正确模型进行估计时,所有估计值都接近于真实参数值。这当然是期望的,而且仅仅是该例程已经被正确编码的指示。当对不正确的模型进行估计时,某些参数显示出估计不当。比如,对 Fechner 数据应用随机偏好模型时风险态度分布(μ)的均值被低估(受试者被判定为过度风险厌恶),而相同的参数却在向随机偏好数据应用 Fechner 模型时被高估(受试者被判定为过度风险偏好)。另一个例子是当对 Fechner 数据应用随机偏好模型时抖动概率被严重高估。

表 13.2 使用 Fechner 和随机偏好数据估计的 Fechner 和随机偏好模型的 MLE 参数

	Fechner 数据			随机偏好数据		
	真实值	Fechner 估计	随机偏好估计	真实值	Fechner 估计	随机偏好
μ	-0.88	$-0.886(0.051)$	$-0.954(0.054)$	-0.88	$-0.808(0.042)$	$-0.889(0.035)$
η	0.20	$0.185(0.016)$	$0.198(0.020)$	0.20	$0.226(0.014)$	$0.223(0.013)$
σ	0.05	$0.051(0.003)$	$0.284(0.013)$	0.15	$0.028(0.002)$	$0.156(0.007)$
w_0	0.06	$0.062(0.017)$	$0.121(0.019)$	0.06	$0.050(0.011)$	$0.048(0.010)$
w_1	-0.01	$-0.009(0.005)$	$-0.008(0.003)$	-0.01	$-0.003(0.004)$	$-0.007(0.004)$
β	0.90	$0.915(0.044)$	$0.861(0.045)$	0.90	$0.956(0.036)$	$0.902(0.029)$
γ	0.80	$0.804(0.009)$	$0.825(0.010)$	0.80	$0.781(0.006)$	$0.786(0.007)$
n		60	60		60	60
T		100	100		100	100
Log L		$-1\,947.20$	$-2\,071.02$		$-1\,361.25$	$-1\,288.13$
Vuong		$+8.61$			-6.19	

对错误模型进行估计时产生的偏差，以及想要识别出"正确"误差描述的期望，引导着我们寻找在两个模型中进行判定的方法。我们首先要注意，对于每一个数据集，正确模型都会得到一个相对较高的最大对数似然。一个明显的方法就是应用一个将对比正式化的检验。由于两个模型非嵌套，使用 Vuong(1989)检验是合适的。我们还会考虑 Vuong 检验的非参数类似物。

13.4.2 Vuong 的非嵌套似然比检验

Vuong(1989)测试已被应用于在 Loomes 等(2002)和其他人的风险选择背景下，在竞争误差规范之间检验的问题。

考虑任何两个非嵌套模型 1 和 2，包含相同数量的未知参数。令 $\hat{f}_i$ 是在模型 1 是真实模型假设下观察由受试者 i 作出的 T 个实际选择的估计概率。令 $\hat{g}_i$ 是在假设模型 2 是真实模型情况下观察相同 T 个选择的估计概率。Vuong 测试基于数量 D，定义为：

$$D = n^{-1/2} \sum_{i=1}^{n} \ln\left(\frac{\hat{f}_i}{\hat{g}_i}\right) \tag{13.30}$$

式(13.30)中定义的 D 类似于两个模型的对数似然比,但是由于模型是非嵌套的,所以它可以是任一符号(如果是模型 1 嵌套模型 2 的情况,D 将总为正数)。为了实现检验,我们需要估计 D 的方差。适当的方差估计器是:

$$\hat{V} = n^{-1} \sum_{i=1}^{n} \left(\left[\ln\left(\frac{\hat{f}_i}{\hat{g}_i}\right) \right]^2 - \left[\frac{1}{n} \sum_{i=1}^{n} \ln\left(\frac{\hat{f}_i}{\hat{g}_i}\right) \right]^2 \right) \tag{13.31}$$

Vuong 检验统计量为:

$$Z = \frac{D}{\sqrt{\hat{V}}} \tag{13.32}$$

如 Vuong(1989)所证明的,在式(13.32)中定义的统计量 Z 在两个模型是等价的假设下具有限制标准正态分布。Z 的显著正值表示模型 1 比模型 2 更接近真实数据生成过程,而 Z 的显著负值表示相反。

为了应用检验,我们需要获得 $i=1$,$\cdots$,n 的量 $\hat{f}_i$ 和 $\hat{g}_i$。在 Fechner 模型和随机偏好模型中,这些量由以下形式的公式给出:

$$\int_0^\infty \prod_{t=1}^T \hat{p}_{it}(r) f(r; \hat{\mu}, \hat{\eta}) \mathrm{d}r \tag{13.33}$$

在这个等式中上标符号代表 MLE 中的估计值。

在程序中已经将两个变量 $\ln(\hat{f}_i)$ 和 $\ln(\hat{g}_i)$ 计算为"lp_fechner"和"lp_rp"。Vuong 检验统计量是基于这两个变量之间的差的平均值。

Vuong 检验统计数据显示在表 13.1 的最后一行中。回想一下,检验的"零分布"是标准正态的。我们看到,当 Fechner 模型是真实模型时,Vuong 检验强烈地支持它,显著为正的统计量为 8.61。同样,当随机偏好模型是真实模型时,Vuong 检验强烈地支持它,检验统计量为 -6.19。

13.4.3　Clarke 的非参数非嵌套检验

Clarke(2003)提出了一个非参数的替代 Vuong 检验的检验。虽然 Vuong 检验基本上分析了两个对数似然性之间差异的平均值,但是非参数检验分析了相同差异的中值。有两个非参数检验可用于此目的,这两个检验在第 3.7.3 节中介绍:符号秩检验和符号检验。前者对绝对差异进行排序,然后比较正负差异之间的秩;后者简单地计数正差分和负差分数量。如

第3.7.3节所述，符号秩检验依赖于差异分布的对称假设，而符号检验没有这样的假设。根据 Clarke(2003)，没有理由期望对称假设保持在竞争模型的对数似然的差异中，因此优选符号检验。

在这里，我们将进行这两个检验。当应用于从随机偏好模型生成的数据时，两个检验命令的输出为：

```
. signrank lp_rp = lp_fechner

Wilcoxon signed-rank test

        sign |      obs    sum ranks     expected
-------------+-----------------------------------
    positive |       44         1574          915
    negative |       16          256          915
        zero |        0            0            0
-------------+-----------------------------------
         all |       60         1830         1830

unadjusted variance      18452.50
adjustment for ties          0.00
adjustment for zeros         0.00
                        ----------
adjusted variance        18452.50

Ho: lp_rp = lp_fechner
           z =    4.851
   Prob > |z| =   0.0000

. signtest lp_rp = lp_fechner

Sign test

        sign |   observed      expected
-------------+-----------------------------
    positive |         44            30
    negative |         16            30
        zero |          0             0
-------------+-----------------------------
         all |         60            60

One-sided tests:
  Ho: median of lp_rp - lp_fechner = 0 vs.
  Ha: median of lp_rp - lp_fechner > 0
      Pr(#positive >= 44) =
          Binomial(n = 60, x >= 44, p = 0.5) =  0.0002

  Ho: median of lp_rp - lp_fechner = 0 vs.
  Ha: median of lp_rp - lp_fechner < 0
      Pr(#negative >= 16) =
          Binomial(n = 60, x >= 16, p = 0.5) =  0.9999

Two-sided test:
  Ho: median of lp_rp - lp_fechner = 0 vs.
  Ha: median of lp_rp - lp_fechner != 0
      Pr(#positive >= 44 or #negative >= 44) =
          min(1, 2*Binomial(n = 60, x >= 44, p = 0.5)) =  0.0004
```

不出所料，并且与 Vuong 检验一致，非参数非嵌套检验导致对于随机偏好模型(即对于真实模型)的强烈偏好,对于符号秩检验的 p 值为 0.000 0,并且符号检验的为 0.000 4。当真实模型是 Fechner 模型时,得出了类似的结论:两个检验都产生强有力的证据支持真实模型。

虽然在这个(和前面的)章节中讨论的结果中没有任何惊喜,但是传达关于可用于在非嵌套模型之间进行判断的各种检验想法是有用的。

13.4.4 获取个体风险态度

在 μ 和 η 的估计中,模型显示了总体风险态度分布。出于某些原因,对每一个受试者的风险态度进行衡量是非常有用的。正如之前所解释的,为了这一目的而使用 Fechner 模型更加合适,因为该模型假设了每个个体都具有他们自己独特的风险态度参数并且总是保持不变。

估计 Fechner 模型后,我们应用贝叶斯规则,使用式(13.29)来获取每个受试者风险态度的后验预期,条件是他们有 T 个选择。在程序中应用该方程的结果是变量"rhat"。拥有 60 个受试者的样本的 rhat 分布如图 13.4 所示。

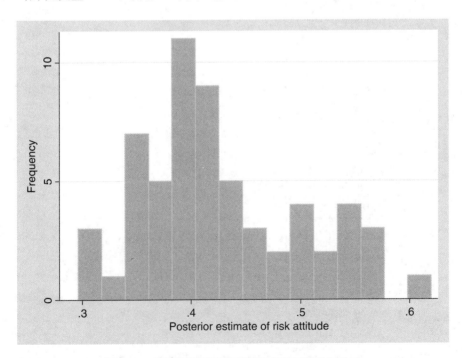

图 13.4 针对个体受试者风险态度的后验估计分布

13.4.5　获取无差异的接近程度

最后，通过使用每一个受试者风险态度的估计值，我们能够估算每个受试者在每个选择问题中得出的估值差额。

这需要将风险态度的后验估计，式(13.29)中定义的 $\hat{r}_i$ 替换为式(13.9)中定义的(转换后的)估值差额方程：

$$\hat{\nabla}_{it}(\hat{r}_i) = \hat{\hat{d}}_{2t} + \hat{\hat{d}}_{3t} 2^{\hat{r}_i} \tag{13.34}$$

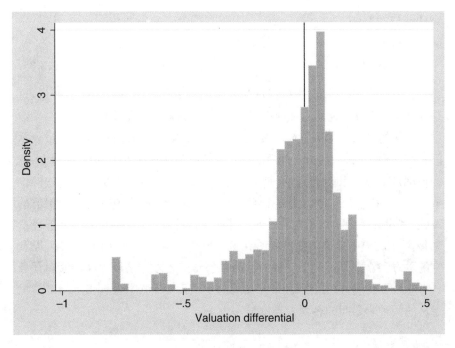

图 13.5　估值差额的分布

式(13.34)在程序中作为变量"diff"生成。图 13.5 展示了该变量的直方图。我们可以看出该分布在 x 轴上接近零的地方是大致对称的。这就简单地告诉了我们对于大多数选择问题，受试者相当接近于无差异。

估值差额的绝对值 $|\hat{\nabla}_{it}|$ 被用作解释变量，在第 5 章的决策时间模型里表示"无差异的接近程度"。

13.4.6　决策时间模拟

STATA 代码的最后一个部分是针对模拟选择的决策时间模拟。这些决策时间都是根据 Moffatt(2005b)对真实决策时间数据的分析结果,从数据生成程序中模拟出来的。事实上,数据生成程序如下:

$$\log(decision\ time_{it}) = 1.624 + 0.267complex2_t + 0.388complex3_t$$
$$- 0.001\ 9(\tau_{it}^d - 1) - 0.003\ 2(\tau_{it} - 1) + 0.028\log(EV_t)$$
$$- 5.251\mid \hat{\Delta}_{it}\mid + 10.944\mid \hat{\Delta}_{it}\mid^2 - 7.339\mid \hat{\Delta}_{it}\mid^3$$
$$+ 0.157\Delta_t^0 + u_i + \epsilon_{it}$$
$$i = 1, \cdots, 60 \quad t = 1, \cdots, 100 \quad var(u_i) = 0.386^2 \quad var(\epsilon_{it}) = 0.616^2$$

$$(13.35)$$

式(13.35)中前两个解释变量为表示问题 t 复杂性等级的虚拟变量,这是根据第 5.4 节中定义的规则进行规定的,复杂性仅仅是简单彩票的结果数量。排除的复杂性等级是最不复杂的等级 1。第三和第四个解释变量表示问题在序列中的位置:τ_{it}^d 是问题 t 在其被解决当前在序列中的位置,所以 τ^d 的范围是 1—50;相对而言,τ_{it} 是受试者 i 所面对的问题 t 在完整序列中的位置,并且范围是 1—100。第五个解释变量表示两个彩票中较简单期望值的对数,其对数是用来表示与每个问题相关的金钱激励。接下来三个解释变量是式(13.34)中定义的受试者 i 在选择问题 t 中的无差异接近程度,以及它的平方和立方。这三个变量的目的在于允许无差异接近程度能够对任务具有非线性影响,这在第 5.4 节中解释过。最后一个解释变量是第 5.3 节里定义的两种彩票间的客观差异度量。

13.5　小结与拓展阅读

本章的中心主题是使用受试者彩票选择的重复数据进行风险选择模型的估计。有大量文献根据彩票选择数据估计个体风险态度的,其中 Bingswanger(1980)是最早的相关文献。

这里所模拟的模型，以及对它们进行模拟的方法，与许多其他研究具有共同点，这些研究包括 Harless 和 Camerer(1994)、Hey 和 Orme(1994)、Loomes 等(2002)、Harrison 和 Rutstrom(2009)、Conte 等(2011)及 Von Gaudecker 等(2011)。这些研究中的最后两个，和我们一样，使用了 Halton 抽样的 MSL。与我们自己的估计相比，差异在于它们都有多于一个维度的异质性。Conte 等(2011)假设风险厌恶和概率权重都根据受试者不同而产生差异；Von Gaudecker 等(2011)假设了四个不同参数中的受试者间差异。这就需要进行多组 Halton 抽样。

与抖动参数模拟相关的技术性问题已由 Moffatt 和 Peters(2001)进行过解释。

练习

1. 一些风险选择实验允许受试者表现出无差异态度。对似然函数进行扩展来处理无差异态度。提示：把数据看作具有三个结果的顺序数据（见第 7 章），并且添加一个阈值参数 κ。

2. 你会怎样计算每个个体决策的后验抖动概率？

3. Starmer(2000)提出风险选择倾向于随着经验而改变，并且提出一个问题(p.376)："个体（是否）发现预期效用偏好？"如何扩展本章所建立的模型，以对该假设进行检验？尤其要对使权重参数基于经验进行思考。

4. 考虑一个总体，有占比例 p 的受试者遵循期望效用，剩下的 $(1-p)$ 遵循等级依赖，权重参数在它们之间有连续变化。构建最终混合模型的似然函数。你会发现参考 Conte 等(2011)非常有用。

14 二元选择实验的最优设计

14.1 引言

第 2 章主要介绍了实验经济学实验设计方面的内容,该章的核心内容就是随机化方法和如何利用功效分析求解处理检验的必要样本容量。在这一章,我们将回归实验设计这一主题,但是探究的核心是二元选择模型的相关实验设计。我们在这一部分才引入该内容是因为前面章节所讲的方法技巧是理解这部分内容的前提基础。

风险选择实验对最优设计有着迫切需求,之前也有很多实验者开展了这一类实验,但他们的实验目的各不相同,如风险态度的衡量、不同风险决策理论的检验等。正如在第 13 章中所阐述的那样,这些实验遵循一个标准模式,即受试者会面临一系列的二元选择问题,这些问题不是偏向于安全,就是偏向于风险,具体的例子可参阅 Holt 和 Laury(2002)。每个决策问题都预先定义好的可能结果选项及与之相对应的概率。当涉及结果选项和相应概率的选取时,大多数实验者都采用了非正式方法。下面这段引自 Hey 和 di Cafno(1990,p.286)的话反映了这个领域的大部分实验者对设计问题的典型态度:

> 我们准备了 60 个问题,这是我们认为在受试者的合理注意力范围内能提出的最多问题……问题的选择不是那么容易的……我们试图找到一种混合,使得连接一对赌博的直线斜率最大:从 1/7 到 7。这背后的想法是,这样我们就能够区分非常厌恶风险的人和不那么厌恶风险的人,但是我们是在黑暗中摸索。

在这段话中的"斜率"是指在 Marschak-Machina 三角关系中连接两个

彩票的直线斜率,而且与在第 13 章随机偏好模型中运用的"阈值风险厌恶 r^*"度量,没有特别紧密的关系。正如上面引文所描述的,为了达到实验目的,实验者在用这种混合方法设置选择问题时需要格外小心和注意,但是很少有实验者会用正规的方法来解决该实验设计问题。

如果实验者担心估计的精确度,为什么他们要将所有的问题设置成二元选择呢? 理论上,一个彩票的必然等价物所传递的信息量将比一种彩票相较于其他彩票的偏好指向所传递的信息量大。根据这一原因,我们可以说最优设计就是在一系列适合选择的彩票中引出确切的等价物,但是正如在第 6.2.2 节中所提到的,我们坚信选择比估值更能解释受试者偏好。其他人也提出:很多关于风险态度的估计都是建立在受试者彩票决策数据基础之上的。[①]

由于人们广泛认同用二元选择问题引出偏好,所以研究者拥有正确实验设计指导是很重要的。尤其是在选择成对彩票参数时,必须先有一个清晰的框架,该框架来自统计学的最优实验设计部分。本章的目的就是解决一个问题:如何将最优实验设计理论应用于以风险选择实验为中心的经济学实验设计。

统计学中给出的最优实验设计概念是:一种能够最为精确地估计出我们感兴趣参数值的设计。我们通常将 Fisher 信息矩阵的行列式作为最优设计的准则,这个数量的最大化就相当于点估计周围"置信椭圆"量的最小化,因此我们有很强的直觉,这一准则可以最大程度地提高估计精度。信息矩阵行列式的最大化设计就是所谓的"D-最优设计"。

原则上来说,线性模型的 D-最优设计问题是简单的,最优设计和模型的参数无关,所以在不知道参数的情况下,我们也能够得出它的 D-最优设计。但由于我们致力于研究二元数据,相比之下,我们对非线性模型更感兴趣。而在非线性模型的最优设计中,信息矩阵的行列式是一个关于模型参数的函数,因此严格来说,要求出 D-最优设计,就必须先知道参数的值。这个问题就是我们所知道的"鸡和蛋的问题"。在最开始,我们认为这个问题是一个比较严重的问题,因为我们的最终目的是更为了精确地估计参数值,但是为了达到这一目标,我们所采用的方法需要先知道这些参数的值。后来我

---

① 例如,参见 Hey 和 Orme(1994)、Loomes 等(2002)、Harrison 和 Rustrôm(2009)、Conte 等(2011),以及 Von Gaudecker 等(2011)。

们对这一问题的态度发生了改观,尽管我们不知道这些参数值,但是我们可以从前人的研究中获得这些参数的大致估计值,而在这些经验值的基础上求解 D-最优设计是可行的。

带着这份信念,我们研究出了风险选择实验的最优设计,事实上,我们是在利用本书前面章节里得出的参数估计值进行最优设计的。

第 14.2 节介绍了最优设计理论的基础原理,特别是定义了 D-最优设计的概念,并且将这一理论应用到线性模型、概率模型及逻辑模型中。第 14.3 节设定了风险选择的参数模型。在第 14.4 节,我们把在第 14.2 节介绍的 D-最优设计原则应用到在第 14.3 节设定的风险选择模型上,得到了一系列关于风险态度参数已知的受试者最优选择问题。第 14.5 节着重探究了在模型包含"抖动参数"的情况下,对设计进行调整的方法。第 14.6 节将最优设计的适用范围拓展至多层次受试者实验,考虑了受试者间的异质性。

14.2 实验设计理论的基本原理

14.2.1 D-最优设计的原则

假设一个模型,该模型的标量因变量为 y,解释变量为 x,关于一个特定观测值 (y_i, x_i) 的概率或概率密度为 $f(y_i | x_i; \theta)$,其中 θ 是关于参数的 $k \times 1$ 向量。假设一共有 n 个独立观测值,关于这一模型的对数似然函数为:

$$\mathrm{Log}\, L = \sum_{i=1}^{n} \ln f(y_i | x_i; \theta) \tag{14.1}$$

参数向量 θ 的 MLE 是令 $\mathrm{Log}\, L$ 最大化得到的值。信息矩阵为:

$$I = \mathrm{E}\left(\frac{\partial^2 \mathrm{Log}\, L}{\partial\theta\partial\theta'}\right) = \mathrm{E}\left(\frac{\partial \mathrm{Log}\, L}{\partial\theta}\,\frac{\partial \mathrm{Log}\, L}{\partial\theta'}\right) \tag{14.2}$$

MLE 的方差就是信息矩阵的倒数,因此单个估计值的标准误差可以通过 I^{-1} 对角元素的平方根得到。

D-最优设计的基本原则就是在特定约束条件下,确定 x_i 的值使信息矩阵的行列式最大化。这就相当于令 θ 中包含参数的"置信椭圆"的量最小化,即最大程度地精准估计所有参数。当 θ 只包含一个元素的时候,即模型只含有一个参数,D-最优设计标准就等同于将该参数的置信区间最小化。

很显然,信息矩阵和它的行列式随着样本容量 n 的扩大而增加。通常情况下,当我们需要比较不同的设计时,我们需要调整样本容量,所以我们将信息矩阵除以 n 得到"单位信息矩阵": $i = \dfrac{1}{n} I$。

14.2.2　简单线性回归

一个简单(普通的)回归模型为:

$$y_i = \theta_1 + \theta_2 x_i + \epsilon_i \quad i = 1, \cdots, n$$

$$\epsilon_i \sim N(0, 1)$$

$$-1 \leqslant x_i \leqslant +1 \quad \forall i \tag{14.3}$$

假设调查者将解释变量 x_i(只受上界和下界的约束)的取值控制在 -1 和 1 之间(含 -1 和 1),并且为了得到单位方差使计算更为简便,还假设误差项满足标准正态分布,在这一假设基础之上,我们可以得到这一模型的对数似然函数:

$$\text{Log } L = \sum_{i=1}^{n} \left[k - (y_i - \theta_1 - \theta_2 x_i)^2 \right] \tag{14.4}$$

其中 k 为常数,很容易证明这个模型里两个参数的 MLE 和 y 关于 x 的最小二乘回归估计值是相同的。关于两个参数 θ_1 和 θ_2 对式(14.4)微分两次,发现信息矩阵可以表示为:

$$I = \begin{pmatrix} n & \sum x_i \\ \sum x_i & \sum x_i^2 \end{pmatrix} \tag{14.5}$$

因此 MLE 向量的方差为:

$$V \begin{pmatrix} \hat{\theta}_1 \\ \hat{\theta}_2 \end{pmatrix} = I^{-1} = \begin{pmatrix} n & \sum x_i \\ \sum x_i & \sum x_i^2 \end{pmatrix}^{-1} \tag{14.6}$$

标准误差为 V 的对角元素的平方根。

为了得到 D-最优设计,我们需要找到 x_i 值使得 I 的行列式最大,这个行列式可以表示为：

$$\det(I) = \sum_{i=1}^{n} \sum_{j=i+1}^{n} (x_i - x_j)^2 \tag{14.7}$$

根据式(14.7)，我们可以知道要使 $\det(I)$ 最大，需要使这两个不同的 x 值之间的差值最大，所以一半的 x 应该取最大值，另一半的 x 应该取最小值。在实验设计里我们选择所有的设计点在"设计空间的角落"。

式(14.7)的一个重要特点就是它不包含模型的参数 θ_1 和 θ_2，这说明关于线性回归模型的 D-最优设计不需要知道其参数值。而在下一小节中，我们将发现，对于非线性模型，如概率模型和逻辑模型，如果不知道参数值，是不能求出 D-最优设计的。

14.2.3　简单概率模型和简单逻辑模型

现在考虑一个二元数据实验设置，在该实验设置中，潜在连续变量 y^* 关于 x 的函数表示为：

$$y_i^* = \theta_1 + \theta_2 x_i + \epsilon_i \quad i = 1, \cdots, n$$

$$\epsilon_i \sim N(0, 1) \tag{14.8}$$

y^* 是正还是负将影响 y 的取值，即：

$$y_i = \begin{cases} 1 & \text{当} \quad y_i^* > 0 \text{ 时} \\ -1 & \text{当} \quad y_i^* \leqslant 0 \text{ 时} \end{cases} \tag{14.9}$$

式(14.9)就是在第 6 章中介绍到的概率模型，[①]关于这一概率模型的对数似然函数为：

$$\text{Log } L = \sum_{i=1}^{n} \ln \Phi[y_i \times (\theta_1 + \theta_2 x_i)] \tag{14.10}$$

模型[式(14.10)]的信息矩阵可以推导为：

---

① 这与第 6 章中的处理方法略有不同。在这里，我们用 y 表示取值 1 或 0 的二元变量，用 yy 表示取值 1 或 -1 的重新编码的变量。在这里，为了表达简单，我们将 y 定义为值为 1 或 -1 的变量。

$$I = \begin{bmatrix} \sum w_i & \sum w_i x_i \\ \sum w_i x_i & \sum w_i x_i^2 \end{bmatrix} \tag{14.11}$$

其中，

$$w_i = \frac{\left[\phi(\theta_i + \theta_2 x_i)\right]^2}{\Phi(\theta_1 + \theta_2 x_i)\left[1 - \Phi(\theta_1 + \theta_2 x_i)\right]} \tag{14.12}$$

信息矩阵[式(14.11)]的行列式可以写作：

$$\det(I) = \sum_{i=1}^{n} \sum_{j=i+1}^{n} w_i w_j (x_i - x_j)^2 \tag{14.13}$$

再一次，$\det(I)$仅仅利用两个设计点最大化。然而，$\det(I)$通过 w_i 被加权。当 $\Phi(\theta_1 + \theta_2 x_i) = 0.5$ 的时候，这些加权被最大化，即当两个结果出现的概率相同时。因此，令设计点彼此之间尽可能地远离，占据"设计空间的角落"的期望被利用设计点引起"效用平衡"需求的完美无差异所抵消（Huber and Zwerina，1996）。

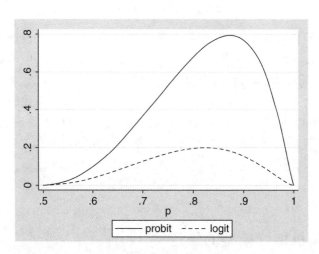

图 14.1　信息矩阵的行列式与更大设计点的百分位数（逻辑模型和概率模型）

在图 14.1 里，平滑曲线展示了 $\det(I)$ 对较高设计点的百分位。这个设计是对称的，因此较低设计点到中心的距离是相等的。我们可以看到，正如预料的那样，当两边的设计点都在信息中心（百分位数为 0.50）的时候为零。这里的直觉就是如果所有设计点都在分布的中心位置，所有可以观测点在每个观测点所在中心的那一边。我们同样可以观测到当两边的设计点都是距离中心最大化的时候（即百分位数为 1.0），信息再次为零。再重复一次这个直觉：如果每个个体都被问到这种极端问题，即他们的选择可以被准确预测，那么这个选择数据将会没有任何意义。在图 14.1 里平滑线的一个重要特点就是在 0.87 时达到最大值。这就表明了令 det(I) 最大化的设计点就是潜在回应函数的第 13 和第 87 百分位数。这就是针对概率模型的 D-最优设计。

如果需要的设计点数量是奇数，那么最优设计就是准确地放置一个设计点在中心位置，并且在第 13 和第 87 百分位数之间均匀分布剩余的点。

除了对二元数据构建概率模型之外，另一个比较好的选择是构建逻辑模型，该模型在第 6 章中有介绍，定义为：

$$P(y_i=1)=\frac{\exp(\theta_1+\theta_2 x_i)}{1+\exp(\theta_1+\theta_2 x_i)} \equiv P_i \tag{14.14}$$

式(14.14)的信息矩阵和之前的式(14.11)相同，但是多了一个权重定义：

$$w_i=P_i(1-P_i) \tag{14.15}$$

将式(14.15)代入式(14.13)，可以发现，在数值方面，令 det(I) 最大化得到的设计点在函数第 18 和第 82 百分位数之间。[①]在图 14.1 中的虚线显示 det(I) 与逻辑模型的较高设计点的百分位数有差异。

注意，为了找到这些最优设计点，我们需要提前知道参数的潜在分布（即 θ_1 和 θ_2），只有这样才能在知道它的百分位数的基础上发现点的分布，这与线性回归模型不同。正如在第 14.1 节中所述的，有时候这个被认为是"鸡和蛋"的问题。

14.3　随机偏好模型的修订

在这一小节中，我们将探讨在第 12.6 节首次提及并且在第 13.2.4 节中

---

① 我们经常被引导相信在概率模型和逻辑模型之间没有主要的区别。例如，根据 Greene (2008，p.774)，"在大多数程序中，这两者之间的选择没有太大的区别"。在这种背景下，令人惊讶的是，在概率模型下的最优设计点比在逻辑模型下深入尾部 5 个百分位。

有过更多介绍的随机偏好模型。

我们关心一个实验的最优设计,在该实验中,受试者被要求在两个彩票之间作出选择,我们将假设与第 12 章和第 13 章中相同的实验设置,每一个选择问题包含了三个结果——0 美元、10 美元及 20 美元,我们分别将它们标准化为 0、1、2。这两个彩票可以被定义为关于概率的向量:

$$\mathbf{p} = \begin{bmatrix} p_1 \\ p_2 \\ p_3 \end{bmatrix} \qquad \mathbf{q} = \begin{bmatrix} q_1 \\ q_2 \\ q_3 \end{bmatrix}$$

其中每个向量里的三个概率分别表示的是接受三种结果 0、1、2 的概率。通常情况下,两个彩票中的一个是较有风险的,另外一个较为安全的。当不是这种情况时,其中一个彩票会随机占优于另外一个。$\mathbf{p}$ 代表风险高的那只彩票,或者说占优彩票,$\mathbf{q}$ 代表风险更低的那只彩票,或者说是被占优的彩票。

我们再次假设幂效用函数为:

$$U(x) = x^r \qquad r > 0 \qquad\qquad (14.16)$$

根据这一参数化形式,可知相关风险厌恶系数为 $1-r$。也就是说,幂参数 r 越高,个体的风险厌恶越小。

我们将会假设期望效用最大化。正如在第 13 章所示,对于一个给定的选择问题,我们定义了一个风险态度阈值 r^*,使得(给定的期望效用)

$$r < r^* \Rightarrow 选择 \mathbf{q} \qquad\qquad (14.17)$$

我们选择幂效用函数式(14.16)的一个重要原因就是为了使 r^* 能够被确切地表示出来,如下所示:[1]

$$r^* \equiv \frac{\ln\left(-\dfrac{q_2 - p_2}{q_3 - p_3}\right)}{\ln(2)} \qquad\qquad (14.18)$$

对于一个特定受试者,随机偏好模型的一个中心假设就是受试者的风险态度会随任务而发生变化,且满足如下分布:

---

[1] 如果假设 CRRA 的另一个流行版本 $U(x) = \dfrac{x^{1-r}}{1-r}$,则不能以封闭形式找到 r 的阈值。

$$\ln(r) \sim N(m, \sigma^2) \tag{14.19}$$

为了达到效用函数的定义要求,我们假设 r 的对数满足正态分布,这样可以确保 r 值始终为正数。

结合式(14.17)—式(14.19),可以知道受试者选择安全彩票的概率为:

$$P(S) = P(r < r^*) = \Phi\left(\frac{\ln r^* - m}{\sigma}\right) = \Phi\left[-\frac{m}{\sigma} + \left(\frac{1}{\sigma}\right)\ln r^*\right] \tag{14.20}$$

式(14.20)是关于解释变量 $\ln(r^*)$ 的简单概率模型,其中 r^* 代表受试者关于选择问题的风险态度阈值,它可以直接由式(14.18)得出。

我们可以将式(14.20)称为结构化概率模型,因为它包含了结构形式参数 m 和 σ,相对应的简化形式为:

$$P(S) = \Phi[\theta_1 + \theta_2 \ln r^*] \tag{14.21}$$

第14.2节中描述的实验设计理论是确定 r^* 值的规则,它能够帮助我们更为精确地估计式(14.21)中简化形式的参数 θ_1 和 θ_2。但是我们的兴趣并不在 θ_1 和 θ_2 上面,而是在式(14.20)中的结构形式参数 m 和 σ 上。这里产生的一个技术性问题就是对 θ_1 和 θ_2 的估计是最优的 r^* 值是否对于 m 和 σ 同样是最优的。答案为"是"。为了证实这个,我们定义了如下的简化形式参数向量和结构形式参数向量:

$$\theta = \begin{pmatrix} \theta_1 \\ \theta_2 \end{pmatrix} \qquad \beta = \begin{pmatrix} m \\ \sigma \end{pmatrix} \tag{14.22}$$

并且我们注意到 θ 和 β 之间的关系也可以用以下两种方式表现出来:

$$\theta = \begin{pmatrix} \theta_1 \\ \theta_2 \end{pmatrix} = \begin{pmatrix} -\dfrac{m}{\sigma} \\ \dfrac{1}{\sigma} \end{pmatrix} \qquad \beta = \begin{pmatrix} m \\ \sigma \end{pmatrix} = \begin{pmatrix} -\dfrac{\theta_1}{\theta_2} \\ \dfrac{1}{\theta_2} \end{pmatrix} \tag{14.23}$$

将第二个关系求导可以得到:

$$\mathbf{D} = \frac{\partial \beta}{\partial \theta'} = \begin{pmatrix} \dfrac{\partial m}{\partial \theta_1} & \dfrac{\partial m}{\partial \theta_2} \\ \dfrac{\partial \sigma}{\partial \theta_1} & \dfrac{\partial \sigma}{\partial \theta_2} \end{pmatrix} = \begin{pmatrix} -\dfrac{1}{\theta_2} & \dfrac{\theta_2}{\theta_2^2} \\ 0 & -\dfrac{1}{\theta_2^2} \end{pmatrix} \tag{14.24}$$

关于 β 的信息矩阵可以近似地等价于关于 θ 的信息矩阵：

$$\mathbf{I}(\beta) \approx \mathbf{DI}(\theta)\mathbf{D}' \tag{14.25}$$

注意,这里用到的公式与在第 6.5.2 节阐释的"三角法"有紧密的联系。

因为式(14.24)中的 $\mathbf{D}$ 是一个非奇异方阵,我们可以得到式(14.25)的行列式为:

$$\det(\mathbf{I}(\beta)) \approx \det(\mathbf{D}) \times \det(\mathbf{I}(\theta)) \times \det(\mathbf{D}')$$
$$= \det(\mathbf{DD}') \times \det(\mathbf{I}(\theta)) = \delta \det(\mathbf{I}(\theta)) \quad \delta > 0 \tag{14.26}$$

众所周知,$\delta > 0$,因为它是正定矩阵 $\mathbf{DD}'$ 的行列式。因此,令 $\det(\mathbf{I}(\beta))$ 最大化的 r^* 值与令 $\mathbf{I}(\theta)$ 最大化的 r^* 值相同。

我们一直探讨的都是概率模型,因为我们的出发点是式(14.19)的对数正态分布假设。但是,我们也可以从对数逻辑分布假设出发,如果我们定义:

$$U = \frac{\ln(r) - m}{\sigma} \tag{14.27}$$

并且假设 U 满足逻辑分布,其分布函数为:

$$P(U < u) = \frac{\exp(u)}{1 + \exp(u)} \tag{14.28}$$

则安全彩票被选的概率为:

$$P(S) = P(r < r^*) = P\left[U < \frac{\ln(r) - m}{\sigma}\right] = \frac{\exp\left[-\dfrac{m}{\sigma} + \left(\dfrac{1}{\sigma}\right)\ln(r^*)\right]}{1 + \exp\left(-\dfrac{m}{\sigma} + \left(\dfrac{1}{\sigma}\right)\ln(r^*)\right)}$$
$$\tag{14.29}$$

式(14.29)即含有解释变量 $\ln(r^*)$ 的二元逻辑模型。

14.4　D-最优设计理论在风险选择实验中的应用

我们接下来要考虑,应该如何将第 14.2 节中介绍的最优设计理论应用到第 14.3 节中介绍的理论模型参数估计中。

我们先前已经知道,为了应用这些最优设计理论,参数值必须是已知的。因此我们假设模型是在之前的数据集基础上估计出来的,并且参数的估计值是已知的,而满足这一要求的一个数据集就是第 13 章中分析到的"随机偏好"数据。当我们用这一数据集得到随机偏好模型(即"正确"模型)时,我们得到表 13.1 中最后一列的结果。这里要求估计值如下:$\hat{\mu} = -0.89$,$\hat{\eta} = 0.22$,$\hat{\sigma} = 0.16$。在这些估计值的基础上,我们假设个体的"平均对数风险态度"m 会随总体变化,且满足:

$$m \sim N(-0.89, 0.22^2) \tag{14.30}$$

而且,"平均对数风险态度"为 m 的个体的风险态度也会在任务之间变化,且满足:

$$\ln(r) \sim N(m, 0.16^2) \tag{14.31}$$

我们首先考虑,对于一个平均风险态度属于"典型"的特定受试者来说,什么才是最优的选择问题集,当其 $m = -0.89$ 时,他的中位数幂参数 $e^{-0.89} = 0.41$。这个受试者的风险态度参数随任务发生变化,且满足:

$$\ln(r) \sim N(-0.89, 0.16^2) \tag{14.32}$$

在第 14.2 节,对于概率模型,我们得到了一个结果,D-最优设计由两个设计点组成:分布在函数的第 13 和第 87 百分位数之间。但值得注意的是,如果要求设计点的数量为奇数,有一个设计点将位于第 50 百分位数。因此,如果要求了第三个设计点,我们将选择分布的中位数。

r 的第 13、第 50 和第 87 百分位数满足式(14.32)中定义的分布,实际为:0.343、0.411、0.492。这些就是分析受试者所需要的三个 r^* 值。为了证明它们就是所要求的数值,我们可以运用式(14.20)和式(14.32)分别计算每个 r^* 值所对应受试者选择安全彩票的概率:

$$P(S \mid r^* = 0.343) = \Phi\left[\frac{\ln(0.343) - (-0.89)}{0.16}\right] = \Phi(-1.13) = 0.13$$

$$P(S \mid r^* = 0.411) = \Phi\left[\frac{\ln(0.411) - (-0.89)}{0.16}\right] = \Phi(0) = 0.50$$

$$P(S \mid r^* = 0.492) = \Phi\left[\frac{\ln(0.492) - (-0.89)}{0.16}\right] = \Phi(1.13) = 0.87$$

$$\tag{14.33}$$

可以发现,式(14.33)中计算出的三个概率和前面要求的三个百分位数是一致的。

剩下的就是研究这些 r^* 值条件下的逆向选择问题,当然,对于一个给定的 r^* 值,可能的选择问题有无限多个,我们缩小一下可能性范围,规定安全类彩票只有一个确定的中间值 10 美元,而偏向于风险彩票组合包含最低值 0 美元和最高值 20 美元,当选择问题呈现这种形式时,式(14.18)就变为:

$$r^* = -\frac{\ln(p_3)}{\ln(2)} \tag{14.34}$$

在这里 p_3 是在风险彩票条件下出现最高结果的概率。整理式(14.34),我们可以得到:

$$p_3 = 2^{-r^*} \tag{14.35}$$

为了使选择问题在期望效用假设下有风险态度阈值 r^*,式(14.35)给出了 p_3 的算法。将式(14.35)应用到我们得到的三个 r^* 值上,我们可以得到图 14.2 所示的三个选择问题。

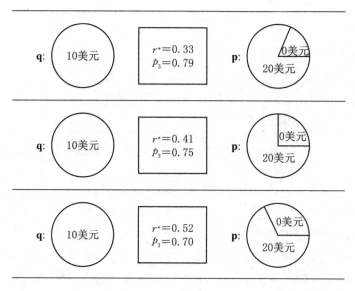

图 14.2　受试者满足 $\ln(r) \sim N(-0.89, 0.16^2)$ 情况下的最优设计

14.5　有抖动参数的最优设计

正如在第 13 章中所提的原因,假设受试者会有 ω 的概率失去专注,并且在两个彩票之间随机选择是十分有用的。ω 就是所谓的抖动概率或抖动参数。

把抖动参数引入第 14.3 节的模型中,选择安全彩票的概率(对于平均对数风险态度为 m 的特定受试者)变成:

$$P(S) = (1-\omega)\Phi\left[-\frac{m}{\sigma} + \left(\frac{1}{\sigma}\right)\ln r^*\right] + \frac{\omega}{2} \tag{14.36}$$

而且似然函数也相应地被构建。如果我们想要找到关于 (m, σ, ω) 的 3×3 信息矩阵,我们会发现当我们为选择问题增加极端设计点时,它的行列式将会急速增加,如图 14.3 所示。

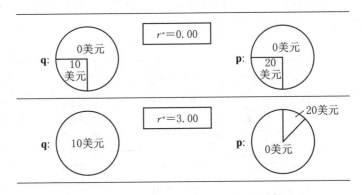

图 14.3　带有极限设计点的选择问题示例

在图 14.3 里展示的第一个选择问题就是占优问题的例子,因为 p-彩票随机占优于 q-彩票。这个问题的风险态度阈值为 0.00,说明约束条件下的任何风险态度(即任何 $r > 0$)都将会导致受试者选择 p-彩票而不是 q-彩票。如果一个受试者偏好选 q,我们可以确定他们是"抖动"的,因此这种问题对于估计抖动参数是十分有用的。在图 14.3 中显示的第二个问题处在另一个极端。风险态度阈值为 3.00,表明受试者必须是风险爱好者才会偏好于选

择 **p**-彩票。如果一个受试者在这个情况下选择了 **p**,并且他们其他决策所反映的风险态度处于正常范围内,我们几乎可以确切地说他们的这一选择是"抖动"的。

尽管抖动参数作为实验分析的中心是非常不可能的,但是如果它出现在一个模型里,精确地对其进行估计也是很重要的,因为模型中一个参数的不精确估计将会导致其余参数估计的不准确性。为了确保这一点,实验设计者最好在设计中加入图 14.3 中所示的选择问题。

14.6 受试者样本的最优设计

在第 14.4 节,我们为一个"个人平均"风险态度 m 已知的特定受试者构建了最优设计。在实际操作中,所有受试者都有不同的 m 值,但是实验者并不知道每个受试者具体的 m 值,如果是这样,我们应该怎样构建一个设计使其对所有受试者样本来说都是最优的呢?

Chaudhuri 和 Mykland(1993,1995)使用了一种方法:"交互实验"。在该实验中,受试者的决策是被连续监控的,并且实验中一个特定阶段所做的所有决策都将用于下一阶段最优设计(针对个体受试者)的构建,这种方法很明显能够最大限度地提高效率。但是我们也发现了这种方法存在一个问题:如果受试者意识到他们的回应会影响到随后选择问题的参数,他们可能会为了之后出现更多令人满足的选择问题而故意作出自己不是很偏向的选择。简而言之,就是违背了激励兼容原则,因为我们有理由相信在该设计下,受试者的真实偏好没有被显示出来。[1]由于这一原因,我们将重心放在选择一个对所有受试者来说都相同的设计,并且该设计在实验开始之前就是已经构建好的。

为了构建这样一种设计,调查者必须确定好形式及受试者间的异质性程度。一个常用的异质性假设就是:

$$m \sim N(\mu, \eta^2) \tag{14.37}$$

---

[1] Johnson 等(2014)的"优先激励系统"(prior incentive system,Prince)提供了一种巧妙的方法来设计交互实验,以消除对此类策略选择的任何激励。

式(14.37)中的假设将产生随机效应概率模型：

$$\ln(r_{it}) = m_i + \epsilon_{it}$$
$$\epsilon_{it} \sim N(0, \sigma^2)$$
$$m_{it} \sim N(\mu, \eta^2) \qquad\qquad (14.38)$$

在式(14.38)里有三个参数需要估计：受试者间平均数(μ)、受试者间标准误差(η)及受试者内标准误差(σ)。这个模型的似然函数在第9章有介绍。

除了尝试找到这个模型的 D-最优设计外，我们将会在这里介绍一个更为简单的方法。我们需要再次利用之前得到的参数 μ、η 及 σ 的估计值。我们将选择好受试者间分布的分位数，并且构建受试者在每个分位数处的最优设计。例如，如果我们采用 $N(\mu, \eta^2)$ 即 $N(-0.89, 0.22^2)$ 的分位数，这个给出了 m 的 9 个值。对于每一个 m 值，我们都将运用第 14.4 节中概述的程序找到三个最优设计点（较低的、中间的、较高的）。对于每个设计点，我们都将运用第 14.4 节最后部分介绍的程序找到相应的选择问题，这个将会产生 27 个不同的选择问题。

关于鉴别抖动参数，我们将会添加两个"极端的"问题到设计中，一个问题来自一个极端情况，图 14.3 中的两个问题就能较好地满足这个需求。因此，样本中的每个受试者总共会面临 29 个选择问题。

如果实验需要完成的任务数量更大，就需要使用到 Louviere 等(2000)中介绍的"折叠"(foldover)。在本例中，折叠就是指 29 个问题中的左右两边的彩票交换一下位置，这样将产生 58 个问题，对于一个特殊的实验，这也是一个比较合理的任务量。

14.6.1　第 13 章中使用的设计选择

在第 13 章，我们假设了一个特殊的实验设计，该实验里设计有 50 个独特的风险选择问题，这些选择问题可以在附录 C 里看到。在这里，我们将会简短地阐述一下生成这 50 个选择问题的实验设计。

回想一下，实验设计给每个问题都分配了一种复杂性，这个复杂性由出现在两种彩票组合中的数字来定义。在第 5 章中对决策时间进行分析时，我们发现复杂性是一个关键的决定性因素，决策时间是关于复杂性的一个递增凹函数。为了探究复杂性的影响，我们需要像第 5 章中所做的一样，让每个选择问题的复杂性不一样。由于我们有一个先验信念:决策时间是关于复杂性这一变量的非线性函数,为了捕捉这一非线性估计特质,实验中只设计两个等级的复杂性是完全不够的。正是基于这一原因,我们要求实验设计的问题要涵盖 3 个复杂性等级:等级 1、等级 2、等级 3。

再次参考附录 C 里的表格,前 17 个问题的复杂性等级均为 1,且每个问题中的安全彩票都有一个确切结果 10 美元。因此,这 17 个问题均运用与第 14.6 节描述的类似程序来进行选择。这 17 个选择问题都有不同的 r^* 值,且值域在 0.074—3.32 之间。将这些 r^* 值视为总体平均对数风险态度 m 的先验分布的分位数,在每一个选定的 r^* 值基础上,我们都可以运用式 (14.35)来得到满足要求的选择问题。

问题 18—34 的复杂性等级为 2,而问题 35—46 的复杂性等级为 3。对于这两组问题,会确定相应的 r^* 值范围,存在的一个问题就是针对每一个选定的 r^* 值的"逆向工程"问题。

该设计中的最后四个问题,即问题 47—50,是占优问题,因此它们的 r^* 是 0。这四个问题中的前三个问题的复杂性等级为 2,第四个问题的复杂性等级为 3。

14.7 小结与拓展阅读

本章的目的是在阐述清楚最优设计理论原则的基础上,给出如何将这些理论原则应用到实验经济学的具体问题中。

尽管在最优实验设计问题方面,已经有大量文献,但是这些文献中的大部分都是将这一理论应用于线性模型(Silvey,1980;Fedorov,1972),并且有很多学术文献都带有很高的理论性。关于非线性模型的最优设计在 Ford 等(1992)和 Atkinson(1996)中谈及。一个关键的问题是"鸡和蛋"的问题,该问题意味着为了构建一个最优设计,我们需要先知道相关参数的值。

尽管在寻找最优设计的过程中牢记研究目的是非常重要的,但是过分地关注一个特定目的也同样是错误的。在风险选择实验里,对实验设计的一个基础要求就是设计中要将风险选择和安全选择按照合理比例混合。为了保证这一混合要求,实验者在实验设计时必须考虑总体风险态度的分布及单个受试者风险态度的变化规律。即使实验目的不是风险态度的分布，而是其他的目标，实验者在进行实验设计时也需要将这些因素及第 14.4 节中阐述的规则考虑在内。例如，如果研究目的是检验期望效用的偏离程度，我们也需要在一定程度上调整设计的总体特征（即合理地混合），以便能够更加精确地估计额外参数（如概率权重）。Moffatt(2007)中有过这方面的方法探究，Mvller 和 de Leon(1996)中的实验目的是区分主观期望效用理论和遗憾理论这两个非期望效用模型，实验者也考虑了最优设计问题。

尽管问题的"合理混合"对于一个好的设计来说是必要条件，但是它并不是一个充分条件。想象一下，如果在一个实验中，所有的选择问题都是图 14.3 中所示的"极端"选择问题，那么两个选项中处于占优地位的选项将有很高的概率被选中，实验者保证一个合理的混合分配也会变得相对简单，只需要将这两类"极端"问题平等地分配。但是这样得出的实验数据对于估计参数是没有什么用处的。我们再考虑另外一个实验设计，在该设计中，所有的选择问题都是比较中性的，即受试者选择哪一个选项组合是没有差别的。这个设计本身就已经做到了安全选择和风险选择的合理混合，但是可以知道，该设计得出的实验数据对于估计参数也是没有用处的：这里存在的一个基本问题就是，尽管我们可以通过这样中性的选择问题数据估计出风险态度的位置参数，但是不能很好地区分其余参数。为了后面的参数识别和区分，一些问题在设置上需要离中性一定距离。对这方面问题感兴趣的读者可以参阅 Kanninen(1993)及 Huber 和 Zwerina(1996)。

练习

在第 6.2.5 节，我们论证了最后通牒博弈中响应者决策的概率模型估计，这个结果为($d=1$ 意味着"接受"):

$$\hat{P}(d=1)=\Phi(-3.855+0.144\gamma) \tag{14.39}$$

这里的 γ 指的是出价数量，而 $d=1$ 表明响应者愿意接受提议。

有时会用到的一个策略方法就是封闭式公投，在该方法中，会给每个响应者建议一个特定的出价数量，而且他们需要表明自己是否愿意接受建议的出价数量。

1. 如果你打算询问将近一半的响应者是否愿意接受一个(较低的)出价,并且同时询问另外一半响应者是否愿意接受一个(较高的)出价,如果你采用 D-最优设计,这个较低的出价数量和较高的出价数量分别是多少? 概率结果是已知的。

2. 在相同数据基础上得到的逻辑模型为:

$$P(d=1) = \frac{\exp(-6.623 + 0.247\gamma)}{1 + \exp(-0.623 + 0.247\gamma)} \tag{14.40}$$

运用已知的逻辑估计值,计算这两个最优出价数量。

15 社会偏好模型

15.1 引言

在本书的不同阶段,我们考虑了独裁者博弈中给予的决定性因素,在第11章中,我们采用面板门槛模型来识别和确认这些决定性因素。在本章中,我们将更进一步来估计独裁者博弈中支付效用函数的参数,即我们将把焦点放在行为偏好结构上。在这种情况下,我们习惯性地假定效用函数是自我支付 x_1 和他人支付 x_2 的增函数。

为了估计这种效用函数的参数,在实验设计中加入资金的变化是十分必要的,但同时允许两个物品价格变化也是十分重要的,比如为了让估计的参数反映两种物品之间的可置换性和互补性,"给予"价格和"保留"价格应该是变化的。

当参与者赚取禀赋时,他们在独裁者博弈中的行为就会变得十分有趣。在这里,我们发现参与者有着明显的分类,一类受试者坚信最后的分配要与赚取的禀赋挂钩,另一类受试者则强调公平而不考虑收入量的多少。因此,在禀赋是通过赚取获得的实验环境中,为了区分出不同类型,我们需要采用有限混合模型。

在第 15.2 节中,我们将首次采用已存在的数据集(Andreoni and Miller, 2002)来估计效用函数的固定替代弹性(CES)参数。在第 15.3 节中,我们考虑了将零观测值作为紧非负性约束模型背景下估计效用函数参数问题。在第 15.4 节中,我们讨论了与 Cappelen 等(2007)中相类似的有限混合模型,这个模型建立在代理人会将效用函数最大化的假设之上,假设中代理人在控制他们行为"公平理念"类型上有所不同。最后,在第 15.5 节中,我们考虑了当可用数据取决于受试者关于假定分配间的选择时,效用函数参数的估计方法。在这里,合适的估计模型是 Engelmann 和 Strobel(2004)中用到过的离散选择模型。

15.2　利用独裁者博弈数据估计偏好参数

15.2.1　模型

本节和第 15.3 节中所考虑的实验设置都是 Andreoni 和 Miller(2002)中的实验设置,在这一设置中,会给每个个体一个禀赋(m),要求参与者将这个禀赋在"自己"和"他人"之间进行分配,这两个"物品"都有一个"价格"。比如说,如果"分给自己"的价格是 1/2,那"自己"实际得到的数额将会是分配数额的 2 倍;如果"分给他人"的价格是 1/3,那"他人"实际得到的数额将会是分配数额的 3 倍。

我们将如下定义变量:

x_1＝自己得到的数额;

x_2＝他人得到的数额;

m＝禀赋;

p_1＝x_1 的价格(即对于你分给自己的每一单位禀赋,你实际得到的禀赋为 $1/p_1$ 单位);

p_2＝x_2 的价格(即对于你分给其他参与者的每一单位禀赋,他人实际得到的禀赋为 $1/p_2$ 单位)。

在这里需要着重强调的一点就是,尽管 x_1 和 x_2 是独裁者效用函数的两个变量,但它们不是决策变量,事实上,真正的决策变量是:

p_1x_1＝分给自己的数额;

p_2x_2＝分给他人的数额。

当然,这两个决策变量并不都是自由变量,它们受到预算的约束:

$$p_1x_1+p_2x_2\leqslant m \tag{15.1}$$

通常我们将分给他人的数额 p_2x_2 指定为单个决策变量。还要注意的是,因为预算约束始终是紧的,由此得出其他的决策变量为 $p_1x_1 = m - p_2x_2$。

定义"预算份额"也是有用的: $w_1 = \dfrac{p_1x_1}{m}$; $w_2 = \dfrac{p_2x_2}{m}$。

15.2.2　Andreoni-Miller 数据

Adreoni 和 Miller(2002)的数据存放在文件 garp 中。变量就如第 15.2.1 节中那样定义,在这里,我们将对数据进行描述,得出一些探索性的分析报告。

在这个实验中有 176 个受试者,每个受试者都将面临一连串预算形式的决策问题,每种预算都是禀赋(m)、保留价格(p_1)和给予价格(p_2)的不同组合,表 15.1 中就是预算的不同组合搭配。每个受试者需要完成的任务就是决定禀赋(m)中留给他们自己的数额(p_1x_1)是多少,分给其他人的数额(p_2x_2)是多少。决策的问题内容将采用随机方式传递给每个受试者,受试者被告知,当所有决策都做好后,将随机选择一个决策问题,在另外选择的一个受试者身上实施与该问题相关的分配方案。

表 15.1　Andreoni 和 Miller(2002)的设计

预算	m	p_1	p_2	观测值	平均分配给他人的数额
1	40	0.33	1	176	8.02
2	40	1	0.33	176	12.81
3	60	0.5	1	176	12.67
4	60	1	0.5	176	19.40
5	75	0.5	1	176	15.51
6	75	1	0.5	176	22.68
7	60	1	1	176	14.55
8	100	1	1	176	23.03
9	80	1	1	34	13.5
10	40	0.25	1	34	3.41
11	40	1	0.25	34	14.76

注:有 11 个不同的预算,每个预算有不同的贡献禀赋(m)、保留价格(p_1)和给予价格(p_2)。在预算 1—8,全部 176 个受试者参与;在预算 9—11,只有 34 个受试者参与。最后一列显示了平均分配给他人的数额。

所有的 176 个受试者都要经历预算 1—8,只有其中的 34 个受试者会经历预算 9—11。表 15.1 的最后一列内容是每个预算分给他人的平均数额,很明显,这一数值的变化很大。

值得注意的是表 15.1 中问题 7、问题 8、问题 9 中的两个价格都是 1,这表明这些任务是标准独裁者博弈。而从该表的第 2 列和第 6 列可以看出,在这三个任务中,平均给予位于禀赋的 17%—24%之间,和之前独裁者博弈实验(Camerer,2003)得出的结论非常接近。

图 15.1 是关于他人得到数额和自己得到数额的(抖动)散点图,该图进一步强调了给予数额的变化之大,这可能是(有 11 种不同的预算约束的)设计的丰富程度得到的部分结果,另外也可能是由于给予偏好的变化较大。和预期的一样,在散点图的右下方有点集聚,这揭示了总体分给自己倾向的存在(观测结果中有约 42%分给他人的数额为 0)。散点图中使用了"抖动"选项,所以可以容易识别到观测结果在特殊点(如在水平轴上)的集聚。

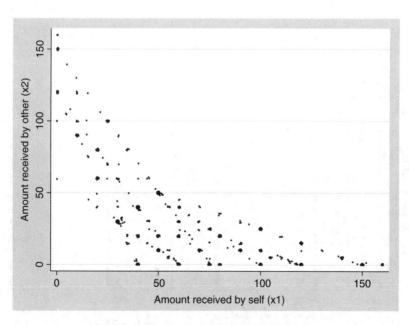

图 15.1 在(x_1, x_2)空间中数据的抖动散点图

图 15.2 是关于给予他人的数额与禀赋的散点图,当中叠加了平滑线,图中显示的正相关关系说明给予是一个"正常商品"。

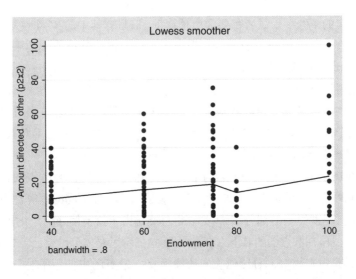

图 15.2 给予他人的数额与禀赋

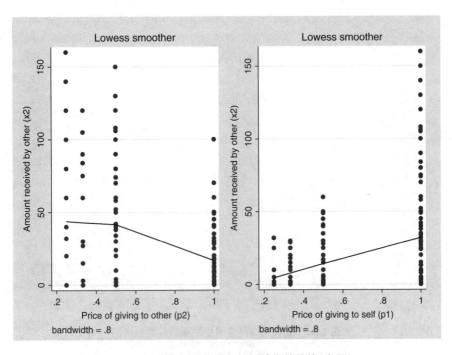

图 15.3 他人得到的数额与给予他人的价格(左图),
他人得到的数额与给予自己的价格(右图),均有平滑线

图 15.3 是他人得到的数额与给予他人的价格和给予自己的价格的散点图，其中左图中向下倾斜的曲线和"需求定律"相一致，而右图中向上倾斜的曲线和两个"物品"（他人得到的数额和自己得到的数额）具有替代性相一致。

我们可以通过一个线性回归来证实这些结果，在受试者层面聚类，他人得到的数额与两种价格的回归结果如下所示，这两个价格的影响较大，和图 15.3 中显示的相似。

```
. regress x2 p2 p1, vce(cluster i)

Linear regression                               Number of obs =     1510
                                                F(  2,   175) =    61.20
                                                Prob > F      =   0.0000
                                                R-squared     =   0.1847
                                                Root MSE      =   28.661

                                  (Std. Err. adjusted for 176 clusters in i)
------------------------------------------------------------------------------
             |               Robust
         x2  |      Coef.    Std. Err.      t     P>|t|    [95% Conf. Interval]
-------------+----------------------------------------------------------------
         p2  |  -39.00726   4.934956    -7.90   0.000   -48.74695   -29.26757
         p1  |   14.47704   1.664276     8.70   0.000    11.1924     17.76167
       _cons |   43.95138   4.663821     9.42   0.000    34.74681    53.15596
------------------------------------------------------------------------------
```

接下来，我们在回归中加入收入（即禀赋），收入对他人收到的数额有着极强的正面影响，证实了给予他人是一个"正常商品"。它的系数值为 0.265，这表示独裁者的禀赋每增加一个单位而其他条件不变时，他人实际得到的数额将增加近四分之一个单位。但是，在回归中加入收入所导致的结果就是给予"自己"的价格影响不再显著。产生这一现象的部分原因是 m 和 p_1 之间的正相关关系从本质上让 p_1 发挥了模型中对 m 的"代理作用"，而后者被排除了。

```
. regress x2 p2 p1 m, vce(cluster i)

Linear regression                               Number of obs =     1510
                                                F(  3,   175) =    61.25
                                                Prob > F      =   0.0000
                                                R-squared     =   0.1976
                                                Root MSE      =   28.441

                                  (Std. Err. adjusted for 176 clusters in i)
------------------------------------------------------------------------------
             |               Robust
         x2  |      Coef.    Std. Err.      t     P>|t|    [95% Conf. Interval]
-------------+----------------------------------------------------------------
         p2  |  -52.12677   5.063235   -10.30   0.000   -62.11964   -42.13391
         p1  |   1.357528   1.783083     0.76   0.447   -2.161587    4.876643
          m  |    .265248    .0277023    9.57   0.000     .2105744    .3199216
       _cons |   47.92717   4.707122    10.18   0.000    38.63713    57.2172
------------------------------------------------------------------------------
```

从图 15.1 及先前这本书中对独裁者博弈数据的分析中可以看出,给予他人的数额有零观测值的集聚,这个样本中有约 42% 的观测显示给予数额为零,执行的线性回归分析中没有将零观测值集聚考虑在内,而在第 6.6.3 节中讲到的 Tobit 模型考虑了这一集聚。接下来,我们将估计一个关于两种物品的给予价格、收入和聚类稳健标准误差的 Tobit 模型,其结果如下:

```
. tobit x2 p2 p1 m, vce(cluster i) ll(0)

Tobit regression                              Number of obs   =      1510
                                              F(  3,   1507) =     54.33
                                              Prob > F        =    0.0000
Log pseudolikelihood = -5027.146              Pseudo R2       =    0.0256

                                  (Std. Err. adjusted for 176 clusters in i)
------------------------------------------------------------------------------
             |               Robust
          x2 |      Coef.   Std. Err.      t    P>|t|     [95% Conf. Interval]
-------------+----------------------------------------------------------------
          p2 |  -67.1347   7.049639    -9.52   0.000    -80.96285   -53.30656
          p1 |   10.8052   3.910197     2.76   0.006     3.135191    18.4752
           m |  .3322818   .0380964     8.72   0.000     .2575541    .4070095
       _cons |  34.41715   6.122105     5.62   0.000     22.4084     46.4259
-------------+----------------------------------------------------------------
      /sigma |  42.59774   2.46888                       37.75494    47.44055
------------------------------------------------------------------------------
  Obs. summary:         628  left-censored observations at x2<=0
                        882  uncensored observations
                          0  right-censored observations
```

我们可以发现 Tobit 模型得出的系数估计值比 OLS 估计得出的估计值大得多。最明显的是自己所获数额的 Tobit 系数为 10.81,是该参数的 OLS 估计 1.36 的 8 倍,并且与 OLS 下完全缺乏显著性($p = 0.447$)相比,Tobit 系数($p = 0.006$)具有极强的显著性。这有力地证实了在分析这类数据集时处理零截尾的重要性,这也将是第 15.3 节中阐述的焦点。

当然,我们可以更进一步来估计随机效应 Tobit 模型,其结果如下:

```
. xtset i t
. xttobit x2 p2 p1 m,  ll(0)

Random-effects tobit regression               Number of obs   =      1510
Group variable: i                             Number of groups =      176

Random effects u_i ~ Gaussian                 Obs per group: min =        8
                                                            avg =      8.6
                                                            max =       11

Integration method: mvaghermite               Integration points =       12

                                              Wald chi2(3)    =    605.11
Log likelihood = -4663.2072                   Prob > chi2     =    0.0000
```

```
-----------------------------------------------------------------------------
       x2 |      Coef.    Std. Err.      z    P>|z|     [95% Conf. Interval]
----------+------------------------------------------------------------------
       p2 |  -75.14353     4.942489   -15.20   0.000    -84.83063    -65.45643
       p1 |   9.896787     5.060785     1.96   0.051    -.0221691     19.81574
        m |   .3672872     .0639333     5.74   0.000     .2419803     .4925941
    _cons |   32.68706     6.512942     5.02   0.000     19.92193      45.4522
----------+------------------------------------------------------------------
  /sigma_u |   44.0585     3.276081    13.45   0.000      37.6375      50.4795
  /sigma_e |  28.67666     .7433699    38.58   0.000     27.21968     30.13364
----------+------------------------------------------------------------------
      rho |  .7024244     .0320737                       .6367994     .7620325
-----------------------------------------------------------------------------
```

从 $\sigma_u = 44.06$ 中,我们可以看出受试者间异质性的重要性。估计值也有所不同:由于考虑了受试者间的异质性,有些斜率估计值变得更大,特别是给予别人价格的估计值。

15.2.3 CES效用函数的参数估计

在本小节中,我们将用前面一小节提到的数据集来估计利他效用函数的参数。

通过对 Andreoni 和 Miller(2002)等进行借鉴,我们可以假设出 CES 效用函数:

$$U(x_1, x_2) = [\alpha x_1^\rho + (1-\alpha)x_2^\rho]^{\frac{1}{\rho}} \quad 0 \leq \alpha \leq 1 \quad -\infty \leq \rho \leq 1 \quad (15.2)$$

CES效用函数[式(15.2)]在经济学的许多领域中都有应用,在当前的实验中,参数 α 表示的是自私,而参数 ρ 表示的是为应对价格变化,个体在公平和效率之间的权衡意愿。ρ 值低于 0 表明个体更关注回报中的公平性,而 ρ 值位于 0 和 1 之间表明个体更关注效率。通常用 σ 表示替代弹性,可以直接用 ρ 表示为:

$$\sigma = \frac{1}{1-\rho} \quad (15.3)$$

σ 显然是 ρ 的增函数,当 ρ 值在 0 和 1 之间(即关注焦点为效率)时,σ 的值在 0 到 $+\infty$ 之间。

无差异曲线的曲率是理解替代弹性 σ 的一种有用方法,σ 值越大,无差异曲线的曲率就会越小。当 σ 值趋近于 $+\infty$ 时,无差异曲线就会变成一条竖直的直线,表明这两个物品是完全替代品,此时关注的重点是总收益。另

外一种极端情况是 σ 趋近于它的下限 0 时,无差异曲线变为 L 形,表明这两个物品为完全互补品,此时关注的重点就是收益的平等性。而处于这两种极端情况的中间情况是,当 $\sigma = 1$ 时形成柯布-道格拉斯(Cobb-Douglas)偏好:$U = x_1^{\alpha} x_2^{1-\alpha}$。

在预算约束[式(15.1)]下将式(15.2)最大化,我们得到自我收益的“马歇尔需求函数”:

$$w_1 = \frac{p_1^{\frac{\rho}{\rho-1}}}{p_1^{\frac{\rho}{\rho-1}} + \left(\frac{\alpha}{1-\alpha}\right)^{\frac{1}{\rho-1}} p_2^{\frac{\rho}{\rho-1}}} + \epsilon \tag{15.4}$$

其中 w_1 是之前提到的分配给“自己”的总分配份额,且 $w_1 = \dfrac{p_1 x_1}{m}$,注意我们在式(15.4)后面添加了一个随机项(ϵ),这是为了将确定性的预算份额公式转变为一个可估计模型。第二个预算份额 w_2 可以由式(15.4)很容易就推导出来,因为 $w_2 = 1 - w_1$,但是我们只需要两个公式中的一个来估计这两个参数,我们将采用式(15.4)。

我们需要用到非线性最小二乘法来估计式(15.4)中的两个参数。非线性最小二乘法的主要原理和普通最小二乘法的原理实际上是相同的。如果样本容量为 n,数据集中包含 w_i、p_{1i}、p_{2i}($i = 1, \cdots, n$)这三个变量,问题转化为最小化下面的平方和:

$$\sum_{i=1}^{n}\left[w_{1i} - \frac{p_{1i}^{\frac{\rho}{\rho-1}}}{p_{1i}^{\frac{\rho}{\rho-1}} + \left(\frac{\alpha}{1-\alpha}\right)^{\frac{1}{\rho-1}} p_2^{\frac{\rho}{\rho-1}}}\right]^2 \tag{15.5}$$

需要用到非线性最小二乘法的原因是式(15.4)是关于 α 和 ρ 的一个非线性函数,所以采用非线性最小二乘法就不会产生当模型为线性时,最小化问题产生闭式表达式的现象,并且会用到一个数值例程来定位结果。

在 STATA 中实施非线性最小二乘法的命令是 nl,与回归命令一样,它会用到 vce(cluster i)选项来获得聚类稳健标准误差。我们这里将会用到的另一个选项是 initial,这个选项会给我们提供最优的非线性初值。尽管我们不要求初始值要特别接近真实值,但是这个选项十分重要,因为如果没有它,就不能执行估计。

当我们将 nl 和刚讨论的两个选项同时应用到 Andreoni 和 Miller (2002)数据中,会得到如下结果:

```
. nl (w1 = (p1^({rho}/({rho}-1)))/((p1^({rho}/({rho}-1)))  ///
> +(({aa}/(1-{aa}))^(1/({rho}-1)))*(p2^({rho}/({rho}-1)))))), ///
> initial(rho 0.0 aa 0.5) vce(cluster i)
(obs = 1510)

Iteration 0:   residual SS =   122.2299
Iteration 1:   residual SS =   115.4766
Iteration 2:   residual SS =   115.4615
Iteration 3:   residual SS =   115.4615
Iteration 4:   residual SS =   115.4615

Nonlinear regression                    Number of obs =       1510
                                        R-squared     =     0.8804
                                        Adj R-squared =     0.8798
                                        Root MSE      =   .2767056
                                        Res. dev.     =   403.0932

                          (Std. Err. adjusted for 176 clusters in i)
-----------------------------------------------------------------------------
             |              Robust
         w1  |      Coef.   Std. Err.      t    P>|t|     [95% Conf. Interval]
-------------+---------------------------------------------------------------
        /rho |   .272248    .0479813     5.67   0.000     .1775515    .3669445
         /aa |  .6918387    .0150264    46.04   0.000     .6621824     .721495
-----------------------------------------------------------------------------

.
. nlcom sigma: 1/(1- _b[rho:_cons])

     sigma: 1/(1- _b[rho:_cons])

-----------------------------------------------------------------------------
         w1  |      Coef.   Std. Err.      z    P>|z|     [95% Conf. Interval]
-------------+---------------------------------------------------------------
       sigma |  1.374095    .0905952    15.17   0.000     1.196531    1.551658
-----------------------------------------------------------------------------
```

在执行 nl 命令后,我们接着执行 nlcom 命令并借助式(15.3)来推导替代弹性 σ 的估计值。我们发现该估计值为 1.37,从置信区间可以看出,替代弹性大于 1,这说明这个样本中的受试者总体上更注重回报的效率而不是回报的公平性。α 的估计值为 0.692,我们可以将这个理解为在公平价格条件下个体将收入分配给自己的比例。由于估计值远大于 0.5(基于置信区间),这说明受试者是相对自私的。

15.3　紧非负性约束下的利他模型

15.3.1　背景

在前一小节中,我们论证了如何使用独裁者博弈实验中的数据来估计一个标准效用函数中的参数。当时我们并没有考虑零截尾现象,即给予变量在零处的集聚。在第 15.2.2 节中,我们使用 ad hoc 估计方法探究了影响参与者给予的决定性因素,我们发现忽略零截尾现象会极大程度地影响模型估计:Tobit 模型将极大地区别于 OLS 模型。从结果中,我们可以得出处理零截尾现象是十分重要的。

Tobit 模型是处理零截尾现象的一个有用的模型,但是它只是一种 ad hoc 的方法,因为通常情况下这种方法是没有理论基础的。这一节的目标就是将零截尾现象纳入理论模型,即约束效用最大化问题。

我们这里深入研究的模型与 Wales 和 Woodland(1983)相似,Wales 和 Woodland(1983)对三种以上消费品的情况进行了效用函数参数的估计。

15.3.2　模型

这里变量的定义和第 15.2.1 节的定义相同,我们最先假定了一个 Stone-Geary 效用函数:

$$U(x_1, x_2) = a_1 \ln(x_1 - b_1) + a_2 \ln(x_2 - b_2) \qquad (15.6)$$

为了更好地辨识这些参数,我们有必要先添加一个规范标准:

$$a_1 + a_2 = 1 \quad b_1 + b_2 = 0 \qquad (15.7)$$

其中 b_1 和 b_2 是 x_1 和 x_2 的"生存水平",但是它们中的一个可以取负值,即无差异曲线会与轴线交叉,为了解释 x_1 和 x_2 中的零集聚现象,这是必要的。图 15.4 中绘制的是 $b_1 = 1$ 和 $b_2 = -1$ 时的 Stone-Geary 无差异图。

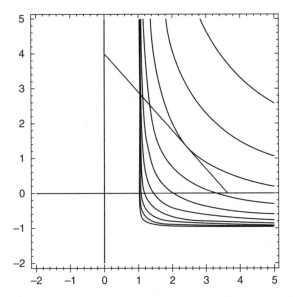

图 15.4　生存水平为正和为负时的 Stone-Geary 无差异图

参数 a_1 和 a_2 代表的是额外收入部分,即满足基本需求之后收入中用于每种商品的部分,因此这些参数可以理解为奢侈品的消费。

约束优化问题可以表示为:

$$\max_{x_1, x_2} U(x_1, x_2) \quad \text{s.t.} \quad p_1 x_1 + p_2 x_2 \leqslant m, \; 0 \leqslant p_1 x_1 \leqslant m \quad (15.8)$$

从式(15.8)中,我们可以看出这个模型的重要特征是:效用函数是在预算内对两个商品在非负性约束条件下实现最大化的。

拉格朗日函数为:

$$L = a_1 \ln(x_1 - b_1) + a_2 \ln(x_2 - b_2) + \lambda(m - p_1 x_1 - p_2 x_2)$$
$$+ \mu_1 p_1 x_1 + \mu_2(m - p_1 x_1) \quad (15.9)$$

互补松弛条件为:

$$\frac{a_1}{p_1(x_1 - b_1)} < \frac{a_2}{p_2(x_2 - b_2)} \quad \text{当} \quad p_1 x_1 = 0 \text{ 时}$$

$$\frac{a_1}{p_1(x_1 - b_1)} = \frac{a_2}{p_2(x_2 - b_2)} \quad \text{当} \quad 0 < p_1 x_1 < m \text{ 时}$$

$$\frac{a_1}{p_1(x_1 - b_1)} > \frac{a_2}{p_2(x_2 - b_2)} \quad \text{当} \quad p_1 x_1 = m \text{ 时} \quad (15.10)$$

让我们将重心放在"商品 1",将互补松弛条件[式(15.10)]与(紧)预算约束($p_1x_1+p_2x_2=m$)相结合,我们将得到著名的线性支出体系(非负性约束):

$$
p_1x_1=\begin{cases} p_1b_1+a_1(m-p_1b_1-p_2b_2) & \text{当} \quad 0<\text{RHS}<m \text{ 时} \\ 0 & \text{当} \quad \text{RHS}\leqslant 0 \text{ 时} \\ m & \text{当} \quad \text{RHS}\geqslant m \text{ 时} \end{cases}
$$

$$(15.11)$$

其中的 RHS 指代的是第一个等式的右边部分,式(15.11)中的第一个等式可做如下的理解:商品 1 的消费支出等于基本生活需求消费加上额外收入的消费部分(比例为 a_1)。

应用 $a_1+a_2=1$,$b_1+b_2=0$,之后重新整理,式(15.11)中的三种情况也可以写作:

$$
b_1<\frac{-a_1m}{(1-a_1)p_1+a_1p_2} \quad \text{当} \ p_1x_1=0 \text{ 时}
$$

$$
b_1=\frac{p_1x_1-a_1m}{(1-a_1)p_1+a_1p_2} \quad \text{当} \ 0<p_1x_1<m \text{ 时}
$$

$$
b_1>\frac{(1-a_1)m}{(1-a_1)p_1+a_1p_2} \quad \text{当} \ p_1x_1=m \text{ 时} \quad (15.12)
$$

我们假定受试者留给自己的"生存水平"b_1 满足分布 $b_1\sim N(\lambda,\sigma^2)$,之后为每个受试者都添加一个下标,受试者用 i,任务用 t,则三种不同制度下的单观察似然贡献为(γ 有下标 i 的原因很快就会清楚):

$$
(p_1x_1)_{it}=0: \Phi\left(\frac{\frac{-a_1m_{it}}{(1-a_1)p_{1,it}+a_1p_{2,it}}-\gamma_i}{\sigma}\right)
$$

$$
0<(p_1x_1)_{it}<m_{it}: \frac{1}{\sigma}\Phi\left(\frac{\frac{(p_1x_1)_{it}-a_1m_{it}}{(1-a_1)p_{1,it}+a_1p_{2,it}}-\gamma_i}{\sigma}\right)
$$

$$(p_1 x_1)_{it} = m_{it} : 1 - \Phi\left(\frac{\dfrac{(1-a_1)m_{it}}{(1-a_1)p_{1,it} + a_1 p_{2,it}} - \gamma_i}{\sigma}\right) \tag{15.13}$$

则单观察似然函数(在条件 γ_i 上)可以定义为:

$$(f_{it} \mid \gamma_i) = I((p_1 x_1)_{it} = 0)\Phi\left(\frac{\dfrac{-a_i m_{it}}{(1-a_i)p_{1,it} + a_1 p_{2,it}} - \gamma_i}{\sigma}\right)$$

$$+ I(0 < (p_1 x_1)_{it} < m_{it})\frac{1}{\sigma}\phi\left(\frac{\dfrac{(p_1 x_1)_{it} - a_i m_{it}}{(1-a_i)p_{1,it} + a_1 p_{2,it}} - \gamma_i}{\sigma}\right)$$

$$+ I((p_1 x_1)_{it} = m_{it})1 - \Phi\left(\frac{\dfrac{(1-a_1)m_{it}}{(1-a_i)p_{1,it} + a_1 p_{2,it}} - \gamma_i}{\sigma}\right) \tag{15.14}$$

其中 $I(.)$ 是指标函数。

通过允许平均参数 γ 在受试者间发生变化,我们可以引入受试者间的异质性,因此式(15.13)和式(15.14)中 γ 上有下标 i。我们假定:

$$\gamma \sim N(\mu, \eta^2) \tag{15.15}$$

则受试者似然贡献函数为:

$$L_i = \int_{-\infty}^{\infty} \prod_{t=1}^{T} (f_{it} \mid \gamma) f(\gamma; \mu, \eta)\mathrm{d}\gamma \tag{15.16}$$

其中 $(f_{it}|\gamma)$ 在式(15.14)中有定义, $f(\gamma; \mu, \eta)$ 是与式(15.15)中的正态分布相关的密度函数。这里有四个参数需要估计: a_1、μ、η、σ。

如通常的做法那样,式(15.16)中的积分将用 Halton 抽样方法来估计,更具体地说就是积分将用 R 抽样均值替代:

$$L_i = \frac{1}{R}\sum_{r=1}^{R}\prod_{t=1}^{T}(f_{it} \mid \gamma_{r,i}) \tag{15.17}$$

其中 $\gamma_{r,i}$ 表示的是第 r 个 Halton 抽样,以成功实现从正态分布[式(15.15)]的转换。

在估计了参数后,我们使用式(15.18)来获得每个受试者的后验期望生存水平:

$$\hat{\gamma}_i = \hat{E}[\gamma_i \mid (p_1 x_1)_{i1} \cdots (p_1 x_1)_{iT}] = \frac{\frac{1}{R}\sum_{r=1}^{R} \gamma_{r,i} \prod_{t=1}^{T}(\hat{f}_{it} \mid \gamma_{r,t})}{\frac{1}{R}\sum_{r=1}^{R} \prod_{t=1}^{T}(\hat{f}_{it} \mid \gamma_{r,i})}$$

(15.18)

其中"∧"表示参数已经由 MLE 代替。

15.3.3 估计

这里用到的实验设置依旧是 Andreoni 和 Miller(2002)中的设置,第 15.2.2 节中有对实验的描述,并且实验数据放在了文件 garp 中。

实验中有 234 个受试者,每一个受试者最多完成 11 个分配任务,表 15.1 中的任务在禀赋数量、自我分配价格和他人分配价格上都是有差异的。第 15.2.2 节中呈现的各种图表是为了让我们对数据有切实感受。

STATA 代码如下所示,似然评价程序命名为"sg"。这里一共有四个参数:a1、mu、s_u 和 s_e。它们分别对应第 15.3.2 节中理论模型中的参数 a_1、μ、η、σ。值得注意的是,我们会得到每个受试者的后验价值 b_1,这个后验均值被命名为"b₁_post"。

在 STATA 代码中,我们将对每个参数和对数似然函数的其他组成部分如表 15.2 表示。

表 15.2

Log L 的组成部分	STATA 命名
a_1	a1
μ	mu
σ_u	s_u
σ_ϵ	s_e
$\dfrac{p_1 x_1 - a_1 m}{(1-a_1)p_1 + a_1 p_2}$	w

Log L 的组成部分	STATA 命名
$\dfrac{\dfrac{p_1 x_1 - a_1 m}{(1-a_1)p_1 + a_1 p_2} - \gamma}{\sigma}$	z
$I(p_1 x_1 = 0)$	d0
$I(0 < p_1 x_1 < m)$	d_int
$I(p_1 x_1 = m)$	dm
$\begin{aligned} f_{it,r} = &I(p_1 x_1 = 0)\Phi\left(\dfrac{\dfrac{-a_1 m}{(1-a_1)p_1 + a_1 p_2} - \gamma_r}{\sigma}\right) \\ &+ I(0 < p_1 x_1 < m)\phi\left(\dfrac{\dfrac{p_1 x_1 - a_1 m}{(1-a_1)p_1 + a_1 p_2} - \gamma_r}{\sigma}\right) \\ &+ I(p_1 x_1 = m)\Phi\left(\dfrac{\dfrac{(1-a_1)m}{(1-a_1)p_1 + a_1 p_2} - \gamma_r}{\sigma}\right) \end{aligned}$	f
$\displaystyle\prod_{t=1}^{T} f_{it,r}$	ff
$\displaystyle\gamma_r \times \prod_{t=1}^{T} f_{it,r}$	gff
$\displaystyle\frac{1}{R}\sum_{r=1}^{R}\left(\prod_{t=1}^{T} f_{it,r}\right)$	fff
$\displaystyle\frac{1}{R}\sum_{r=1}^{R}\left(\gamma_r \times \prod_{t=1}^{T} f_{it,r}\right)$	gfff
R	draws
$\ln L_i$	lnfff

STATA 代码及部分注释如下所示,需要更多细节的读者可以回过头参考第 10 章,在该章中有对相似估计方法更为详细的解释。

```
* LIKELIHOOD EVALUATION PROGRAM STARTS HERE

program define sg

args todo b logl
tempvar  gamma y d0 d_int dm w z p0 p_int pm f ff fff gff gfff
tempname a1 mu s_u s_e
```

```
local hlist h1*

mleval `a1'=`b', eq(1) scalar
mleval `mu' = `b', eq(2) scalar
mleval `s_u' = `b', eq(3) scalar
mleval `s_e' = `b', eq(4) scalar

quietly gen double `d0'=.
quietly gen double `d_int'=.
quietly gen double `dm'=.
quietly gen double `gamma'=.

quietly gen double `w'=.
quietly gen double `z'=.

quietly gen double `p0'=.
quietly gen double `p_int'=.
quietly gen double `pm'=.

quietly gen double `f'=.
quietly gen double `ff'=.

quietly gen double `gff'=.
quietly gen double `fff'=0
quietly gen double `gfff'=0

quietly{

replace `d0'=x1<=0
replace `d_int'=((p1*x1)>0)&((p1*x1)<m)
replace `dm'=p1*x1>=m

foreach v of varlist `hlist' {
replace `gamma'=`mu'+`s_u'*`v'

replace `w'=(p1*x1-`a1'*m)/((1-`a1')*p1+`a1'*p2)
replace `z'=(`w'-`gamma')/(`s_e')
replace `p0'=normal(`z')
replace `p_int'=(1/`s_e')*normalden(`z')
replace `pm'=1-normal(`z')

replace  `f'= `d0'*`p0'+`d_int'*`p_int'+`dm'*`pm'
by i: replace `ff' = exp(sum(ln(max(`f',0.000000001))))
replace `gff'=`gamma'*`ff'
replace `ff'=. if last~=1
replace `gff'=. if last~=1
replace `fff'=`fff'+`ff'
replace `gfff'=`gfff'+`gff'

}

replace `fff'=`fff'/draws
replace `gfff'=`gfff'/draws

mlsum `logl'=ln(`fff') if last==1
}

quietly  replace g_post=`gfff'/`fff'

quietly{
putmata g_post, replace
}

end
```

```
* END OF LIKELIHOOD EVALUATION PROGRAM

*READ DATA

use "garp.dta", clear

*INITIALISE POSTERIOR MEAN OF b1

gen double g_post=.

drop if x1==.

bysort i: generate first=1 if _n==1 bysort i: generate last=1 if
_n==_N

* GENERATE HALTON SEQUENCES

mat p=[3] mdraws if first==1, neq(1) dr(32) prefix(h) primes(p)

scalar draws=r(n_draws)

local hlist h1*

quietly {
foreach v of varlist `hlist'{
by i: replace `v'=`v'[1] if `v'==.
replace `v'=invnorm(`v')
}
}

* SET STARTING VALUES

mat start=(.7,5,10,10)

* RUN ML

ml model d0 sg /a1 /mu /s_u /s_e ml init start, copy ml max,
difficult

* EXTRACT POSTERIOR MEAN OF b1

drop g_post getmata g_post
```

执行以上的程序,得到如下的 STATA 结果:

```
. ml max, difficult
```

	Number of obs	=	1510
	Wald chi2(0)	=	.
Log likelihood = -4402.2506	Prob > chi2	=	.

	Coef.	Std. Err.	z	P>|z|	[95% Conf. Interval]	
a1						
_cons	.5558002	.0176082	31.56	0.000	.5212889	.5903116
mu						
_cons	29.77309	3.08699	9.64	0.000	23.7227	35.82348
s_u						
_cons	33.99634	2.496788	13.62	0.000	29.10273	38.88995
s_e						
_cons	25.14556	.6879349	36.55	0.000	23.79724	26.49389

15.3.4　结果

以上操作得出的结果列在了表 15.3 中，μ 的估计值为正且接近于 30 单位，说明一个特定受试者的自我生存水平为正，而且 η 的估计值也较高，表明受试者间生存水平的方差较高（从图 15.5 中也可以看出）。a_1 的估计值为 0.55，即额外收入的 55% 将会用在自己身上，45% 分给其他人，这一信息说明个体在他们自己的"基本需求"得到充分满足后，愿意几乎平等地分享收入。

表 15.3　利他主义模型中参数的 MLE

参数	估计（标准误差）
a_1	0.555 8(0.017 6)
μ	29.773 1(3.087 0)
η	33.996 3(2.496 8)
σ	25.145 6(0.687 9)
$\text{Log } L$	$-4\,402.25$
N	176
T（均值）	8.58

估计了参数值后，我们得到了每个受试者"自我生存水平"的后验均值，图 15.5 是这 176 个受试者这一数值的直方图，从图中可以看出存在大量的异质性。有些受试者的自我生存水平接近于 0，表明在某些情况下，他们会分给自己零收入，而也有自我生存水平接近于 100 的情况，说明这一类受试者在任何情况下都不会分给自己零收入。

从图 15.5 中我们也可以看出多模态化现象，这里至少有两个模式：一个是在 0 附近，一个在 80 附近。这表明在对给予的态度上，总体分为了两种"类型"，即"不自私"和"异常自私"。这一发现为我们对有限混合模型方法的研究提供了动力，有限混合模型也将是我们下一节的主题。

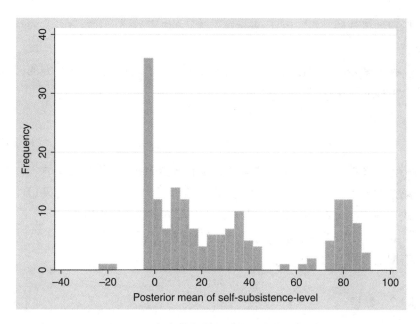

图 15.5   自我生存水平后验均值的直方图

15.4   利他主义的有限混合模型

在这一章节中,会出现前面第 8 章我们介绍到的有限混合模型用法的另外一个例子,这是对独裁者博弈的另一个应用,这个例子也与 Cappelen 等(2007)中的贡献密切相关。

15.4.1   设计实验

设计一个独裁者博弈,在该博弈中,生产阶段先于分配阶段。实验中有两个参与者,参与者 1 和参与者 2,每个参与者在实验最初都会有 30 单位的初始资金,并且会随机分给参与者(i)一个回报率(或者能力水平)a_i。a_i 不是 2 就是 4,当 a_i 为 2 时,参与者所做的所有投资就会变为原来的 2 倍,而如果 a_i 为 4,参与者的投资就会变成原来的 4 倍。之后参与者会被问到他们愿意在生产阶段投资多少,他们必须在 0、10、20 之中选择一个值作为生产阶段的投资额。我们用 q_i 表示参与者 i 的投资数额,则参与者 i 的总贡献就是 a_iq_i。

接下来是分配阶段,受试者是随机配对的,每个人都被告知对方的回报率(a)、投资水平(q)、总贡献(aq)。

参与者 1 和参与者 2 的总收入就是:

$$X = a_1q_1 + a_2q_2 \tag{15.19}$$

每个参与者都会被问到他们愿意留多少收入给自己,而其他的参与者将得到剩余的收入。设 y_i 为参与者 i 选择留给自己的收入额,用投掷硬币的方法决定两个参与者中哪个参与者的收入分配方案能够最终实施。

在第 15.4.2 节中,我们着重研究实验数据,之后我们将建立关于决定 y_i 的有限混合模型。

15.4.2 数据

文件 fairness_sim 中包含了用 Cappelen 等(2007)中相似的数据模拟方法模拟出的数据集,其中有 190 个观测值,每个值都包含了一对参与者(参与者 1 和参与者 2)的数据。

图 15.6 是关于数据集的两个图形,第一个图形反映的是参与者 1 从两人总共的收入中所要的收入数额,从图中我们可以看出,当总收入较低时,大部分的观测值是在 45 度线上或者接近于 45 度线,意味着参与者 1 有索要大部分收入的倾向;而当总收入更高时,观测值远远低于 45 度线,说明受试者有较强的意愿分享自己的收入。图 15.6 中的第二个图形反映的是索要的总收入比例的频数直方图,这个图形最重要的特征就是受试者为自己索要全部收入的频数很高,这一数据特征可以用上截尾来解释。

15.4.3 公平混合模型

这里所使用的理论模型类似于 Cappelen 等(2007)使用的模型,个体在希望自己回报最大的同时,也会关注公平。

我们假定个体的效用函数为:

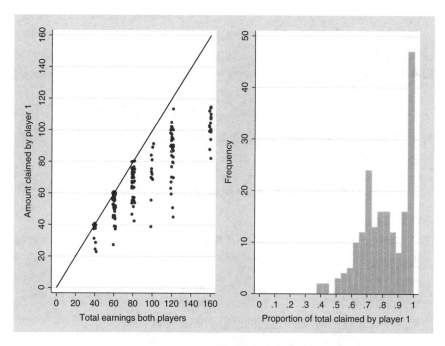

图 15.6　左图：参与者 1 索要的金额与两名参与者的总收入；右图：参与者 1 索要金额占总收入之比的频数直方图

$$U^k = \alpha y - \frac{\beta}{2}(y - m^k)^2 \qquad (15.20)$$

其中 k 指代的是 3 类"公平理念"中被采用的那一个；m^k 表示的是达到公平理念 k 的 y 值；α 是一个正参数，表示个体对他们自我回报的重视程度；β 也是一个正参数，表示个体对公平的重视程度。

通过对式(15.20)中 y 求偏导并且令其值为 0，可以得到最大的效用选择：

$$\frac{\partial U^k}{\partial y} = \alpha - \beta(y - m^k) = 0$$

$$\Longrightarrow y = m^k + \frac{\alpha}{\beta} \qquad (15.21)$$

y 的最优选择其实只是在达到公平理念的 y 值上加上一个固定的正"自私溢价"α/β。很显然，α 和 β 不是分开识别的。我们将"自私溢价"表示为 δ，则得到：

$$y = m^k + \delta \qquad (15.22)$$

15.4.4 公平理念

我们假定所有的受试者都会受到这 3 类可能的公平理念中的一个的影响,因此这里有 3 种不同的参与者类型(参与者 i 是考虑分配的参与者,参与者 j 是另外一个参与者):

类型一(平等主义者): $m^E = \dfrac{X}{2}$ (即想要公平地分配所有的收入,而不管是谁取得的收入)。

类型二(自由主义者): $m^L = a_i q_i$ (即相信参与者应该根据自己赚取的收入来支付)。

类型三(自由的平等主义者): $m^{LE} = \dfrac{q_i}{q_i q_j} X$ (即相信参与者的支付应该与他们的投资 q 成比例,而与他们的回报率 a 无关)。

15.4.5 计量经济学模型

将式(15.22)应用到第 15.4.4 节中定义的 3 类公平理念中,并加上一个误差项,我们得到如下的计量经济学模型:

类型一(平等主义者):

$$y_i = \frac{X_i}{2} + \delta + \epsilon_{1,j} \qquad (15.23)$$

类型二(自由主义者):

$$y_i = a_i q_i + \delta + \epsilon_{2,j} \qquad (15.24)$$

类型三(自由的平等主义者):

$$y_i = \left(\frac{q_i}{q_i q_j}\right) X_i + \delta + \epsilon_{3,j} \qquad (15.25)$$

为了简化,我们假定三个误差项的方差相同:

$$V(\epsilon_{1,j}) = V(\epsilon_{2,j}) = V(\epsilon_{3,j}) = \sigma^2 \qquad (15.26)$$

设混合比例分别为 p_1、p_2、p_3,则每个受试者 i 的似然函数为:

$$p_1 \frac{1}{\sigma} \phi \left(\frac{y_i - \dfrac{X_i}{2} - \delta}{\sigma} \right) + p_2 \frac{1}{\sigma} \phi \left(\frac{y_i - a_i q_i - \delta}{\sigma} \right)$$

$$+ (1 - p_1 - p_2) \frac{1}{\sigma} \phi \left(\frac{y_i - \dfrac{q_i}{q_i + q_j} X_i - \delta}{\sigma} \right) \quad (15.27)$$

需要估计的参数有 δ、σ、p_1、p_2。

回想一下,有大量参与者属于 $y_i = X_i$ 的情况,即他们要求所有的收入都分配给他们自己,而不分配给另外一个参与者任何收入。我们最好将这些观测值作为右截尾处理。

上截尾观测值有以下的似然贡献:

$$p_1 \Phi \left(\frac{\dfrac{X_i}{2} + \delta - X_i}{\sigma} \right) + p_2 \Phi \left(\frac{a_i q_i + \delta - X_i}{\sigma} \right)$$

$$+ (1 - p_1 - p_2) \Phi \left(\frac{\left(\dfrac{q_i}{q_i + q_j} \right) X_i + \delta - X_i}{\sigma} \right) \quad (15.28)$$

15.4.6　程序和结果

下面的代码包含了关于第 15.4.5 节末尾提到的右截尾模型(有津贴和没有津贴的情况)的似然估计程序。之后估计这两个模型,程序为:

```
*PROGRAM WITHOUT DEALING WITH UPPER CENSORING

prog drop _all program define fairness1
args lnf d sig p1 p2
tempvar f1 f2 f3

quietly gen double `f1'=(1/`sig')*normalden((y-`d'-me)/`sig')
quietly gen double `f2'=(1/`sig')*normalden((y-`d'-ml)/`sig')
quietly gen double `f3'=(1/`sig')*normalden((y-`d'-mle)/`sig')

quietly replace `lnf'=ln(`p1'*`f1'+`p2'*`f2'+(1-`p1'-`p2')*`f3')

quietly replace postp1=(`p1'*`f1')/(`p1'*`f1'+`p2'*`f2'+(1-`p1'-`p2')*`f3')
quietly replace postp2=(`p2'*`f2')/(`p1'*`f1'+`p2'*`f2'+(1-`p1'-`p2')*`f3')
quietly replace postp3=((1-`p1'-`p2')*`f3')/(`p1'*`f1'+`p2'*`f2'+(1-`p1'-`p2')*`f3')

quietly putmata postp1, replace
quietly putmata postp2, replace
quietly putmata postp3, replace

end
```

```
*PROGRAM DEALING WITH UPPER CENSORING

program define fairness2
args lnf d sig p1 p2
tempvar y f1 f2 f3

quietly gen double `f1'=(1/`sig')*normalden((y-`d'-me)/`sig') if y<x
quietly replace  `f1'=normal((`d'+me-x)/`sig') if y==x
quietly gen double `f2'=(1/`sig')*normalden((y-`d'-ml)/`sig') if y<x
quietly replace  `f2'=normal((`d'+ml-x)/`sig') if y==x
quietly gen double `f3'=(1/`sig')*normalden((y-`d'-mle)/`sig') if y<x
quietly replace  `f3'=normal((`d'+mle-x)/`sig') if y==x

quietly replace `lnf'=ln(`p1'*`f1'+`p2'*`f2'+(1-`p1'-`p2')*`f3')

quietly replace postp1=(`p1'*`f1')/(`p1'*`f1'+`p2'*`f2'+(1-`p1'-`p2')*`f3')
quietly replace postp2=(`p2'*`f2')/(`p1'*`f1'+`p2'*`f2'+(1-`p1'-`p2')*`f3')
quietly replace postp3=((1-`p1'-`p2')*`f3')/(`p1'*`f1'+`p2'*`f2'+(1-`p1'-`p2')*`f3')

quietly putmata postp1, replace
quietly putmata postp2, replace
quietly putmata postp3, replace

end


* READ DATA

use fairness_sim, clear

*GENERATE VARIABLES REPRESENTING FAIRNESS IDEALS (me, ml, mle)

gen me=x/2 gen ml=a1q1 gen mle=(q1/(q1+q2))*x

* INITIALISE VARIABLES REPRESENTING POSTERIOR TYPE PROBABILITIES

gen postp1=. gen postp2=. gen postp3=.

* SET STARTING VALUES

mat start=(20,10,.5,.2)

* ESTIMATE MODEL WITHOUT DEALING WITH CENSORING

ml model lf fairness1 /d /sig /p1 /p2 ml init start, copy ml
maximize nlcom p3: 1- _b[p1:_cons]- _b[p2:_cons]

* ESTIMATE MODEL DEALING WITH CENSORING

ml model lf fairness2 /d /sig /p1 /p2 ml init start, copy ml
maximize nlcom p3: 1- _b[p1:_cons]- _b[p2:_cons]

* EXTRACT AND PLOT POSTERIOR TYPE PROBABILITIES

drop postp1 postp2 postp3

getmata postp1 getmata postp2 getmata postp3

label variable postp1 "probability egalitarian" label variable
postp2 "probability libertarian" label variable postp3 "probability
lib-egalitarian"

scatter postp2 postp1
```

两个模型得出的结论列在了表 15.4 中。先思考没有右截尾模型得出的结果,我们发现类型一(平等主义者)占支配地位,占了 75%,类型二(自由主义者)和类型三(自由的平等主义者)基本上平分剩余比例。我们也可以发现估计的"自私溢价"为 24.01,表明一个特定受试者会比他们的"公平标准"多 24 单位的收入。

表 15.4 来自有截尾和没有截尾的有限混合模型的 MLE

	没有截尾	有截尾
δ	24.012(0.710)	25.969(0.871)
σ	8.654(0.520)	10.267(0.717)
p_1	0.751(0.078)	0.724(0.091)
p_2	0.137(0.073)	0.181(0.090)
p_3	0.112(0.097)	0.095(0.107)
n	190	190
$\text{Log } L$	-702.53	-604.50

注:p_3 的估计已使用三角法获得。

回到有右截尾的模型,我们发现对截尾的处理减少了平等主义者的比例,而自由主义者的比例相应上升了。同时我们也发现,自私溢价的估计值也上升了,所有这些差异都可以用代表约束自私的上截尾观测值来解释。通过在模型中建立截尾,会揭露受试者更多的自私心理(即自由主义者,高自私溢价)。

最后,图 15.7 中呈现的是(带有右截尾的模型的)后验概率的散点图、前两种类型的概率由两轴测量,这意味着第三种类型(自由的平等主义者)的概率由向下倾斜的线的距离表示。

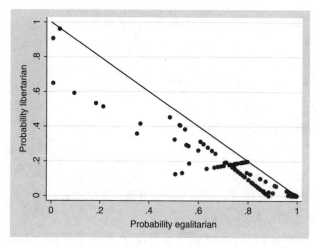

图 15.7 公平实验中的后验类型概率

大多数的观测值集中在三角形的右下角,这与我们的结论相一致:总体中的大多数属于平等主义者。有极少数受试者有较高的自由主义者概率,而没有一个受试者有较高的自由平等主义者倾向(尽管之前我们预测总体中有 9％是自由的平等主义者)。

15.5　用离散选择模型估计社会偏好参数

15.5.1　背景

在本节中,我们再一次追求的目标是涉及自我回报和他人回报的效用函数的参数估计,但是所用到的实验方法是有别于之前的。在这里,我们将会让受试者在假设的分配选项中作出选择,这个方法与 Engelmann 和 Strobel(2004)所用到的方法相似。

每个受试者将会面临一个任务,即在 A、B、C 三个异质分配选项中作出选择,这三个选项的具体内容呈列在表 15.5 中。重要的是,这个受试者会被赋予一个"人物 2"身份。

表 15.5　三个假想分配例子

方　案	A	B	C
人物 1	8	6	10
人物 2	8	6	7
人物 3	4	6	7
总　计	20	18	24

注:调查答复者被赋予"人物 2"的身份。

表 15.5 中的三种分配方案都有其各自的优点和缺点,因此期望参与者在选择时发生分歧是合理的。自私的受试者会倾向于选择方案 A,假设他们的假定身份为"人物 2",方案 A 会给予他们 8 单位的回报,这是高于方案 B 和方案 C 中的回报的(分别为 6 和 7)。

但是,就如我们在书中多次看到的那样,并不是所有个体都是自私的,有一些个体是极其无私的、利他的。一个厌恶不公平的个体会倾向于选择方案 B,因为在这一方案中,三个人得到的回报相同,公平得到了充分体现。

事实上,存在着不同类型的公平偏好,这利于区别 Fehr 和 Schmidt (1999)强调的"有利的"和"不利的"不公平。为了更好地理解差异,我们继续回到表 15.5 中的例子,并且考虑在没有方案 B 可选择的情况下,个体只能在方案 A 和方案 C 中作出选择的情况。可以发现,方案 A 和方案 C 都是不公平的分配。一个厌恶"不利的"不公平的受试者会选择更倾向于选择方案 A,而不是方案 C,因为在方案 C 的分配中,人物 2 相对于人物 1 是没有优势的。而一个厌恶"有利的"不公平的受试者会倾向于选择方案 C,因为在方案 A 的分配中,人物 2 相对于人物 3 是有优势的。

有些个体既不是自私自利的,也不是过于关注不公平的,相反,他们在做选择时往往受到效率考虑的驱动。这样的个体在做选择时,就只会寻找在为团体创造最高总收益方面最有效率的分配方案。所以当个体面临表 15.5 呈列的选项时,会选择方案 C,因为该方案为整个团队带来的总收益最高,达到 24。

当然,个体做选择时只受到单个动机支配是不太可能的,最有可能的是受到所有动机的支配,只是每种动机对个体的支配程度不一样而已。因此,我们估计了一个包含了所有动机因素的效用函数,并且应用于所有个体,参数的估计值会反映每一种动机对个体的支配程度。

15.5.2 分配选择标准正规化

设 x_{jk} 为第 j 次分配中分给人物 k 的回报,每个分配有以下特性:

(1) 效率: $EFF_j = \sum_{k=1}^{3} x_{jk}$。

效率是所有人回报的总和,而不管收入在受试者间的具体分布,如在表 15.5 中,A、B、C 三种分配方案的效率属性分别为:

$$EFF_A = 20; \quad EFF_B = 18; \quad EFF_C = 24$$

(2) 极小值: $MM_j = \min(x_{jk}, k = 1, 2, 3)$。

极小值指的是分配方案中的最小回报,如果一个个体以这个为分配标准,说明他厌恶极端不公平现象,因为他只关心最穷的人的福利。如在表 15.5 中,三种分配方案的极小值分别为:

$$MM_A = 4; \ MM_B = 6; \ MM_C = 7$$

（3）自我回报：$SELF_j = x_{j2}$。

"自我回报"指的是决策者自己的回报。前面我们有提到决策者假定是人物 2 的角色，因此"自我回报"在这里的定义就是分配中人物 2 的回报。一个将"自我回报"作为决策标准的受试者很明显是一个自私的个体，因为他关心的只是他自己的福利，而不顾其他人的福利。如表 15.5 中，三种分配方案各自的"自我回报"属性为：

$$SELF_A = 8; \ SELF_B = 6; \ SELF_C = 7$$

我们最后考虑的两个属性最先出现在著名的 Fehr-Schmidt 效用函数中（Fehr and Schmidt，1999），如果一共有 n 个人，则对于人物 i，这个效用函数为：

$$u_i = x_i - \alpha_i \frac{\sum_{k \neq i} \max(x_k - x_i, 0)}{n - 1} - \beta_i \frac{\sum_{k \neq i} \max(x_i - x_k, 0)}{n - 1}$$

$$(15.29)$$

式（15.29）可做如下的理解：个体效用指的是给予自己的回报，但是会受到两种不公平类型的影响。右侧的第二项是对"不利不公平"的调整项，即由他人所得回报高于个体本身回报所导致的不公平。最后一项是"有利不公平"的调整项，即由他人所得到的回报低于个体本身回报所导致的不公平。我们通常假设两种不公平类型都是不被期望的，所以期望个体 i 的不利不公平厌恶和有利不公平厌恶的相关系数 α_i 和 β_i 均为正数。同时我们也假设相对于有利不公平，个体更关注不利不公平，所以 $\alpha_i > \beta_i$。两个不公平项的分母设置是为了确保度量不随"经济"人数量上升而上升。

在 $n = 3$ 的情况下，两个不公平度量分别变为：

（4a）无不利不公平：$FSD_j = -\frac{1}{2} \sum_{k \neq 2} \max(x_{jk} - x_{j2}, 0)$。

（4b）无有利不公平：$FSA_j = -\frac{1}{2} \sum_{k \neq 2} \max(x_{j2} - x_{jk}, 0)$。

FSD 和 FSA 都是我们感兴趣的属性，在这些缩写词中，"FS"表示的是 Fehr-Schmidt，"D"和"A"分别表示不利和有利。在它们前面加一个负号，意味着允许将它们处理为正的属性，即不公平厌恶个体将追求数量最大化。

如表 15.4 中的例子,关于属性 FSD 和 FSA 的三种分配方案为:

$$FSD_A = 0;\ FSD_B = 0;\ FSD_C = -\frac{3}{2}$$

$$FSA_A = -2;\ FSA_B = 0;\ FSA_C = 0$$

15.5.3 数据

与 Engelmann 和 Strobel(2004)数据极度相似的模拟数据放置在文件 ES_sim 中,注意针对每个受试者,都有三行数据,每行都代表着一种分配(这就是所谓的"长"数据集)。在第 15.5.2 节中有对这些属性的命名。y 是一个二元变量,指代三种分配中哪种分配被选中(如果被选中,取值为 1;如果没有被选中,取值为 0)。

15.5.4 条件逻辑模型(CLM)

我们用 i 来指代数据集中的个体,每个个体从 $J=3$ 的分配方案中选择一种,假设个体选择分配方案 j 的效用为:

$$U_{ij} = \alpha_1 FSD_{ij} + \alpha_2 + FSA_{ij} + \alpha_3 + EFF_{ij} + \alpha_4 MM_{ij} + \epsilon_{ij} = z'_{ij}\alpha + \epsilon_{ij}$$

$$(15.30)$$

其中属性变量都有下标 i 和 j,表示不同的个体面临着不同属性数据集的分配。同时值得注意的是在式(15.30)中没有截距,这是因为一个截距参数是不可识别的,我们都知道,在一个效用函数的末尾增添一个常数是不会改变潜在的行为的。为了方便,我们将所有的属性变量统一放在向量 z_{ij} 中,相关参数放在向量 α 中,则 $z'_{ij}\alpha$ 表示的是效用函数的确定性部分,而 ϵ_{ij} 表示的是随机部分。

我们假设每个个体都会选择最终会导致最高效用的分配,通常情况下,可观测的决策变量用 y_{ij} 表示,则有:

$$y_{ij} = 1 \quad \text{当 } U_{ij} = \max(U_{i1},\ U_{i2},\ \cdots,\ U_{iJ}) \text{ 时}$$

$$y_{ij} = 0 \quad \text{其他} \qquad (15.31)$$

之后我们需要考虑的是个体 i 选择分配方案 j 的概率,这是由效用函数假定的随机部分的分布所决定的。

$$y_{ij} = 1 \Leftrightarrow z'_{ij}\alpha + \epsilon_{ij} > z'_{ik}\alpha + \epsilon_{ik} \quad \forall k \neq j$$
$$\Leftrightarrow \epsilon_{ik} - \epsilon_{ij} < z'_{ij}\alpha - z'_{ik}\alpha \quad \forall k \neq j \quad (15.32)$$

为了方便,我们假设所有的随机部分 ϵ_{ij} 独立同分布(i.i.d)于类型 I 的极值分布(也被称为 Gumbel 分布),密度函数如下:

$$f(\epsilon) = \exp(-\epsilon - \exp(-\epsilon)) \quad -\infty < \epsilon < \infty \quad (15.33)$$

其分布函数为:

$$F(\epsilon) = \exp(-\exp(-\epsilon)) \quad -\infty < \epsilon < \infty \quad (15.34)$$

Maddala(1983)指出,如果 ϵ_{ij} 是独立同分布,并且有着式(15.33)和式(15.34)中定义的分布,则式(15.35)中定义的事件概率,即个体 i 选择分配方案 j 的概率,为:

$$P(y_{ij} = 1) = \frac{\exp(z'_{ij}\alpha)}{\sum_{k=1}^{J} \exp(z'_{ik}\alpha)} \quad (15.35)$$

式(15.35)中定义的模型就是所谓的条件逻辑模型,则与个体 i 相关的似然贡献为:

$$L_i(\alpha) = \frac{\sum_{k=1}^{J} y_{ik}\exp(z'_{ij}\alpha)}{\sum_{k=1}^{J} \exp(z'_{ik}\alpha)} \quad (15.36)$$

从中可得出样本似然对数函数为:

$$\text{Log} L(\alpha) = \sum_{i=1}^{n} \ln L_i(\alpha) \quad (15.37)$$

15.5.5 结果

使用下面的 STATA 命令对式(15.36)和式(15.37)中定义的似然函数取最大值,我们可以估计出式(15.30)中向量 α 中所包含的参数值。

```
. asclogit y FSD FSA EFF MM, case( i) alternatives(j) noconstant
```

命令开头的 as 表示"特定备选"。

程序的输出如下：

```
Iteration 0:    log likelihood = -317.10088
Iteration 1:    log likelihood = -308.55197
Iteration 2:    log likelihood = -308.51212
Iteration 3:    log likelihood = -308.51212

Alternative-specific conditional logit      Number of obs     =       990
Case variable: i                            Number of cases   =       330

Alternative variable: t                     Alts per case: min =         3
                                                           avg =       3.0
                                                           max =         3

                                            Wald chi2(4)      =     80.96
Log likelihood = -308.51212                 Prob > chi2       =    0.0000

-----------------------------------------------------------------------------
          y |     Coef.    Std. Err.      z     P>|z|    [95% Conf. Interval]
------------+----------------------------------------------------------------
t           |
        FSD |  .3267221    .1405881     2.32    0.020    .0511745    .6022697
        FSA |  .3447768    .1688655     2.04    0.041    .0138065    .6757472
        EFF |  .1879009    .0714842     2.63    0.009    .0477943    .3280074
         MM |  .0804075    .0895162     0.90    0.369   -.0950409    .255856
-----------------------------------------------------------------------------
```

两个不公平厌恶属性、效率和极小极大属性（MM）都已经被包含在内。（从这一模拟数据集中）我们可以发现受试者两种不公平厌恶类型都有呈现出来：FSD 和 FSA 对效用都有显著的正面影响。效率则显得更为重要：EFF 的系数为正值，而 MM 则显得不是那么重要。

另外一个属性 SELF 表示的是自我回报，如果实验设计为在上面的模型中加上 SELF 属性，就会产生多重共线性问题，而不能估计出这一变量的影响，这也是为什么我们要将 SELF 这一属性排除在外。

15.5.6 受试者特性的影响

受试者对不同标准的评估会有差异，这样的预期是合理的。在前一章中，我们通过在模型中加入不可观测的异质性，考虑了受试者间这一类型的差异。在这里，我们将给出另一种可替代性方法：可观测的异质性。可观测的异质性指代的是在某一具体情况下，受试者间的差异可以用受试者间特性的差异来解释，其中最明显的特性可能是性别。

条件逻辑模型中引入受试者特性是通过交叉属性变量实现的，设定一个虚拟变量 $male_i$，如果受试者 i 是男性就取值为 1。这里关键的一点是受试者特性只有 i 这一个下标，这与同时含有 i 和 j 两个下标的属性是不同的。

我们在式(15.30)中的效用函数引入两个额外的附加项：

$$U_{ij} = \alpha_1 FSD_{ij} + \alpha_2 FSD_{ij} \bigstar male_i + \alpha_3 FSA_{ij} + \alpha_4 FSA_{ij} \bigstar male_i$$
$$+ \alpha_5 EFF_{ij} + \alpha_6 MM_{ij} + \epsilon_{ij} \qquad (15.38)$$

这两个附加项是虚拟变量 male 和两个不公平厌恶属性的交叉项，当模型中包含这两个变量时，运行结果如下：

```
Alternative-specific conditional logit        Number of obs    =       990
Case variable: i                              Number of cases  =       330

Alternative variable: j                       Alts per case: min =        3
                                                             avg =      3.0
                                                             max =        3

                                              Wald chi2(6)     =     85.42
Log likelihood = -299.6794                    Prob > chi2      =    0.0000

------------------------------------------------------------------------------
         y |      Coef.   Std. Err.      z    P>|z|     [95% Conf. Interval]
-----------+------------------------------------------------------------------
j          |
       FSD | .1907648   .1552983    1.23   0.219   -.1136143    .495144
  male_FSD | .2535549   .1281861    1.98   0.048    .0023147    .504795
       FSA | .5649655   .1879811    3.01   0.003    .1965293   .9334017
  male_FSA | -.5760542   .192775   -2.99   0.003   -.9538863  -.1982221
       EFF | .1606768   .0741216    2.17   0.030    .0154012   .3059525
        MM | .1170375    .091562    1.28   0.201   -.0624207   .2964958
------------------------------------------------------------------------------
```

在这里(不要忘记数据集是模拟的)，我们发现了一个有趣的现象：关于交叉项 male_FSD 的显著正系数说明了男性比女性表现出更多对不利不公平的厌恶，而关于 male_FSA 的显著负系数说明了女性比男性表现出更多对有利不公平的厌恶。

15.6 小结与拓展阅读

本章主题是对利他效用函数进行参数估计。效用函数通常有两个项，自我回报和他人回报。Andreoni 和 Miller(2002)的数据在本章中发挥着中心作用，Andreoni 和 Miller(2002)的焦点是检验显示性偏好公理，这也是本章进行多种分析的基础。如果一个受试者遵循显示性偏好公理[在Andreoni 和 Miller(2002)中发现这是大多数受试者的做法]，则他们的选择可能会由一个单调的、连续的凸效用函数产生，这也是本章的出发点。在第

15.2 节中,我们切实演示了怎样去估计一个利他 CES 效用函数的参数。

Andreoni 和 Miller(2002)中的另一个关键发现是利他主义中存在异质性。在本章中,我们通过不同的方法来处理异质性。首先,在第 15.2 节中,我们将随机效应 Tobit 模型应用到给予数据上,其中零给予现象我们用截尾来解释。这个处理零值的方法在文献中有较为广泛的应用,如 Fisman 等(2007)。但是我们将这种方法归为 ad hoc 方法,这为我们在第 15.3 节中建立模型提供了动力。在模型中,给予数据的零观测值现象通过将零值处理为受试者约束最优问题的"角点解"来解释,这一方法最开始出现在 Wales 和 Woodland(1983)文章中的二次效用函数部分,后在 Moffatt(1991)中将其修改为 Stone-Geary 效用函数。据我们所知,这是将这一类型模型首次应用到实验数据中。在这里推导出的模型版本中,受试者间的异质性被应用到代表给予态度的特殊参数上,发现了显著的异质性。

另外一个处理异质性的尝试在第 15.4 节中,我们推导了一个有限混合模型,这个模型和 Cappelen 等(2007)中的模型极度相关,关注受试者在不同公平理念间的分化。但可以说,我们这里用到的估计方法与 Cappelen 等(2007)中的方法间也存在很大的差异性。事实上,大量的计量经济学建模方法可以用来估计这一类型的模型,每一种方法都有它们各自的优点和缺点,对这方面感兴趣的读者可以参考 Conte 和 Moffatt(2014)。

另外研究异质性的部分是第 15.5 节,在该节中,用选择数据来估计效用函数的参数。其中,我们通过形成综合受试者特性的替代性属性的交叉变量,考虑了可观测的异质性。因此,我们论证出了一种方法来探究一个具体类型的受试者是否会比其他类型的受试者更看重某种特殊的属性。

第 15.5 节中描述的选择建模方法被用来估计著名的 Fehr 和 Schmidt(1999)中的效用函数参数,这些参数就是所谓的不公平厌恶参数,它们形成了许多关于社会偏好模型的理论基础。由于 Fehr 和 Schmidt(1999)中效用函数的无差异曲线是分段线性的,约束最优问题的求解结果通常是角点解(平等分配,要么不给,要么全给)。正是由于这一原因,用第 15.2 节和第 15.3 节中的方法对这一效用函数的参数进行直接估计是不可能的,但是通过将不公平度量处理为选择模型中的属性,就如我们在第 15.5 节中所看到的那样,就可能得到这些参数的估计值。

在已有文献中有大量的利他的"双赢"效用函数,并且受到了普遍的认可和欢迎。这些函数包括"公平、互惠、竞争"(ERC)(Bolten and Ockenfels,

2000)和"温情效应"(Andreoni，1988)。

本章中估计的这类模型可做一个较有用的延伸，即通过处理可以允许效用函数的参数发生变化。举个例子，Jakiela(2003)考虑了一个和 Andreoni 和 Miller(2002)相似的数据集，但不同的是其中包含了一个"提取处理"，最终发现这一实验环境下得出的 CES 参数不同于之前的实验。

练习

1. 设 x_1 为自我回报，x_2 为他人回报，思考第 15.2 节中分析的 CES 效用函数：

$$U(x_1，x_2)=[\alpha x_1^\rho+(1-\alpha)x_2^\rho]^{\frac{1}{\rho}}\quad 0\leqslant\alpha\leqslant1\quad-\infty\leqslant\rho\leqslant1$$

在预算约束 $p_1x_1+p_2x_2\leqslant m$ 下将 $U(x_1，x_2)$ 最大化，得到关于自我回报的马歇尔需求函数：

$$w_1=\frac{p_1^{\frac{\rho}{\rho-1}}}{p_1^{\frac{\rho}{\rho-1}}+\left(\frac{\alpha}{1-\alpha}\right)^{\frac{1}{\rho-1}}p_2^{\frac{\rho}{\rho-1}}}$$

其中 w_1 表示的是分配方案中分给"自己"的份额，即 $w_1=\frac{p_1x_1}{m}$。

2. 当在第 15.2 节中分析 Andreoni 和 Miller(2002)中的数据时，我们发现通过单纯的设计，包括禀赋和价格的变化，实现 CES 效用函数参数的估计是可能的。思考一个标准设计，在该设计中，只有禀赋是可以发生变化的，而两个价格总体上是固定的。两个参数中的哪个参数是可以通过最后的实验数据估计出的？

3. (a)假设一个个体从 J 个可能的替代性选择中选出一个分配，则他们的选择替代性选择 j 的效用为：

$$U_j=z_j'\alpha+\epsilon_j \tag{15.39}$$

其中 z_j 关于替代选择 j 属性的一个向量，α 是一个对应的参数向量，$\epsilon_j(j=$

$1, \cdots, J$)是关于类型 I 极值分布的独立同分布(i.d.d),由累积分布函数定义为:

$$F(\epsilon) = \exp(-\exp(-\epsilon)) \quad -\infty < \epsilon < \infty \qquad (15.40)$$

如果一个受试者选择会带来最高效用的替代性选择,证明受试者选择替代性选择 j 的概率为:

$$P(y_{ij} = 1) = \frac{\exp(z'_{ij}\alpha)}{\sum_{k=1}^{J} \exp(z'_{ik}\alpha)} \qquad (15.41)$$

(b) 证明:如果式(15.39)中出现的参数向量 α 包含一个截距 α_0,则式(15.41)中出现的选择概率相对于 α_0 的值来说是不变的,所以参数 α_0 是不可识别的。

4. 基于第 15.5 节推导的离散选择模型,证明 $FS_D + FS_A + SELF = EFF$。因此,请解释为什么这四个变量不能同时出现在同一个模型中。

16 重复博弈和量子反应模型

16.1 引言

这是三个章节中第一个分析交互博弈数据的章节。它最先考虑了重复博弈实验的纳什均衡分析。有待解决的一个中心问题是，判断博弈者的博弈行为与混合策略纳什均衡的拟合度，而这个问题我们可以通过观测固定搭配博弈组的重复博弈数据来解决。另一个需要解决的相关问题是判断博弈者是否是随机作出选择的，这也是另外一个预测理论。这类问题可以通过简单非参数程序来解决。

本章节将阐述一个非常著名的有限理性模型：量子反应均衡（QRE）模型。在实际操作中，博弈者的博弈行为并没有实现纳什均衡。QRE 模型是建立在两个假设基础上的一个计量经济学模型：第一个假设即博弈者的博弈行为会以一种随机形式偏离纳什均衡预测；第二个假设是每个博弈者对其他博弈参与者的随机偏离方式都有比较清晰的把握。因此，QRE 模型可以被视为纳什均衡的一个随机普遍原理。这个模型的基础模型仅仅包含了一个参数 μ，表示受试者决策中存在的"噪声"数量。为了契合整本书，本章的主要目的是演示如何在受试者决策数据基础上去估计 μ 的值。这个估计问题是非标准化的，因为在标准化模型中，针对给定的参数值，选择概率可以近似地表示出来，但是在这一问题中，对于任一给定的 μ 值，选择概率只能通过非线性优化方法得出。因此，在函数估计程序中需要加入非线性优化程序。

在第 16.3 节，我们阐释了 QRE 的相关理论，并且介绍了一种计算选择概率的方法。在第 16.4 节，我们利用追逃博弈的真实数据，估计了 QRE 模型。在第 16.5 节,我们把 QRE 模型延伸开来,应用到了噪声参数和风险厌恶参数估计中。在第 16.6 节中,我们通过将 QRE 模型应用到竞标数据中,对本章进行了一个总结。

16.2 重复博弈数据分析

16.2.1 计算混合策略纳什均衡

我们更倾向于使用追逃博弈来做一个例子,该博弈在 Rosenthal 等 (2003)中也有阐述。这个博弈在现实生活中最著名的应用应该就是足球运动中的点球:当点球员踢球的时候,守门员倾向于冲到相同的方向拦截球,因此我们称守门员为"追赶者";而点球员更加倾向于把球踢向守门员移动的相反方向,因此我们称点球员为"逃避者"。在这里,我们从混合策略纳什均衡开始来描述这一博弈,并且在下一小节中,我们将运用多种非参数检验方法来检验这一均衡的适用性。

对于追逃博弈,我们对其阐述如下:首先受试者两两一组,每组中,一个参与者扮演"追赶者",而另一个参与者扮演"逃避者",并且这个博弈会被重复很多次。在重复的每一次博弈中,每个参与者有两个选择,左边或者右边。如果他们选择的方向不同,意味着逃避者成功逃脱,则逃避者和追赶者之间就不会发生任何数量的货币转移;但如果他们选择的方向相同,意味着追赶者"发现"了逃避者,则逃避者要给一定数量的钱给追赶者。转移数量取决于两者选择的相同方向具体是哪一边:如果他们都选择左边,转移一个单位;如果他们都选择右边,转移两个单位。

追逃博弈的回报矩阵如下:

		逃避者	
		左边	右边
追赶者	左边	1, −1	0, 0
	右边	0, 0	2, −2

现在我们知道怎样求解该博弈的混合纳什均衡了,关键就是找到一组令参与者在两个选择间保持中立的策略。假设追赶者选择 L 的概率为 P_{PL},选择 R 的概率为 $1-P_{PL}$,同时逃避者选择 L 的概率为 P_{EL},选择 R 的概率为 $1-P_{EL}$。则对于追赶者来说,选择 L 和选择 R 的期望价值分别为:

$$EV_P(L)=p_{EL}\times1+(1-p_{EL})\times0=p_{EL}$$
$$EV_P(R)=p_{EL}\times0+(1-p_{EL})\times2=2(1-p_{EL}) \tag{16.1}$$

追赶者在两个选项之间保持中立的条件是:

$$p_{EL}=2(1-p_{EL})\Rightarrow p_{EL}=\frac{2}{3} \tag{16.2}$$

同样对于逃避者来说,选择 L 和选择 R 的期望价值分别为:

$$EV_E(L)=p_{PL}\times(-1)+(1-p_{PL})\times0=-p_{PL}$$
$$EV_E(R)=p_{PL}\times0+(1-p_{PL})\times(-2)=-2(1-p_{PL}) \tag{16.3}$$

逃避者保持中立的条件是:

$$-p_{PL}=-2(1-p_{PL})\Rightarrow p_{PL}=\frac{2}{3} \tag{16.4}$$

混合策略纳什均衡就是这一组最佳回应的组合:

$$\left[\left(\frac{2}{3}L,\frac{1}{3}R\right),\left(\frac{2}{3}L,\frac{1}{3}R\right)\right] \tag{16.5}$$

因此,针对以上描述的追逃博弈,我们可以预测参与者在 R 和 L 之间的随机选择遵循以下规则:即从长期来看,参与者的选择中有三分之二是选择 L 的。

16.2.2 重复博弈数据中的非参数检验

用于展示目的的数据来自 Rosenthal(2003),这个数据集保存在文件 pursue_evade 中。尽管在 Rosenthal(2003)的实验里一共有 40 个两人博弈组,但我们将会将我们的焦点集中在第 21 至第 34 小组,这些小组中的每个参与者都会重复第 16.2.1 节所述的博弈 100 次。图 16.1 只展示了数据的前几行。在分析实验数据时需要注意，第一列的数据表示的是该组参与者进行博弈的具体次数，"pur_L"和"eva_L"为决策变量，取值为 1 表示博弈者选择了左边，取值为 0 表示博弈者没有选择左边。变量"pay"表示逃避者和追赶者选择的方向相同时，逃避者应该给追赶者的钱的数量。

	pair	period	pur_L	eva_L	pay
1	21	1	1	1	1
2	21	2	0	1	0
3	21	3	0	1	0
4	21	4	1	0	0
5	21	5	0	1	0
6	21	6	0	0	2
7	21	7	0	0	2
8	21	8	1	0	0
9	21	9	0	1	0
10	21	10	0	1	0
11	21	11	0	0	2
12	21	12	1	1	1
13	21	13	0	1	0
14	21	14	0	1	0
15	21	15	0	1	0
16	21	16	0	1	0
17	21	17	1	1	1
18	21	18	0	1	0

图 16.1　追逃博弈数据的前 18 行

我们要做的第一件事就是检查每个参与者的博弈行为是否贴近第 16.2.1 节中所介绍的混合策略纳什均衡。通过观察他们选择 L 的比例有多接近预测值 0.67，我们就可以达到这一目的。每组中每个参与者选择 L 的比例数据如下：

실验计量经济学

```
. table pair, contents(mean pur_L mean eva_L)
-----------------------------------
    Pair | mean(pur_L)  mean(eva_L)
---------+-------------------------
      21 |        .43          .84
      22 |        .62          .59
      23 |        .55          .59
      24 |        .76          .78
      25 |        .59          .86
      26 |        .66          .82
      27 |        .53          .67
      28 |        .62           .7
      29 |        .67          .78
      30 |        .53          .59
      31 |        .55          .69
      32 |        .56          .69
      33 |        .42          .55
      34 |        .46          .66
-----------------------------------
```

表格中的数字是每个参与者选择 L 的比例的样本均值,代表了参与者选择 L 的次数的比例。通过数据,我们可以发现,有一些逃避者的比例值非常接近纳什均衡预测值 0.67,而追赶者的比例值明显低于 0.67(即他们选择 L 的频率没有预测的高)。我们可以得到所有追赶者和逃避者的频率,结果如下:

```
. summ pur_L eva_L
    Variable |        Obs        Mean    Std. Dev.       Min        Max
-------------+--------------------------------------------------------
       pur_L |       1400   .5678571    .495551          0          1
       eva_L |       1400   .7007143   .4581088          0          1
```

这一结果证实了逃避者比追赶者更加贴近于总体的纳什均衡预测。

对于一个特定受试者会遵循纳什均衡预测这一假设,我们可以进行一个统计检验,该检验就是我们在第 3.3 节中有过详细阐述的二项检验。设 p 是受试者选择 L 的真实比例,则我们需要检验的原假设就是 $p = 0.6667$。

因为第 31 小组是最具代表性的,我们将使用他们的决策数据进行检验和证明:

```
. bitest pur_L=0.6667 if pair==31

    Variable |          N   Observed k   Expected k   Assumed p   Observed p
-------------+---------------------------------------------------------------
       pur_L |        100           55        66.67     0.66670     0.55000

Pr(k >= 55)                    = 0.994302  (one-sided test)
Pr(k <= 55)                    = 0.009986  (one-sided test)
Pr(k <= 55 or k >= 79) = 0.014760  (two-sided test)

. bitest eva_L=0.6667 if pair==31

    Variable |          N   Observed k   Expected k   Assumed p   Observed p
-------------+---------------------------------------------------------------
       eva_L |        100           69        66.67     0.66670     0.69000

Pr(k >= 69)                    = 0.352782  (one-sided test)
Pr(k <= 69)                    = 0.723211  (one-sided test)
Pr(k <= 64 or k >= 69) = 0.672191  (two-sided test)
```

416

通过采用双尾检验,我们得到追赶者的 p 值为 0.015,这充分说明了追赶者的选择与纳什均衡预测是不一致的。但是逃避者的 p 值为 0.672,我们没有证据可以证明逃避者的决策是偏离纳什均衡预测的。

表 16.1 不仅展示了参与者选择 L 的比例,还包含了针对每个受试者的二项检验 p 值,通过这一检验,我们可以发现,有将近一半受试者(不管是追赶者还是逃避者)的博弈行为和纳什均衡预测是一致的。

表 16.1　L 选择的比例、二项检验的 p 值、游程检验的 p 值

小组	pur_L	eva_L	Binomial.Pur.	Binomial.Eva.	Runs.Pur.	Runs.Eva.
21	0.43	0.84	0.000**	0.000**	0.01*	0.67
22	0.62	0.59	0.340	0.112	0.05	0.74
23	0.55	0.59	0.015*	0.112	0.36	0.02*
24	0.76	0.78	0.056	0.019*	0.00**	0.09
25	0.59	0.86	0.112	0.000**	0.13	0.97
26	0.66	0.82	0.916	0.01**	0.00**	0.61
27	0.53	0.67	0.006**	1.000	0.01*	0.69
28	0.62	0.70	0.340	0.525	0.54	0.63
29	0.67	0.78	1.000	0.019*	0.10	0.62
30	0.53	0.59	0.006**	0.112	0.01*	0.90
31	0.55	0.69	0.015*	0.672	0.76	0.96
32	0.56	0.69	0.026*	0.067 2	0.09	0.01*
33	0.42	0.55	0.000**	0.015*	0.79	0.03*
34	0.46	0.66	0.000**	0.916	0.34	0.05

注:* = sig($p<0.05$);** = sig($p<0.01$)。

另外一个可以检验的理论预测就是参与者决策序列的随机性。很显然,在博弈中,对手会充分挖掘和利用选择序列里的变化规律,所以应对的最优策略就是尽可能使选择序列随机化。

考虑一下在第 21 小组参与者的选择:

```
Pursuer in pair 21:

10010001000100001001001010101011000101001011001001010110101110000101001000101100010011001110111100010

(62 runs)
```

```
Evader in pair 21:

1110100011011111111101111111011110111101111101111101111101111111101111
110111111111111111011111011111111
```

(29 runs)

为了验证这两个由 100 个数字组成的序列是否是随机的,我们需要考虑"游程"的数量,即相同的连续数字组的数量。[1]上面列出的两个序列的游程数量分别为 62 和 29。值得注意的是,由于序列的总长度为 100,所以最大的游程数量为 100(即决策在 0 和 1 之间连续转换),最小的游程数量为 1(即决策不发生改变)。一个检验随机性的比较好的方法就是看游程的数量是否近似地等于序列满足随机性时的预期游程数量。如果游程的数量太高了,说明序列是连续负相关的,即决策转换的太频繁,如果游程数量太低,说明序列连续正相关(即决策转变频率比较低)。

可以达到以上目的的一个检验就是连续检验。这是在第 3 章没有提到的非参数检验。我们在这里简短地描述一下。想要对其进行深究的读者可以参考 Siegel 和 Castellan(1988)。

在这个检验中的原假设是:选择序列是随机的,并且潜在的混合策略(即 L 的概率)是固定的。假设 m 为受试者选择 L 的次数,n 为受试者选择 R 的次数,则在决策序列中一共包括了 $N=m+n$ 个决策。同时我们设 r 为决策序列游程的数量。假设 n 和 m 都大于 20,则在决策序列是随机的这一原假设下,关于 r 的比较好的近似样本分布可以表示为:

$$r \sim N\left[\left(\frac{2mn}{N}+1\right), \frac{2mn(2mn-N)}{N^2(N-1)}\right] \tag{16.6}$$

接下来应用统计检验量可以对原假设进行检验:

$$z \sim \frac{r-\left(\frac{2mn}{N}+1\right)}{\sqrt{\frac{2mn(2mn-N)}{N^2(N-1)}}} \tag{16.7}$$

应用式(16.7)得到的 z 值为原假设条件下的近似标准正态统计量。

对于第 21 小组中的追赶者,我们可以得到:

$$M=43,\ n=57,\ N=100,\ r=62$$

---

[1] 为了让这个概念更清晰,我们来举例说明,序列 11110001101 包含了 5 个"runs":1111;000;11;0;1。

$$z \sim \frac{62 - \left(\frac{2 \times 43 \times 57}{100} + 1\right)}{\sqrt{\frac{2 \times 43 \times 57(2 \times 43 \times 57 - 100)}{100^2(100-1)}}} = \frac{11.98}{\sqrt{23.78}} = 2.46$$

当然以上检验也可以在 STATA 中进行,具体做法如下:

```
. runtest pur_L  in 1/100, t(0.5)

N(pur_L <= .5) = 57
N(pur_L >  .5) = 43
          obs = 100
       N(runs) = 62
            z = 2.46
      Prob>|z| = .01
```

使用 in 1/100 的目的就是挑选合适的数据行用于检验,而 t(0.5)设定了一个阈值,这个数字严格来说可以是 0 到 1 之间的任何数字,这个仅仅是为了将出现在序列中的两个不同的值分开。我们注意到返回的检验统计量(z)和之前得到的相同,同时返回的 p 值也表明第 21 小组中的追赶者决策序列不是随机的。并且 z 值为正说明了决策中游程的数量比预期的多,即序列连续负相关,而 z 值为正将说明决策序列连续正相关。

对于第 21 小组中的逃避者,我们可以得到:

```
. runtest eva_L  in 1/100, t(0.5)
N(eva_L <= .5) = 16
N(eva_L >  .5) = 84
          obs = 100
       N(runs) = 29
            z = .42
      Prob>|z| = .67
```

在这里,原假设被接受,表明前面所示的第二个数字序列是随机的。

表 16.1 的最后两列分别列出了追赶者和逃避者游程检验的 p 值。尽管结果显示少部分参与者违反了随机性,但大部分参与者生成的决策序列是随机的。

16.3　量子反应均衡

16.3.1　量子反应均衡理论

量子反应均衡(QRE)模型是由 McKelvey 和 Palfrey(1995)提出的。它包含了一个观点:最好的反应行为并不是伴随着确定性的。它取代了具有不完美或噪声均衡的纳什均衡的完全理性预期均衡。均衡的原理是通过假设参与者以无偏方式估计预期回报。

在第 16.2.1 节,我们通过计算不同策略下参与者的预期价值,并且令两者相等求解出了追逃博弈的混合策略纳什均衡。现在为了推导出 QRE,我们首先需要给第 16.2.1 节中的每个预期值添加一个随机项:

$$EV_P^*(L) = p_{EL} + \epsilon_{PL} \qquad (16.8)$$

$$EV_P^*(R) = 2(1 - p_{EL}) + \epsilon_{PR} \qquad (16.9)$$

$$EV_E^*(L) = -p_{PL} + \epsilon_{EL} \qquad (16.10)$$

$$EV_E^*(R) = -2(1 - p_{PL}) + \epsilon_{ER} \qquad (16.11)$$

为了计算简便,我们假设式(16.8)—式(16.11)中的每个随机项满足方差参数为 μ 的类型 I 极值独立分布,累积分布函数为:

$$F(\epsilon; \mu) = \exp\left(-\exp\left(-\frac{\epsilon}{\mu}\right)\right) \qquad (16.12)$$

假设每个参与者将会作出随机期望值更高的决策,并且在分布假设[式(16.12)]的基础上,我们将有可能得到两个参与者的选择概率[关于公式的推导细节,感兴趣的读者可以参阅 Maddala(1983)]:

$$p_{PL} = \frac{\exp\left(\dfrac{p_{EL}}{\mu}\right)}{\exp\left(\dfrac{p_{EL}}{\mu}\right) + \exp\left(\dfrac{2(1 - p_{EL})}{\mu}\right)}$$

$$p_{EL} = \frac{\exp\left(-\dfrac{p_{PL}}{\mu}\right)}{\exp\left(-\dfrac{p_{PL}}{\mu}\right) + \exp\left(-\dfrac{2(1 - p_{PL})}{\mu}\right)} \qquad (16.13)$$

在 QRE 模型里的关键参数就是"噪声参数"或"误差参数"μ。根据概率公式[式(16.13)],我们可以清楚地对决策"噪声"所延伸出的参数 μ 作出如下解释:当 μ 接近 0 的时候,选择概率非常接近于混合纳什均衡得出的概率;而当参数 μ 很大时,概率会变为 0.5,因为参与者选择 R 和 L 的次数是相等的。

McKelvey 和 Palfrey(1995)运用了参数 λ,该参数与误差项水平呈负相关:$\lambda=0$ 表示参与者行动只含有误差;$\lambda=\infty$,表示没有误差。在这里,我们将遵循 Goeree 等(2003)中的选择参数设定方法,令 $\mu=1/\lambda$,所以 $\mu=0$ 表明没有误差,而且 $\mu=\infty$ 表明"全是误差"。

16.3.2 量子反应均衡模型中概率的计算

为了计算出每个参与者的选择概率,对于任意给定的 μ 值,我们需要同时利用式(16.13)中的两个方程求解出两个未知量 p_{PL} 和 p_{EL}。因为这两个关于 p_{PL} 和 p_{EL} 的方程是非线性的,所以这只是一个数字问题。求解 p_{PL} 和 p_{EL} 的一种可能方法就是同时使下面两个数值最小:

$$s_1 = \left(p_{PL} - \frac{\exp\left(\dfrac{p_{EL}}{\mu}\right)}{\exp\left(-\dfrac{p_{PL}}{\mu}\right) + \exp\left(-\dfrac{2(1-p_{PL})}{\mu}\right)} \right)^2 \tag{16.14}$$

$$s_2 = \left(p_{EL} - \frac{\exp\left(-\dfrac{p_{PL}}{\mu}\right)}{\exp\left(-\dfrac{p_{PL}}{\mu}\right) + \exp\left(-\dfrac{2(1-p_{PL})}{\mu}\right)} \right)^2 \tag{16.15}$$

式(16.14)中的数值 s_1 和式(16.15)中的数值 s_2 都有最小值 0,唯一的一对令它们都等于 0 的 p_{PL} 和 p_{EL} 值就是我们要求的 p_{PL} 和 p_{EL} 值。

在 mata 中有一个"optimize"命令可以执行这类最小值求解,需要用到的命令代码如下所示。值得注意的是 mata 中的命令行需要以"//"符号开头,而不是以"★"。

```
clear mata

* START MATA FROM WITHIN STATA

mata:

// SET STARTING VALUES FOR THE TWO PROBABILITIES

start=(0.5,0.5)

// CREATE PROGRAM ("vector_min") FOR EVALUATING 2x1 VECTOR (ss)
// WHOSE ELEMENTS ARE TO BE MINIMISED

void vector_min(todo, p, ss, S, H)
    {
    external mu
```

```
                    p_PL    = p[1]
                    p_EL    = p[2]

 s1= (p_PL-exp(p_EL/mu)/(exp(p_EL/mu)+exp(2*(1-p_EL)/mu)))^2
 s2= (p_EL-exp((-p_PL)/mu)/(exp((-p_PL)/mu)+exp(-2*(1-p_PL)/mu)))^2

                    ss = s1 \ s2
 }


// BEGIN DEFINITION OF OPTIMISATION PROBLEM,
// RETURNING S, A PROBLEM-DESCRIPTION HANDLE CONTAINING DEFAULT VALUES

 S = optimize_init()

// MODIFY DEFAULTS (THE LAST TWO SET THE LEVEL OF ACCURACY):

optimize_init_evaluator(S, &vector_min())
 optimize_init_evaluatortype(S, "gf0")
optimize_init_params(S, start)
 optimize_init_which(S,  "min" )
optimize_init_conv_ptol(S, 1e-16)
 optimize_init_conv_vtol(S, 1e-16)

// RETURN TO STATA

end

* SET VALUE OF mu

scalar mu=.7
mata: mu=st_numscalar("mu")

* PERFORM OPTIMIZATION; STORE SOLUTION IN 2x1 VECTOR p:

mata: p = optimize(S)

* EXTRACT ELEMENTS OF p

mata: st_numscalar("p_PL",p[1])
mata:  st_numscalar("p_EL", p[2])

* DISPLAY RESULT

scalar list p_PL
scalar list p_EL
```

要进行最小化求解的函数是命名为 ss 的 2×1 向量。解决方案是一个 2×1 向量 p,从中我们可以提取出元素 $p_{PL}(\mu)$ 和 $p_{EL}(\mu)$。值得注意的是,我们这样做就意味着这些概率是在一个给定 μ 值的基础上得出的。运行这个程序(在这个程序中,μ 被设定为 0.7),得到如下结果:

```
. scalar list p_PL
     p_PL =  .50249676

. scalar list p_EL
     p_EL =  .66901177
```

将给定 μ 值拓展到一定范围,同时运行这个程序,我们将得到选择概率关于 μ 值的散点图,如图 16.2 所示。正如我们预期的那样,当 $\mu\approx0$ 时,双方的概率都为 0.67。(当 μ 设置为 0 时,程序将没有办法运行,因为需要除以 0,式子将没有意义,所以这个程序满足于将 μ 设置为一个较小的正数。)这一结果和零噪声条件下的混合策略纳什均衡是一致的。正如预期的那样,随着噪声水平的提高,双方的概率都逐渐接近 0.5。

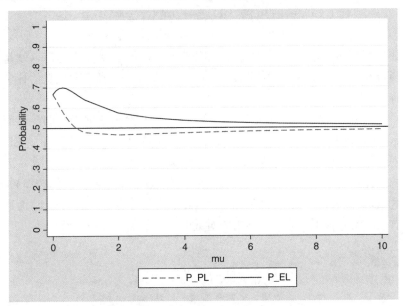

图 16.2　追赶者选择 L 的概率、逃避者选择 L 的概率与"噪声水平"(μ)的关系图

16.4　量子反应均衡模型的估计

通过第 16.3.2 节中的程序,我们已经得到 $p_{PL}(\mu)$ 和 $p_{EL}(\mu)$ 两个概率,在此基础上去建立一个对数似然函数就是一件相对简单的事情了。如果第 i 组的追赶者在 t 轮选择了 L,就令 $y_{p,it}=1$,否则就取值为 0。同理,如果第 i 组的逃避者在 t 轮选择了 L,就令 $y_{E,it}=1$,否则就取值为 0。关于 nT 的博弈样本对数似然函数为:

$$\text{Log } L(\mu) = \sum_{i=1}^{n} \sum_{t=1}^{T} \ln[\{y_{P,it}p_{PL}(\mu) + (1-p_{PL}(\mu))\} \times$$
$$\{y_{E,it}p_{EL}(\mu) + (1-y_{E,it})(1-p_{EL}(\mu))\}] \qquad (16.16)$$

事实上,我们可以采用一种更简便的方式来表示式(16.16),因为每一个博弈小组在每一轮博弈中的选择概率是可以固定的。设 n_{PL} 为追赶者总博弈次数中选择 L 的次数,并按照类似的方法定义 n_{PR}、n_{EL}、n_{ER}。对数似然函数可以写作:

$$\text{Log } L(\mu) = n_{PL} \ln p_{PL}(\mu) + n_{PR} \ln[1 - p_{PL}(\mu)]$$
$$+ n_{EL} \ln p_{EL}(\mu) + n_{ER} \ln[1 - p_{EL}(\mu)] \qquad (16.17)$$

对数似然函数[式(16.17)]清晰地说明了估计参数 μ 所需的信息就是选择频数,而对实际的选择序列没有要求。也就是说,选择频数就是估计参数 μ 的充足统计量。

在知道选择频数的情况下,就可以对对数似然函数进行绘制。下面的 Excel 表格就是用来计算一定 μ 值范围内的对数似然的。p_PL 和 p_EL 这两列就是使用第 16.3.2 节中的 mata 最优例程得到的概率。log l 这一列记录的是计算对数似然的公式,公式中涉及概率及表格底部注明的选择频数。在这里,我们假设一共有 1 000 轮博弈,其中追赶者有 500 次选择 L,而逃避者有 667 次选择 L。最终绘制出的对数似然函数图如 16.3 所示。

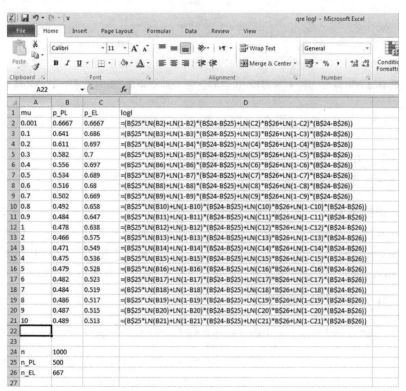

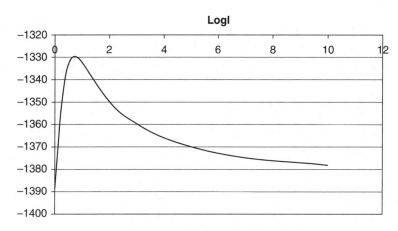

图 16.3 QRE 模型的对数似然函数

我们观察到对数似然函数只有一个最大值,并且可以证明函数是在 $\mu=0.72$ 处取得最大的对数似然 $-1\,329.43$ 的。并且我们还注意到,该对数似然函数曲线不是全凹的,如果我们的调研太过偏离 MLE,这就会带来一些问题。

还需知晓的另外一件与对数似然函数曲线形状有关的事就是:模型要求数据遵循一种特殊的模式,在该模式中,逃避者选择 L 的频数至少要和追赶者的一样大。让我们想一想,如果数据不能满足这一要求,会发生什么。如果我们将之前假设的频数对换一下,令 n_PL＝667,n_EL＝500,对数似然函数曲线就会变为如图 16.4 所示的非标准形式。在这一情况下,μ 的最

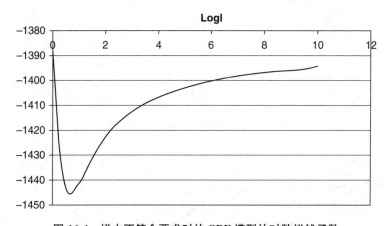

图 16.4 样本不符合要求时的 QRE 模型的对数似然函数

大似然估计为 0,因为在该处,log L 达到最大值。当然,一个更为精辟的结论就是在这一情况下,QRE 模型不能够解释这一数据模式。

同样,结合第 16.3.2 节中阐释的 mata 最优例程,我们也可以使用 STATA 中的 ml 例程来估计 μ 值。

下面的 STATA 代码首先"模拟"了 1 000 轮博弈。事实上,我们不应该将之称为"模拟",因为数据是精确设置的:追赶者的选择被设置为 500L 和 500R,而逃避者的选择被设置为 667L 和 333R。之后还定义了一个名为"qre"的程序,目的是估计一个给定的参数 μ 的对数似然函数。值得注意的是,我们还需要在"qre"程序中启动 mata 最优例程,在已有的 μ 值基础上,得到我们所需要的两个概率值。程序的最后就是我们的模拟结果。

值得注意的是,在程序的不同位置出现了两个不同的初始向量:当运用 mata 最优例程计算概率时所使用的"start"(2×1)初始向量,而"sstart"是 ml 例程的(1×1)初始向量。

```
* HERE: SUPPLY ("vector_min") MATA PROGRAM PRESENTED ABOVE

* GENERATE DATA SET

set obs 1000
gen int y_P = _n<501
gen int y_E = _n<668

* SET STARTING VALUES FOR COMPUTATION OF THE TWO PROBABILITIES

mat start=(0.67,0.67)

prog drop _all

* LOG-LIKELIHOOD EVALUATION PROGRAM (qre) STARTS HERE:

program define qre
args lnf mu
tempvar pp
tempname p_PL p_EL

scalar mu='mu'

* COPY STARTING PROBABILITIES AND mu INTO MATA

mata: start=st_matrix("start")
mata: mu=st_numscalar("mu")

* PERFORM OPTIMIZATION; STORE SOLUTION IN 2x1 VECTOR p:

mata: p = optimize(S)

* EXTRACT ELEMENTS OF p

mata: st_numscalar("p_PL",p[1])
mata:  st_numscalar("p_EL", p[2])

* GENERATE JOINT PROBABILITY OF PURSUER'S AND EVADER'S DECISIONS:

quietly gen double 'pp'=((p_PL*y_P)+(1-p_PL)*(1-y_P))*((p_EL*y_E)+(1-p_EL)*(1-y_E))
```

```
* GENERATE LOG-LIKELIHOOD

quietly replace 'lnf'=ln('pp')
end

* SET STARTING VALUE FOR ML ROUTINE (NOTE: ONLY ONE PARAMETER, mu)

mat sstart=.6

* RUN ML

ml model lf qre ()
ml init sstart, copy
ml maximize
```

模拟结果如下：

```
. ml maximize

initial:       log likelihood = -1330.3224
rescale:       log likelihood = -1330.3224
Iteration 0:   log likelihood = -1330.3224
Iteration 1:   log likelihood = -1329.4369
Iteration 2:   log likelihood = -1329.4302
Iteration 3:   log likelihood = -1329.4302

                                            Number of obs   =       1000
                                            Wald chi2(0)    =          .
Log likelihood = -1329.4302                 Prob > chi2     =          .

-------------------------------------------------------------------------
            |   Coef.    Std. Err.      z    P>|z|    [95% Conf. Interval]
------------+------------------------------------------------------------
      _cons |  .7197914  .0974524    7.39   0.000    .5287882    .9107947
-------------------------------------------------------------------------
```

我们可以看到 μ 的 MLE 为 0.72，且对应的最大对数似然为 $-1\,329.43$。这一结果和 Excel 表基于相同数据的分析结果相一致。

16.5 风险厌恶量子反应均衡模型

在第 16.2.1 节中，我们通过计算参与者不同策略下的期望值，然后令两者相等，推导出了追逃博弈的混合策略纳什均衡。需要注意的是，我们这样做是建立在风险中立的假设基础之上的。在第 16.3 节，我们将随机性纳入了决策过程，并在此基础上推导出了 QRE 模型。Goeree 等(2003)对 QRE 模型做了有趣的拓展和延伸，它允许风险厌恶情况的存在，而不是停留在风险中立。在本节，我们同样在追逃博弈实验背景下，来推导"风险厌恶 QRE 模型"。

根据 Goeree 等(2003)，我们假设了一个 CRRA 效用函数：

$$U(x) = \frac{x^{1-r}}{1-r} \qquad x \geqslant 0$$

$$= -\frac{(-x)^{1-r}}{1-r} \quad x < 0 \tag{16.18}$$

正如在第 12 章解释的那样,参数 r 是相对风险厌恶系数。在第 16.2 节中,我们计算的是期望值,而在这里,我们要计算的是期望效用。对于追赶者来说,参与者选择 L 和 R 的期望效用分别是:

$$EU_P(L) = p_{EL} \times \frac{1}{1-r} + (1-p_{EL}) \times 0 = \frac{p_{EL}}{1-r}$$

$$EU_P(R) = p_{EL} \times 0 + (1-p_{EL}) \times \frac{2^{1-r}}{1-r} = \frac{2^{1-r}(1-p_{EL})}{1-r} \tag{16.19}$$

对于逃避者来说,参与者选择 L 和 R 的期望效用分别是:

$$EU_E(L) = p_{PL} \times \frac{-1}{1-r} + (1-p_{PL}) \times 0 = \frac{p_{PL}}{1-r}$$

$$EU_E(R) = p_{PL} \times 0 + (1-p_{PL}) \times \frac{-(2^{1-r})}{1-r} = -\frac{2^{1-r}(1-p_{PL})}{1-r} \tag{16.20}$$

运用和第 16.3.2 节相似的推导,我们得到了风险厌恶 QRE 模型的均衡条件:

$$p_{PL} = \frac{\exp\left(\frac{p_{EL}}{(1-r)\mu}\right)}{\exp\left(\frac{p_{EL}}{(1-r)\mu}\right) + \exp\left(\frac{2^{1-r}(1-p_{EL})}{(1-r)\mu}\right)}$$

$$p_{EL} = \frac{\exp\left(-\frac{p_{PL}}{(1-r)\mu}\right)}{\exp\left(-\frac{p_{PL}}{(1-r)\mu}\right) + \exp\left(-\frac{2^{1-r}(1-p_{PL})}{(1-r)\mu}\right)}$$

计算概率的程序和第 16.3.2 节计算概率的程序相同,不同的是,在这里,我们需要先知道两个参数 μ 和 r 的值。

包含计算概率的 mata 最优程序和估计参数 μ 和 r 的 ml 程序的完整代码如下:

```
* START MATA FROM WITHIN STATA

mata:

// SET STARTING VALUES FOR THE TWO PROBABILITIES

start=(0.5,0.5)

// CREATE PROGRAM ("vector_min") FOR EVALUATING 2x1 VECTOR (ss)
// WHOSE ELEMENTS ARE TO BE MINIMISED

void vector_min(todo, p, ss, S, H)
          {
external X, mu, r
                 PP   = p[1]
                 PE   = p[2]

EU_PL=PE/(mu*(1-r))
EU_PR=(2^(1-r))*(1-PE)/(mu*(1-r))

EU_EL=(-PP)/(mu*(1-r))
EU_ER=-(2^(1-r))*(1-PP)/(mu*(1-r))

s1=(PP-exp(EU_PL)/(exp(EU_PL)+exp(EU_PR)))^2
s2=(PE-exp(EU_EL)/(exp(EU_EL)+exp(EU_ER)))^2

                 ss= s1\s2

          }

// BEGIN DEFINITION OF OPTIMISATION PROBLEM,
// RETURNING S, A PROBLEM-DESCRIPTION HANDLE CONTAINING DEFAULT VALUES

 S = optimize_init()

// MODIFY DEFAULTS

optimize_init_evaluator(S, &vector_min())
 optimize_init_evaluatortype(S, "v0")
optimize_init_params(S, start)
 optimize_init_which(S,  "min" )
 optimize_init_tracelevel(S,"none")
 optimize_init_conv_ptol(S, 1e-16)
 optimize_init_conv_vtol(S, 1e-16)

// RETURN TO STATA

end

clear

* GENERATE DATA SET

set obs 1000
gen int y_P = _n<501
gen int y_E = _n<668

* SET STARTING VALUES FOR COMPUTATION OF THE TWO PROBABILITIES

mat start=(0.67,0.67)

prog drop _all
```

```
* LOG-LIKELIHOOD EVALUATION PROGRAM (qre_risk) STARTS HERE:

program define qre_risk
args lnf mu r
tempvar pp
tempname p1 p2 mmu rr

scalar mmu='mu'
scalar rr='r'

* COPY STARTING PROBABILITIES AND TWO PARAMETERS (mu and r) INTO MATA

mata: start=st_matrix("start")
mata: mu=st_numscalar("mmu")
mata: r=st_numscalar("rr")

* PERFORM OPTIMIZATION; STORE SOLUTION IN 2x1 VECTOR p:

mata: p = optimize(S)

* EXTRACT ELEMENTS OF p

mata: st_numscalar("p1",p[1])
mata: st_numscalar("p2", p[2])

* GENERATE JOINT PROBABILITY OF PURSUER'S AND EVADER'S DECISIONS:

quietly gen double 'pp'=((p1*y_P)+(1-p1)*(1-y_P))*((p2*y_E)+(1-p2)*(1-y_E))

* GENERATE LOG-LIKELIHOOD

quietly replace 'lnf'=ln('pp')
end

* SET STARTING VALUES FOR 2 PARAMETERS mu AND r

mat sstart=(.1,0.3)

* RUN ML

ml model lf qre_risk () ()
ml init sstart, copy
ml maximize
```

再一次,我们假设 1 000 轮的博弈数据已经生成,其中追赶者选择 L 的次数为 500,逃避者选择 L 的次数为 667,结果如下：

```
. ml maximize

initial:       log likelihood = -1354.7992
rescale:       log likelihood = -1353.2851
rescale eq:    log likelihood =  -1329.691
Iteration 0:   log likelihood =  -1329.691
Iteration 1:   log likelihood = -1329.4408
Iteration 2:   log likelihood = -1329.4301
Iteration 3:   log likelihood =   -1329.43

                                    Number of obs   =      1000
                                    Wald chi2(0)    =         .
Log likelihood =  -1329.43          Prob > chi2     =         .
```

```
               |    Coef.    Std. Err.      z    P>|z|    [95% Conf. Interval]
---------------+------------------------------------------------------------------
eq1            |
        _cons  |  .7203918    .1047659    6.88   0.000    .5150544    .9257293
---------------+------------------------------------------------------------------
eq2            |
        _cons  | -.0021648    .1382919   -0.02   0.988   -.2732119    .2688824
```

首先,风险厌恶参数的 MLE(表格中的第二个估计)非常接近于 0,说明我们假设的数据模式是风险中立的。同时,μ 的 MLE(0.720 4)与第 16.4 节风险中立 QRE 估计为 0.719 8 时得到的参数 μ 的估计值非常相似。而且风险中立 QRE 在标准差较小时估计的参数 μ 更精确,因此从这一点上看,风险厌恶 QRE 并没有增添多少优势。对于纳什均衡的偏离,我们将通过随机元素来对其进行详细地解释。

但是我们现在考虑一个不同的数据模式,在该模式中,博弈者双方都较少选择 L。我们假设追赶者选择 L 500 次,而逃避者选择 L 600 次,在这一情形下,得到的结果如下:

```
                                        Number of obs   =       1000
                                        Wald chi2(0)    =          .
Log likelihood = -1366.1588             Prob > chi2     =          .

               |    Coef.    Std. Err.      z    P>|z|    [95% Conf. Interval]
---------------+------------------------------------------------------------------
eq1            |
        _cons  |  1.054045    .2420504    4.35   0.000    .5796348    1.528455
---------------+------------------------------------------------------------------
eq2            |
        _cons  |  .4150363    .1321526    3.14   0.002    .156022     .6740506
```

现在 r 的估计值为 0.415,与 0 相差甚远,反映了这份数据中存在显著的风险厌恶。μ 的估计值为 1.05,看起来也有点高,但是如果通过这份数据集来估计风险中立 QRE,得到的 μ 的估计值将会更高,为 1.39。风险厌恶 QRE 模型得到的 μ 的估计值更低,这一结果和一个观点是相一致的,即数据中存在的相当比例的"噪声"是可以用参与者的风险厌恶来进行解释的。

16.6　量子反应均衡在竞标数据中的应用

在这节我们重新思考 Chowdhury 等(2014)的竞标实验,该实验的数据在第 4 章有过相关分析。第 4 章中的面板数据技术被用于估计竞标中影响努力程度的决定因素,尤其是发现"过度竞标"的来源。相关数据储存在文件 chowdhury 中。

在这里,我们采用 QRE 来解释 RNNE 的偏离现象。事实上,Chowdhury 等(2014)中也使用了该方法。

这个例子和本章节前面提到的追逃例子有着很大的不同,因为策略空间不再局限于两个选项,努力水平可以取 0 到 80 之间的任意数值。假设努力水平必须取整数值,策略空间也有 81 个选项可供选择。这样大的策略空间规模也为后面 QRE 的计算提出了难题,因为这意味着在每一重复中,需要针对这 81 个选择计算 81 个概率。第 4 章中的图 4.4 呈现了努力水平的直方图,该直方图的一个重要特点就是多模态,模式通常按 5 的倍数发生。这个特点也为缩减策略空间规模提供了一个相对可行的方法:将所有的观测数值圆整到 5 的倍数上去。我们假设圆整后的努力水平为 y,从出价中生成 y 的 STATA 命令为:

```
gen y=5*round(bid/5,1)
```

得到的分布结果如图 16.5 所示。在努力水平为 15 处有一条垂线,回想一下之前的知识,就可以知道这代表着这一竞标中努力水平的均衡预测值。

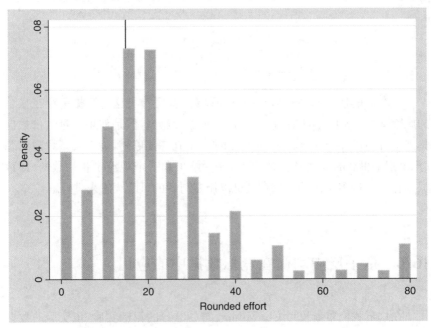

图 16.5 来自 Chowdhury 等(2014)的圆整至最接近 5 的倍数的努力水平数据

现在我们将继续说明如何从数据中计算出 QRE。

每个参与者 i 都对其他参与者努力水平的概率分布有很好的认知。由于我们把努力水平处理为有 17 个取值的离散变量，$y^0 = 0$，$y^1 = 5$，$y^2 = 10$，…，$y^{16} = 80$，这一概率分布我们用概率值 p^0，p^1，…，p^{16} 来表示。在这一分布基础上，参与者 i 形成了关于其他 $n-1$ 个参与者所做努力的总体预期 $(n-1)\sum_{j=0}^{16} p^j y^j$，之后参与者 i 根据这 17 个可能的策略，计算自己的预期回报：

$$EV_i(y\,;\,p^0\,,\cdots,\,p^{16}) = \frac{80y}{y+(n-1)\sum_{j=0}^{16} p^j y^j} - y \quad y \in \{y^0\,,\,y^1\,,\cdots,\,y^{16}\}$$

(16.21)

参与者 i 选择策略 j 的概率可以表示为：

$$p_i(y^j\,;\,p^0\,,\cdots,\,p^{16}\,;\,\mu) = \frac{\exp[EV_i(y^j)/\mu]}{\sum_{k=0}^{16} \exp[EV_i(y^k)/\mu]} \quad j=0\,,\cdots,\,16$$

(16.22)

其中 μ 为噪声参数。

对于一个给定 μ 值的 QRE 可以被概率向量 $(\tilde{p}^0(\mu)\,,\cdots,\,\tilde{p}^{16}(\mu))$ 定义，有

$$p_i(y^j\,;\,\tilde{p}^0\,,\cdots,\,\tilde{p}^{16}\,;\,\mu) = \tilde{p}^j(\mu) \quad j=0\,,\cdots,\,16 \quad (16.23)$$

对于 N 个努力水平 y_1，…，y_N 的独立同分布样本，我们可以构建一个关于参数 μ 的对数似然函数：

$$\text{Log}\,L(\mu) = \sum_{i=1}^{N} \sum_{j=0}^{16} I(y_i = y^j)\ln[\tilde{p}^j(\mu)] \quad (16.24)$$

同样，这里用于计算 QRE 的程序包含了两个部分：一个 mata"最优"程序，为的是找到给定 μ 值的固定点 $(\tilde{p}^0(\mu)\,,\cdots,\,\tilde{p}^{16}(\mu))$；另一个是 STATA 的 ml 程序，为的是找到令对数似然函数[式(16.24)]最大化的 μ 值。

命令代码如下所示：

```
*  Maximum likelihood estimation of "mu" in QRE model for contest data.
*  MATA Optimize routine is used to find p0-p16 for given mu.
*  STATA ML routine maximises the log-likelihood over mu

clear mata

mata:

start=(0.08,0.08,0.08,0.08,0.04,0.04,0.04,0.04,0.04,0.04, ///
0.04,0.04,0.04,0.04,0.04,0.04)

void mysolver(todo, p, fff, S, H)
    {
 external mu
p1 = p[1]
p2 = p[2]
p3 = p[3]
p4 = p[4]
p5 = p[5]
p6 = p[6]
p7 = p[7]
p8 = p[8]
p9 = p[9]
p10 = p[10]
p11 = p[11]
p12 = p[12]
p13 = p[13]
p14 = p[14]
p15 = p[15]
p16 = p[16]

p0=1-p1-p2-p3-p4-p5-p6-p7-p8-p9-p10-p11-p12-p13-p14-p15-p16

ee=5*(0*p0+1*p1+2*p2+3*p3+4*p4+5*p5+6*p6+7*p7+8*p8+9*p9+10*p10  ///
 +11*p11+12*p12+13*p13+14*p14+15*p15+16*p16)
 zz0=exp(0*(80/(0+3*ee)-1)/mu)
  zz1=exp(5*(80/(5+3*ee)-1)/mu)
   zz2=exp(10*(80/(10+3*ee)-1)/mu)
    zz3=exp(15*(80/(15+3*ee)-1)/mu)
 zz4=exp(20*(80/(20+3*ee)-1)/mu)
  zz5=exp(25*(80/(25+3*ee)-1)/mu)
 zz6=exp(30*(80/(30+3*ee)-1)/mu)
  zz7=exp(35*(80/(35+3*ee)-1)/mu)
   zz8=exp(40*(80/(40+3*ee)-1)/mu)
    zz9=exp(45*(80/(45+3*ee)-1)/mu)
 zz10=exp(50*(80/(50+3*ee)-1)/mu)

  zz11=exp(55*(80/(55+3*ee)-1)/mu)
    zz12=exp(60*(80/(60+3*ee)-1)/mu)
     zz13=exp(65*(80/(65+3*ee)-1)/mu)
 zz14=exp(70*(80/(70+3*ee)-1)/mu)
  zz15=exp(75*(80/(75+3*ee)-1)/mu)
  zz16=exp(80*(80/(80+3*ee)-1)/mu)


zz=zz0+zz1+zz2+zz3+zz4+zz5+zz6+zz7+zz8+zz9+zz10+zz11 ///
+ zz12+zz13+zz14+zz15+zz16

pp0=zz0/zz
pp1=zz1/zz
pp2=zz2/zz
```

```
pp3=zz3/zz
pp4=zz4/zz
pp5=zz5/zz
pp6=zz6/zz
pp7=zz7/zz
pp8=zz8/zz
pp9=zz9/zz
pp10=zz10/zz

pp11=zz11/zz
pp12=zz12/zz
pp13=zz13/zz
pp14=zz14/zz
pp15=zz15/zz
pp16=zz16/zz


fff=(p1-pp1)^2 \
(p2-pp2)^2 \
(p3-pp3)^2 \
(p4-pp4)^2 \
(p5-pp5)^2 \
(p6-pp6)^2 \
(p7-pp7)^2 \
(p8-pp8)^2 \
(p9-pp9)^2 \
(p10-pp10)^2 \
(p11-pp11)^2 \
(p12-pp12)^2 \
(p13-pp13)^2 \
(p14-pp14)^2 \
(p15-pp15)^2 \
(p16-pp16)^2


                }

S = optimize_init()

optimize_init_evaluator(S, &mysolver())
 optimize_init_evaluatortype(S, "v0")
optimize_init_params(S, start)
 optimize_init_which(S,   "min" )
 optimize_init_tracelevel(S,"none")
 optimize_init_conv_ptol(S, 1e-16)
 optimize_init_conv_vtol(S, 1e-16)

end

clear

scalar mu=10.0
mat start=(1.101704)

prog drop _all

    mata: start=st_matrix("start")

mata: mu=st_numscalar("mu")
```

```
mata: p = optimize(S)

mata: start=p

mata: st_numscalar("p1",p[1])
mata: st_numscalar("p2",p[2])
mata: st_numscalar("p3",p[3])
mata: st_numscalar("p4",p[4])
mata: st_numscalar("p5",p[5])
mata: st_numscalar("p6",p[6])
mata: st_numscalar("p7",p[7])
mata: st_numscalar("p8",p[8])
mata: st_numscalar("p9",p[9])
mata: st_numscalar("p10",p[10])

mata: st_numscalar("p11",p[11])
mata: st_numscalar("p12",p[12])
mata: st_numscalar("p13",p[13])
mata: st_numscalar("p14",p[14])
mata: st_numscalar("p15",p[15])
mata: st_numscalar("p16",p[16])


scalar p0=1-p1-p2-p3-p4-p5-p6-p7-p8-p9-p10-p11-p12-p13-p14-p15-p16

clear

mat start=(0.08,0.08,0.08,0.08,0.04,0.04,0.04, ///
0.04,0.04,0.04,0.04,0.04,0.04,0.04,0.04,0.04)

prog drop _all

program define qre
args lnf mu
tempvar pp
tempname p0 p1 p2 p3 p4 p5 p6 p7 p8 p9 p10 p11 p12 p13 p14 p15 p16 mmu

scalar mmu='mu'

mata: start=st_matrix("start")

mata: mu=st_numscalar("mmu")
mata: X=st_numscalar("X")

mata: p = optimize(S)

mata: start=p

mata: st_numscalar("p1",p[1])
mata:  st_numscalar("p2", p[2])
mata: st_numscalar("p3",p[3])
mata:  st_numscalar("p4", p[4])
mata: st_numscalar("p5",p[5])
mata:  st_numscalar("p6", p[6])
mata:  st_numscalar("p7", p[7])
mata: st_numscalar("p8",p[8])
mata:  st_numscalar("p9", p[9])
mata:  st_numscalar("p10", p[10])
mata: st_numscalar("p11",p[11])
mata:  st_numscalar("p12", p[12])
mata: st_numscalar("p13",p[13])
mata:  st_numscalar("p14", p[14])
```

```
mata: st_numscalar("p15",p[15])
mata:  st_numscalar("p16", p[16])

scalar p0=1-p1-p2-p3-p4-p5-p6-p7-p8-p9-p10-p11-p12-p13-p14-p15-p16

forvalues k=1(1)16 {
scalar p`k'=max(p`k',1.0e-12)
}

scalar p0=1-p1-p2-p3-p4-p5-p6-p7-p8-p9-p10-p11-p12-p13-p14-p15-p16

quietly gen double `pp'=y0*p0+y1*p1+y2*p2+y3*p3+y4*p4+y5*p5+y6*p6 ///
 +y7*p7+y8*p8+y9*p9+y10*p10+y11*p11+y12*p12+y13*p13+y14*p14+y15*p15+y16*p16

quietly replace `lnf'=ln(`pp')
end

use chowdhury, clear

keep if t>15

* ROUND BID TO NEAREST 5

gen y=5*round(bid/5,1)

gen y0=y==0
gen y1=y==5
gen y2=y==10
gen y3=y==15
gen y4=y==20
gen y5=y==25
gen y6=y==30
gen y7=y==35
gen y8=y==40
gen y9=y==45
gen y10=y==50
gen y11=y==55
gen y12=y==60
gen y13=y==65
gen y14=y==70
gen y15=y==75
gen y16=y==80

mat sstart=(10)

ml model lf qre ()
ml init sstart, copy
ml maximize
```

μ 的估计值为 10.42，而且具有 95% 的置信区间 $9.56 < \mu < 11.27$，参数估计精确度较高。这个估计值和 Chowdhury 等（2014）表 4 中的结果不能相比，因为在 Chowdhury 等（2014）中，他们估计 $\lambda = 1/\mu$，并且他们将结果变量重新计算为美元来进行测量，取代了原来的实验点。但是，上面得到的最大似然 $-5\,433.8$ 接近于 Chowdhury 等（2014）表 4 中得出的结果 $-5\,424.5$。

16.7　小结与拓展阅读

在本章的开头,我们推导了一个双人博弈的混合策略纳什均衡,这个方法在 Camerer(2003)的附录 A1.1 部分有较为详细的解释。之后我们检验了一个遵循混合策略纳什均衡的特殊数据集。这个数据集来自 Rosenth 等(2003),而且这里描述的分析和他们的较为相似。

在第 16.2.2 节,我们强调了游程检验不仅具有随机性,而且混合策略的应用也是恒定的。可以想象,如果潜在混合策略随着时间改变,一个随机的选择序列也可能表现出非随机性。Ansari 等(2012)和 Shachat 等(2015)估计了隐藏的马尔可夫模型,该模型假设参与者在单一策略和混合策略之间转换。这个模型被应用于一个特定实验的数据,在这个实验里,受试者重复和根据混合策略纳什均衡原理运行的计算机进行博弈。这个估计结果揭示了一个结论:这里有相当多的单一策略和混合策略博弈,但是单一策略和混合策略之间的转换概率较低。

本章还进行了 QRE 模型的分析,这个模型是由 McKelvey 和 Palfrey(1995)提出的。QRE 遵循了个体选择行为(Luce,1959)的早期模型惯例,文献中也出现了很多关于 QRE 的应用。在本章,我们考虑了两个特殊例子,并将重心放在了如何获得模型参数的估计值上面。对于 QRE 在最后通牒博弈中的应用,可以参考 Yi(2005)。

练习

思考一下"性别战"博弈,该博弈的回报矩阵如下:

		参与者 2	
		左	右
参与者 1	上	2, 1	0, 0
	下	0, 0	1, 2

运用第 16.2.1 节中的方法,推导出该博弈的混合策略均衡。

17　推理模型的深度

17.1　引言

在上一章里,焦点放在了 QRE 模型,一个假设参与者以随机方式偏离纳什预测的模型,但是每个参与者都形成对其他参与者随机性的正确信念。在本章中,我们进阶到另一种类型的模型,这种模型假设部分(或所有)参与者在对他人策略的错误认知基础上采取相应的行动。

这一方法的本质在于假设不同级别的推理。每个受试者都会推理出他人策略的级别,并且针对自己假想的他人策略,给出相对应的最优应对方式。当然,并非所有受试者都对其他受试者的策略拥有正确信念。本章所建立的所有模型都是基于不正确信念的假设,并且正是由于这一假设使它们成为有限理性模型。

从计量经济学的角度来看,这些模型成为了在第 8 章详细讨论过的有限理性方法的很自然的运用。"受试者类型"仅仅是推理的不同级别。我们还需要一个能够使特定参与者实际决策与"最佳反应"相区别的随机因素。为了达到这一目的,我们将采用与第 8 章里相同的方法。

本章我们应用的博弈叫作"ω-选美比赛博弈",也叫作"猜测博弈",由 Nagel(1995)提出。关注这一博弈的一个原因是该博弈得出的数据高度服从混合模型。使混合模型的建立如此简单的一个特征为其结果为连续分布,并且倾向于与第 8 章里的混合分布拥有同样类型的可识别多模态。

本章会考虑两种类型的模型。第一种是"k 层级"模型。在该模型中假设了每一个推理层级大于零的参与者都相信其他所有参与者都比他们自己低一个层级。第二种是"认知层次"模型,假设参与者相信其他参与者分布于更低的推理层级之间。

17.2 选美比赛博弈的 k 层级模型

Nagel(1995)的"ω-选美比赛博弈"采取了以下形式。每个参与者选择一个 0—100 之间的整数。ω 的值由实验组织者决定,通常为 2/3。当 $\omega =$ 2/3 时,获胜者为数字最接近总体平均数的 2/3 的那个参与者。

让我们想象一下这个博弈($\omega = 2/3$)在一个大的阶梯教室中进行,有 500 个参与者。模拟数据包含在文件 beauty_sim 中。模拟猜测值的分布如图 17.1 所示。我们可以看到该分布是多模态的,在 33 和 22 附近都有一个明显的模态,注意还有一个接近于零的模态。值得一说的是图 17.1 中的分布与同一个博弈的真实猜测数据组得出的分布十分相似。例如,可参阅 Bosch-Domenech 等(2010)。

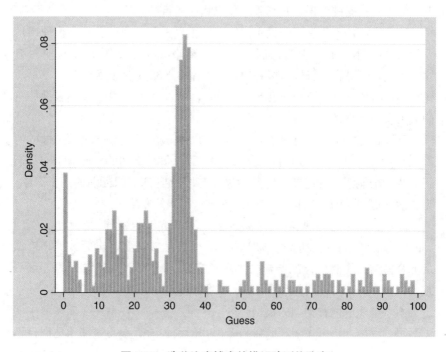

图 17.1 选美比赛博弈的模拟猜测值分布

在这个博弈中建立行为模式有一个普遍的方法就是 k 层级模型,其标准形式如下:我们首先假设群体中有一组个体从一个(离散)均匀分布 $\{0,1,\cdots,100\}$ 中完全随机地选择了一个数字。这些个体就被记为"0 层级推理者"。然后,有一组个体相信其他所有参与者都为 0 层级推理者,并且推测他们的平均猜测值在 50 左右,所以对于他们来说,33 就是最佳的猜测值(最接近于 50 的 2/3 的整数)。这些参与者被标记为"1 层级推理者"。接下来,有一组个体相信其他所有人都为 1 层级,平均猜测值为 33,因此该类个体的最佳猜测值为 22,这些是 2 层级推理者。将该序列继续进行下去,3 层级推理者的猜测值为 15,4 层级推理者的猜测值为 10,以此类推。

注意,如果每个参与者具有完美的推理能力,他们最终得出的猜测值都会是 0,他们就全部正确并共享奖励。但是,不用说,真实受试者在进行这项博弈时并不会出现这样的情况。

用图 17.1 直方图中的数据估计每一个推理层级占总体的比例存在一定的困难,我们需要用到一个参数模型。我们假设受试者类型是有限的,共 $J+1$ 个,推理最高层级为 J。

在实际情况中,一些受试者直接达到了纳什均衡 0,所以考虑最佳猜测值为 0 的"天真纳什均衡者"的存在是合理的,说他们"天真"是因为,尽管他们的行为符合纳什预测,但他们很可能赢不了这场博弈。我们会将此类型标记为 J 层级。

除了 0 层级推理者[从一个(离散)均匀分布中直接选择数字],我们还要假设某个个体选择的数值就是他所属类型最佳的猜测值,外加一个随机的正态分布误差项(其均值为零)及标准偏差 σ。也就是说,我们假设 y_j^* 为 j 类型的最佳猜测值,那么实际猜测值(y)就可以表示为:

$$(y \mid j \text{ 类型}) = y_j^* + \epsilon \quad \epsilon \sim N(0, \sigma^2) \quad j = 1, \cdots, J \qquad (17.1)$$

在这些假设基础上,我们可以得到每一个受试者类型的条件密度函数:

$$f(y \mid L_0) = 1/100 \quad 0 \leqslant y \leqslant 100$$

$$f(y \mid L_j) \frac{1}{\sigma} \phi\left(\frac{y - y_j^*}{\sigma}\right) \quad 0 \leqslant y \leqslant 100 \quad j = 1, \cdots, J \qquad (17.2)$$

我们假设构成总体的 $J+1$ 个受试者类型的比例分别为 p_0, p_1, $\cdots$, p_J,将混合比例和条件密度[式(17.2)]相结合,可以得到样本对数似然(猜

测值 y_i, $i=1$, $\cdots$, n 的样本):

$$\text{Log } L = \sum_{i=1}^{n} \ln\left[\frac{p_0}{100} + \sum_{j=1}^{J} p_j \frac{1}{\sigma}\phi\left(\frac{y_i - y_j^*}{\sigma}\right)\right] \qquad (17.3)$$

我们设 $J=5$,则"最佳猜测值"分别为 $y_1^*=33$, $y_2^*=22$, $y_3^*=15$, $y_4^*=10$, $y_5^*=0$。注意 5 层级的最佳猜测值为 0,这是因为,上面提到过的,我们把"天真纳什均衡者"记作 J 层级。将对数似然函数最大化所需的命令代码为:

```
* LIKELIHOOD EVALUATION PROGRAM STARTS HERE:

program define beauty_mixture
args logl p1 p2 p3 p4 p5 sig
tempvar  f0 f1 f2 f3 f4 f5 l

quietly{

gen double `f0'=0.01
gen double `f1'=(1/`sig')*normalden((y-33.5)/`sig')
gen double `f2'=(1/`sig')*normalden((y-22.4)/`sig')
gen double `f3'=(1/`sig')*normalden((y-15.0)/`sig')
gen double `f4'=(1/`sig')*normalden((y-10.1)/`sig')
gen double `f5'=(1/`sig')*normalden((y-0)/`sig')

gen double `l'=(1-`p1'-`p2'-`p3'-`p4'-`p5')*`f0'   ///
+`p1'*`f1'+`p2'*`f2'+`p3'*`f3'+`p4'*`f4'+`p5'*`f5'

replace postp0=(1-`p1'-`p2'-`p3'-`p4'-`p5')*`f0'/`l'
replace postp1=`p1'*`f1'/`l'
replace postp2=`p2'*`f2'/`l'
replace postp3=`p3'*`f3'/`l'
replace postp4=`p4'*`f4'/`l'
replace postp5=`p5'*`f5'/`l'

replace `logl'=ln(`l')

 putmata postp0, replace
 putmata postp1, replace
 putmata postp2, replace
 putmata postp3, replace
 putmata postp4, replace
 putmata postp5, replace

}

end

* END OF LIKELIHOOD EVALUATION PROGRAM

* READ DATA

use beauty_sim, clear

hist y, disc xtitle("guess")

* INITIALISE POSTERIOR TYPE PROBABILITIES
```

```
gen postp0=. gen postp1=. gen postp2=. gen postp3=. gen postp4=. gen
postp5=.

* SET STARTING VALUES AND RUN ML

mat start=(0.3, 0.4, 0.1, 0.1,0.05, 2) ml model lf beauty_mixture
/p1 /p2 /p3 /p4 /p5 /sig ml init start, copy ml maximize

* DEDUCE PROBABILITY OF LEVEL-0 TYPE

nlcom p0:
1-_b[p1:_cons]-_b[p2:_cons]-_b[p3:_cons]-_b[p4:_cons]-_b[p5:_cons]

* EXTRACT POSTERIOR TYPE PROBABILITIES

drop postp* getmata postp0 getmata postp1 getmata postp2 getmata
postp3 getmata postp4 getmata postp5

* PLOT TYPE PROBABILITIES AGAINST GUESS

sort y

line  postp0 postp1 postp2 postp3 postp4 postp5 y , lpattern(- l l l
l l) ///
  xline(21.7) xtitle("guess") ytitle("posterior type probability") legend(off)
```

注意，我们已经估计出了五个混合比例 $p_1, \cdots, p_5$，接下来可以采用三角法来推导 p_0，结果为：

```
                                    Number of obs   =         500
                                    Wald chi2(0)    =           .
Log likelihood = -1985.0613         Prob > chi2     =
.
```

	Coef.	Std. Err.	z	P>|z|	[95% Conf. Interval]
p1					
_cons	.3982665	.023804	16.73	0.000	.3516116 .4449213
p2					
_cons	.1128533	.0163975	6.88	0.000	.0807148 .1449919
p3					
_cons	.0898775	.0159347	5.64	0.000	.0586461 .121109
p4					
_cons	.0462681	.0135852	3.41	0.001	.0196415 .0728946
p5					
_cons	.0500939	.0117892	4.25	0.000	.0269876 .0732002
sig					
_cons	1.929627	.1027345	18.78	0.000	1.728271 2.130982

```
. . nlcom p0:
1-_b[p1:_cons]-_b[p2:_cons]-_b[p3:_cons]-_b[p4:_cons]-_b[p5:_cons]

     p0:  1-_b[p1:_cons]-_b[p2:_cons]-_b[p3:_cons]-_b[p4:_cons]-_b[p5:_cons]
```

	Coef.	Std. Err.	z	P>|z|	[95% Conf. Interval]
p0	.3026407	.029052	10.42	0.000	.2456999 .3595815

我们可以看到混合比例和误差项的标准误差估计值如下：

$$\hat{p}_0 = 0.303(0.029)$$

$$\hat{p}_1 = 0.398(0.024)$$

$$\hat{p}_2 = 0.113(0.016)$$

$$\hat{p}_3 = 0.090(0.016)$$

$$\hat{p}_4 = 0.046(0.014)$$

$$\hat{p}_5 = 0.050(0.012)$$

$$\hat{\sigma} = 1.930(0.103)$$

可以看出在这个数据组中，大约30%的受试者为0层级推理者。剩下的受试者分布和使用真实数据的类似研究结果一致，大多数的受试者都分布在了1层级、2层级、3层级推理者中，而"天真纳什均衡者"的比例为0.05。

接下来我们可以考虑用常用的贝叶斯法则生成后验概率。画出后验概率和受试者猜测值之间的关系图是比较明智的，如图17.2。虚线表示0层级推理者的后验概率。注意，对于猜测值大于40的任何受试者，它都接近于1，而其他的后验概率峰值如预期的一样，分布在不同的地方。曲线在33处达到顶峰，其对应的概率是1层级受试者的后验概率；曲线在22处也达到顶峰，所对应的概率是2层级受试者的后验概率；15处所对应的概率是3层级受试者的后验概率；10处所对应的概率是4层级受试者的后验概率。曲线在0处也有达到峰值，其对应的概率为5层级受试者（"天真纳什均衡者"）的后验概率。最后一条曲线的位置表示，猜测值为0或猜测值为一个非常小的正数的受试者也被视为"天真纳什均衡者"。

有趣的是，虚线（达到0层级的概率）在不同的最佳猜测的中间区域达到了顶峰。举个例子，如果受试者的猜测值是27或28（即大约在1层级和2层级最佳猜测值的中间区域），如这一点附近的虚线顶峰所示，他们既不是1层级也不是2层级，而是被归类到0层级。

最后，很有意思的是思考最终获胜的猜测值是多少。模拟样本的均值为32.5，表示获胜猜测值为22。图17.2中画的垂直线表示获胜猜测值，而这恰好是2层级类型的最佳猜测值。并且我们可以看到赢家属于2层级类型的概率大约为0.86，而赢家属于0层级类型的概率大约只有0.14。

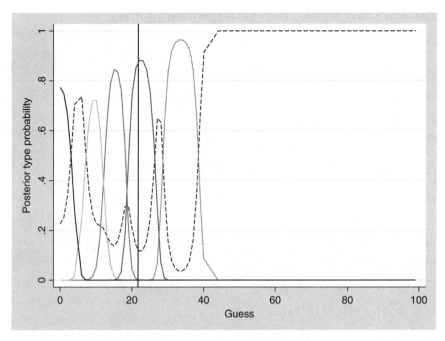

图 17.2　k 层级模型中的后验类型概率
注：垂直线画在获胜的猜测值处。

17.3　认知层次模型

第 17.2 节里构建和估计的 k 层级模型有一个缺陷：它假设了所有受试者都相信其他受试者恰好比自己低一个层级。质疑这一假设的一个很明显的原因是：如果一个受试者拥有 2 层级或 2 层级以上的认知能力，他们就不会天真到相信其他所有受试者都只会比他们低一个层级。

由 Camerer 等（2003）建立的认知层次模型解决了这一问题，通过假设群体推理层级遵循泊松（τ）分布，且 k 类型的受试者相信其他受试者在类型 0 到类型 $k-1$ 之间的分布满足上截尾泊松（τ）分布。也就是说，总体的类型分布满足：

$$P(j) = \left(\frac{e^{-\tau}\tau^{j}}{j!}\right) \quad j = 0,\ 1,\ 2,\ \cdots \tag{17.4}$$

一个 k 类型受试者相信其他受试者在各类型间的概率分布为：

$$p_k(j) = \left(\frac{e^{-\tau}\tau^j}{j!}\right) \bigg/ \left(\sum_{m=0}^{k-1} \frac{e^{-\tau}\tau^m}{m!}\right) \quad j = 0, \cdots, k-1 \qquad (17.5)$$

基于式(17.5)，每一类型的"最佳猜测值"可进行递归计算：

$$b_1 = 0.67 \times 0.5 = 0.33$$
$$b_2 = 0.67[p_2(1) \times b_1 + p_2(0) \times 0.5]$$
$$b_3 = 0.67[p_3(2) \times b_2 + p_3(1) \times b_1 + p_3(0) \times 0.5]$$
$$b_4 = 0.67[p_4(3) \times b_3 + p_4(2) \times b_2 + p_4(1) \times b_1 + p_4(0) \times 0.5]$$
$$b_5 = 0 \qquad (17.6)$$

注意，为了具有操作性，我们假设推理层级不高于 4。并且假设类型 5 属于"最佳猜测值"为 0 的"天真纳什均衡者"。

接下来结合观测到的猜测值(y)、类型概率[$p(j)$]和式(17.6)给出的最佳猜测值 b_j，可以得到对数似然函数为：

$$\text{Log } L = \sum_{i=1}^{n} \ln\left[\frac{p(0)}{101} + \sum_{j=1}^{J} p(j)\frac{1}{\sigma}\phi\left(\frac{y_i - b_j}{\sigma}\right)\right] \qquad (17.7)$$

下面的代码将从认知层次模型中模拟出数据，值得注意的是，数据生成过程中只有两个参数：计算误差参数(σ)和泊松均值(τ)。

```
clear

set more off
set seed 9123456
set obs 500

egen i=fill(1/2)

* set "true" parameter values for simulation

scalar tau=2.0
scalar sigma=2.0

*generate the computational error variable

gen e=sigma*rnormal()

*generate the level-of-reasoning for each individual,
*setting the maximum level to 5

gen level=rpoisson(tau)
replace level=5 if level>5

*generate the first few Poisson Probabilities;
*p5 is one minus the sum of the others.
```

```
scalar p0=exp(-tau)
scalar p1=p0*tau/1
scalar p2=p1*tau/2
scalar p3=p2*tau/3
scalar p4=p3*tau/4

scalar p5=1-p0-p1-p2-p3-p4

* generate the "best guesses" for each level of reasoning;
* Note that type 5 is "naive Nash" with best-guess zero.

scalar b0=50
scalar b1=.67*b0
scalar b2=.67*(p1*b1+p0*b0)/(p1+p0)
scalar b3=.67*(p2*b2+p1*b1+p0*b0)/(p2+p1+p0)
scalar b4=.67*(p3*b3+p2*b2+p1*b1+p0*b0)/(p3+p2+p1+p0)
scalar b5=0

* generate the guesses

gen y=round((level==0)*100*uniform()+(level==1)*(b1+e)+(level==2)*(b2+e)+ ///
    (level==3)*(b3+e)+(level==4)*(b4+e)+(level==5)*abs(0+e),1)

hist y, bin(30) xtitle(guess)
```

从以上模拟得出的数据包含在文件 cog_hier_sim 中。关于猜测值的直
方图如图 17.3 所示。

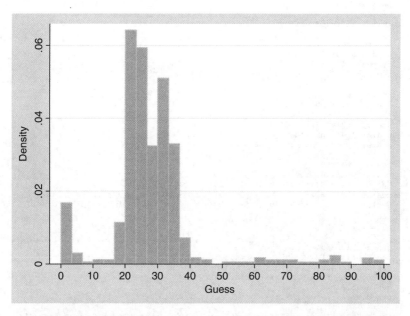

图 17.3　在选美比赛博弈中的猜测值直方图(从认知层次结构模型模拟)

图 17.3 显示出了猜测值分布的一个有趣特征:除了"天真纳什均衡者"

447

的猜测值积聚在 0 附近,还有少量的猜测值是低于 20 的。这是因为,由于泊松均值(τ)是一个很小的数[根据 Camerer 等(2003),τ 的估计值往往在 1.5 左右],大量的个体属于适度推理层级(即 3 层级或以下)。对于恰好拥有较高推理层级的个体,其最佳猜测值在很大程度上受到较低层级推理者最佳猜测值的影响。事实上,可以看出,对于一个给定的 τ 值,随着推理层级的提高,最佳猜测值朝着一个更低的边界收敛,在当前案例中这个边界大约为 20。

这必须看作是此处认知层次模型设定的一个缺陷,因为猜测值少于 20 的受试者只能被分类为 0 层级推理者。很明显,我们还需要更为复杂的认知层次模型设定。

与估计程序计算出的后验概率问题紧密相关的最后一点会在稍后进行分析。

对认知层次模型进行估计的程序如下所示。值得注意的是,只有两个参数需要进行估计:计算误差参数(σ)和泊松均值(τ)。

```
program drop _all

*Log-likelihood evaluation program (ch) starts here

program define cog_heir
args logl sig tau
tempvar  f0 f1 f2 f3 f4 f5 l
tempname p0 p1 p2 p3 p4 p5 b0 b1 b2 b3 b4 b5

scalar `p0'=exp(-`tau')
scalar `p1'=`p0'*`tau'/1
scalar `p2'=`p1'*`tau'/2
scalar `p3'=`p2'*`tau'/3
scalar `p4'=`p3'*`tau'/4
scalar `p5'=1-`p0'-`p1'-`p2'-`p3'-`p4'

scalar `b0'=50
scalar `b1'=.67*`b0'
scalar `b2'=.67*(`p1'*`b1'+`p0'*`b0')/(`p1'+`p0')
scalar `b3'=.67*(`p2'*`b2'+`p1'*`b1'+`p0'*`b0')/(`p2'+`p1'+`p0')
scalar `b4'=.67*(`p3'*`b3'+`p2'*`b2'+`p1'*`b1'+`p0'*`b0')/(`p3'+`p2'+`p1'+`p0')

quietly{

gen double `f0'=0.01
gen double `f1'=(1/`sig')*normalden((y-`b1')/`sig')
gen double `f2'=(1/`sig')*normalden((y-`b2')/`sig')
gen double `f3'=(1/`sig')*normalden((y-`b3')/`sig')
gen double `f4'=(1/`sig')*normalden((y-`b4')/`sig')
gen double `f5'=(1/`sig')*normalden((y-0)/`sig')

gen double `l'=`p0'*`f0'+`p1'*`f1'+`p2'*`f2'+`p3'*`f3'+`p4'*`f4'+`p5'*`f5'

replace `logl'=ln(`l')

replace postp0=`p0'*`f0'/`l'
replace postp1=`p1'*`f1'/`l'
```

```
replace postp2=`p2'*`f2'/`l'
replace postp3=`p3'*`f3'/`l'
replace postp4=`p4'*`f4'/`l'
replace postp5=`p5'*`f5'/`l'

putmata postp0, replace
 putmata postp1, replace
 putmata postp2, replace
 putmata postp3, replace
 putmata postp4, replace
 putmata postp5, replace
}

end

* create posterior prob variables, set starting values and call ML program (ch)

gen postp0=.
gen postp1=.
gen postp2=.
gen postp3=.
gen postp4=.
gen postp5=.


mat start=( 2,2)
ml model lf cog_heir /sig /tau
ml init start, copy

ml maximize

drop postp*

getmata postp0
getmata postp1
getmata postp2
getmata postp3
getmata postp4
getmata postp5

sort y


line  postp0 postp1 postp2 postp3 postp4 postp5 y , lpattern(- l l l l l) ///
legend(off) xlabel(0(10)100) xtitle(guess) ytitle("posterior type probability")
```

估计结果如下：

		Number of obs	=	500
		Wald chi2(0)	=	.
Log likelihood = -1746.3042		Prob > chi2	=	.

	Coef.	Std. Err.	z	P>|z|	[95% Conf. Interval]
sig					
_cons	1.998404	.1071528	18.65	0.000	1.788388 2.208419
tau					
_cons	2.028311	.0503448	40.29	0.000	1.929637 2.126985

我们可以看到，两个估计值都非常接近于真实参数值（都为 2.0），确保了模拟和估计程序的正确性。

认知层次模型并不是我们通常意义上的混合模型，因为没有对类型概率进行估计,但是类型概率仍然是该估计程序的一个重要组成部分,由本地标量'p0'—'p5'进行表示。它们之所以不估计参数是因为认知层次模型为这些类型概率假设了一个特定结构,也就是说,它们为泊松概率。因此,估计这组类型概率的问题被估计单个参数(泊松均值 τ)问题所代替。

后验类型概率是可以计算的,并且我们已经用前面所示代码计算出来了。通过上面的 k 层级模型,我们绘制出了受试者猜测值和后验概率的关系图,图中虚线反应的是 0 层级受试者的后验概率。又一次,猜测值大于 40 的所有 0 层级受试者的概率都接近于 1,而猜测值在 20—40 之间的 0 层级受试者的概率是非常低的。我们再次将猜测值接近于 0 的受试者分级为"天真纳什均衡者"。对于猜测值在 10 左右的受试者,存在一个之前已经提出的问题:此范围内的猜测值只能通过将受试者处理为 0 层级类型(从该区域中虚线的高点可见)来进行解释。这个问题很明显,因为在 10 左右的猜测值非常好的,拥有较高机会赢得博弈。正如之前所提到的,这里需要更为复杂的认知层次模型设定。

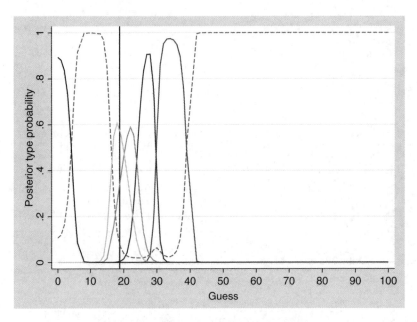

图 17.4　认知层次模型的后验类型概率

注:垂直线画在获胜的猜测值处。

17.4　小结与拓展阅读

本章所采用的构建有限混合模型的方法与 Bosch-Domenech 等（2010）和 Runco（2013）所采用的方法十分相似，该方法假设参与者的决策是在他们最佳反应附近随机分布的。还需提及的一点是：关于这一点的不同方法在本书其他地方都有讲解。例如，Stahl 和 Wilson（1995）假设：受试者是能够给出最佳猜测值的，且猜测值的变化能够通过对较低层级推理者行为的认知差异来进行解释。

推理模型的深度同样可以应用于其他类型的博弈。比如，参阅 Crawford 和 Iriberri（2007），他们将这些模型应用到了"捉迷藏"博弈中。

练习

思考这样一个实验场景，在该实验中，同一组参与者将重复进行一个选美比赛博弈，且每一轮结束后都会（就获胜的猜测值）给出反馈。你会期望各轮的猜测值分布是怎样的？你会用什么方法来建立该程序模型？为了解答这些问题，读者可以参考 Stahl（1996）。

18 学习模型

18.1 引言

最后两章是关于交互博弈数据建模的,尤其是允许均衡情况下存在背离。考虑的模型是静态的,也就是说策略随时间的改变是没有特定范畴的。在本章,我们会研究策略随时间变化的可能性。我们感兴趣的一个容易理解的场景是,在博弈的前几轮里参与者都是远离均衡的,但是随着实验的进行,参与者开始适应或得到进化,无论哪种方式都使他们趋向均衡。使其向均衡发展的这一过程就是学习过程。

由于经验,学习被定义为在行为中被观察的改变。在先前章节里我们已经建立了学习过程模型。比如,在第4章的拍卖模型里,我们基于任务号采用了一个变量,使得数据在实验过程中朝着均衡(可能是也可能不是纳什均衡)收敛。相似的是,在第8.5节的公共品模型里发现任务号在公共资金贡献方面有较大的负面影响,我们将其解释为受试者对博弈的学习,或者更加具体地说,学习如何应用纳什均衡。在这个模型中我们还发现,还是使用任务号,代表专注的失去程度的抖动参数在实验的过程中显著下降。抖动参数的衰减可以在第13章的风险选择模型里再次看到。

在这些情况下,以这种方式对实验的影响进行建模是比较合适的。在个体决策的环境里,研究任务号对行为的影响毫无疑问是最自然的方式。在交互环境里,依赖任务号是较为合理的,因为我们有理由相信学习主要是关于任务的,而不是关于其他参与者的行为或先前任务的结果的。

然而,在一些交互环境里,例如在与固定对手的重复博弈中,对其他参与者的学习成为了决策的重要驱动因素。在每一轮博弈里,受试者可以观

452

察到对手选择的策略以及自己和对手的收益形式呈现的结果。因此,他们直接了解到其他人的行为及最有利于他们的策略类型。了解其他参与者的过程是较为复杂的,因为其他参与者的行为也会随着他们获得的经历发生改变。因此,一个全面的学习模型应该包含一个参与者过去收益的影响,以及其他参与者过去选择的影响。

我们考虑的第一个学习模型就是定向学习(DL)。这个模型基于一个观点,即一个参与者会在前一轮结果的指导下调整他们的策略。第二个模型就是强化学习(RL),在这个模型里参与者会根据前几轮的收益更改他们的选择概率。第三个模型就是信念学习(BL),在这个模型里参与者不仅根据获得的真实收益而且根据选择每一个可能策略可能获得的收益来更改策略。

我们要考虑的最后一个学习模型就是 Camerer 和 Ho(1999)的经验加权吸引力(EWA)学习模型。经验加权吸引力是强化学习和信念学习的结合,并且将这两种模型作为特殊案例。

为了符合这本书的中心目的,重点将会在如何运用 STATA 逐个估计每个模型。

18.2 定向学习

Selten 和 Stoecker(1986)首次提出的定向学习理论,是作为开始的一个较合适的理论,因为它相对简单而且非常直观。这个理论的潜在关键点就是受试者会根据之前阶段的结果在每个时期调整他们的行为。我们用 Selten 和 Stoecker(1986)中运行的实验作为示例。

这个实验是由非常知名的囚徒困境博弈的重复博弈组成。我们都知道囚徒困境有一个预测非合作行为的确切博弈理论结论。当这个博弈被重复有限次数时(被称为超级博弈),博弈理论预测在每一轮博弈中都延伸到了非合作行为。然而,实验行为并不符合这个理论预测。大部分的实验受试者被观察到至少在超级博弈的一部分中进行合作。典型模式由直到超级博弈结束之前的所谓的默契配合组成,随后,剩余几轮中都是非合作行为。

Selten 和 Stoecker(1986)分析的焦点在于"末端效应"的时机即两个参

与者中的一个决定偏离的那一轮。很显然,首先偏离的参与者将会比对手
有一个回报优势。然而,首先偏离的参与者或许会觉得自己如果稍晚进行
偏离的话能享受到更高总收益,因为他们完全不知道在之后的哪一轮他们
的对手会偏离。相似的是,没有首先偏离的参与者如果打算为他们自己获
得回报优势,很显然意识到他们需要在比他们本来打算的稍早环节进行偏
离。如果两个参与者碰巧在同一轮中偏离,有可能他们两个都会后悔自己
没有提早一轮进行偏离以获得优势。

为了检验这些反应,有必要对参与一系列超级博弈的受试者进行观察,
在每个超级博弈中的对手都不同。被假设的反应可以通过衡量每个受试者
在每个超级博弈中的预期偏差时期对该受试者在先前的超级博弈结果的依
赖程度进行检验。正是这个依赖程度捕获了学习过程。它预期了决策变量
(预期偏离时期)会根据先前的超级博弈的结果往指定方向改变,所以被称
为定向学习。

一个关键点就是在这个分析中观察的单位是超级博弈,而不是每个囚
徒困境博弈。在当前的超级博弈中,分析中的因变量将会是一个单个受试
者的预期偏离时期。

Selten 和 Stoecker(1986)的数据(从他们的文章里的表 B1 直接引用的)
包含在文件 selten-stoecker 里。35 个受试者参加了 25 个超级博弈。一个
超级博弈是由具有固定参与者的一系列 10 个囚徒困境组成的。参与者是
在超级博弈间随机进行重新搭配的。数据集里的一个部分在图 18.1 中展
示。i 代表受试者,t 代表博弈的轮数。在数据集里的缺失值产生于没有遵
循标准模式的超级博弈(即不包含合作结果的单个连续序列)。变量 self 代
表了受试者的预期偏离时期。在正常情况下,这是一个范围在 1—10 之间
的数字(10 是在每个超级博弈中的行动数量)。self=11 代表了受试者 i 的
预期偏离时期是未知的,但是比对手要稍后一点。self=12 表示受试者 i 没
有偏离意向,也就是说,在整个超级博弈中都是愿意合作的。变量 other 代
表对手的预期偏离时期,它的定义方式与 self 类似。

从变量 self 及 other 可以发现,生成三个二元变量 before、same 及
after 是一件简单的事情,这三个二元变量分别代表了受试者 i 在他们的对
手之前、同时及之后进行偏离。

Selten 和 Stoeker(1986)通过运用一个马尔可夫学习模型对该数据进
行了建模,同时运用了由转换概率决定的预期偏离期间的变化,这个概率取

决于前几轮的经验。在这里,我们采取了一个更加直接的方式来获取学习过程。我们简单地进行线性回归,以预期偏离时期中的变动为因变量,以代表前一期结果的变量为解释变量。由于因变量是预期偏离时期中的变动,在预期偏离时期内的特定个体的成分都要通过差分消除,因此在这个模型里的 OLS 回归的应用是有效的。

这个回归需要"difference"及"lag"命令的运用,为此,首先有必要的就是运用"xtset"命令表明这个数据为面板数据。这个结果及两个命令展示如下:

```
. xtset i t
       panel variable:  i (strongly balanced)
        time variable:  t, 1 to 25
               delta:  1 unit

. regress d.self l.before l.same l.after, nocon

     Source |       SS       df       MS              Number of obs =     528
-------------+------------------------------           F(  3,   525) =   29.36
      Model |  93.535929     3   31.178643           Prob > F      =  0.0000
   Residual |  557.464071   525  1.06183633           R-squared     =  0.1437
-------------+------------------------------           Adj R-squared =  0.1388
      Total |        651   528  1.23295455           Root MSE      =  1.0305

-------------------------------------------------------------------------------
     D.self |      Coef.   Std. Err.      t    P>|t|     [95% Conf. Interval]
-------------+-----------------------------------------------------------------
     before |
        L1. |   .3645833   .0743666     4.90   0.000     .2184906    .5106761
            |
       same |
        L1. |  -.1626506   .0799788    -2.03   0.042    -.3197683   -.0055329
            |
      after |
        L1. |  -.6117647   .0790322    -7.74   0.000     -.767023   -.4565064
-------------------------------------------------------------------------------
```

"nocon"选项导致在执行的回归中没有常数项。这就给三个系数一个更清楚的解释。这三个都和 0 相差甚远。在数量上最大的系数在"after"之后。这表明如果参与者的预期偏离时期比他们对手要晚一些,他们将会在接下来的超级博弈里调整他们自己的偏离时期,使它平均提前 0.61 个时期。"before"的系数是相反的迹象,而且在更小的量级。这表明了如果参与者在他们的对手之前偏离,他们将会在接下来的超级博弈中使他们的偏离时期平均延后 0.36 个时期。最后,如果参与者的偏离时期和对手一样,他们将会在接下来的博弈中使他们的偏离时期平均提前 0.16 个时期,但是正如预料的那样,在量级方面这个影响是三个里面最小的。

所有这些结果都与定向学习理论相一致:有强有力的证据表明参与者会根据先前的超级博弈结果向着预期方向调整他们的行为。

	i	t	self	other	before	same	after
376	16	1	.	.	.	.	.
377	16	2	.	.	.	.	.
378	16	3	.	.	.	.	.
379	16	4	9	11	1	0	0
380	16	5	9	7	0	0	1
381	16	6	.	.	.	.	.
382	16	7	9	7	0	0	1
383	16	8	8	8	0	1	0
384	16	9	8	11	1	0	0
385	16	10	8	6	0	0	1
386	16	11	.	.	.	.	.
387	16	12	8	6	0	0	0
388	16	13	8	6	0	0	0
389	16	14	5	11	1	0	0
390	16	15	6	11	1	0	0
391	16	16	7	11	1	0	0
392	16	17	8	7	0	0	1
393	16	18	7	6	0	0	1
394	16	19	7	7	0	1	0
395	16	20	8	6	0	0	1
396	16	21	7	7	0	1	0
397	16	22	6	6	0	1	0
398	16	23	6	6	0	1	0
399	16	24	5	11	1	0	0
400	16	25	6	6	0	1	0

图 18.1　来自 Selten 和 Stoecker(1986)的几行数据

注:self 和 other 列包含了预期偏离时期,正常情况下在 1—10 之间。值为 11 表明预期偏离时期是未知的,但是比对手要靠后一些;值为 12 表明没有偏离的打算。

18.3　用于估计强化学习、信念学习、经验加权吸引力的数据

对于三个学习模型强化学习、信念学习、经验加权吸引力的应用,我们将会回顾在第 16 章应用的博弈,即追逃博弈。回想一下收益矩阵为:

	逃避者		
		左	右
追赶者	左	1，−1	0，0
	右	0，0	2，−2

正如在第 16 章中提到的，我们用一个二元变量展现每个参与者的决定。

三个学习模型的估计将会运用模拟数据集 pursue_evade_sim 进行阐释。这个数据集包含了 100 组受试者的模拟数据集，每组受试者被观测 50 轮。用于创造这个数据集的模拟程序将会在后面介绍。

在贯穿了这个章节剩余部分的所有分析里，参与者 1 是"追赶者"，参与者 2 是"逃避者"。二元变量代表了两个参与者的选择($y1$ 和 $y2$)，如果参与者选择左则取值为 0，如果参与者选择右则取值为 1。

18.4　强化学习、信念学习、经验加权吸引力中应用的符号

在这个部分我们介绍在强化学习、信念学习、经验加权吸引力三个学习模型里一些常见符号。

为了具体说明博弈背景，我们运用 Camerer 和 Ho(1999)的符号。两个参与者用 $i(i=1, 2)$ 来表示。这个博弈被重复了多轮，这里的轮数用 $t(t=1, \cdots, T)$ 表示。在我们用于举例说明的博弈里，每个参与者有两个可能的策略 s_i^0 及 s_i^1，上标为 0 的代表"左"，上标为 1 的代表"右"。令 $s_i(t)$ 表示参与者 i 在 t 轮博弈中选择的策略，同时 $s_{-i}(t)$ 表示另一个参与者的策略。参与者 i 在 t 轮的回报通过标量函数 $\pi_i(s_i(t), s_{-i}(t))$ 得到。

这三个学习模型的主要特点在于在接下来的每一轮中都会更新的被称为"吸引力"的一系列变量。$A_i^j(t)(j=0, 1)$ 代表在接下来一轮博弈中策略 j 对参与者 i 的吸引力。这三个模型不同之处在于每一轮博弈中吸引力的更新方式。

参与者在博弈开始之前可能会有相关的经验，且这种经验利用先前的

值 $A_i^j(0)$ 代表,被称为"初始吸引力",这个就是需要被估计的参数。对于每个参与者来说,实例化需要令初始吸引力中的一个标准化取值为 0。

在任何时期的选择概率都是由在先前时期的吸引力决定的。遵循 Camerer 和 Ho(1999),我们运用逻辑变换得到这些概率:

$$P_i^j(t) = \frac{\exp(\lambda A_i^j(t-1))}{\exp(\lambda A_i^1(t-1)) + \exp(\lambda A_i^0(t-1))}$$

$$i = 1, 2; \; j = 0, 1; \; t = 1, \cdots, T \tag{18.1}$$

需要注意的是概率公式[式(18.1)]满足了基本要求,(例如)选择策略 0 的概率在策略 0 的吸引力上单调递增,在策略 1 的吸引力上单调递减。参数 λ 表示对吸引力的敏感度:如果 $\lambda = 0$,吸引力是无关紧要的;如果 λ 值较大,吸引力则具有重要意义。

如上所述,这三个模型强化学习、信念学习、经验加权吸引力的不同之处在于每一轮吸引力更新的方式。接下来,我们会分别考虑这三个模型,而且说明其中的估计值。

18.5　强化学习

强化学习(Erev and Roth, 1998)是基于参与者根据前期所获得的收益来调整策略的学习理论。

每个吸引力变量的更新规则是:

$$A_i^j(t) = \phi A_i^j(t-1) + I(s_i(t) = s_i^j)\pi_i(s_i^j, s_{-i}(t))$$

$$i = 1, 2; \; j = 0, 1; \; t = 1, \cdots, T \tag{18.2}$$

其中的 $I(.)$ 是指标函数,如果在括号里的表述是真的就取值为 1,否则就是 0。在式(18.2)里真正重要的特点就是,由于在最后一项里指标函数的存在,那么就只有在选择了一个策略之后其吸引力才会增加,而且某策略对参与者的吸引力将会随着被选择策略带来收益的增加而增加。

在式(18.2)等式右边的首项中出现的参数 ϕ 被认为是"近因"参数,表示过去收益被遗忘的速度:$\phi = 0$ 表示只记得最近的收益;$\phi = 1$ 表示所有过去的收益在当前决策上都有相同的分量。

正如在上一节中提及的,参与者在博弈开始之前有可能会有相关的经验,而且这个经验被用之前的值用 $A_i^j(0)$ 表示,该值被称为"初始吸引力",这个就是要被估计的参数。为了鉴别,参数 $A_1^1(0)$ 和 $A_2^1(0)$ 被标准化为 0,另外两个初始吸引力 $A_1^0(0)$ 及 $A_2^0(0)$ 是自由参数。

通过运用式(18.1)可以得到选择概率。还记得在式(18.1)中包含了一个"敏感性参数" λ。总之,在强化学习里有四个参数需要估计: ϕ、$A_1^0(0)$、$A_2^0(0)$ 及 λ。在下一小节里,我们展示了用于估计这四个参数的 STATA 程序,同样展示了把这些程序运用到模拟数据中得到的结果。

18.5.1 强化学习的程序和结果

用于估计强化学习模型的代码(带注释的)展示如下:

```
* LIKELIHOOD EVALUATION PROGRAM STARTS HERE

program define reinforcement

* SPECIFY ARGUMENTS: NAMES OF MAXIMAND AND 4 PARAMETERS

args logl phi lam A10_start A20_start

quietly{

* INITIALISE ATTRACTION VARIABLES FOR CURRENT LIKELIHOOD EVALUATION:

replace A10=.
replace A11=.
replace A20=.
replace A21=.

* UPDATE ATTRACTIONS BY ADDING PAY-OFFS FROM CHOSEN STRATEGIES
* Aij IS PLAYER i's ATTRACTION TO STRATEGY j,
* UPDATED BY ACTUAL PAYOFF IN CURRENT PERIOD,
* FIRST GENERATE VALUES OF ATTRACTION VARIABLES IN PERIOD 1
* (USING INITIAL ATTRACTIONS)
* THEN GENERATE VALUES OF ATTRACTION VARIABLES IN SUBSEQUENT PERIODS

by i: replace A10='phi'*'A10_start'+wx10 if _n==1
by i: replace A11='phi'*0+wx11 if _n==1
by i: replace A20='phi'*'A20_start'+wx20 if _n==1
by i: replace A21='phi'*0+wx21 if _n==1

by i: replace A11='phi'*A11[_n-1]+wx11    if A11==.
by i: replace A10='phi'*A10[_n-1]+wx10    if A10==.
by i: replace A21='phi'*A21[_n-1]+wx21    if A21==.
by i: replace A20='phi'*A20[_n-1]+wx20    if A20==.

* GENERATE PROBABILITY OF PLAYER i CHOOSING STRATEGY j (pij)
* USING _PREVIOUS_ PERIOD'S ATTRACTIONS

replace p11=.
replace p21=.
```

```
by i: replace p11=exp(`lam'*0)/(exp(`lam'*0)+exp(`lam'*`A10_start')) if _n==1
by i: replace p21=exp(`lam'*0)/(exp(`lam'*0)+exp(`lam'*`A20_start')) if _n==1

by i: replace p11=exp(`lam'*A11[_n-1])/(exp(`lam'*A11[_n-1]) ///
+exp(`lam'*A10[_n-1])) if p11==.
by i: replace p21=exp(`lam'*A21[_n-1])/(exp(`lam'*A21[_n-1]) ///
+exp(`lam'*A20[_n-1])) if p21==.

* GENERATE LOG-LIKELIHOOD CONTRIBUTION AS THE PRODUCT OF THE PROBABILITIES
* OF THE CHOICES OF THE TWO PLAYERS

quietly replace `logl'=ln((p11*y1+(1-p11)*(1-y1))*(p21*y2+(1-p21)*(1-y2)))
}
end

* LIKELIHOOD EVALUATION PROGRAM ENDS HERE

* READ DATA

use "pursue_evade_sim.dta", clear

* GENERATE AMOUNT EACH PLAYER _WOULD_ RECEIVE BY PLAYING EACH STRATEGY,
* _GIVEN_ THE STRATEGY CHOSEN BY THE OTHER PLAYER
* x_ij IS PAYOFF PLAYER i (i=1,2) WOULD RECEIVE BY PLAYING STRATEGY j
* j=0,1; 0=LEFT; 1=RIGHT).

gen int x11= 2*(y2==1)+0*(y2==0)
gen int x10= 0*(y2==1)+1*(y2==0)

gen int x21= (-2)*(y1==1)+0*(y1==0)
gen int x20= 0*(y1==1)+(-1)*(y1==0)

* GENERATE AMOUNT EACH PLAYER RECIEVES BY PLAYING THE STRATEGY THEY CHOOSE;
* ZERO FOR THE UNCHOSEN STRATEGY
* wx_ij IS AMOUNT RECEIEVED BY i CHOOSING j.  wx_ij = 0 IF j NOT CHOSEN.

gen int wx11= (y1)*x11
gen int wx10= (1-y1)*x10

gen int wx21= (y2)*x21
gen int wx20= (1-y2)*x20

* INITIALISE ATTRACTION VARIABLES, AND CHOICE PROBABILITY VARIABLES

gen double A10=.
gen double A11=.
gen double A20=.
gen double A21=.

gen double p11=.
gen double p21=.

* SET STARTING VALUES:

mat start=( 0.95,0.20,0.0,0.0)

*RUN ML

ml model lf reinforcement  /phi  /lam /A10_start /A20_start
ml init start, copy

ml max, trace search(norescale)
```

运行以上代码结果如下：

```
                                    Number of obs   =      5000
                                    Wald chi2(0)    =          .
Log likelihood = -6863.0929         Prob > chi2     =          .

------------------------------------------------------------------------
             |      Coef.   Std. Err.      z    P>|z|   [95% Conf. Interval]
-------------+----------------------------------------------------------
phi          |
       _cons |   .7676348   .0845556    9.08   0.000    .601909    .9333607
-------------+----------------------------------------------------------
lam          |
       _cons |   .1095563   .0156976    6.98   0.000    .0787895   .1403231
-------------+----------------------------------------------------------
A10_start    |
       _cons |   1.389702   1.457448    0.95   0.340   -1.466843   4.246247
-------------+----------------------------------------------------------
A20_start    |
       _cons |  -8.310659   2.286308   -3.63   0.000   -12.79174  -3.829578
------------------------------------------------------------------------
```

这里的近因参数 ϕ 的估计值和 1 相差较远,表明了过去收益被遗忘得相当快。敏感性参数 λ 的估计值正如预期的一样是正值,并且是强烈显著的,表示参与者受到吸引力影响。两个初始吸引力 $A_1^0(0)$ 和 $A_1^2(0)$ 的估计值分别为正值和负值。这表示追逐者开始的时候有选择"左"的偏好,而逃避者开始的时候有选择"右"的偏好。只有后者与 0 有很大的区别。

18.6　信念学习

信念学习,有时候又会被称为"加权虚拟行动",是一种参与者根据每种选择下可能获得的收益来调整策略的学习理论。这里的收益被证明是不相关的,而真正实现的收益多少是无关紧要的。

和强化学习一样,信念学习的主要特点就是"吸引力"的概念。然而,吸引力更新的方式是不同的。

从信念学习的一个简单版本开始,然后逐步进行归纳概括是有用的。我们从一个模型开始,这个模型假设参与者针对在之前时期观察到的对手行为选择一个最好的回应。

$$A_i^j(t)=A_i^j(t-1)+\pi_i(s_i^j,\ s_{-i}(t))\quad j=0,\ 1\quad t=1,\ \cdots,\ T\quad (18.3)$$

根据式(18.3),在接下来的每一轮(t),鉴于其他参与者作出的 $s_{-i}(t)$ 选择,策略 j 对参与者 i 的吸引力将会根据获得的或可能获得的收益的增加而增加。

模型[式(18.3)]有时候被称为"古诺学习模型"。它只有少量的自由参数:初始吸引力 $A_1^0(0)$ 和 $A_2^0(0)$[正如在强化学习中一样,$A_1^1(0)$ 及 $A_2^1(0)$ 被标准化为 0],以及出现在概率公式[式(18.1)]中的敏感性参数 λ。

当然,参与者不仅仅关心在之前几轮博弈里其他参与者的行为。我们接下来将会思考一个模型,这个模型假设参与者在之前的所有博弈中其他参与者的行为基础上,预测其他参与者的行为,并且赋予之前每一轮同等的重要性。这个模型被称为"虚拟行动模型"。假设初始吸引力为 0,该模型如下所示。前三轮的吸引力计算如下:

$$A_i^j(1) = \pi_i(s_i^j, s_{-i}(1)) \quad j = 0, 1$$

$$A_i^j(2) = \frac{\pi_i(s_i^j, s_{-i}(1)) + \pi_i(s_i^j, s_{-i}(2))}{2} \quad j = 0, 1$$

$$A_i^j(3) = \frac{\pi_i(s_i^j, s_{-i}(1)) + \pi_i(s_i^j, s_{-i}(2)) + \pi_i(s_i^j, s_{-i}(3))}{3} \quad j = 0, 1$$

$$(18.4)$$

根据式(18.4),策略 j 的吸引力仅仅是到当前轮博弈为止的之前所有博弈的平均收益值,考虑到在每轮博弈中观察到的其他参与者的行为。

展现模型[式(18.4)]的另一种方式是通过引入"经验"变量 $N(t)$,有

$$N(0) = 0$$

$$N(t) = N(t-1) + 1 \quad t = 1, \cdots, T$$

$$A_i^j(0) = 0 \quad j = 0, 1$$

$$A_i^j(t) = \frac{N(t-1)A_i^j(t-1) + \pi_i(s_i^j, s_{-i}(t))}{N(t)} \quad j = 0, 1 \quad t = 1, \cdots, T$$

$$(18.5)$$

在式(18.5)中,经验变量 $N(t)$ 仅仅是轮数号码 t。然而,在对"加权虚拟行动模型"的进一步归纳中,经验参数变得更加重要。在这里,假设对其他参与者的行为进行预测时,最近几轮博弈的经验比过去更早的几轮博弈的经验拥有更多的权重。出于这个原因,正如在强化学习中一样,我们引入一个"近因参数"ϕ($0 \leqslant \phi \leqslant 1$)。$t$ 时期前的观测的权重为 $\phi^{(t-1)}$,把 ϕ 引入式(18.4)中,我们可以得到:

$$A_i^j(1) = \pi_i(s_i^j, s_{-i}(1)) \quad j = 0, 1$$

$$A_i^j(2) = \frac{\phi \pi_i(s_i^j, s_{-i}(1)) + \pi_i(s_i^j, s_{-i}(2))}{\phi + 1} \qquad j = 0, 1$$

$$A_i^j(3) = \frac{\phi^2 \pi_i(s_i^j, s_{-i}(1)) + \phi \pi_i(s_i^j, s_{-i}(2)) + \pi_i(s_i^j, s_{-i}(3))}{\phi^2 + \phi + 1} \qquad (18.6)$$

$$\vdots$$

式(18.6)清晰地表明了吸引力是当前及先前(模拟的)收益的加权平均数。我们同样可以将 ϕ 引入式(18.5),展示如下:

$$N(0) = 0$$

$$N(t) = \phi N(t-1) + 1 \quad t = 1, \cdots, T$$

$$A_i^j(0) = 0 \quad j = 0, 1$$

$$A_i^j(t) = \frac{\phi N(t-1) A_i^j(t-1) + \pi_i(s_i^j, s_{-i}(t))}{N(t)} \qquad j = 0, 1 \quad t = 1, \cdots, T$$

$$(18.7)$$

很容易证明式(18.7)和式(18.6)是等价的。式(18.7)的用处在于它展示了在接下来的每轮里吸引力如何更新。

变量 $N(t)$ 是对在 t 轮博弈中积累的过去经验数量的衡量(用"观测等价物"衡量),其更新规则在式(18.7)中第二行给出。

为了便于阐述,我们已经假设初始吸引力 $A_i^j(0)(j=1, 2)$ 及初始经验 $N(0)$ 全部为 0。事实上,它们有可能是自由参数。因此,我们接下来估计的信念学习的版本将会是加权虚拟行动模型[式(18.7)],这个模型的 $A_1^0(0)$、$A_2^0(0)$ 及 $N(0)$ 是自由参数[同时另外两个初始吸引力 $A_1^1(0)$ 及 $A_2^1(0)$ 标准化为 0]。

和在强化学习中一样,近因参数 ϕ 是关键参数。注意如果 $\phi = 1$,加权虚拟行动变成了标准虚拟行动[式(18.5)],因为没有过去观测的权重下降。同样要注意的是,如果 $\phi = 0$,这个模型将会变成古诺学习模型[式(18.3)]。

在我们的信念学习模型中,自由参数的完整列表是:ϕ、$A_1^0(0)$、$A_2^0(0)$、$N(0)$ 及 λ。在下一小节里,我们展示了用于估计这些参数的 STATA 代码及估计结果。

18.6.1 信念学习的程序及结果

估计信念学习模型[式(18.7)]的 STATA 代码(带有注释的)如下:

```
* LIKELIHOOD EVALUATION PROGRAM STARTS HERE

program define belief
args logl phi lam A10_start A20_start N_start

quietly{

replace A10=.
replace A11=.
replace A20=.
replace A21=.

replace N=.

by i: replace N='phi'*'N_start'+1 if _n==1
by i: replace N='phi'*N[_n-1]+1 if N==.

by i: replace A10=('phi'*'N_start'*'A10_start'+x10)/N if _n==1
by i: replace A11=('phi'*'N_start'*0+x11)/N if _n==1
by i: replace A20=('phi'*'N_start'*'A20_start'+x20)/N if _n==1
by i: replace A21=('phi'*'N_start'*0+x21)/N if _n==1

* Aij is the attraction, updated by payoff (either actual or hypothetical) in t,
* to be used to determine choice probs in t+1

by i: replace A11=('phi'*N[_n-1]*A11[_n-1]+x11)/N    if A11==.
by i: replace A10=('phi'*N[_n-1]*A10[_n-1]+x10)/N    if A10==.
by i: replace A21=('phi'*N[_n-1]*A21[_n-1]+x21)/N    if A21==.
by i: replace A20=('phi'*N[_n-1]*A20[_n-1]+x20)/N    if A20==.

*pij are the probabilities player i choosing strategy j

replace p11=.
replace p21=.

by i: replace p11=exp('lam'*0)/(exp('lam'*0)+exp('lam'*'A10_start')) if _n==1
by i: replace p21=exp('lam'*0)/(exp('lam'*0)+exp('lam'*'A20_start')) if _n==1

by i: replace p11=exp('lam'*A11[_n-1])/(exp('lam'*A11[_n-1]) ///
+exp('lam'*A10[_n-1])) if p11==.
by i: replace p21=exp('lam'*A21[_n-1])/(exp('lam'*A21[_n-1]) ///
+exp('lam'*A20[_n-1])) if p21==.
replace 'logl'=ln((p11*y1+(1-p11)*(1-y1))*(p21*y2+(1-p21)*(1-y2)))
}


end

* LIKELIHOOD EVALUATION PROGRAM ENDS HERE

* READ DATA

use "pursue_evade_sim.dta", clear

* GENERATE AMOUNT EACH PLAYER _WOULD_ RECEIVE BY PLAYING EACH STRATEGY,
* _GIVEN_ THE STRATEGY CHOSEN BY THE OTHER PLAYER
* x_ij IS PAYOFF PLAYER i (i=1,2) RECEIVES BY PLAYING STRATEGY j
* (j=0,1; 0=LEFT; 1=RIGHT).

gen int x11= 2*(y2==1)+0*(y2==0)
gen int x10= 0*(y2==1)+1*(y2==0)
gen int x21= (-2)*(y1==1)+0*(y1==0)
gen int x20= 0*(y1==1)+(-1)*(y1==0)

* INITIALISE OTHER VARIABLES
```

```
gen double A10=.
gen double A11=.
gen double A20=.
gen double A21=.

gen double N=.

gen double wx11=.
gen double wx10=.
gen double wx21=.
gen double wx20=.

gen double p11=.
gen double p21=.

* STARTING VALUES:

mat start=( 0.95,0.20,0.0,0.0,1.0)

*RUNNING ML

ml model lf belief  /phi /lambda /A10_start /A20_start /N_start
ml init start, copy
ml max, trace search(norescale)
```

运行以上代码结果展示如下:

```
                                    Number of obs   =        5000
                                    Wald chi2(0)    =          .
Log likelihood = -6808.3011         Prob > chi2     =          .

------------------------------------------------------------------------------
            |     Coef.   Std. Err.      z    P>|z|     [95% Conf. Interval]
------------+-----------------------------------------------------------------
phi         |
      _cons |   .9531451   .0188062    50.68   0.000     .9162856    .9900046
------------+-----------------------------------------------------------------
lambda      |
      _cons |    .424634   .0355367    11.95   0.000     .3549833    .4942846
------------+-----------------------------------------------------------------
A10_start   |
      _cons |   1.684257   .4686631     3.59   0.000     .7656939    2.602819
------------+-----------------------------------------------------------------
A20_start   |
      _cons |  -4.255275   .7702032    -5.52   0.000    -5.764845   -2.745704
------------+-----------------------------------------------------------------
N_start     |
      _cons |   .4723948   .1498293     3.15   0.002     .1787348    .7660549
```

首先,参数 ϕ 的估计很明显比 0 大,相当于对古诺学习模型[式(18.3)]的强有力反对。事实上, ϕ 的估计值是相当接近 1 的,意味着先前经验有较少的折扣。然而由于对于 ϕ 来说 95% 的置信区间并没有包含 1,所以我们不能接受标准虚拟行动模型[式(18.5)]。 λ 的估计值是正值而且是显著的,并且在量级上比在强化学习模型中相同参数的估计值要大一些,但是这个仅仅是在两个模型之间有不同尺度的吸引力变量。这两个初始吸引力的估计值 $A_1^0(0)$ 及 $A_1^2(0)$ 分别为正值和负值,并且在这次它们都是显著的。这个模型告诉我们逃避者在开始的时候对"右"有一个较为明显的偏好,追赶者在开始的时候对"左"有较为明显的偏好。最终,尽管在量级上较小,但是$N(0)$的估计值是正值而且是显著的:它告诉我们参与者在实验开始的时候有大约 0.5 的"观测等价物"。

18.7 经验加权吸引力模型

18.7.1 经验加权吸引力模型简介

正如在本章介绍中提到的那样,经验加权吸引力模型包含了强化学习及信念学习。

在经验加权吸引力模型下,两个变量(经验和吸引力)的更新规则为:

$$N(t)=\rho N(t-1)+1 \quad t\geqslant 1 \tag{18.8}$$

$$A_i^j(t)=\frac{\phi N(t-1)A_i^j(t-1)+[\delta+(1-\delta)I(s_i(t)=s_i^j)]\pi_i(s_i^j,\,s_{-i}(t))}{N(t)}$$

$$\tag{18.9}$$

在式(18.8)中参数 ρ 代表过去经验的折旧率,预期将会稍小于 1。展示吸引力如何更新的式(18.9)更加复杂。分子的第二项是用 δ 加权选择策略中得到的收益或来自没有被选择策略中得到的收益,δ 告诉了我们这是强化学习还是信念学习:在强化学习下,$\delta=0$;在信念学习下,$\delta=1$。当然,如果我们发现 δ 是一个分数,那么它的值将会向我们表明两个模型中的哪一个更加接近于真实值。

在强化学习和信念学习中,任何时期的选择概率都是由先前时期的吸引力通过逻辑转换[式(18.1)]决定的。

在经验加权吸引力中一共有 7 个参数:

$$\rho,\delta,\phi,\lambda,A_1^1(0),A_2^1(0),N(0)$$

对这些参数限制,可以应用到其他感兴趣的模型中。如在 Camerer 和 Ho(1999)中,需要的限制条件为:

强化学习:$\delta=0$; $N(0)=1$; $\rho=0$

信念学习:$\delta=1$；$\rho=\phi$

一个不那么重要的问题就是为什么限制条件 $N(0)=1$ 应用到强化学习中，而不是或许会更加直观的 $N(0)=0$，原因在于后面的限制条件将会造成在第一阶段里式(18.9)中分子的第一项为0，导致初始吸引力参数无法被实例化。另外一个问题就是在信念学习中，折旧率参数 ρ 和近因参数 ϕ 是相同的参数，因此限制条件为 $\rho=\phi$。在强化学习中，折旧率参数 ρ 是不存在的。

18.7.2　运用经验加权吸引力得出的模拟数据集

接下来的 STATA 代码(带注释的)模拟了来自经验加权吸引力模型的数据，这个模型应用到了追逃博弈中(100 组受试者，每组进行 50 轮)。这就是应用在本章前几节中的模拟数据集，而且在这个小节后面同样也会用到。

应用在模拟中的参数值如下所示：

表 18.1

参　数	真实值
ρ	0.97
δ	0.60
ϕ	0.94
λ	0.80
$A_1^0(0)$	1.0
$A_2^0(0)$	-2.0
$N(0)$	1.0

这个模拟的一个重要特点就在于博弈重复的循环(即以"forvalues"命令开始的程序部分)。在这个循环开始之前，选择和作为结果的吸引力仅仅被模拟一个时期。之后在这个循环的每一次重复里，为了模拟接下来的几个时期，需要对接下来的任务顺序进行编程：

(1) 计算选择概率 p11 和 p21(即，两个参与者的 R 概率；运用来自之前时期的吸引力)。

(2) 运用随机均匀变量，根据概率生成选择。

(3) 计算出不同选择下的收益。

（4）计算加权收益，即根据他们是否实现确定加权的收益。

（5）在接下来的重复中决定选择概率，计算出吸引力。

```
/* SIMULATION OF EWA MODEL
n=100 subject pairs, T=50 rounds.
PLAYER 1 = PURSUER; PLAYER 2= EVADER
0 = LEFT; 1 = RIGHT
*/

clear
drop _all
set obs 5000
set seed 56734512
set more off

* SET TRUE PARAMETER VALUES:

scalar rho=0.97
scalar delta=0.60
scalar phi=0.94
scalar lam=0.80
scalar A10_start=1.0
scalar A20_start=-2.0
scalar N_start=1.0

* GENERATE PAIR NUMBER (i), PERIOD NUMBER (t), AND DECLARE PANEL:

egen int i=seq(), f(1)  b(50)
egen int t=seq(), f(1) t(50)
tsset i t

* GENERATE TWO RANDOM UNIFORMS FOR LATER USE:

gen double u1=runiform()
gen double u2=runiform()

* GENERATE PERIOD 1 PROBABILITIES:

by i: generate  double p11=exp(lam*0)/(exp(lam*0)+exp(lam*A10_start)) if _n==1
by i: generate  double p21=exp(lam*0)/(exp(lam*0)+exp(lam*A20_start)) if _n==1

* GENERATE PERIOD-1 CHOICES OF PLAYERS 1 AND 2 (USING RANDOM UNIFORMS):

by i: gen int y1=u1<p11 if _n==1
by i: gen int y2=u2<p21 if _n==1

* GENERATE PERIOD-1 PAY-OFFS:

by i: generate double x11= 2*(y2==1)+0*(y2==0)    if _n==1
by i: generate double x10= 0*(y2==1)+1*(y2==0)    if _n==1
by i: generate double x21= (-2)*(y1==1)+0*(y1==0)   if _n==1
by i: generate double x20= 0*(y1==1)+(-1)*(y1==0)   if _n==1

* GENERATE PERIOD-1 WEIGHTED PAY-OFFS:

by i: generate  double wx11= (delta+(1-delta)*(y1==1))*x11 if _n==1
by i: generate  double wx10= (delta+(1-delta)*(y1==0))*x10 if _n==1
by i: generate  double wx21= (delta+(1-delta)*(y2==1))*x21 if _n==1
by i: generate  double wx20= (delta+(1-delta)*(y2==0))*x20 if _n==1

* GENERATE EXPERIENCE VARIABLE, N(t), STARTING WITH PERIOD 1:

by i: generate  double N=rho*N_start+1 if _n==1
```

```
by i: replace   N=rho*N[_n-1]+1 if N==.

* GENERATE PERIOD-1 ATTRACTIONS:

by i: generate A11=(phi*N_start*0+wx11)/N     if _n==1
by i: generate A10=(phi*N_start*A10_start+wx10)/N     if _n==1
by i: generate A21=(phi*N_start*0+wx21)/N     if _n==1
by i: generate A20=(phi*N_start*A20_start+wx20)/N     if _n==1

quietly{

* LOOP OVER PERIODS STARTS HERE

 forvalues t = 2(1)50 {

* GENERATE p11 AND p21 (PROBABILITIES OF PLAYERS 1 and 2 CHOOSING STRATEGY 1):

by i: replace p11=exp(lam*A11[_n-1])/(exp(lam*A11[_n-1])+exp(lam*A10[_n-1])) ///
     if (_n=='t')
by i: replace p21=exp(lam*A21[_n-1])/(exp(lam*A21[_n-1])+exp(lam*A20[_n-1])) ///
     if (_n=='t')

* GENERATE y1 AND y2 (CHOICES OF PLAYERS 1 AND 2) USING RANDOM UNIFORMS:

by i: replace y1=0 if (_n=='t')
by i: replace y1= (u1<p11)  if (_n=='t')

by i: replace y2=0 if (_n=='t')
by i: replace y2= (u2<p21)  if (_n=='t')

* GENERATE xij (PAY-OFF PLAYER i WOULD HAVE RECEIVED WITH STRATEGY j):

by i: replace x11= 2*(y2==1)+0*(y2==0)    if (_n=='t')
by i: replace x10= 0*(y2==1)+1*(y2==0)    if (_n=='t')
by i: replace x21= (-2)*(y1==1)+0*(y1==0)   if (_n=='t')
by i: replace x20= 0*(y1==1)+(-1)*(y1==0)   if (_n=='t')

* GENERATE wxij (PAY-OFFS WEIGHTED BY DELTA PARAMETER):

by i: replace wx11= (delta+(1-delta)*(y1==1))*x11  if (_n=='t')
by i: replace wx10= (delta+(1-delta)*(y1==0))*x10  if (_n=='t')
by i: replace wx21= (delta+(1-delta)*(y2==1))*x21  if (_n=='t')
by i: replace wx20= (delta+(1-delta)*(y2==0))*x20  if (_n=='t')

* GENERATE Aij (ATTRACTION, UPDATED BY PAY-OFFS IN t, TO BE USED
* TO DETERMINE CHOICE PROBABILITIES in t+1)

by i: replace A11=(phi*N[_n-1]*A11[_n-1]+wx11)/N    if (_n=='t')
by i: replace A10=(phi*N[_n-1]*A10[_n-1]+wx10)/N    if (_n=='t')
by i: replace A21=(phi*N[_n-1]*A21[_n-1]+wx21)/N    if (_n=='t')
by i: replace A20=(phi*N[_n-1]*A20[_n-1]+wx20)/N    if (_n=='t')

}
* END OF LOOP
}

* DISCARD SUPERFLUOUS VARIABLES:

keep i t y1 y2
```

18.7.3　经验加权吸引力模型的估计

估计程序与前面章节中强化学习和信念学习类似，但是它会更加复杂，因为这里有很多参数要估计。在接下来的代码里，我们首先估计完全经验加权吸引力模型。然后估计了与之前估计的强化学习和信念学习模型相一致的受限制版本。最后，将强化学习和信念学习作为经验加权吸引力的受限制版本，对其进行 LR 检验。

```
* LIKELIHOOD EVALUATION PROGRAM STARTS HERE

program drop _all

program define ewa
args lnf rho delta phi lambda A10_start A20_start N_start

tempvar
tempname

quietly{

replace A10=.
replace A11=.
replace A20=.
replace A21=.

* GENERATE EXPERIENCE VARIABLE, N(t), STARTING WITH PERIOD 1:

replace N=.
by i: replace N=`rho'*`N_start'+1 if _n==1
by i: replace N=`rho'*N[_n-1]+1 if N==.

* GENERATE wxij (PAY-OFFS WEIGHTED BY DELTA PARAMETER):

replace wx11= (`delta'+(1-`delta')*(y1))*x11
replace wx10= (`delta'+(1-`delta')*(1-y1))*x10
replace wx21= (`delta'+(1-`delta')*(y2))*x21
replace wx20= (`delta'+(1-`delta')*(1-y2))*x20

* GENERATE PERIOD-1 ATTRACTIONS:

by i: replace A10=(`phi'*`N_start'*`A10_start'+wx10)/N if _n==1
by i: replace A11=(`phi'*`N_start'*0+wx11)/N if _n==1
by i: replace A20=(`phi'*`N_start'*`A20_start'+wx20)/N if _n==1
by i: replace A21=(`phi'*`N_start'*0+wx21)/N if _n==1

* GENERATE ATTRACTIONS FOR t>1:

by i: replace A11=(`phi'*N[_n-1]*A11[_n-1]+wx11)/N    if A11==.
by i: replace A10=(`phi'*N[_n-1]*A10[_n-1]+wx10)/N    if A10==.
by i: replace A21=(`phi'*N[_n-1]*A21[_n-1]+wx21)/N    if A21==.
by i: replace A20=(`phi'*N[_n-1]*A20[_n-1]+wx20)/N    if A20==.

* GENERATE p11 AND p21 (PROBABILITIES OF PLAYERS 1 and 2 CHOOSING STRATEGY 1):

replace p11=.
replace p21=.

by i: replace p11=exp(`lambda'*0)/(exp(`lambda'*0) ///
+exp(`lambda'*`A10_start')) if _n==1
by i: replace p21=exp(`lambda'*0)/(exp(`lambda'*0) ///
+exp(`lambda'*`A20_start')) if _n==1

by i: replace p11=exp(`lambda'*A11[_n-1])/(exp(`lambda'*A11[_n-1]) ///
+exp(`lambda'*A10[_n-1])) if p11==.
by i: replace p21=exp(`lambda'*A21[_n-1])/(exp(`lambda'*A21[_n-1]) ///
+exp(`lambda'*A20[_n-1])) if p21==.
```

```
* GENERATE LOG-LIKELIHOOD

replace 'lnf'=ln((p11*y1+(1-p11)*(1-y1))*(p21*y2+(1-p21)*(1-y2)))
}
end

* LIKELIHOOD EVALUATION PROGRAM ENDS HERE

* READ DATA

use "pursue_evade_sim.dta", clear

* GENERATE PAY-OFFS (xij) THAT PLAYER i WOULD RECIEVE FROM CHOOSING STRATEGY j.

gen int x11= 2*(y2==1)+0*(y2==0)
gen int x10= 0*(y2==1)+1*(y2==0)

gen int x21= (-2)*(y1==1)+0*(y1==0)
gen int x20= 0*(y1==1)+(-1)*(y1==0)

* INITIALISE VARIOUS VARIABLES USED WITHIN PROGRAM:

gen double A10=.
gen double A11=.
gen double A20=.
gen double A21=.

gen double N=.

gen double wx11=.
gen double wx10=.
gen double wx21=.
gen double wx20=.

gen double p11=.
gen double p21=.

* SET STARTING VALUES:

mat start=( 0.993, 0.78,0.998,0.7531,0.657,-1.863,0.833)

*RUNNING ML: FULL EWA MODEL

ml model lf ewa /rho /delta /phi  /lambda /A10_start /A20_start /N_start
ml init start, copy
ml max, trace search(norescale)
est store ewa

* DEFINE CONSTRAINTS REQUIRED FOR RL AND BL:

constraint 1 [delta]_b[_cons]=0.0
constraint 2 [rho]_b[_cons]=0.0
constraint 3 [delta]_b[_cons]=1
constraint 4 [rho]_b[_cons]=[phi]_b[_cons]
constraint 5 [N_start]_b[_cons]=1

*  ESTIMATE RL AS RESTRICTED VERSION OF EWA:

ml model lf ewa /rho /delta /phi  /lambda /A10_start /A20_start /N_start, ///
 constraints(1 2 5)
ml init start, copy
ml max, trace search(norescale)
est store rl

*  ESTIMATE BL AS RESTRICTED VERSION OF EWA:

ml model lf ewa /rho /delta /phi  /lambda /A10_start /A20_start /N_start, ///
```

```
 constraints(3 4)
ml init start, copy
ml max, trace search(norescale)
est store bl

* LR TESTS FOR RL AND BL AS RESTRICTIONS OF EWA:

lrtest ewa rl
lrtest ewa bl
```

18.7.4　经验加权吸引力模型的结果

与完整的经验加权吸引力模型相对应的结果如下所示。那些来自受限制模型（强化学习和信念学习）的结果并没有在这里展示，因为这些结果与之前的估计是相同的。

```
                                      Number of obs    =         5000
                                      Wald chi2(0)     =            .
Log likelihood = -6800.9162           Prob > chi2      =            .
```

	Coef.	Std. Err.	z	P>|z|	[95% Conf. Interval]
rho					
_cons	.9834178	.0191123	51.45	0.000	.9459585 1.020877
delta					
_cons	.5408416	.1124522	4.81	0.000	.3204393 .7612439
phi					
_cons	.9427034	.0214316	43.99	0.000	.9006982 .9847085
lambda					
_cons	.8208911	.1502486	5.46	0.000	.5264092 1.115373
A10_start					
_cons	.9261403	.2732887	3.39	0.001	.3905043 1.461776
A20_start					
_cons	-2.108425	.5609236	-3.76	0.000	-3.207815 -1.009035
N_start					
_cons	.8843406	.3065987	2.88	0.004	.2834182 1.485263

我们在表 18.2 里展示了 MLE 及它们的 95% 置信区间。我们同样展示了在模拟中应用到的"真实"参数值。我们可以观察到，在估计这七个值时，真实结果包含在相关置信区间内。这个结果是可靠的，因为它与模拟程序及估计程序的正确性相一致。

在经验加权吸引力中最重要的参数为 δ，这个参数从根本上代表了先前收益上的权重。点估计为 0.54，这个值非常接近真实值 0.60。我们可以理解为真实收益（正如在强化学习中）与先前收益（正如在信念学习中）同样重要，但是后者稍微更加重要是因为这个估计值比 0.5 要大一些。95% 的置

表 18.2   来自经验加权吸引力模型中的点估计、区间估计及真实参数值

参数	真实值	95％置信区间下限	MLE	95％置信区间上限
ρ	0.97	0.945	0.983	1.021
δ	0.6	0.320	0.541	0.761
ϕ	0.94	0.901	0.943	0.985
λ	0.80	0.526	0.821	1.115
$A_1^0(0)$	1.0	0.391	0.926	1.147
$A_2^0(0)$	−2.0	−3.208	−2.108	−1.009
$N(0)$	1.0	0.283	0.884	1.485

信区间是从 0.320 到 0.761，并且这个展示了考虑到适度样本范围的较为合理的精度值。

最后，我们比较了经验加权吸引力与强化学习、信念学习的表现。因为经验加权吸引力是强化学习和信念学习的结合，后面两个被包含在前者中，因此很自然地预期经验加权吸引力的表现更好一点。然而，我们还有一个明显的问题就是在表现方面的不同是否在统计学上显著。这个问题可以通过运用 LR 检验来解决。

表 18.3   应用了模拟数据的强化学习、信任学习及经验加权吸引力模型的 MLE

参数	强化学习	信念学习	经验加权吸引力
ρ	0	0.953(0.019)	0.983(0.019)
δ	0	1	0.541(0.112)
ϕ	0.768(0.085)	0.953(0.019)	0.943(0.021)
λ	0.110(0.016)	0.425(0.036)	0.821(0.150)
$A_1^0(0)$	1.390(1.457)	1.684(0.469)	0.926(0.273)
$A_2^0(0)$	−8.311(2.286)	−4.255(0.770)	−2.108(0.561)
$N(0)$	1	0.472(0.150)	0.884(0.307)
n	100	100	100
T	50	50	50
$\text{Log } L$	−6 863.09	−6 808.30	−6 800.92

注：在括号里的是渐进标准误差。没有标准误差的参数为受限参数。在信念学习里，ρ 及 ϕ 的估计值被设定为相等的。

在表 18.3 中我们可以收集到来自三个模型的结果。这三个模型的最大似然及在估计程序的最后部分运行的两个 LR 检验结果为：

表 18.4

模　　型	Log L	LR	df p 值
经验加权吸引力	$-6\,800.92$		
强化学习	$-6\,863.09$	124.34	30.000 0
信念学习	-808.30	14.76	20.000 6

　　强化学习和信念学习都被似然比检验强烈拒绝,表明了经验加权吸引力模型是这三个里较好的模型。这个并不奇怪,因为模拟数据来自一个带有 δ 参数的经验加权吸引力模型,以至于真实的数据大约是在强化学习和信念学习之间。很显然强化学习比信念学习被更加强烈地拒绝了。

　　早在表 18.2 就已经表明经验加权吸引力估计值接近真实值。自然需要知道估计"错误"模型对参数估计的影响。回答可以参考表 18.3。有可能最显著的结果就是"初始吸引力"被过分夸大为估计强化学习或者信念学习的结果。同样较为显著的就是,在两个模型里,代表对吸引力的敏感性参数 λ 的估计都有严重的向下偏差。最终,我们将会观察到近因参数 ϕ 在强化学习而不是在信念学习中被明显低估。

　　在这些观察的基础上,在尝试去解读参数值之前,鉴别出最合适的模型是非常重要的。

18.8　小结与拓展阅读

　　在之前章节的多个地方我们研究了以任务号及轮数形式出现的经验影响。这通常用于评估在朝着均衡发展的过程中是否包含行为因素。在本章,我们通过探讨行为为什么及如何朝着均衡发展的问题,进行更深一步的研究。

　　我们要研究的第一个模型就是定向学习模型。这个数据集来自 Selten 和 Stoecker(1986)。在 Selten 和 Stoecker(1986)里用于分析该数据的计量经济学模型是一个马尔可夫学习模型,其中预期偏离时期的变动由取决于之前时期的经验转换概率决定。在这里,我们对相同的数据应用了一个线性模型,其结论与定向学习的预测是一致的。

　　本章研究的其他学习模型就是强化学习、信念学习及经验加权吸引力。对强化学习感兴趣的读者可以参考 Erev 和 Roth(1998),对信念学习感兴趣的可以参考 Cheung 和 Friedman(1997)。针对这些模型(以及其他学习模型)的较为清晰直接的总结可以参考(Wilkinson and Klaes,2012,ch.9)。进一步的概括可以参考 Camerer(2003),另外对经验加权吸引力特别感兴趣的读者同样可以参考 Camerer 和 Ho(1999)。Feltovich(2000)比较了大量学习模型的预测表现。

　　一个重要的点就是经验加权吸引力是强化学习和信念学习的结合,并将它们作为特殊案例。因为经验加权吸引力是极大程度参数化的模型,所以经验加权吸引力的估计程序相当复杂,我们仅仅在模拟数据的基础上估计了这些模型。从验证估计程序正确性角度来看是非常有用的。

　　在本章假设的经验加权吸引力模型必须被归类为典型的主体模型,因为它假设所有的主体都具有完全相同的学习过程。和平常一样,我们需要考虑异质性对学习过程的影响。Wilcox(2006)对在经验加权吸引力中参数异质性的影响进行了蒙特卡洛研究。他观察到当某些参数在受试者之间变化,但是在估计中却忽略了这种异质性时,参数 δ 的估计值会发生严重偏差,即比起信念学习将会更加偏好强化学习。

　　很显然,尽管这将会显著提高参数化水平,假设主体异质性存在于特定参数中,对经验加权吸引力进行估计是可取的。引入异质性一个更加简单的方式就是采用有限混合方式。在这种方式下将会假设有两个"类型"的学习主体:强化学习和信念学习。由此类模型估计得出的结果是两种类型主体所占比例的估计值。重要的是要理解这种混合模型是如何区别于标准的经验加权吸引力的:后者假设所有主体根据强化学习及信念学习的相同加权平均进行学习。

练习

　　1. 运用在第 16 章用过的包含在"pursue-evade"文件里的真实数据估计经验加权吸引力模型。

　　2. 经验加权吸引力模型是强化学习及信念学习模型的结合,也就是说,所有的受试者都是受到两个理论结合的驱使。反过来假设每个受试者要么通过强化学习要么通过信念学习进行学习。这种假设会导致一种具有两种类型的有限混合模型。思考一下如何进行这样一种模型的估计。

3. 运用在第 9 章里介绍的模拟命令,对本章学习模型中运用的估计方法的表现进行蒙特卡洛分析。通过引入合适参数中的异质性,尝试重现 Wilcox(2006)中得到的结果。

19 总结和结论

本结论章的目的只是将本书的主要主题结合在一起,并且确定实验计量经济学中由这些主题激发的一些可能的研究领域。

19.1 实验设计问题

虽然这本书主要是关于数据分析的,但也提供了一些意见,它们在设计实验的阶段是有用的。可能在设计实验过程中需要解决的最基本的问题是:有多少受试者? 对此的明显答案是:在满足预算约束的情况下,越多越好。一个更有用的答案是:在所用的统计推断框架有用的情况下,越多越好。在第 2 章中,提供了功效分析的引言。这是一个有用的框架,用于确定在每种处理中需要多少受试者以达到所选择的统计适切性。该框架还包括选择受成本约束的最佳样本容量的手段,这在经济实验的规划中是非常重要的。

然而,当我们想知道每个受试者应该参与多少任务时,样本容量问题变得更加复杂。每个受试者只能参与一个任务;事实上,它们最纯粹形式的理论往往是在单一决定的背景中呈现的,并且统计上期望样本仅包含每个受试者的一个观测,因为独立性假设更可能成立。然而,有非常强的理由使用重复的任务。最明显的是,它产生更多的数据用于分析。此外,它为受试者提供了学习的机会,并且很可能(尽管不是很明显)研究者对经验丰富的人而不是缺乏经验的人的行为更感兴趣。有时,学习过程是重点,在这种情况下,重复是必不可少的。

可能与选择任务数量有关的一个问题是受试者的预期收益:收益越高,

我们可以合理地期望受试者投入努力的任务越多。这使得我们在受试者编号和任务号之间进行权衡。如果预算增加，是招募更多的受试者，还是增加任务数量和提供更多的慷慨收益？当然，这涉及与任务有关的奖励的重要性问题。Bardsley 等(2009，Ch.6)对激励的作用进行了均衡的讨论，并得出结论，提供与任务有关的激励的好处很大程度上取决于具体情况，特别是研究目标。

与任务相关的激励措施的一个明显的替代方案是提供固定的参与费。如果任务是假设性的，这就是所需的支付方式。假设任务的明显问题，以及潜在的以"平面最大"为特征的付费任务[见 Harrison(1989)]的问题，是受试者可能不会投入适当的努力在任务中，因为他们知道无论如何都要支付费用。这是在营销领域中已经确定的问题[例如，参见 Menictas 等(2011)]，其中在线调查中随机响应的受试者被称为"直线人"(Maronick，2009)或"满意人"(Krosnick，1991)。在这本书中，"抖动"的概念已经出现了很多次，但它总是被认为是在一个简一的决定层面上。"直线人"可以被认为是永久"抖动"的对象。一个合理的推测是，直线人有时在经济实验中存在。显然，直线人的存在可能导致估计的偏差。因此，有用的是识别它们，使得它们的选择可以在估计之前被删除，或者至少使得它们可以被视为混合物中的单独"类型"。识别直线人的另一个原因可能是，它们可以从实验数据库中移除，从而节省未来的费用。识别它们的方法将是类似于我们在第 11 章中用于识别"零贡献类型"的贝叶斯过程。

当然，如果我们期望一群尽责的参与者参与一个不可接受的实验周期，很明显，我们会发现他们会感到无聊和疲惫而不能继续投入应有的努力。因此，我们期望所有参与者最终都会变成直线人，这个就带我们回到了最初的问题：即使承诺丰厚的参与费，也应合理地设计每个受试者参与多少任务。

这些问题与决策时间的研究密切相关，这正在迅速获得实验经济学家的兴趣。在第 5 章中，我们考虑了风险选择框架中决策时间的建模，将决策时间解释为所花费努力的直接度量。这种做法的一个明显吸引力是，它很容易以高精度测量。在第 5 章中，决策时间被视为结果，我们有兴趣确定诱导最大努力任务的特点。

在其他情况下，决策时间可以用于不同的目的：估计更高努力的收益，或者在 Camerer 和 Hogarth(1999)的术语中，估计实验受试者的"劳动的边际产出"。如果决策时间被用作实际收益是结果变量模型中的解释变量,则可以实现这一点。据我们所知,这还没有完成。

最近对决策时间的兴趣可能是对一般决策过程越来越感兴趣的一个标志。传统上,经济学家主要对最终决定感兴趣。也许一种认识正在出现,从观测导致决定的过程中也可以获得有价值的洞察。当然,决策时间只是过程的许多方面之一。观测这一过程的另一种方法是眼动追踪(Holmqvist et al.,2011),而且在实验经济学中也越来越受欢迎。用于分析眼动追踪数据的方法将不可避免地成为实验计量经济学中的重要主题。

第14章包含了从统计最优设计理论的丰富结果中得出的材料,以解读一类经济实验的设计。List 等(2011)在更广泛的背景下寻求类似的目标。实验设计的重要性的一个具体例子见第15.5节,其中我们开始基于分配之间的假设选择来估计利他主义的效用函数的参数。在那里,我们评论了在某些参数方面产生的问题,这些问题没有被认为是实验设计中的缺点的结果。实际上,这种设置与离散选择实验的设置非常相似,其中存在关于最优设计的大量文献[例如,参见 Louviere 等(2008)]。大量利用来自其他学科的这些知识库可以使实验经济学受益匪浅。

19.2 实验计量经济学和理论检验

当检验理论时,我们经常从该理论的"基本预测"开始。已经强调的是,在基本预测被拒绝的情况下,存在可以检验理论的其他层面。这些常常采取模型的比较静态预测的检验的形式。我们已经证明,进行这种检验的最方便的框架是线性回归,因为在这种情况下,对感兴趣的处理之外结果的影响可以被控制,并且可以用成熟的技术解决数据中一直存在的依赖性问题。

我们已经详细解释了如何使用面板数据模型和多层次模型来解释受试者间异质性的不可避免的问题。

我们简要地将元分析视为理论测试的替代方法。鉴于最近几十年开展和报告的大量实验,这当然似乎是一种有用的方法。汇总结果不可避免地会产生更强有力的结论、更好的新见解。

19.3 数据特征

有很多原因说明为什么重要的是要注意被分析数据的特征。在本书早期作出的区分是标称数据、顺序数据和基数数据。如果处理试验或估计方法是适当的,在一定程度上,这些中的哪一种是可用的则确定了类型。这种区别在参数和非参数处理检验之间的选择中特别重要。

重要的一点是,在所有度量系统都需要对单个度量进行某种程度的圆整的意义上,数据总是"离散的"。但这不是将结果建模为离散的原因。如果研究者真正关心圆整系统是否影响结果,可以使用区间回归分析。

即使感兴趣的变量根据理论模型是连续的,也可以以区间方式仔细观察它们,或者可能存在一些离散的元素。例如,在一些类型的实验中,数据被描述为"块状",有在特定"焦点"处观察的累积。这类数据在本书中没有得到很多关注。处理块状数据的方法在分析协调博弈的数据时可能是特别重要的。

截尾是非常重要的数据特征。在几个不同的应用中,例如,在公共品博弈的互惠性检验中,我们已经看到了忽视截尾的估计程序如何导致严重偏差的估计。

在社会偏好模型的内容中,已经在第 15 章中证明,通过将零观测值归因于参与者的效用最大化问题中的紧非负性约束,可以在经济模型中嵌入截尾。我们认为这是未来研究的有前途的方向。

我们还提出了在实验数据中通常存在多于一种类型的零的想法。存在被截尾的零,即刚刚描述的类型。也存在"零贡献类型",即,无论任务的情况如何,其贡献注定为零的受试者。作为同时处理两种类型零的一种手段,我们已经介绍了门槛框架的使用,并且我们特别注意"面板门槛模型",其适合于重复数据,并且允许受试者间异质性的存在。

19.4 与社会偏好相关的实验计量经济学

社会偏好的建模是一个重要主题。建模通常在独裁者博弈给予的背景下。在整本书中,独裁者博弈给予的数据已经以许多不同的方式进行了分析:使用处理检验,包括受试者间和受试者内;使用门槛建模框架;使用包含给予偏好的参与者结构模型;使用混合模型;使用离散选择模型对假设分配的选择进行建模。

这是一个非常好的例子,可以使用许多不同的计量经济学方法解决相同的研究问题。这些方法中的大多数,其共同特征是包括受试者之间的异质性。结论(例如关于自利人口的比例)在方法之间大致相似。

对收入是赚取的还是来自"天上的馅饼"的社会偏好的影响似乎越来越受人关注。Cherry 等(2002)报道了特别引人注目的结果。他们发现,当禀赋是赚取的时,独裁者博弈给予大大减少。我们自己的研究结果(Conte and Moffatt,2014)认为,人口大致分为那些认为禀赋来源与最终分配决定相关的人群,以及那些不这样认为的。该结果从有限混合模型的估计中获得。Erkal 等(2011)发现了一种不同的结果,并在本书的第 11 章验证:自利的个人倾向于自我选择到高收入位置。显然,需要进一步研究收入对实验行为的影响。

19.5 风险实验计量经济学

风险行为一直是本书重复出现的主题。大多数这种分析是在风险选择实验的内容中进行的,其中受试者参与成对彩票选择的序列,以完成序列为条件,他们所选的彩票之一将被随机选为真实的。我们优选的建模方法是在第 13 章中详细描述的,其假设风险态度参数在整个群体中连续变化的效用函数,并且还估计概率加权函数以允许偏离期望效用。风险态度的连续异质性通过最大模拟似然方法来处理。许多最近发表的论文,即 Harrison 和 Rutstrom(2009)、Conte 等(2011)与 Bruhin 和 Epper(2010),更进一步,同时允许加权函数参数的异质性。具体来说,他们假设一部分人是期望效用最大化者,其余人的行为遵循前景理论,加权参数在这个第二组内连续变化。因此,本书涵盖的处理异质性的两种不同方法,即有限混合方法和最大模拟似然方法[在 Conte 等(2011)中]被合并。Conte 等(2011)与 Bruhin 和 Epper(2010)估计期望效用最大化者在人口中的比例约为 20%;Harrison 和 Rutström(2009)获得了一个稍高的估计,约为 50%。在这一领域有进一步研究的明确余地,包括尝试替代参数规范的效用和加权函数、尝试替代随机规范、允许经验效应等。

通常假定的效用函数(如 CRRA 和 CARA)具有表示风险规避的单一参数,该参数与效用函数的曲率(即二阶导数)密切相关。然而,人们对更复杂的效用函数越来越感兴趣。人们特别感兴趣的是,允许对"审慎"和"节制"处理,这些处理与(各自地)效用函数的三阶和四阶导数密切相关(见 Eecokhoudt and Schlesinger,2006 年)。构建一个单一效用函数,其中风险规避、谨慎和节制都是自由参数,并设计一个选择实验,对这三个自由参数进行估算,将是一项非常有意义的工作。

引起兴趣的另一个延伸是允许"复杂性厌恶"[例如,参见 Sonsino 等 (2002)、Moffatt 等(2015)]。这些研究扩展了决策者的效用函数,包括表示被评估对象(例如彩票)复杂性等级的项。个人是复杂性厌恶、复杂性中性,还是复杂性偏爱,是我们感兴趣的地方,其他有趣的问题也随之而来,如复杂性厌恶是否随经验变化。

在第 6 章中引起注意的风险态度的替代方案是多价目表方法,其中受试者被提供有彩票对的有序列表,并且基本上被询问在哪里从一列"切换"到另一列。当用作启发方法时,Andersen 等(2006)对各种类型的多价目表的优点和缺点进行了研究。一些研究人员在使用多价目表时,将隐含的"选择"序列作为选择数据,并使用本书中建议的策略类型来建立重复选择数据的模型。然而,这种方法存在严重的问题,因为对受试者的期望只是表明他们的"切换点"在选择序列上放置了强相关结构。虽然有时观测到"来回逆转",但它们是罕见的。当这样的相关结构被正确地合并时,由选择序列传达的信息变得等同于简单的风险态度参数的区间。考虑到这一点,按照第 6.6.1 节讨论的区间回归模型的方法进行估计是明智的。然而,当采取该方法时,缺点是丢失关于受试者内变异性的任何信息。在使用重复选择数据的模型中,通常发现受试者内变异性至少与受试者间变异性一样重要。鉴于多价目表协议的当前普及性,建议需要进行研究以达成允许受试者内变异性被识别的方法的使用。对于实现该目的,显而易见的建议是以随机顺序呈现彩票的序列和让彩票序列彼此分离。

多价目表启发方法的一个有趣发展源自 Tanaka 等(2010)。这里,受试者面对两个多价目表,并且它们均被给出它们的切换点。然后,两个切换点同时用于推断风险态度区间,以及加权参数区间。两者都可以使用区间回归技术建模。更好的是,一种形式的双变量区间回归可以用于同时对两者建模,使得结果包括风险态度和加权参数之间的相关性估计。这个方向最近是由 Conte 等(2015)给出的。

关于多价目表技术的最后一点是它可以用于引出除风险偏好之外的偏好。例如,Coller 和 Williams(1999)与 Andersen 等(2008)使用多价目表来引出主观折现率。时间偏好是另一个令人越来越感兴趣的领域,不幸的是,由于篇幅限制,这本书是不可能涵盖它的。

在第 3 章中使用偏好逆转现象(Grether and Plott,1979)作为受试者内处理检验的应用。这是受试者选择两种彩票中更安全彩票的现象(机会赌局),当被要求在它们之间进行选择时;但是当被要求对其进行估值(即提供其确定等价物)时,他们通过对风险较高的彩票设置较高的估值(金钱赌局)来抵消这种选择。正如在第 3 章中介绍的,处理检验有助于检测偏好逆转现象的程度。然而,我们的观点是,结构性方法可以产生更深刻的见解。提出的结构模型基于以下推理:广泛接受的是,绝大多数受试者是风险厌恶的,并且当要求受试者在两个彩票之间进行选择时,这种风险厌恶被清楚地显示。相反,当引出单次抽奖的确定等价物时,受试者具有报告接近于彩票期望值的估值的倾向,换句话说,他们倾向于在估值任务中表现风险中性。由于金钱赌局通常具有比 p 赌局更高的期望值,这种趋势提供了偏好逆转现象的解释。

因此,使用适当的结构模型,应该为两种类型的任务分别估计风险偏好参数。这种估计结果可以首先用于确认(或驳斥)受试者倾向于在估值任务中表现风险中性的推测。其次,来自两个任务的风险态度参数估计,结合估计的方差参数,可以用于创建用于预测任何给定的一对彩票的偏好逆转比例算法,无论在实验中出现还是不出现。因此,结构估计可以用于偏好逆转的样本外预测。这无疑是一个值得研究的方向。

19.6　博弈实验计量经济学

当我们从个人决策转向交互博弈中的选择分析时,计量经济学建模的本质有明显的变化。首先,在量子反应均衡的内容中,除了模型参数之外,由于参与者行动概率是其他参与者行动概率的函数,所以估计的任务变得复杂。这基本上意味着这些概率不能单独表示。因此,在每个似然评估中,两个参与者的选择概率需要使用数值优化技术同时计算。

其次,我们在第 18 章中考虑的学习模型基本上是动态面板数据模型。在个体决策中,通过使某些参数取决于任务数来简单地捕获学习。这是因为学习只是关于博弈本身的。在反复进行的交动博弈中,参与者不仅学习博弈的结构,而且了解他人的行为。因此,来自博弈每个阶段的结果需要并入学习过程中。这产生了本质上动态的计量经济学学习模型。

这些学习模型中最复杂的是经验加权吸引力。模拟数据的使用在该模型的演示中是有用的,特别是因为它给了我们一种确认可以正确地并且相对精确地估计大量参数的方法。

异质性的问题再次出现在博弈学习的背景下。Wilcox(2006)的蒙特卡洛研究表明,忽视异质性导致我们偏爱一类学习模型而不是另一类。在这个发现中显然存在一个暗示建议,即学习模型的估计应以某种方式结合受试者之间的异质性。这可以通过在经验加权吸引力模型中对所选参数应用 MSL 方法来实现,尽管这将需要估计更多数量的参数。

在这个方向上的一个更简单的步骤将是使用有限混合方法来组合强化学习和信念学习,以便估计每种类型主体的比例。很可能这种混合模型将比标准经验加权吸引力更好,该标准经验加权吸引力基本上是基于所有主体根据完全相同的强化学习和信念学习的加权平均值学习的假设建立的代表性主体模型。

对于推理模型的深度,异质性依然是关键,因为假设主体在不同层级的推理之间分离。有限混合框架已被推广为最合适的方法。必须说,假定的混合模型是相当基本的,包括少量的低层级类型和天真纳什均衡类型。可以进一步研究它们。Stahl 和 Wilson(1995)在 3×3 对称博弈的内容中另外还包括"世俗"类型(假定存在低层级类型和天真纳什均衡类型)和理性预期类型(认同所有其他类型的存在和其他理性预期主体的共存)。这些扩展混合模型的计量经济建模变得相对复杂,特别是关于理性预期类型主体行为的正确建模。这似乎是未来研究中有前途的领域。

19.7 异质性

异质性在前文几乎所有的部分都提到过,并且可以说是本书中涵盖的最重要的主题。它似乎与实验经济学的几乎所有领域都是相关的。在许多情况下,我们已经看到,未能处理它导致不正确的结论。

大致有两种类型的异质性:离散异质性(使用有限混合模型处理它)和连续异质性(我们选择 MSL 方法处理它)。在某些设置中,存在两种类型的异质性元素,并且这两种方法组合使用。

另一个重要的区别是可观测的和不可观测的异质性。本书中处理的大多数情况是后者。然而,在实际上观测到相关受试者特征(例如性别)的情况下,处理可观测的异质性(即,通过可观测的受试者特征解释的受试者间差异)显然是一种明智的方法。Harrison 等(2007)和 Tanaka 等(2010)都遵循这种方法。

在已经考虑的所有 MSL 应用中,仅存在异质性的一个维度,即,仅假设一个参数在受试者之间变化。然而,读者应该意识到,MSL 方法特别适合于存在多个维度异质性的情况,例如:风险厌恶和概率加权(Conte et al., 2011);风险厌恶和复杂性厌恶(Moffatt et al., 2015);风险厌恶、损失厌恶、时间偏好和随机性(Von Gaudecker et al., 2011)。随着计算机能力的不断进步,这种具有多维异质性的模型可能变得越来越普遍。

附录 A　数据文件和其他文件的列表

本书中不同部分提及的文件将在线提供(www.palgrave.com/moffat)。

STATA 数据集:

lottery_choice_sim

holdup

Forsythe

give_take_sim

common_value_sim

risky_choice_sim

decision_times_sim

house_money_sim

ug_sim

ug_sm_sim

holtlaury_sim

interval_data_sim

exact_sim

bardsley

emotions

mixture_sim

fairness_sim

acquire_sim

bardsley

erkal

clark

garp

ES_sim

chowdhury

beauty_sim

cog_hier_sim

pursue_evade

selten-stoecker

pursue_evade_sim

STATA 的 do 文件：

complete do-file

Excel 表：

house money calculations

risk aversion calculations

proposer decision

附录 B　STATA 命令的列表

STATA 中的命令的一般规则：

以 * 开头的行被视为注释行。

有时，命令包含逗号。命令的主要部分在逗号前面；选项出现在逗号后面。有时，仅需要命令的前几个字母，例如，su 代表 summarize。

STATA 命令是要区分大小写的，即变量 X 和 x 是不同的意思。

当你陷入困境，一个非常有用的事情是点击 help→search 并输入一个关键词。你将看到 STATA 手册的一页。通常，这些页面最有用的部分是最后的示例部分。

组合数据集(如果需要，请使用 help→search)：

append：从另一个数据集添加新的观察(即行)。

joinby：从另一个数据集引入新的变量(即列)。

检查/更改数据：

要检查数据，请单击 Data Editor(Browse)图标。

order i t x y：将这四个变量移动到数据矩阵的前四列。

要键入数据集或对数据进行细微更改，请单击 Data Editor(Editor)图标。

drop if t ≤ 15：删除 $t < 15$ 的所有观察值。

keep if gender = = 1：保留所有 gender＝1 的观察结果。

clear：从内存中删除所有变量。

将命令存储在文件中(do 文件)：

单击 Do-file 编辑器图标。在窗口中键入命令。保存到文件。单击→

图标运行完整集或下一个图标所选的命令集。以下命令在 do 文件中很有用：

set more off：用于 do 文件以使输出在结果窗口中完成。

quietly replace x = .：使命令运行，而屏幕上不显示输出。

capture：该命令在另一个命令之前为了抑制输出。它在 do 文件中很有用，因为它存在错误时继续允许执行，例如：

capture gen x2 = x * x：允许执行 do 文件以继续，即使变量 x2 已经存在。

/// ：继续命令行。

// ：注释标记；这右边的一切都被当作一个评论。

快速计算：

display 2 * 2：执行计算 2×2。

简单数据分析：

summarize x：给出平均值、标准误差、x 的最小值和最大值。

summ x1-x4, detail：给出四个变量 x1、x2、x3 和 x4 的更详细的汇总统计（包括百分位数）。

summ x if d == 0：给出了对于另一变量 d 的值取值为零的观察结果的 x 的汇总统计。

ci x：给出变量 x 的总体平均值的 95％置信区间。

tabulate x：给出 x 的频率分布。

tab x y：给出了两个（离散）变量 x 和 y 的交叉列表。

tab x y, summ(z)：创建两个（离散）变量 x 和 y 的交叉列表，其中每个单元格中展示出的第三个变量 z 的概要统计。

correlate x1-x3：找到 x1、x2 和 x3 的相关矩阵。

图表：

创建图形时，可以单击启动图形编辑器图标，然后进行所需的任何更改。下面列出的命令中的大多数选项可以使用图形编辑器获得。

hist x, bin(20) freq：创建具有 20 个柱的 x 的直方图，纵轴表示频数。

hist x, discrete：从离散变量 x 创建直方图。

scatter y x, title("y against x")：y 与 x 的散点图，带标题。

scatter y x, xlabel(0(10)100) ylabel(0(1)10)：设置两个轴的范围；中间的数字是刻度线的增量。

scatter y x , xlabel(0(10)100) ylabel(0(1)10) ∥ lfit y x：在散点图上添加拟合的回归线。

scatter y x, jitter(0.1)：有"抖动"的散点图。

lowess y x：y 与 x 的散点图，具有平滑曲线。

lowess y x, bwidth(0.2)：使用窄带宽获得平滑曲线。

line y t：y 的时间序列图；t 是时间趋势变量。

line u t, yline(0)：绘制变量 u 与时间的图，水平线在 0 处；在绘制残差时很有用。

line x1 x2 x3 t, lpattern(solid dash dot)：绘制不同图案的三个不同的线。

创建新变量：

rename var1 x：将变量从 var1 重命名为 x。

variable label x "amount contributed"：为变量 x 分配一个标签。

gen logx = ln(x)：生成变量 logx，它是 x 的自然对数；log(x)可以用来代替 ln(x)。

gen double rootx = squrt(x)：生成变量 rootx，它是 x 的平方根，确保新变量以双精度存储。

gen y = x * z：乘法。

gen y= x/z：除法。

gen x2 = x^2：提高到 x 的平方。

gen int dum1 = x = = 1：创建一个虚拟变量 dum1，当 x＝1 时取值为 1，否则为 0，确保新变量存储为整数。

tab x, gen(x)：同时从分类变量 x 创建一组虚拟变量 x1、x2、x3。

gen dum10 = x ＞ = 10：创建虚拟变量 dum 10，当 x 大于或等于 10 时为 1，否则为 0。

注意：如果变量已经存在，则需要使用 replace 命令而不是 generate 来重新定义它。replace 对于以下操作也很有用：

replace x = . if y = = 0：当 y 为 0 时，将 x 更改为缺失值。

相关命令有：

recode x 0 = .：将 0 更改为 x 中的缺失值。

recode x 1 = 2 2 = 1 ＊ = .：用 2 替换 1，用 1 替换 2，任何其他项替换为缺失值。

rename x y：重命名变量，更改标签的方法见前文。

recast double x：将存储类型更改为双精度。

功效分析：

sampsi 10 12, sd(5) onesam oneside p(0.8)：找到总体平均值为 10 的单样本单尾检验的样本容量。

simpsi 10 12, sd1(4.0) sd2(5.84) oneside p(0.8)：找到处理检验的样本容量。

sampsi 10 12, sd1(4.0) sd2(5.84) oneside p(0.8) r(0.5)：找到具有不同成本的处理检验的样本容量。

处理检验：

ttest y = 5：原假设的一个单样本 t 检验，总体平均值等于 5。

bitest y = 0.5：二项检验用于在 0/1 变量中检验 1 的比例。

tab y1 y2, col exact：为两个二元变量进行 Fisher 精确检验。

tab y1 y2, col chi2：为两个二元变量进行卡方。

tabi 62 68 13 7, exact chi2 col：直接计算卡方检验。

ttest y, by(treatment)：独立样本 t 检验，假设均方差。

ttest y, by(treatment) unequal：独立样本 t 检验，假设不等方差。

bootstrap t = r(t), nodots rep(10000)：ttest y, by(treatment)：用自助法进行 t 检验。

sdtest y, by(treatment)：检验等方差。

sktest y：检验正态性。

ranksum y, by(treatment)：Mann-Whitney 检验。

ksminor y, by(treatment)：Kolmogorov-Smirnov 检验。

ttest after = before：配对样本 t 检验。

signrank after = before：Wilcoxon 检验。

回归：

regress y x1 x2：y 在 x1 和 x2 上的 OLS 回归，具有截距。

regress y x if t< = 15：OLS 回归，只使用 $t \leqslant 15$ 的观测。

hettest：在回归之后执行异方差的 Breusch-Pagan 检验。

regress y x1 x2, noconstant：去掉截距。

regress y x1 x2, robust：产生异方差稳健或 White 校正的标准误差。

regress y x1 x2, vci(cluster i)：产生聚类稳健标准误差，其中聚类假定在 i 层次。

regress y x1 x2, vci(bootstrap, rep(999) cluster(i))：区块自助法。

检验关于回归参数的假设：

regress y x1：仅在 x1 上的 OLS 回归。

est store rest：将来自上次回归的估计存储为"rest"。

regress y x1 x2 x3：y 对 x1、x2 和 x3 的 OLS 回归。

est store unrest：将上次回归的估计存储为"unrest"。

test x2 x3：使用 F 检验检验 x2 和 x3 的联合显著性。

lrtest unrest rest：使用 LR 检验检验 x2 和 x3 的联合显著性。

test x1 + x2 = 1：检验限制，与上一个回归中的 x1 和 x2 相关的参数总和为 1。

test(x1 + x2 = 1) (_cons = 0)：检验截距为零的限制，连同前一行的限制。

参数的功能（三角法）：

regress y x

nlcom threshold： – _b[_cons]/_b[x]：计算水平截距，以及标准误差。

regress y x1 x2

nlcom tot_eff： _b[x1] + _b[x2]：计算总效应，即斜率系数的和，以及标准误差。

拟合值和残差：

predict yhat, xb：创建一个变量，它是上一次回归的拟合值。

predict uhat, resid：创建一个变量，它是来自过去回归的残差。

注意:如果多次使用这些命令,则需要更改变量的名称。

创建标量:

scalar ten = 10:创建一个名为"ten"的标量。

scalar list ten:显示标量。

scalar rsq = e(r2):存储来自最近回归的 R 平方,作为"rsq"。

scalar rss = e(rss):将来自最近回归的残差平方和存储为"rss"。

面板数据:

by i: gen t = _n:生成 t 变量(任务号)。

sort i t:按 i 排序数据,然后按 t 排序数据。

by i: gen sumy = sum(y):分别为每个 i 生成 y 的累积和。

by i: gen int first = 1 if _n == 1:生成对每个区块中的第一观测值取 1 的二元变量,否则为缺失值。

by i: gen int last = 1 if _n == _N:生成对每个区块中的最后观测值取 1 的二元变量,否则为缺失值。

xtset i t:将数据声明为面板数据。

xtdescribe:请求关于面板维度的信息。

xtline x:为每个数据区块分别产生变量 x 的时间序列图。

xtreg y x1 x2 x3, fe:固定效应。

xtreg y x1 x2 x3, re:随机效应。

predict uhat, u:将估计的随机效应存储为"uhat"。

固定效应与随机效应的 Hausman 检验:

xtset i t:将数据声明为面板数据。

xtreg y x1 x2 x3, fe:固定效应。

est store fe:将固定效应估计值存储为"fe"。

streg y x1 x2 x3, re:随机效应。

est store re:将随机效应估计值存储为"re"。

hausman fe re:执行 Hausman 检验比较 fe 和 re 估计值。

多层次建模:

xtmixed y x || i::两层次(相当于随机效应)。

xtmixed y x || session: || i::三层次。

xtmixed y x || session: || i: x:三层次,有随机斜率(不同 i 的斜率不同)。

二元、截尾、区间和顺序数据:

logit y x1 x2 x3:简单逻辑。

probit y x1 x2 x3:简单概率。

margins, dydx(x1) at(x1) at(x1 = 0):计算 x1 在 x1 = 0 时的边际效应。

margins, dydx(x1):计算 x1 的平均边际效应。

tobit y x1 x2 x3, 11(0) ul(10):双限 Tobit,限制为 0 和 10。

intreg lower upper y x1 x2 x3, 11(0) ul(10):区间回归,下限为"lower",上限为"upper"。

oprobit y x1 x2 x3:有序概率。

模拟:

set seed 12345678:设置随机数种子。

set obs 1000:设置样本容量。

gen double u = runiform():从均匀分布(0,1)生成随机数。

gen double z = invnorm(uniform()):从正态分布(0,1)生成随机数。

gen double z = invnorm():从正态分布(0,1)生成随机数的更简便方法。

mat c = (1, 0.5\0.5, 1):创建用于下一命令的相关矩阵。

drawnorm z1 z2, n(2000) corr(c):产生两个标准正态变量,相关矩阵由 c 给出。

gen int n = rpoisson(3):从泊松分布(3)生成随机数。

模拟面板数据:

set obs 1000:设置样本容量。

egen int i = seq(), f(1) t(50) b(20):生成主题标识符,其中 n = 50,T = 20。

egen int t = seq(), f(1) t(20):生成任务号。

xtset i t：将数据声明为面板。

by i： gen double u = 0.5 * rnormal() if _n == 1：在第一行为每个受试者产生随机效应。

by i： replace u = u[1] if u == .：复制随机效应到每个受试者的其他行。

ml 例程：

ml model lf likprog ()()()：将 ml 问题指定为由程序"likprog"关于三个参数计算的最大化函数。

ml max：运行最大化。

ml max, trace：运行最大化显示更详细的输出。

ml model lf likprog a b c：指定与上面相同的 ml 问题，但具有分配给三个参数的名称。

ml model d0 likprog a b c：面板数据模型需要。

ml check：使用这个来定位代码中的错误。

ml coefleg：获得每个估计参数的图例。

循环：

local xlist x1-x25：定义变量列表。

foreach v in 'xlist'：对 xlist 中的变量启动循环。

forvalues t in 1(1) 50：对"t"的值从 1 到 50 开始循环。

STATA 附件：

以下是在本书中使用的用户编写的程序。它们不在 STATA 中，但在线可用。使用 findit 命令找到它们并安装它们。

escftest：Epps-Singleton 检验。

cdfplot：累积频数图。

mdraws：用于产生 Halton 序列。

fmm：用于估计有限混合模型。

附录 C 在第 5—13 章用到的选择问题

表 C.1　50 个选择问题，包括复杂性、无差异接近程度的均值、
平均决策时间（按秒计），以及阈值风险态度（r^*）

t	p1	p2	p3	q1	q2	q3	复杂性	无差异接近程度的均值	平均决策时间	r^*
1	0.05	0	0.95	0	1	0	1	0.239	3.49	0.074
2	0.09	0	0.91	0	1	0	1	0.175	3.62	0.136
3	0.11	0	0.89	0	1	0	1	0.145	4.11	0.168
4	0.13	0	0.87	0	1	0	1	0.117	4.33	0.201
5	0.15	0	0.85	0	1	0	1	0.09	4.6	0.234
6	0.17	0	0.83	0	1	0	1	0.066	5.09	0.269
7	0.19	0	0.81	0	1	0	1	0.048	6.24	0.304
8	0.22	0	0.78	0	1	0	1	0.041	5.59	0.358
9	0.26	0	0.74	0	1	0	1	0.061	5.36	0.434
10	0.3	0	0.7	0	1	0	1	0.097	4.17	0.514
11	0.35	0	0.65	0	1	0	1	0.154	3.77	0.621
12	0.4	0	0.6	0	1	0	1	0.209	3.25	0.737
13	0.45	0	0.55	0	1	0	1	0.264	2.97	0.862
14	0.5	0	0.5	0	1	0	1	0.318	2.78	1.0
15	0.6	0	0.4	0	1	0	1	0.426	3.41	1.32
16	0.75	0	0.25	0	1	0	1	0.59	2.77	2.0
17	0.9	0	0.1	0	1	0	1	0.775	3.07	3.32
18	0.5	0	0.5	0.48	0.52	0	2	0.16	3.9	0.06
19	0.5	0	0.5	0.44	0.56	0	2	0.127	4.83	0.16
20	0.5	0	0.5	0.42	0.58	0	2	0.111	5.07	0.21
21	0.5	0	0.5	0.4	0.6	0	2	0.095	4.35	0.26
22	0.5	0	0.5	0.38	0.62	0	2	0.078	5.01	0.31

续表

t	p1	p2	p3	q1	q2	q3	复杂性	无差异接近程度的均值	平均决策时间	r^*
23	0.5	0	0.5	0.36	0.64	0	2	0.062	5.23	0.36
24	0.5	0	0.5	0.34	0.66	0	2	0.046	5.47	0.40
25	0.5	0	0.5	0.32	0.68	0	2	0.033	6.66	0.44
26	0.5	0	0.5	0.3	0.7	0	2	0.027	6.49	0.49
27	0.5	0	0.5	0.28	0.72	0	2	0.03	6.61	0.53
28	0.5	0	0.5	0.26	0.74	0	2	0.038	6.52	0.57
29	0.5	0	0.5	0.24	0.76	0	2	0.048	6.35	0.60
30	0.5	0	0.5	0.22	0.78	0	2	0.062	5.92	0.64
31	0.5	0	0.5	0.2	0.8	0	2	0.08	5.24	0.68
32	0.5	0	0.5	0.16	0.84	0	2	0.117	4.95	0.75
33	0.5	0	0.5	0.1	0.9	0	2	0.179	4.41	0.85
34	0.5	0	0.5	0.02	0.98	0	2	0.28	3.96	0.97
35	0.39	0.2	0.41	0.2	0.6	0.2	3	0.105	4.88	0.93
36	0.38	0.2	0.42	0.2	0.6	0.2	3	0.094	5.39	0.86
37	0.36	0.2	0.44	0.2	0.6	0.2	3	0.072	6.23	0.74
38	0.34	0.2	0.46	0.2	0.6	0.2	3	0.05	6.82	0.62
39	0.32	0.2	0.48	0.2	0.6	0.2	3	0.028	7.44	0.51
40	0.3	0.2	0.5	0.2	0.6	0.2	3	0.015	8.05	0.42
41	0.28	0.2	0.52	0.2	0.6	0.2	3	0.02	7.71	0.32
42	0.27	0.2	0.53	0.2	0.6	0.2	3	0.03	7.04	0.28
43	0.26	0.2	0.54	0.2	0.6	0.2	3	0.041	6.42	0.23
44	0.25	0.2	0.55	0.2	0.6	0.2	3	0.053	6.37	0.19
45	0.24	0.2	0.56	0.2	0.6	0.2	3	0.065	6.03	0.15
46	0.23	0.2	0.57	0.2	0.6	0.2	3	0.077	5.44	0.11
47	0.25	0.75	0	0.5	0.5	0	2	0.209	3.44	0
48	0	0.25	0.75	0	0.5	0.5	2	0.072	5.17	0
49	0.25	0	0.75	0.25	0.25	0.5	2	0.072	5.07	0
50	0.25	0.25	0.75	0.25	0.5	0.25	3	0.428	3.81	0

参考文献

Abdellaoui, M., Barrios, C. & Wakker, P. P. (2007), 'Reconciling introspective utility with revealed preference: Experimental arguments based on prospect theory', *Journal of Econometrics* **138**, 356–378.

Aitchison, J. & Silvey, S. (1957), 'The generalisation of probit analysis to the case of multiple responses', *Biometrika* **44**, 138–140.

Al-Ubaydli, O. & List, J. A. (2013), On the generalizability of experimental results in economics: With a response to Camerer, Technical report, National Bureau of Economic Research.

Allais, M. (1953), 'Le comportement de l'homme rationnel devant le risque: critique des postulats et axiomes de l'école Américaine', *Econometrica* **21**, 503–546.

Alos-Ferrer, C., Granic, D.-G., Shi, F. & Wagner, A. K. (2012), 'Choices and preferences: Evidence from implicit choices and response times', *Journal of Experimental Social Psychology* **48**, 1336–1342.

Andersen, S., Harrison, G. W., Lau, M. I. & Rutström, E. E. (2006), 'Elicitation using multiple price list formats', *Experimental Economics* **9**, 383–405.

Andersen, S., Harrison, G. W., Lau, M. I. & Rutström, E. E. (2008), 'Eliciting risk and time preferences', *Econometrica* **76**(3), 583–618.

Andreoni, J. (1988), 'Why free-ride? Strategies and learning in public goods experiments', *Journal of Public Economics* **37**, 291–304.

Andreoni, J. & Miller, J. (2002), 'Giving according to GARP: An experimental test of the consistency of preferences for altruism', *Econometrica* **70**, 737–753.

Andreoni, J. & Vesterlund, L. (2001), 'Which is the fair sex? Gender differences in altruism', *Quarterly Journal of Economics* **116**, 293–312.

Ansari, A., Montoya, R. & Netzer, O. (2012), 'Dynamic learning in behavioral games: A hidden Markov mixture of experts approach', *Quantitative Marketing and Economics* **10**, 475–503.

Arellano, M. & Bond, S. (1991), 'Some tests of specification for panel data: Monte Carlo evidence and an application to employment equations', *Review of Economic Studies* **58**, 277–297.

Atkinson, A. (1996), 'The usefulness of optimum experimental designs', *Journal of the Royal Statistical Society. Series B (Methodological)* **58**, 59–76.

Baik, K. H., Chowdhury, S. M. & Ramalingam, A. (2014), Resources for conflict: Constraint or wealth?, Technical report, School of Economics, University of East Anglia, Norwich, UK.

Ball, S. B., Bazerman, M. H. & Carroll, J. S. (1991), 'An evaluation of learning in the bilateral winner's curse', *Organizational Behavior and Human Decision Processes* **48**(1), 1–22.

Baltagi, B. (2008), *Econometric analysis of panel data*, Vol. 1, John Wiley & Sons, New York.

Bardsley, N. (2000), 'Control without deception: Individual behaviour in free-riding experiments revisited', *Experimental Economics* **3**, 215–240.

Bardsley, N. (2008), 'Dictator game giving: Altruism or artefact?', *Experimental Economics* **11**, 122–133.

Bardsley, N. & Moffatt, P. G. (2007), 'The experimetrics of public goods: Inferring motivations from contributions', *Theory and Decision* **62**, 161–193.

Bardsley, N., Cubitt, R., Loomes, G., Moffatt, P. G., Starmer, C. & Sugden, R. (2009), *Experimental economics: Rethinking the rules*, Princeton University Press, Princeton, NJ.

Bazerman, M. H. & Samuelson, W. F. (1983), 'I won the auction but don't want the prize', *Journal of Conflict Resolution* **27**(4), 618–634.

Becker, G., DeGroot, M. & Marschak, J. (1964), 'Measuring utility by a single-response sequential method', *Behavioural Science* **9**, 226–232.

Bellemare, C., Kröger, S. & Van Soest, A. (2008), 'Measuring inequity aversion in a heterogeneous population using experimental decisions and subjective probabilities', *Econometrica* **76**, 815–839.

Berenson, M. L., Levine, D. & Rindskopf, D. (1988), *Applied statistics: A first course*, Prentice Hall, New York.

Berg, J., Dickhaut, J. & McCabe, K. (1995), 'Trust, reciprocity, and social history', *Games and Economic Behavior* **10**(1), 122–142.

Binswanger, H. P. (1980), 'Attitudes toward risk: Experimental measurement in rural India', *American Journal of Agricultural Economics* **62**(3), 395–407.

Bolten, G. & Ockenfels, A. (2000), 'A theory of equity, reciprocity and competition', *American Economic Review* **90**, 166–193.

Bosch-Domènech, A., Montalvo, J. G., Nagel, R. & Satorra, A. (2010), 'A finite mixture analysis of beauty-contest data using generalized beta distributions', *Experimental Economics* **13**(4), 461–475.

Bosman, R. & van Winden, F. (2002), 'Emotional hazard in a power-to-take experiment', *Economic Journal* **112**, 147–169.

Branas-Garza, P. (2007), 'Promoting helping behaviour with framing in dictator games', *Journal of Economic Psychology* **28**, 477–486.

Bruhin, A, a. F.-D. & Epper, T. (2010), 'Risk and rationality: Uncovering heterogeneity in probability distortion', *Econometrica* **78**, 1375–1412.

Buchanan, J. M., Tollison, R. D. & Tullock, G. (1980), *Toward a theory of the rent-seeking society*, number 4, Texas A & M University Press, College Station, TX.

Burnham, T. (2003), 'Engineering altruism: A theoretical and experimental investigation of anonymity and gift giving', *Journal of Economic Behaviour and Organisation* **50**, 133–144.

Burton, M., Tomlinson, M. & Young, T. (1994), 'Consumers decisions whether or not to purchase meat: A double hurdle analysis of single adult households', *Journal of Agricultural Economics* **45**, 202–212.

Buschena, D. & Zilberman, D. (2000), 'Generalized expected utility, heteroscedastic error, and path dependence in risky choice', *Journal of Risk and Uncertainty* **20**, 67–88.

Busemeyer, J. R. & Townsend, J. T. (1993), 'Decision field theory: A dynamic-cognitive approach to decision making in an uncertain environment.', *Psychological Review* **100**(3), 432.

Camerer, C. (2003), *Behavioral game theory: Experiments in strategic interaction*, Princeton University Press, Princeton, NJ.

Camerer, C. & Ho, T.-H. (1999), 'Experience-weighted attraction learning in games', *Econometrica* **87**, 827–874.

Camerer, C. & Hogarth, R. M. (1999), 'The effects of financial incentives in experiments: A review and capital-labor-production framework', *Journal of Risk and Uncertainty* **19**, 7–42.

Camerer, C., Ho, T.-H. & Chong, J.-K. (2003), 'Models if thinking, learning, and teaching in games', *American Economic Review* **93**, 192–195.

Camerer, C., Ho, T.-H. & Chong, J.-K. (2004), 'A cognitive hierarchy model of games', *Quarterly Journal of Economics* **119**, 861–898.

Cameron, A. & Trivedi, P. K. (2010), *Microeconometrics using stata* (revised edition), STATA Press: College Station, TX.

Cappelen, A. W., Hole, A. D., Sørensen, E. Ø. & Tungodden, B. (2007), 'The pluralism of fairness ideals: An experimental approach', *The American Economic Review* **97**, 818–827.

Cappellari, L. & Jenkins, S. P. (2006), 'Calculation of multivariate normal probabilities by simulation, with applications to maximum simulated likelihood estimation', *ISER Working Paper 2006-16. Colchester: University of Essex.*

Chaudhuri, P. & Mykland, P. A. (1993), 'Non-linear experiments: Optimal design and inference based on likelihood', *Journal of the American Statistical Association* **88**, 538–546.

Chaudhuri, P. & Mykland, P. A. (1995), 'On efficient designing of non-linear experiments', *Statistica Sinica* **5**, 421–440.

Cherry, T. L., Frykblom, P. & Shogren, J. F. (2002), 'Hardnose the dictator', *American Economic Review* **92**, 1218–1221.

Cheung, S. L. (2014), 'New insights into conditional cooperation and punishment from a strategy method experiment', *Experimental Economics* **17**(1), 129–153.

Cheung, Y.-W. & Friedman, D. (1997), 'Individual learning in normal form games: Some laboratory results', *Games and Economic Behavior* **19**(1), 46–76.

Chlaß, N. & Moffatt, P. G. (2012), Giving in dictator games: Experimenter demand effect or preference over the rules of the game?, Technical report, Jena Economic Research Papers.

Chowdhury, S. M., Sheremeta, R. M. & Turocy T. L. (2014), 'Overbidding and overspreading in rent-seeking experiments: Cost structure and prize allocation rules', *Games and Economic Behavior* **87**, 224–238.

Clark, J. (2002), 'House money effects in public good experiments', *Experimental Economics* **5**, 223–231.

Clarke, K. A. (2003), 'Non-parametric model discrimination in international relations', *Journal of Conflict Resolution* **47**, 72–93.

Cleveland, W. (1979), 'Robust locally weighted regression and smoothing scatterplots', *Journal of the American Statistical Association* **74**, 829–836.

Cohen, J. (2013), *Statistical power analysis for the behavioral sciences*, Routledge Academic, London.

Coller, M. & Williams, M. B. (1999), 'Eliciting individual discount rates', *Experimental Economics* **2**(2), 107–127.

Collins, L. M. & Lanza, S. T. (2010), *Latent class and latent transition analysis for the social, behavioral, and health sciences*, Wiley, New York.

Conlisk, J. (1989), 'Three variants on the Allais Example', *American Economic Review* **79**(3), 392–407.

Connolly, T. & Butler, D. (2006), 'Regret in economic and psychological theories of choice', *Journal of Behavioral Decision Making* **19**, 139–154.

Conte, A. & Moffatt, P. (2014), 'The econometric modelling of social preferences', *Theory and Decision* **76**(1), 119–145.

Conte, A., Hey, J. D. & Moffatt, P. (2011), 'Mixture models of choice under risk', *Journal of Econometric* **162**, 79–88.

Conte, A., Moffatt, P. G. & Riddel, M. (2015), 'Heterogeneity in risk attitudes across domains: A bivariate random preference approach', *CBESS Discussion Paper 15-10, University of East Anglia* .

Cox, D. R. (1970), *The analysis of binary data*, Methuen, London.

Cragg, J. (1971), 'Some statistical models for limited dependent variables with application to the demand for durable goods', *Econometrica* **39**, 829–844.

Crawford, V. P. & Iriberri, N. (2007), 'Fatal attraction: Salience, naivete, and sophistication in experimental "hide-and-seek" games', *The American Economic Review* **97**, 1731–1750.

Crawford, V. P., Costa-Gomes, M. A. & Iriberri, N. (2013), 'Structural models of nonequilibrium strategic thinking: Theory, evidence, and applications', *Journal of Economic Literature* **51**(1), 5–62.

Croson, R. & Gneezy, U. (2009), 'Gender differences in preferences', *Journal of Economic Literature* **47**, 448–474.

Davis, D. & Holt, C. A. (1993), *Experimental Economics*, Princeton University Press, Princeton, NJ.

Daykin, A. R. & Moffatt, P. G. (2002), 'Analyzing ordered responses: A review of the ordered probit model', *Understanding Statistics: Statistical Issues in Psychology, Education, and the Social Sciences* **1**(3), 157–166.

Deaton, A. & Irish, M. (1984), 'Statistical models for zero expenditures in household budgets', *Journal of Public Economics* **23**, 59–80.

Deb, P. (2012), 'Fmm: Stata module to estimate finite mixture models', *Statistical Software Components* .

Dionne, G., Artis, M. & Guillen, M. (1996), 'Count data models for a credit scoring system', *Journal of Empirical Finance* **3**, 303–325.

Dohmen, T., Falk, A., Huffman, D., Sunde, U., Schupp, J. & Wagner, G. G. (2011), 'Individual risk attitudes: Measurement, determinants, and behavioral consequences', *Journal of the European Economic Association* **9**(3), 522–550.

Dong, D. & Kaiser, H. (2008), 'Studying household purchasing and nonpurchasing behaviour for a frequently consumed commodity: Two models', *Applied Economics* **40**(15), 1941–1951.

Drichoutis, A. C., Nayga Jr, R. M., Lazaridis, P. & Park, B. S. (2011), 'A consistent econometric test for bid interdependence in repeated second-price auctions with posted prices', *Atlantic Economic Journal* **39**(4), 329–341.

Eckel, C. & Grossman, P. (1998), 'Are women less selfish than men? Evidence from dictator experiments', *The Economic Journal* **108**, 729–735.

Eckel, C. & Grossman, P. J. (2001), 'Chivalry and solidarity in ultimatum games', *Economic Inquiry* **39**, 171–188.

Eeckhoudt, L. & Schlesinger, H. (2006), 'Putting risk in its proper place', *American Economic Review* **96**, 280–289.

Efron & Tibshirani (1993), *An introduction to the bootstrap. Monographs on Statistics and Applied Probability, No. 57*, Chapman and Hall, New York.

El-Gamal, M. A. & Grether, D. M. (1995), 'Are people Bayesian? Uncovering behavioral strategies', *Journal of the American statistical Association* **90**(432), 1137–1145.

Ellingsen, T. & Johannesson, M. (2004), 'Promises, threats and fairness', *The Economic Journal* **114**, 397–420.

Engel, C. (2011), 'Dictator games: A meta study', *Experimental Economics* **14**(4), 583–610.

Engel, C. & Moffatt, P. G. (2012), 'Estimation of the house money effect using hurdle models', *Preprints of the Max Planck Institute for Research on Collective Goods Bonn* **2012/13**.

Engel, C. & Moffatt, P. G. (2014), 'dhreg, xtdhreg, and bootdhreg: Commands to implement double-hurdle regression', *Stata Journal* **14**(4), 778–797.

Engelmann, D. & Strobel, M. (2004), 'Inequality aversion, efficiency, and maximin preferences in simple distribution experiments', *American Economic Review* **94**, 857–869.

Epps, T. W. & Singleton, K. J. (1986), 'An omnibus test for the two-sample problem using the empirical characteristic function', *Journal of Statistical Computation and Simulation* **26**, 177–203.

Erev, I. & Roth, A. (1998), 'Predicting how people play games: Reinforcement learning in experimental games with mixed strategy equilibria', *American Economic Review* **88**, 848–881.

Erkal, N., Gangadharan, L. & Nikiforakis, N. (2011), 'Relative earnings and giving in a real-effort experiment', *American Economic Review* **101**, 3330–3348.

Fechner, G. (1860), *Elements of Psychophysics, Vol. 1*, Holt, Rinehart and Winston, New York.

Fedorov, V. (1972), *Theory of Optimum Experiments*, Academic Press, New York.

Fehr, E. & Schmidt, K. M. (1999), 'A theory of fairness, competition and cooperation', *Quarterly Journal of Economics* **114**, 817–868.

Feltovich, N. (2000), 'Reinforcement-based vs. belief-based learning models in experimental asymmetric-information games', *Econometrica* **68**, 605–641.

Fischbacher, U., Gachter, S. & Fehr, E. (2001), 'Are people conditionally cooperative? Evidence from a public goods experiment', *Economics Letters* **71**, 379–404.

Fisman, R., Kariv, S. & Markovits, D. (2007), 'Individual preferences for giving', *The American Economic Review* **97**(5), 1858–1876.

Ford, I., Tosney, B. & Wu, C. F. J. (1992), 'The use of a canonical form in the construction of locally optimal designs for non-linear problems', *Journal of the Royal Statistical Society. Series B (Methodological)* **54**, 569–583.

Forsythe, R., Horowitz, J. L., Savin, N. E. & Sefton, M. (1994), 'Fairness in simple bargaining experiments', *Games and Economic Behavior* **6**, 347–369.

Fréchette, G. R. (2001), 'sg158. 1 update to random-effects ordered probit', *Stata May 2001 Technical STB-61*, p. 12.

Fréchette, G. R. (2012), 'Session-effects in the laboratory', *Experimental Economics* **15**(3), 485–498.

Gächter, S. & Fehr, E. (2000), 'Cooperation and punishment in public goods experiments', *American Economic Review* **90**(4), 980–994.

Garcia, B. (2013), 'Implementation of a double-hurdle model', *Stata Journal* **13**(4), 776–794.

Georg, S. J. (2009), 'Nonparametric testing of distributions - the Epps-Singleton two-sample test using the empirical characteristic function', *The Stata Journal* **9**, 454–465.

Goeree, J. K., Holt, C. A. & Palfrey, T. R. (2002), 'Quantal response equilibrium and overbidding in private-value auctions', *Journal of Economic Theory* **104**(1), 247–272.

Goeree, J. K., Holt, C. A. & Palfrey, T. R. (2003), 'Risk averse behavior in generalised matching pennies games', *Games and Economic Behavior* **45**, 97–113.

Gould, W., Pitblado, J. & Poi, B. (2010), *Maximum likelihood estimation with STATA, Fourth edition*, STATA Press, College Station, TX.

Greene, W. (2008), Econometric analysis, *Sixth Edition*, Prentice Hall: New York.

Green, D. P. & Tusicisny, A. (2012), Statistical analysis of results from laboratory studies in experimental economics: A critique of current practice, *in* '2012 North American Economic Science Association Conference'.

Grether, D. & Plott, C. R. (1979), 'Economic theory of choice and the preference reversal phenomenon', *Economic Theory of Choice and the Preference Reversal Phenomenon* **69**, 623–638.

Güth, W., Schmittberger, R. & Schwarze, B. (1982), 'An experimental analysis of ultimatum bargaining', *Journal of Economic Behavior & Organization* **3**(4), 367–388.

Halton, J. (1960), 'On the efficiency of evaluating certain quasi-random sequences of points on evaluating multi-dimensional integrals', *Numerische Mathematik* **2**, 84–90.

Ham, J. C., Kagel, J. H. & Lehrer, S. F. (2005), 'Randomization, endogeneity and laboratory experiments: The role of cash balances in private value auctions', *Journal of Econometrics* **125**(1), 175–205.

Harless, D. & Camerer, C. (1994), 'The predictive utility of generalized expected utility theories', *Econometrica* **62**, 1251–1289.

Harrison, G. (1989), 'Theory and misbehavior of first price auctions', *American Economic Review* **79**, 949–963.

Harrison, G. (2007), 'House money effects in public good experiments: Comment', *Experimental Economics* **10**, 429–437.

Harrison, G. & Rutström, E. E. (2009), 'Expected utility theory and prospect theory: one wedding and a decent funeral', *Experimental Economics* **12**, 133–158.

Harrison, G., Johnson, E., McInnes, M. & Rutström, E. E. (2005), 'Risk aversion and incentive effects: Comment', *American Economic Review* **95**, 900–904.

Harrison, G. W., Lau, M. I. & Rutström, E. E. (2007), 'Estimating risk attitudes in Denmark: A field experiment', *The Scandinavian Journal of Economics* **109**(2), 341–368.

Harrison G.W., Lau, M. and Rutström E.E., (2015), 'Theory, experimental design and econometrics are complementary (and so are lab and field experiments)', chapter 15 in Fréchette G.R. and Schotter A. (eds.), *Handbook of Experimental Economic Methodology*, Oxford University Press, New York.

Harwell, M. R. & Gatti, G. G. (2001), 'Rescaling ordinal data to interval data in educational research', *Review of Educational Research* **71**, 105–131.

Hausman, J. (1978), 'Specification tests in econometrics', *Econometrica* **46**, 1251–1271.

Hey, J. D. (1995), 'Experimental investigations of errors in decision making under risk', *European Economic Review* **39**, 633–640.

Hey, J. D. (2001), 'Does repetition improve consistency', *Experimental Economics* **4**, 5–54.

Hey, J. D. & di Cagno, D. (1990), 'Circles and triangles: An experimental estimation of indifference lines in the marschak-machina triangle', *Journal of Behavioural Decision Making* **3**, 279–306.

Hey, J. D. & Orme, C. (1994), 'Investigating generalisations of expected utility theory using experimental data', *Investigating Generalisations of Expected Utility Theory Using Experimental Data* **62**, 1291–1326.

Holmqvist, K., Nyström, M., Andersson, R., Dewhurst, R., Jarodzka, H. & Van de Weijer, J. (2011), *Eye tracking: A comprehensive guide to methods and measures*, Oxford University Press, New York.

Holt, C. (1986), 'Reversals and the independence axiom', *American Economic Review* **76**, 508–515.

Holt, C. & Laury, S. K. (2002), 'Risk aversion and incentive effects', *American Economic Review* **92**, 1644–1655.

Houser, D. (2008), 'Experiments and econometrics', *The new Palgrave dictionary of economics Second edition*. Macmillan, London.

Huber, J. & Zwerina, K. (1996), 'The importance of utility balance in efficient choice designs', *Journal of Marketing Research* **23**, 307–317.

Jakiela, P. (2013), 'Equity vs. efficiency vs. self-interest: On the use of dictator games to measure distributional preferences', *Experimental Economics* **16**(2), 208–221.

Johnson, N. D. & Mislin, A. A. (2011), 'Trust games: A meta-analysis', *Journal of Economic Psychology* **32**(5), 865–889.

Johnson, C. A., Baillon, A., Bleichrodt, H., Li, Z., Van Dolder, D. & Wakker, P. P. (2014), 'Prince: An improved method for measuring incentivized preferences', *Available at SSRN 2504745*.

Jones, A. M. (1989), 'A double hurdle model of cigarette consumption', *Journal of Applied Econometrics* **4**, 23–39.

Kagel, J. H. & Levin, D. (1986), 'The winner's curse and public information in common value auctions', *The American Economic Review* **76**, 894–920.

Kagel, J. H., Levin, D. & Harstad, R. M. (1995), 'Comparative static effects of number of bidders and public information on behavior in second-price common value auctions', *International Journal of Game Theory* **24**(3), 293–319.

Kahneman, D. & Tversky, A. (1979), 'Prospect theory: An analysis of decisions under risk', *Econometrica* **47**(2), 263–291.

Kanninen, B. (1993), 'Optimal experimental design for double-bounded dichotomous choice contingent valuation', *Land Economic* **69**, 138–146.

Keasey, K. & Moon, P. (1996), 'Gambling with the house money in capital expenditure decisions', *Economics Letters* **50**, 105–110.

Kennedy, P. E. (1998), 'Teaching undergraduate econometrics: A suggestion for fundamental change', *American Economic Review* **88**, 487–492.

Krishna, V. (2010), *Auction theory*, 2nd Edition Academic press, New York.

Laffont, J.-J., Ossard, H. & Vuong, Q. (1995), 'Econometrics of first-price auctions', *Econometrica: Journal of the Econometric Society* **63**, 953–980.

Ledyard, J. O. (1995), *Public goods: A survey of experimental research*, Princeton University Press, Princeton.

Lichtenstein, S. & Slovic, P. (1971), 'Reversals of preference between bids and choices in gambling decisions.', *Journal of experimental psychology* **89**(1), 46.

Likert, R. (1932), *A technique for the measurement of attitudes*, Vol. Archives of Psychology, No. 140, Columbia University Press, New York.

List, J. A. (2007), 'On the interpretation of giving in dictator games', *Journal of Political Economy* **115**, 482–493.

List, J. A., Sadoff, S. & Wagner, M. (2011), 'So you want to run an experiment, now what? Some simple rules of thumb for optimal experimental design', *Experimental Economics* **14**(4), 439–457.

Little, I. M. D. (1949), 'A reformulation of the theory of consumer's behaviour', *Oxford Economic Papers* **1**, 90–99.

Loomes, G. & Sugden, R. (1998), 'Testing different stochastic specifications of risky choice', *Economica* **65**, 581–598.

Loomes, G., Moffatt, P. G. & Sugden, R. (2002), 'A microeconometric test of alternative stochastic theories of risky choice', *Journal of Risk and Uncertainty* **24**, 103–130.

Louviere, J. J., Hensher, D. A. & Swait, J. D. (2000), *Stated choice methods: Analysis and application*, Cambridge University Press, Cambridge.

Louviere, J. J., Islam, T., Wasi, N., Street, D. & Burgess, L. (2008), 'Designing discrete choice experiments: Do optimal designs come at a price?', *Journal of Consumer Research* **35**(2), 360–375.

Luce, D. (1959), *Individual choice behavior*, Wesley, New York.

MacKinnon, J. G. (2002), 'Bootstrap inference in econometrics', *Canadian Journal of Economics/Revue canadienne d'économique* **35**(4), 615–645.

Maddala, G. (1983), *Limited dependent and qualitative variables in econometrics*, Cambridge University Press, New York.

Masters, G. N. (1982), 'A Rasch model for partial credit scoring', *Psychometrica* **47**, 149–174.

McDowell, A. (2003), 'From the help desk: Hurdle models', *The Stata Journal* **3**, 1738–184.

McKelvey, R. D. & Palfrey, T. R. (1995), 'Quantal response equilibria for normal form games', *Games and Economic Behavior* **10**(1), 6–38.

McLachlan, G. & Peel, D. (2000), *Finite mixture models*, Wiley, New York.

Menictas, C., Wang, P. & Fine, B. (2011), 'Assessing flat-lining response style bias in online research', *Australasian Journal of Market and Social Research* **19**, 34–44.

Moffatt, P. G. (1991), *Microeconometric models of household purchasing behaviour*, unpublished PhD Thesis, University of Bristol.

Moffatt, P. G. (2005*a*), 'Hurdle models of loan default', *Journal of the Operational Research Society* **56**, 1063–1071.

Moffatt, P. G. (2005*b*), 'Stochastic choice and the allocation of cognitive effort', *Experimental Economics* **8**, 369–388.

Moffatt, P. G. (2007), 'Optimal experimental design in models of decision and choice', Chapter 15 in Boumans M. (ed.), *Measurement in Economics: A Handbook*, Academic Press: London, 357–375.

Moffatt, P. G. & Peters, S. A. (2001), 'Testing for the presence of a tremble in economic experiments', *Experimental Economics* **4**, 221–228.

Moffatt, P. G., Sitzia, S. & Zizzo, D. J. (2015), 'Heterogeneity in preferences towards complexity', *Journal of Risk and Uncertainty*, forthcoming

Müller, W. G. & de Leon, A. C. P. (1996), 'Optimal design of an experiment in economics', *The Economic Journal* **106**, 122–127.

Nagel, R. (1995), 'Unravelling in guessing games: An experimental study', *American Economic Review* **85**, 1313–1326.

Nelson, F. D. (1976), 'On a general computer algorithm for the analysis of models with limited dependent variables', *Annals of Economic and Social Measurement* **5**, 493–509.

Neumann, L. J. & Morgenstern, O. (1947), *Theory of games and economic behavior*, Princeton University Press, Princeton, NJ.

Oehlert, G. W. (1992), 'A note on the delta method', *The American Statistician* **46**(1), 27–29.

Pratt, J. (1964), 'Risk aversion in the small and in the large', *Econometrica* **32**, 122–136.

Prelec, D. (1998), 'The probability weighting function', *Econometrica* **66**, 497–527.

Quiggin, J. (1982), 'A theory of anticipated utility', *Journal of Economic Behaviour and Organisation* **3**, 323–343.

Rabe-Hesketh, S. & Skrondal, A. (2008), *Multilevel and longitudinal modeling using Stata*, STATA press, College Station, TX.

Reiss, P. C. & Wolak, F. A. (2007), 'Structural econometric modeling: Rationales and examples from industrial organization', *Handbook of Econometrics* **6**, 4277–4415.

Roodman, D. (2009), 'How to do xtabond2: An introduction to difference and system GMM in stata'. *Stata Journal*, 9(1), 86–136.

Rosenthal R.W., Shachat J. & Walker M. (2003), 'Hide and seek in Arizona', *International Journal of Game Theory* **32**, 273–293.

Roth, A. E., Prasnikar, V., Okuno-Fujiwara, M. & Zamir, S. (1991), 'Bargaining and market behaviour in Jerusalem, Ljubljana, Pittsburgh and Tokyo: An experimental study', *American Economic Review* **81**, 1068–1095.

Runco, M. (2013), 'Estimating depth of reasoning in a repeated guessing game with no feedback', *Experimental Economics* **16**(3), 402–413.

Saha, A. (1993), 'Expo-power utility: A flexible form for absolute and relative risk aversion', *American Journal of Agricultural Economics* **75**, 905–913.

Seidl, C. (2002), 'Preference reversal', *Journal of Economic Surveys* **16**, 621–655.

Selten, R. (1967), 'Die strategiemethode zur erforschung des eingeschränkt rationalen verhaltens in rahmen eines oligopolexperiments', inbeitraägge zur experimentellen wirtschaftforschung, ed. by H. Sauermann, Tübingen: Jcb mohr.

Selten, R. & Stoecker, R. (1986), 'End behavior in sequences of finite prisoner's dilemma supergames a learning theory approach', *Journal of Economic Behavior & Organization* **7**(1), 47–70.

Shachat, J., Swarthout, J. T. & Wei, L. (2015), 'A hidden Markov model for the detection of pure and mixed strategy play in games', *Econometric Theory* **31**, 729–752.

Sheremeta, R. M. (2010), 'Experimental comparison of multi-stage and one-stage contests', *Games and Economic Behavior* **68**(2), 731–747.

Sheremeta, R. M. (2013), 'Overbidding and heterogeneous behavior in contest experiments', *Journal of Economic Surveys* **27**(3), 491–514.

Siegel, S. & Castellan, N. J. (1988), *Non-parametric statistics for the behavioral sciences, Second edition*, McGraw Hill, New York.

Silvey, S. D. (1980), *Optimal design: An introduction to the theory for parameter estimation*, Chapman and Hall, London.

Skrondal, A. & Rabe-Hesketh, S. (2004), *Generalized latent variable modeling: Multilevel, longitudinal, and structural equation models*, CRC Press, Oxford.

Smith, M. D. (2003), 'On dependency in double-hurdle models', *Statistical Papers* **44**(4), 581–595.

Smith, V. L. (1982), 'Microeconomic systems as an experimental science', *The American Economic Review* pp. 923–955.

Solnick, S. (2001), 'Gender differences in the ultimatum game', *Economic Inquiry* **39**, 189–200.

Sonsino, D., Benzion, U. & Mador, G. (2002), 'The complexity effects on choice with uncertainty–experimental evidence*', *The Economic Journal* **112**(482), 936–965.

Stahl, D. O. (1996), 'Boundedly rational rule learning in a guessing game', *Games and Economic Behavior*, **16**, 303–330.

Stahl, D. O. & Wilson, P. W. (1995), 'On players models of other players: Theory and experimental evidence', *Games and Economic Behavior* **10**(1), 218–254.

Starmer, C. (2000), 'Developments in non-expected utility theory: The hunt for a descriptive theory of choice under risk', *Journal of economic literature* pp. 332–382.

StataCorp (2011), *Stata statistical software: Release 12*, StataCorpLP, College Station, TX.

Stott, H. P. (2006), 'Cumulative prospect theory's functional menagerie', *Journal of Risk and uncertainty* **32**(2), 101–130.

Tanaka, T., Camerer, C. F. & Nguyen, Q. (2010), 'Risk and time preferences: Linking experimental and household survey data from Vietnam', *American Economic Review* **100**, 557–571.

Thaler, R. & Johnson, E. (1990), 'Gambling with the house money and trying to break even: The effects of prior outcomes on risky choice', *Management Science* **36**, 643–660.

Tobin (1958), 'Estimation of relationships for limited dependent variables', *Econometrica* **26**, 24–36.

Train, K. E. (2003), *Discrete choice methods with simulation*, Cambridge University Press, Cambridge.

Tversky, A. & Kahneman, D. (1992), 'Advances in prospect theory: Cumulative representation of uncertainty', *Journal of Risk and uncertainty* **5**(4), 297–323.

Tversky, A., Slovic, P. & Kahneman, D. (1990), 'The causes of preference reversal', *The American Economic Review* **80**, 204–217.

Von Gaudecker, H.-M., Van Soest, A. & Wengström, E. (2011), 'Heterogeneity in risky choice behavior in a broad population', *The American Economic Review* **101**, 664–694.

Vuong, Q. H. (1989), 'Likelihood ratio tests for model selection and non-nested hypotheses', *Econometrica* **57**, 307–333.

Wakker, P. P. (2010), *Prospect Theory*, Cambridge University Press, Cambridge.

Wales, T. J. & Woodland, A. K. (1983), 'Estimation of consumer demand systems with binding non-negativity constraints', *Journal of Econometrics* **21**, 263–285.

Wilcox, N. T. (1994), 'On a lottery pricing anomaly: Time tells the tale', *Journal of Risk and Uncertainty* **8**, 311–324.

Wilcox, N. T. (2006), 'Theories of learning in games and heterogeneity bias', *Econometrica* **74**, 1271–1292.

Wilcox, N. T. (2008), 'Stochastic models for binary discrete choice under risk: A critical primer and econometric comparison', *Research in Experimental Economics* **12**, 197–292.

Wilkinson, N. & Klaes, M. (2012), *An introduction to behavioral economics*, Palgrave Macmillan, London.

Wooldridge, J. (2012), *Introductory econometrics: A modern approach*, Cengage Learning, Mason, OH.

Yates, F. (1934), 'Contingency tables involving small numbers and the chi 2 test', *Supplement to the Journal of the Royal Statistical Society* **1**, 217–235.

Yi, K.-O. (2005), 'Quantal-response equilibrium models of the ultimatum bargaining game', *Games and Economic Behavior* **51**(2), 324–348.

Zelmer, J. (2003), 'Linear public goods experiments: A meta-analysis', *Experimental Economics* **6**(3), 299–310.

Experimetrics: Econometrics for Experimental Economics

版权所有　翻版必究
上海市版权局著作权合同登记号：图字 09-2016-372 号